G-TELP KOREA 공식 기출문제 제공 & 기출

지텔프 기출 문법

LEVEL 2

지텔프 기출문법

초판 1쇄 발행 2022년 9월 13일

지은이 시원스쿨어학연구소
펴낸곳 (주)에스제이더블유인터내셔널
펴낸이 양홍걸 이시원

홈페이지 www.siwonschool.com
주소 서울시 영등포구 국회대로74길 12 남중빌딩 시원스쿨
교재 구입 문의 02)2014-8151
고객센터 02)6409-0878

ISBN 979-11-6150-626-5 13740
Number 1-110404-12121200-04

머리말

G-TELP KOREA 제공 공식 기출문제 7회분
시원스쿨어학연구소 출제 문법 연습문제와 실전문제 14회분
총 21회분의 문법 문제로 G-TELP 문법 완전 정복

G-TELP 문법 고득점 달성은 시원스쿨랩 「지텔프 기출문법」으로!

지텔프 Level 2 시험 성적은 세 영역의 종합 점수의 평균이 최종 점수이므로, 비교적 난이도가 높은 청취와 독해보다 문법에서 가능한 한 높은 점수를 확보하는 것이 목표 점수를 달성하는 효율적인 전략입니다. 그래서 문법 영역이 차지하는 전략적 중요도는 매우 큽니다. 문법 영역은 출제 유형이 정해져 있으며, 그 유형에 맞는 문법 공식이나 정답 단서를 숙지하면 정답을 고를 수 있기 때문에 청취와 독해에 비해 난이도가 낮은 편이며, 편차도 크지 않기 때문입니다. 그래서 목표 점수에 상관없이 문법 영역에서 고득점을 확보하는 것이 정석처럼 여겨지고 있습니다.

문법 영역에서 고득점을 확보하기 위해서는 우선 출제 유형을 먼저 파악해야 하며, 그 다음으로 출제 유형에 따른 정답 단서 찾기 및 문법 공식을 학습하는 것입니다. 그리고 마지막으로 학습한 내용을 이용하여 직접 문제를 풀고 정답을 맞추는 과정을 거칩니다. 이 과정에서 최대한 많은 문제를 풀이할수록 실제 시험에 완벽히 대비할 수 있을 것입니다. 특히 근시일내에 시험을 칠 예정이라면 최신 기출 문제를 푸는 것보다 더 정확한 실전 연습을 없을 것입니다.

『지텔프 기출문법』은 G-TELP 시험 주관사이자 시행사인 G-TELP KOREA가 제공한 최신 공식 기출문제 7회분과 이를 바탕으로 시원스쿨어학연구소가 출제 경향을 분석하여 제작한 연습문제 및 실전문제 14회분으로 구성되어 총 21회분의 문제가 수록된 지텔프 문법 교재입니다. 뿐만 아니라 시원스쿨랩 지텔프 대표강사인 서민지 강사님이 출제 패턴을 분석하여 문법 기출 포인트를 23개로 정리하여 각각의 기출 포인트마다 학습해야 할 이론과 문법 공식, 그리고 정답 단서 및 단계별 문제 풀이 요령을 알차게 수록하였습니다.

23개의 기출 포인트 중에 난이도가 높다는 조동사와 접속사/접속부사에 관련된 기출 포인트는 다른 기출 포인트와 다르게 정해진 문법 공식이 없고 주어진 문제의 문맥을 파악하여 알맞은 선택지를 고르는 유형입니다. 이를 풀기 위해서는 어휘력과 문장 해석 능력이 필요하며, 게다가 선택지에 제시된 조동사 및 접속사, 접속부사의 의미를 모두 알고 있어야 합니다. 정해진 정답의 단서가 없이 오직 문맥 파악으로만 풀이 가능한 이 유형들도 기출 문제 패턴 분석을 통해 정답이 단서가 될 수 있는 표현과 문맥을 정리하였으며, 최대한 정답률을 높일 수 있는 팁을 제공해드립니다.

마지막으로 영어에 대한 기초 지식없이 지텔프를 응시하는 수험생을 위해 지텔프 문법의 기출 포인트를 학습하기 선 기소 문법을 익힐 수 있도록 부록으로 「노베이스 기초문법」을 제공해드립니다. 「노베이스 기초문법」은 통해 영어의 품사와 문장 구조에 해당하는 문법 기초를 학습할 수 있으며, 지텔프 전문 서민지 강사님의 친절한 강의도 제공됩니다.

이 책으로 지텔프 입문부터 실전까지 완벽히 대비하여 수험생 여러분의 빠른 지텔프 목표 점수 달성과, 나아가 여러분의 최종 목표가 실현되기를 기원합니다.

시원스쿨어학연구소 드림

목차

UNIT 1   시제

UNIT 2   가정법

이 책의 구성과 특징

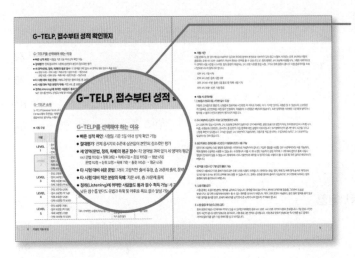

G-TELP Level 2 시험 관련 정보 제공

G-TELP Level 2 시험에 익숙하지 않은 학습자를 위해 시험 소개 및 정기시험 일정, 접수 방법, 그리고 성적 확인 방법 및 성적 활용표에 관한 정보를 제공해드립니다. 또한 32점부터 65점까지 다양한 목표 점수별로 문법, 청취, 독해에 대한 학습 방향과 공략법을 알려드립니다. 지텔프를 처음 학습하시는 분들에게 학습량과 학습기간, 그리고 학습 전략에 대한 막막함을 해소시킬 수 있는 구체적인 꿀팁과 공략법을 제공해드립니다.

23개의 기출 포인트

실제 G-TELP 시험에서 출제되는 문법 이론이 자세히 설명되어 있습니다. 출제 비율의 순서에 따라 각각의 기출 포인트가 실전에서 자주 등장하는 예문의 형태로 알기 쉽게 제시됩니다. 이 예문에 쓰이는 모든 어휘, 표현, 구문들은 모두 G-TELP 기출 문제 분석을 통해 정리되었습니다.

실전 예제

각각의 기출 포인트에 해당하는 기출 문제 및 실전 문제를 통해 G-TELP 문법 유형을 파악하고, 문제 풀이 과정을 단계별로 설명하여 입문자라도 쉽게 이해할 수 있도록 하였습니다. 매력적인 오답에 대한 소거 이유도 함께 설명하여 오답 확률을 줄여줍니다.

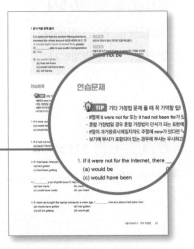

연습 문제

지텔프 기출 문제의 출제 포인트를 분석하여 해당 유형에 맞는 정답 단서 찾기와 정답 선택지를 찾는 방법을 명쾌하게 설명해드립니다. 또한 매력적인 오답을 피할 수 있도록 오답 소거 요령과 오답의 이유를 추가로 설명해드립니다.

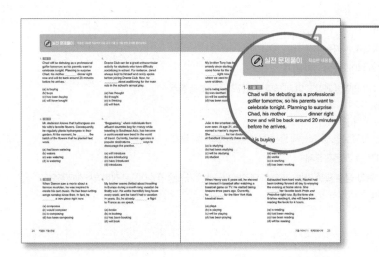

실전 문제 풀이

배운 내용을 직접 문제 풀이에 적용해 볼 수 있는 실전 적용 문제입니다. 실전 문제와 동일한 형태이므로 해당 기출포인트에 대한 이해도를 가늠해볼 수 있습니다.

실전 CHECK-UP

실제 출제된 적 있는 기출 문제가 포함되어 있으며, 추가로 실제 G-TELP 문법 시험에서 출제되는 문제보다 약간 어려운 난이도의 실전 문제로 구성되어 있습니다. 해당 기출포인트에 관련된 문제를 반복적으로 풀이하여 실전에 대비할 수 있습니다.

[책 속의 책] 정답 및 해설

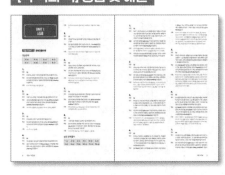

[별책부록] 노베이스 기초 문법

[특강] 노베이스 기초문법

문법 기초가 부족한 지텔프 초심자를 위해 주어-동사-목적어의 구분부터 구와 절, 동사와 준동사의 정의까지 가장 기본이 되는 문법사항을 알기 쉽게 정리한 부록 「노베이스 기초문법」에 대한 지텔프 전문강사 서민지 강사님의 특별 수업이 마련되어 있습니다. 이 부록 강의를 통해 영문법의 기초를 다지고 난 후 지텔프 문법의 기출포인트를 좀 더 수월하게 이해할 수 있습니다.

G-TELP, 접수부터 성적 확인까지

G-TELP를 선택해야 하는 이유

● **빠른 성적 확인:** 시험일 기준 5일 이내 성적 확인 가능

● **절대평가:** 전체 응시자의 수준에 상관없이 본인의 점수로만 평가

● **세 영역(문법, 청취, 독해)의 평균 점수:** 각 영역별 과락 없이 세 영역의 평균 점수가 최종 점수
  ex) 문법 100점 + 청취 28점 + 독해 67점 = 총점 195점 → 평균 65점
     문법 92점 + 청취 32점 + 독해 71점 = 총점 195점 → 평균 65점

● **타 시험 대비 쉬운 문법:** 7개의 고정적인 출제 유형, 총 26문제 출제, 문제 속 단서로 정답 찾기

● **타 시험 대비 적은 분량의 독해:** 지문 4개, 총 28문제 출제

● **청취(Listening)에 취약한 사람들도 통과 점수 획득 가능:** 세 개의 영역의 평균 점수가 최종 점수이므로 청취에서 상대적으로 낮은 점수를 받아도 문법과 독해 및 어휘로 목표 점수 달성 가능

G-TELP 소개

G-TELP(General Tests of English Language Proficiency)는 국제 테스트 연구원(ITSC, International Testing Services Center)에서 주관하는 국제적으로 시행하는 국제 공인 영어 테스트입니다. 또한 단순히 배운 내용을 평가하는 시험이 아닌, 영어 능력을 종합적으로 평가하는 시험으로, 다음과 같은 구성으로 이루어져 있습니다.

● 시험 구성

구분	구성 및 시간	평가기준	합격자의 영어구사능력	응시자격
LEVEL 1	· 청취 30문항 (약 30분) · 독해 60문항 (70분) · 전체 90문항 (약 100분)	원어민에 준하는 영어 능력: 상담 토론 가능	일상생활 상담, 토론 국제회의 통역	2등급 Mastery를 취득한 자
LEVEL 2	· 문법 26문항 (20분) · 청취 26문항 (약 30분) · 독해 28문항 (40분) · 전체 80문항 (약 90분)	다양한 상황에서 대화 가능 업무 상담 및 해외 연수 가능한 수준	일상생활 업무 상담 회의 세미나, 해외 연수	제한 없음
LEVEL 3	· 문법 22문항 (20분) · 청취 24문항 (약 20분) · 독해 24문항 (40분) · 전체 70문항 (약 80분)	간단한 의사소통과 단순 대화 가능	간단한 의사소통 단순 대화 해외 여행, 단순 출장	제한 없음
LEVEL 4	· 문법 20문항 (20분) · 청취 20문항 (약 15분) · 독해 20문항 (25분) · 전체 60문항 (약 60분)	기본적인 문장을 통해 최소한의 의사소통 가능	기본적인 어휘 구사 짧은 문장 의사소통 반복 부연 설명 필요	제한 없음
LEVEL 5	· 문법 16문항 (15분) · 청취 16문항 (약 15분) · 독해 18문항 (25분) · 전체 50문항 (약 55분)	극히 초보적인 수준의 의사소통 가능	영어 초보자 일상 인사, 소개 듣기 자기 표현 불가	제한 없음

● 시험 시간

시험 문제지는 한 권의 책으로 이루어져 있으며 각각의 영역이 분권으로 나뉘어져 있지 않고 시험이 시작되는 오후 3시부터 시험이 종료되는 오후 4시 30분~35분까지 자신이 원하는 영역을 풀 수 있습니다. 단, 청취 음원은 3시 20분에 재생됩니다. 그래도 대략적으로 각 영역의 시험 시간을 나누자면, 청취 음원이 재생되는 3시 20분 이전을 문법 시험, 그리고 청취 음원이 끝나고 시험 종료까지를 독해 시험으로 나누어 말하기도 합니다.

오후 3시: 시험 시작

오후 3시 20분: 청취 시험 시작

오후 3시 45~47분: 청취 시험 종료 및 독해 시험 시작

오후 4시 30분~35분: 시험 종료

● 시험 시 유의사항

1. 신분증과 컴퓨터용 사인펜 필수 지참

지텔프 고사장으로 출발 전, 신분증과 컴퓨터용 사인펜은 꼭 가지고 가세요. 이 두 가지만 있어도 시험은 칠 수 있습니다. 신분증은 주민등록증, 운전면허증, 여권 등이 인정되며, 학생증이나 사원증은 해당되지 않습니다. 또한 컴퓨터용 사인펜은 타인에게 빌리거나 빌려줄 수 없으니 반드시 본인이 챙기시기 바랍니다.

2. 2시 30분부터 답안지 작성 오리엔테이션 시작

2시 20분까지 입실 시간이며, 2시 30분에 감독관이 답안지만 먼저 배부하면, 중앙 방송으로 답안지 작성 오리엔테이션이 시작됩니다. 이름, 수험번호(고유번호), 응시코드 등 답안지 기입 항목에 대한 설명이 이루어집니다. 오리엔테이션이 끝나면 휴식 시간을 가지고 신분증 확인이 실시됩니다. 고사장 입실은 2시 50분까지 가능하지만, 지텔프를 처음 응시하는 수험자라면 늦어도 2시 20분까지는 입실하시는 것이 좋습니다.

3. 답안지에는 컴퓨터용 사인펜과 수정테이프만 사용 가능

답안지에 기입하는 모든 정답은 컴퓨터용 사인펜으로 작성되어야 합니다. 기입한 정답을 수정할 경우 수정테이프만 사용 가능하며, 액체 형태의 수정액은 사용할 수 없습니다. 수정테이프 사용 시 1회 수정만 가능하고, 같은 자리에 2~3회 여러 겹으로 중복 사용시 정답이 인식되지 않을 수 있습니다. 문제지에 샤프나 볼펜으로 메모할 수 있지만 다른 수험자가 볼 수 없도록 작은 글자로 메모하시기 바랍니다.

4. 영역별 시험 시간 구분 없이 풀이 가능

문제지가 배부되고 모든 준비가 완료되면 오후 3시에 시험이 시작됩니다. 문제지는 문법, 청취, 독해 및 어휘 영역 순서로 제작되어 있지만 풀이 순서는 본인의 선택에 따라 정할 수 있습니다. 단, 청취는 음원을 들어야 풀이가 가능하므로 3시 20분에 시작되는 청취 음원에 맞춰 풀이하시기 바랍니다.

5. 소음 유발 금지

시험 중에는 소음이 발생하는 행위를 금지하고 있습니다. 문제를 따라 읽는다거나, 펜으로 문제지에 밑줄을 그으면서 소음을 발생시키는 등 다른 수험자에게 방해가 될 수 있는 행위를 삼가시기 바랍니다. 특히, 청취 음원이 재생되는 동안 청취 영역을 풀지 않고 다른 영역을 풀이할 경우, 문제지 페이지를 넘기면서 큰 소리가 나지 않도록 주의해야 합니다.

6. 시험 종료 후 답안지 마킹 금지

청취 음원의 재생 시간에 따라 차이가 있을 수 있지만 대부분의 경우 4시 30분~4시 35분 사이에 시험이 종료됩니다. 시험 종료 시간은 청취 시간이 끝나고 중앙 방송으로 공지되며, 시험 종료 5분 전에도 공지됩니다. 시험 종료 알림이 방송되면 즉시 펜을 놓고 문제지 사이에 답안지를 넣은 다음 문제지를 덮고 대기합니다.

2022년 G-TELP 정기시험 일정

회차	시험일자	접수기간	추가 접수기간 (~자정까지)	성적공지일 (오후 3:00)
제484회	2022-09-18(일) 15:00	2022-08-26 ~ 2022-09-02	~2022-09-07	2022-09-23
제485회	2022-10-02(일) 15:00	2022-09-09 ~ 2022-09-16	~2022-09-21	2022-10-07
제486회	2022-10-16(일) 15:00	2022-09-23 ~ 2022-09-30	~2022-10-05	2022-10-21
제487회	2022-10-23(일) 15:00	2022-10-05 ~ 2022-10-11	–	2022-10-28
제488회	2022-10-30(일) 15:00	2022-10-07 ~ 2022-10-14	~2022-10-19	2022-11-04
제489회	2022-11-13(일) 15:00	2022-10-21 ~ 2022-10-28	~2022-11-02	2022-11-18
제490회	2022-11-27(일) 15:00	2022-11-04 ~ 2022-11-11	~2022-11-16	2022-12-02
제491회	2022-12-04(일) 15:00	2022-11-16 ~ 2022-11-22	–	2022-12-09
제492회	2022-12-11(일) 15:00	2022-11-18 ~ 2022-11-25	~2022-11-30	2022-12-16
제493회	2022-12-25(일) 15:00	2022-12-02 ~ 2022-12-09	~2022-12-14	2022-12-30

● 시험 접수 방법

정기 시험 접수 기간에 G-TELP KOREA 공식 홈페이지 www.g-telp.co.kr 접속 후 로그인, [시험접수] – [정기 시험 접수] 클릭

● 시험 응시료

정기시험 66,300원 (졸업 인증 45,700원, 군인 33,200원) / 추가 접수 71,100원 (졸업 인증 50,600원, 군인 38,000원)

● 시험 준비물

① 신분증: 주민등록증(임시 발급 포함), 운전면허증, 여권, 공무원증 중 택1
② 컴퓨터용 사인펜: 연필, 샤프, 볼펜은 문제 풀이 시 필요에 따라 사용 가능, OMR 답안지에는 연필, 샤프, 볼펜으로 기재 불가
③ 수정 테이프: 컴퓨터용 사인펜으로 기재한 답을 수정할 경우 수정액이 아닌 수정 테이프만 사용 가능

● 시험장 입실

시험 시작 40분 전인 오후 2시 20분부터 입실, 2시 50분부터 입실 불가

● OMR 카드 작성

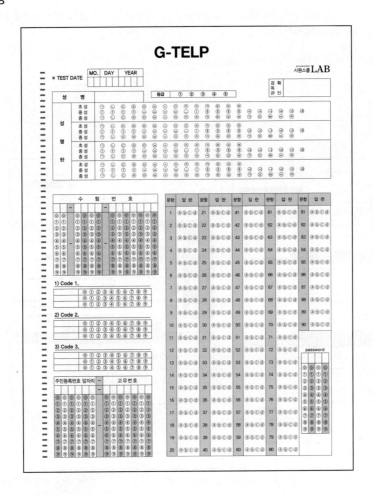

<설명>
∘ 날짜, 성명을 쓰고 등급은 ②에 마킹합니다.
∘ 이름을 초성, 중성, 종성으로 나누어 마킹합니다.
∘ 수험 번호는 자신의 책상에 비치된 수험표에 기재되어 있습니다.
∘ Code 1, Code 2는 OMR 카드 뒷면에서 해당되는 코드를 찾아 세 자리 번호를 마킹합니다. (대학생이 아닌 일반인의 경우 Code 1은 098, Code 2는 090)
∘ Code 3은 수험 번호의 마지막 7자리 숫자 중 앞 3자리 숫자를 마킹합니다.
∘ 주민등록번호는 앞자리만 마킹하고 뒷자리는 개인 정보 보호를 위해 지텔프에서 임시로 부여한 고유 번호로 마킹해야합니다. (수험표에서 확인)
∘ 답안지에는 90번까지 있지만 Level 2 시험의 문제는 80번까지이므로 80번까지만 마킹합니다.
∘ OMR 카드 오른쪽 아래에 있는 비밀번호(password) 4자리는 성적표 출력 시 필요한 비밀번호로, 응시자가 직접 비밀번호를 설정하여 숫자 4개를 마킹합니다.
∘ 시험 시간에는 답안지 작성(OMR 카드 마킹) 시간이 별도로 주어지지 않습니다.

● 성적 발표

시험일 5일 이내 G-TELP KOREA 공식 홈페이지 www.g-telp.co.kr 접속 후 로그인, [성적 확인] – [성적 확인] 클릭 / 우편 발송은 성적 발표 후 차주 화요일에 실시

● 성적 유효 기간

시험일로부터 2년

● 성적표 양식

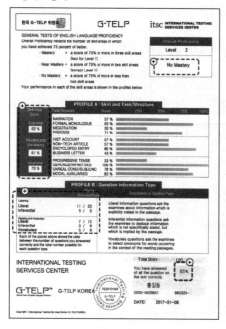 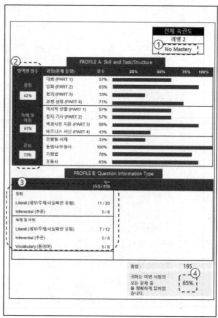

* 편의를 위해 우리말로 번역하였습니다.

① No Mastery: 응시자가 75% 이상의 점수를 획득할 경우 Mastery, 그렇지 못할 경우 No Mastery로 표기되며, 32점이나 65점, 77점 등 점수대별 목표 점수를 가진 응시자에게 아무런 영향이 없습니다.

② 영역별 점수: 각 영역별 점수를 가리키는 수치입니다. 이를 모두 취합하면 총점(Total Score)이 되며, 이를 3으로 나눈 평균값이 ④에 나오는 최종 점수입니다.

③ 청취와 독해 및 어휘 영역의 출제 유형별 득점: 청취와 독해 및 어휘 영역의 Literal은 세부사항, 주제 및 목적, 사실 확인 유형의 문제를 말하며, 이 유형들은 지문의 내용에 문제의 정답이 직접적으로 언급되어 있는 유형입니다. Inferential은 추론 문제를 말하며, 이 유형은 지문에 문제의 정답이 직접적으로 언급되어 있지 않지만 지문에 나온 정보를 토대로 추론을 통해 알 수 있는 사실을 보기 중에서 고르는 문제입니다. 이 유형의 경우, 정답 보기가 패러프레이징(paraphrasing: 같은 의미를 다른 단어로 바꾸어 말하기)이 되어 있어 다소 난이도가 높은 편입니다. 청취와 독해 및 어휘 영역에서는 문제가 각각 5~8문제씩 출제됩니다. 마지막으로 Vocabulary는 각 PART의 지문에 밑줄이 그어진 2개의 단어에 맞는 동의어를 찾는 문제입니다. 총 네 개의 PART에서 각각 2문제씩 나오므로 항상 8문제가 출제됩니다.

목표 점수별 공략법

지텔프 Level 2. 32점

1. 총점 96점이 목표

지텔프 시험은 문법 26문제, 청취 26문제, 독해 28문제로 구성되어 있으며 각 영역이 100점 만점, 총
80문제입니다. 여기서 평균 32점을 얻기 위해서는 세 영역 합산 총점이 96점이 되어야 합니다.

2. 문법 84점만 받으면 된다

각 영역별로 난이도는 "청취 > 독해 > 문법" 순으로, 청취가 가장 어렵고 문법이 가장 쉽습니다. 문법 영역은 총
26문제 중 시제 6문제, 가정법 6문제, 당위성 표현 2문제, 부정사/동명사 6문제, 조동사 2문제, 접속사/전치사
2문제, 관계대명사절 2문제로 출제됩니다. 같은 유형의 문제가 반복되어 나오고, 그 유형은 총 7개 유형이므로 이
7개 유형만 학습하면 문법 영역에서 최대 84점의 고득점이 가능합니다.
따라서 1주일에서 2주일 동안 7개 유형의 각각의 특징과 단서를 파악하는데 주력하여 학습한다면, 문제 해석이
필요한 조동사와 접속사 문제를 제외하고, 나머지 22문제를 맞추어 약 84점이 확보됩니다. (한 문제당 약 4점으로
계산) 여기서 청취와 독해에서 3문제 이상 더 맞추면 총점 96점이 훌쩍 넘어 목표 점수 32점을 쉽게 달성할 수
있습니다.

지텔프 Level 2. 43~50점

1. 총점 129~150점이 목표

평균 43점은 총점 129점, 50점은 총점 150점이 필요합니다. 목표 점수가 몇 점인지 상관없이 이 총점을 달성하기
위해서 문법 영역에서 92점을 확보하는 것은 동일합니다. 문법에서 확보된 점수에 따라 청취와 독해에서 받아야
하는 점수가 결정됩니다. 그래서 청취 20~30점, 독해 20~30점을 확보하면 총점 139~152점이 되어 목표 점수보다
높은 점수로 무난하게 목표 점수를 달성할 수 있습니다. 이 점수는 사실상 청취와 독해에 대한 많은 학습으로
요구하는 점수가 아니기 때문에 수험생의 부담이 적습니다.

2. 문법이 목표 달성의 핵심

개개인의 문법 성취도에 따라 점수가 다르겠지만, 43점~50점을 목표로 할 경우 문법에서 92점을 확보하지
못하면 그만큼 청취와 독해에서 부족한 점수를 더 확보해야 합니다. 32점 목표일 때 문법에 대한 전략에서 좀 더
나아가야합니다.
각 영역별로 난이도는 "청취 > 독해 > 문법" 순으로, 청취가 가장 어렵고 문법이 가장 쉽습니다. 문법 영역은 총
26문제 중 시제 6문제, 가정법 6문제, 당위성 표현 2문제, 부정사/동명사 6문제, 조동사 2문제, 접속사/접속부사
2문제, 관계사절 2문제로 출제됩니다. 같은 유형의 문제가 반복되어 나오고, 그 유형은 총 7개 유형이므로 이 7개

유형을 본 교재에서 학습하여 문법 점수 92점을 달성해야 합니다.

그 유형 중 소위 '해석으로 문맥 파악을 통한 문제 풀이'가 필요한 유형인 접속사/접속부사 2문제, 조동사 2문제는 다른 유형보다 다소 난이도가 높다고 알려져 있습니다. 그 이유는 다른 유형은 정답의 단서가 정해져 있거나, 정해진 문법 공식에 의해서 출제되기 때문에 문제의 문맥을 파악하지 않고도 정답을 선택할 수 있지만 접속사/접속부사와 조동사는 그렇지 않기 때문입니다. 그래서 정답의 단서와 문법 공식의 암기 및 숙지로 정답을 고를 수 있는 유형인 시제, 가정법, 당위성 표현, 부정사/동명사, 관계사절 문제 총 22문제의 정답을 맞추면 84점을 확보할 수 있습니다. 여기서 조동사와 접속사/접속부사 총 4문제 중 2문제만 확보하면 92점 달성이 가능합니다. 만약 문법에서 84점이라면 청취와 독해에서 목표보다 2문제를 더 확보해야 합니다. 청취와 독해에 취약하다면 문법에서 점수를 더 확보하는 것이 수월할 것입니다.

3. 청취와 독해 전략

청취와 독해에서 각각 20~30점을 받기 위해서 많은 학습을 요구하지 않지만, 그래도 아무런 대비 없이 (a)~(d) 중 하나의 선택지로만 정답을 제출하는 것(일명 '기둥 세우기')은 다소 위험할 수 있습니다. 반드시 25%의 확률로 정답이 분포되어 있지 않을 수 있기 때문에 단 4~8점(1~2문제)이 모자라서 목표 점수를 달성하지 못할 수도 있습니다. 그래서 청취와 독해에서 상대적으로 쉬운 PART의 문제를 풀어보는 것을 추천합니다.

청취의 경우 PART 1과 3이 쉬운데, 특히 주제를 묻는 첫 문제와 대화 후 할 일에 대해 묻는 마지막 문제는 전체적인 내용의 흐름만 파악한다면 쉽게 정답을 고를 수 있습니다.

독해는 PART 1과 PART 4가 상대적으로 지문의 내용을 이해하기가 쉽습니다. 특히 PART 1의 첫 문제는 지문에 설명되는 인물이 유명한 이유를 묻는 문제이며, 대부분 첫 문단에 정답의 단서가 언급되어 있으므로 정답을 고르기가 쉽습니다. PART 4는 비즈니스 서신에 관한 내용이며, 첫 문제가 항상 편지를 쓰는 목적에 해당됩니다. 이 문제 또한 첫 문단에서 정답의 단서를 쉽게 찾을 수 있어 푸는 데 크게 어렵지 않은 문제입니다. 그리고 독해는 각 PART별로 2문제의 동의어 문제가 출제되어 총 8문제가 출제됩니다. 8문제 중 3~4문제는 사전적 동의어로 출제되어 기본적인 어휘 실력만 뒷받침된다면 무난하게 풀 수 있습니다. 이를 통해 큰 어려움 없이 청취와 독해에서 안정적인 점수를 확보하여 문법에서 92점 이하로 받더라도 목표 점수를 달성할 수 있습니다.

지텔프 Level 2. 65점

1. 총점 195점이 목표

평균 65점은 세 영역에서 총점 195점이 되어야 하는 점수이므로, 문법에서 92점, 청취에서 30~40점, 독해에서 63~73점을 목표 점수로 권장합니다. 지텔프 시험의 가장 큰 장점은 문법의 난이도가 낮다는 것과 독해의 문제수가 적다는 것입니다. 앞서 32점 목표 공략법에서 설명하였듯이 문법은 총 7개 유형이 반복적으로 출제되어 총 26문제가 구성되어 있으므로 해당 유형의 이론을 공부하고 실전 문제만 충분히 풀이한다면 기본적으로 84점 이상은 얻을 수 있습니다. 여기서 조동사와 접속사 유형을 풀이하기 위해 출제되는 여러 조동사와 접속사를 공부하고 문장 해석을 통한 문맥 파악에 노력을 기울인다면 최대 96점(26문제 중 25문제 정답)은 충분히 달성할 수 있습니다.

2. 65점 목표의 난관: 독해와 어휘

독해는 토익에 비하여 분량이 적을 뿐 난이도가 토익보다 쉬운 것은 아닙니다. 한 지문은 약 500개 단어로 구성되어 있으며, 이는 토익 PART 7의 이중 지문과 비슷한 분량입니다. 이러한 지문이 총 4개, 각 지문당 7개의 문제가 출제되어 있으며, 그 7문제에는 세부정보, 추론, 사실확인, 동의어 찾기 유형이 섞여서 출제됩니다. 특히 동의어 찾기 문제는 한 지문당 2문제가 고정적으로 출제되어 독해 영역 전체에서 동의어 문제는 총 8문제가 출제됩니다. 그 외의 세부정보, 사실확인, 추론 유형의 문제는 반드시 해당 지문을 꼼꼼하게 읽으면서 정답을 찾아야 합니다.

동의어 문제를 제외한 한 지문에 나오는 독해 문제 5문제는 독해 지문의 단락 순서대로 출제됩니다. 예를 들어, 첫번째 단락에서 첫번째 문제의 정답 단서가 있으며, 두번째 단락에 두번째 문제의 정답 단서가 있는 식입니다. 하지만 이것이 항상 규칙적이지는 않은데, 가령 첫번째 단락에 첫번째 문제의 정답 단서가 없으면 두번째 단락에 첫번째 문제의 정답 단서가 있기도 합니다. 그래서 문제를 풀 때는 첫번째 문제를 먼저 읽고, 문제의 키워드를 파악한 다음, 첫번째 단락을 읽으면서 해당 키워드를 찾는 식으로 문제를 풀이합니다. 여기서 가장 중요한 것은 문장의 내용을 제대로 이해할 수 있는 해석 능력입니다. 영어 문장 해석 능력은 기초적인 영문법과 어휘 실력으로 완성됩니다.

따라서 지텔프 독해에서 요구되는 수준의 어휘 실력을 갖추기 위해 기초 영단어 포함 최소 2,000단어 이상 암기해야 하며, 영어 문장을 올바르게 해석하기 위해 기초 영문법을 학습해야 합니다. 여기서 기초 영문법이란 중/고등학교 영어 수준의 영문법을 말하며, 품사의 구분부터 문장성분 분석, 각 문장의 형식에 따른 문장 해석 방법, 부정사, 동명사, 분사(구문), 관용 구문까지 아울러 포괄적으로 일컫는 말입니다. 어휘와 해석 능력만 갖춰진다면 60점까지 무리없이 도달할 수 있으며, 거기서 추가적으로 패러프레징(paraphrasing) 된 오답을 피하는 요령, 세부 정보 및 추론 문제에서 정답 보기를 찾는 요령 등 독해 스킬에 해당하는 것을 추가적으로 학습하면 70점에 도달할 수 있습니다.

3. 청취 영역을 포기하지 말 것

청취는 총 4개 지문, 각 지문당 6~7문제가 출제되는데, 난이도가 그 어떤 다른 영어 시험보다 어려운 수준이기에 많은 수험생들이 청취 영역을 포기하는 경우가 많습니다. 청취 영역이 어려운 이유는 첫째, 문제가 시험지에 인쇄되어 있지 않습니다. 즉 듣기 음원에서 문제를 2회 들려주는데, 이 때 빠르게 시험지에 메모하여 문제를 파악해야 합니다. 둘째, 한 지문이 6분 이상 재생되기 때문에, 들으면서 즉각적으로 6~7문제를 풀어야 하는 수험생에게 아주 긴 집중력을 필요로 합니다. 셋째, 문제의 난이도가 독해 영역의 문제만큼이나 어렵습니다. 듣기 문제에서 세부정보, 사실 확인, 추론 유형의 문제를 풀이해야 하는데, 이 때 성우가 말하는 단서 중 한 단어만 놓쳐도 해당 문제에서 오답을 고를 확률이 매우 높아집니다. 그렇기 때문에 약 25분 정도 소요되는 청취 영역 시간 동안 문법이나 독해 문제를 푸는 수험생이 많고, 청취는 하나의 보기로 통일하여 답안지에 기재하는 등 포기하는 경우가 많습니다.

문법과 독해에서 고득점을 받는다면 청취에서 하나의 보기로 답안지를 작성하여도 20점~25점의 점수를 얻어 총점 195점을 받을 수 있지만, 항상 변수에 대비해야 합니다. 여기서 변수는 독해 영역에서 지나치게 어려운 주제의 지문이 출제되는 경우입니다. 특히 독해 PART 2 잡지 기사문과 PART 3 백과사전 지문에서 의학, 과학, 윤리/철학 등 이해하기 어려운 개념에 대한 지문이 등장하면 어휘부터 어렵기 때문에 많은 수험생들이 제실력을 발휘하지 못하고 목표한 점수를 얻지 못하는 경우가 발생합니다. 이러한 경우를 대비하여, 청취 영역시간에는 청취 영역을 적극적으로 풀이할 것을 권장합니다. 물론 지문이 길고 문제도 적혀 있지 않기 때문에 어렵겠지만, 한 지문에서 첫 3문제는 지문의 앞부분에서 키워드만 듣게 되면 바로 정답을 찾을 수 있을 정도로 비교적 난이도가 낮습니다. 따라서 문제를 읽어줄 때 문제를 메모하는 연습을 하여 각 지문당 3문제씩이라도 집중해서 제대로 푼다면 적어도 30점 이상은 얻을 수 있습니다. 청취 영역에서 30점 보다 더 높은 점수를 받을 경우, 그만큼 독해에서 고난도의 문제를 틀리더라도 총점 195점을 달성하는데 많은 도움이 될 것입니다.

지텔프 LEVEL 2 성적 활용표

● 주요 정부 부처 및 국가 자격증

활용처(시험)	지텔프 Level 2 점수	토익 점수
군무원 9급	32점	470점
군무원 7급	47점	570점
경찰공무원(순경)	48점 (가산점 2점) 75점 (가산점 4점) 89점 (가산점 5점)	600점 (가산점 2점) 800점 (가산점 4점) 900점 (가산점 5점)
소방간부 후보생	50점	625점
경찰간부 후보생	50점	625점
경찰공무원 (경사, 경장, 순경)	43점	550점
호텔서비스사	39점	490점
박물관 및 미술관 준학예사	50점	625점
군무원 5급	65점	700점
국가공무원 5급	65점	700점
국가공무원 7급	65점	700점
입법고시(국회)	65점	700점
법원 행정고시(법원)	65점	700점
세무사	65점	700점
공인노무사	65점	700점
공인회계사	65점	700점
감정평가사	65점	700점
호텔관리사	66점	700점
카투사	73점	780점
국가공무원 7급 (외무영사직렬)	77점	790점

* 출처: G-TELP 공식 사이트(www.g-telp.co.kr)

목표 달성 학습플랜

■ 다음의 학습 진도를 참조하여 매일 학습합니다.

■ 기초가 부족하다면 부록으로 제공되는 <노베이스 기초문법>을 학습 후에 다음의 학습 플랜을 따르시기 바랍니다.

■ 교재를 끝까지 한 번 보고 나면 2회독에 도전합니다. 두 번째 볼 때는 훨씬 빠르게 끝낼 수 있어요. 천천히 1회만 보는 것보다 빠르게 2회, 3회 보는 것이 지텔프 문법 실력 향상에 효율적입니다.

30일 완성 학습 플랜

문법은 목표 점수에 상관없이 고득점을 목표로 하기 때문에 각 기출포인트를 매일 학습하여 30일만에 완독하는 학습 플랜입니다.

1일	2일	3일	4일	5일
[부록] 노베이스 기초문법	기출포인트 01	기출포인트 02	기출포인트 03	기출포인트 04
6일	**7일**	**8일**	**9일**	**10일**
기출포인트 05	기출포인트 06	실전 CHECK-UP 1	기출포인트 07	기출포인트 08
11일	**12일**	**13일**	**14일**	**15일**
기출포인트 09	기출포인트 10	실전 CHECK-UP 2	기출포인트 11	기출포인트 12
16일	**17일**	**18일**	**19일**	**20일**
기출포인트 13	실전 CHECK-UP 3	기출포인트 14	기출포인트 15	기출포인트 16
21일	**22일**	**23일**	**24일**	**25일**
기출포인트 17	기출포인트 18	실전 CHECK-UP 4	기출포인트 19	기출포인트 20
26일	**27일**	**28일**	**29일**	**30일**
기출포인트 21	실전 CHECK-UP 5	기출포인트 22	기출포인트 22	실전 CHECK-UP 6

14일 완성 학습 플랜

시험이 얼마 남지 않았을 때나 30일 학습 플랜을 끝낸 후 한 번 더 교재를 학습할 때를 위한 14일 완성 학습 플랜입니다. 하루에 평균 기출포인트 2개씩 진도를 나가면서, 연습문제와 실전문제, 그리고 실전 Check-Up 문제를 모두 풀어야 해서 하루에 학습해야 하는 시간이 적어도 3시간 이상은 필요한 학습 플랜입니다.

1일	2일	3일	4일	5일	6일	7일
기출포인트 01 기출포인트 02	기출포인트 03 기출포인트 04	기출포인트 05 기출포인트 06 실전 CHECK-UP 1	기출포인트 07 기출포인트 08	기출포인트 09 기출포인트 10 실전 CHECK-UP 2	기출포인트 11 기출포인트 12	기출포인트 13 실전 CHECK-UP 3

8일	9일	10일	11일	12일	13일	14일
기출포인트 14 기출포인트 15	기출포인트 16 기출포인트 17	기출포인트 18 실전 CHECK-UP 4	기출포인트 19 기출포인트 20	기출포인트 21 실전 CHECK-UP 5	기출포인트 22 기출포인트 23	실전 CHECK-UP 6

6일 완성 학습 플랜

시험 직전 마무리 회독을 하기 위한 학습 플랜입니다. 각 시제의 단서 표현과 가정법 공식, to부정사/동명사를 목적어로 취하는 동사, 당위성 표현, 그리고 관계사절 공식 위주로 리뷰하고 다시 한번 암기합니다. 또한 실전 문제와 실전 Check-Up 문제는 틀린 문제 위주로 리뷰하고, 기출 문제 중 조동사와 연결어 문제는 문맥을 파악하여 정답의 이유와 오답의 이유를 각각 확인하여 실제 시험에서 최대한 높은 점수가 나올 수 있도록 대비합니다.

1일	2일	3일	4일	5일	6일
기출포인트 01 기출포인트 02 기출포인트 03 기출포인트 04 기출포인트 05 기출포인트 06 실전 CHECK-UP 1	기출포인트 07 기출포인트 08 기출포인트 09 기출포인트 10 실전 CHECK-UP 2	기출포인트 11 기출포인트 12 기출포인트 13 실전 CHECK-UP 3	기출포인트 14 기출포인트 15 기출포인트 16 기출포인트 17 기출포인트 18 실전 CHECK-UP 4	기출포인트 19 기출포인트 20 기출포인트 21 실전 CHECK-UP 5	기출포인트 22 기출포인트 23 실전 CHECK-UP 6

UNIT 1

시제

G-TELP
GRAMMAR

기출 POINT 1 | 현재진행시제

출제 포인트

1 현재진행시제의 형태 「am/are/is + -ing」
의미 ~하는 중이다, ~하고 있다

> Jenny **is** currently **studying** English.
> 제니는 **현재** 영어를 공부하는 중이다.
>
> **Right now,** Kate **is reading** books.
> **바로 지금**, 케이트는 책을 읽는 중이다.

2 문제풀이 순서

- ☑ 문제에서 빈칸의 위치가 동사 자리라면 시제, 가정법, 당위성을 나타내는 동사원형 유형 중 하나이다.
- ☑ 시제 문제일 경우 항상 진행시제 「be동사 + -ing」 형태가 정답이다.
- ☑ 빈칸이 포함된 문장에서 시제 관련 단서를 찾아 동그라미로 표시한다. (ex: right now, currently 등)
- ☑ 단서가 뚜렷하게 나타나 있지 않으면, 주변 시제를 보고 헷갈리는 두 가지 선택지를 표시하고 다른 문제에서 정답으로 나온 시제를 소거한다.
- ☑ 각 시제는 1문제씩 출제되기 때문에 출제된 시제 문제 개수를 검토한다.

3 현재진행시제와 함께 쓰는 시간 표현 [빈칸 문장에 함께 쓰이는 단서]

now (지금)	right now (바로 지금)	currently (현재)
at the/this moment (바로 지금)	as of this moment (지금 이 순간)	nowadays (요즘)
as we speak (바로 지금)	today (오늘날, 요즘)	at present (현재)

> **As of this moment,** Jenny **is** carefully **choosing** her dress.
> **지금 이 순간**, 제니는 드레스를 신중하게 고르는 중이다.
>
> Ray **is playing** the piano **at present.**
> 레이는 **현재** 피아노를 치는 중이다.

4 문제풀이 팁
보기 (a)~(d)에 now나 currently가 포함되어 있다면, 무조건 현재진행을 정답으로 선택한다.

> Jenny _____ English for the test.
> (a) is currently studying
> (b) was currently studying
> (c) has currently studied
> (d) had currently studied

연습문제

TIP 시제 문제 풀 때 꼭 기억할 팁!
· 단서가 되는 표현에 동그라미로 표시한다.
· 항상 「be동사 + -ing」 형태가 정답이다.
· 단서가 없는 경우 주변 시제를 확인한다. (주변 시제가 현재라면? 현재진행시제가 정답!)

1. Right now, Jenny _____ a birthday party with her best friends.
   (a) was having
   (b) is having
   (c) had had
   (d) has been having

2. As of this moment, Jenny _____ her wedding dress.
   (a) carefully chooses
   (b) is carefully choosing
   (c) carefully chose
   (d) had carefully been choosing

3. At present, Julie _____ a book on psychology she bought yesterday.
   (a) was reading
   (b) reads
   (c) is reading
   (d) will be reading

4. Our team members _____ a welcoming party for new employees these days.
   (a) are planning
   (b) plans
   (c) will be planning
   (d) had been planning

5. Currently, the IT department _____ a Web developer to work on improving the Web site.
   (a) was seeking
   (b) will be seeking
   (c) is seeking
   (c) has been seeking

6. Today, the Earth's natural resources _____ at a rapid rate due to increasing demand for building materials.
   (a) ran out
   (b) are running out
   (c) will run out
   (d) were running out

7. The HR manager just said to the CEO, "The interviewees _____ for you in the room at the moment."
   (a) are waiting
   (b) had been waiting
   (c) has been waiting
   (d) were waiting

8. All restaurants in the city _____ for sanitation these days.
   (a) was being inspected
   (b) will be being inspected
   (c) are being inspected
   (d) be inspected

1. `기출 1회`

Chad will be debuting as a professional golfer tomorrow, so his parents want to celebrate tonight. Planning to surprise Chad, his mother _____ dinner right now and will be back around 20 minutes before he arrives.

(a) is buying
(b) buys
(c) has been buying
(d) will have bought

2. `기출 3회`

Mr. Anderson knows that hydrangeas are his wife's favorite flowers. Consequently, he regularly plants hydrangeas in their garden. At the moment, he _____ the batch of the flowers that he planted last week.

(a) had been watering
(b) waters
(c) was watering
(d) is watering

3. `기출 6회`

When Damon saw a movie about a famous musician, he was inspired to create his own music. He has been writing songs nonstop since then. In fact, he _____ a new piece right now.

(a) composes
(b) would compose
(c) is composing
(d) has been composing

4.

Drama Club can be a great extracurricular activity for students who have difficulty socializing in school. For instance, Jared always kept to himself and rarely spoke before joining Drama Club. Now, he _____ about auditioning for the main role in the school's annual play.

(a) has thought
(b) thought
(c) is thinking
(d) will think

5.

"Begpacking," where individuals from affluent countries beg for money while traveling in Southeast Asia, has become a controversial new trend in the world of travel. Currently, tourism agencies in popular destinations _____ ways to discourage the practice.

(a) will introduce
(b) are introducing
(c) have introduced
(d) introduces

6.

My brother seems thrilled about travelling in Europe during a month-long vacation he finally won. He works incredibly long hours every week, and he hasn't had a vacation in years. So, he already _____ a flight to France as we speak.

(a) books
(b) is booking
(c) has been booking
(d) will book

7.

My brother Tony has been having a lot of anxiety since starting university. Having come home for the weekend, he _____ right now by lying on the beach, where we used to play together when we were children.

(a) is being soothed
(b) was soothed
(c) will be soothed
(d) has been soothed

8.

Julie is the smartest classmate I have ever seen. At age 21, she has already earned a master's degree in physics. She _____ for her doctorate degree at Sandford University these days.

(a) is studying
(b) had been studying
(c) will be studying
(d) studied

9.

When Henry was 5 years old, he showed an interest in baseball after watching a baseball game on TV. He started taking lessons three years ago. Currently, he _____ for the New York Kids baseball team.

(a) plays
(b) is playing
(c) will be playing
(d) has been playing

10.

Dorothy, one of my best friends, applied for her dream company last month. She _____ a job interview with the chief Manager as of this moment and the results of the interview will be notified individually by email.

(a) was doing
(b) did
(c) is doing
(d) has been doing

11.

Rebecca has wanted to lose weight and improve her muscle strength, so she _____ out with her gym instructor, Jim nowadays. He told Rebecca that aside from exercise, it's best that she also maintain a healthy diet to get the best results.

(a) was working
(b) works
(c) is working
(d) has been working

12.

Exhausted from hard work, Rachel had been looking forward all day to enjoying the evening at home alone. She _____ her favorite book *Pride and Prejudice* right now. By the time she finishes reading it, she will have been reading the book for 4 hours.

(a) is reading
(b) had been reading
(c) has been reading
(d) will be reading

출제 포인트

1 과거진행시제의 형태 「was/were + -ing」
　의미 ~하는 중이었다, ~하고 있었다

> Jenny **was reading** books **last night**.
> 제니는 **어젯밤**에 책을 <u>보는 중이었다</u>.
>
> Kate **was talking** on the phone **at 11 p.m. yesterday**.
> 케이트는 **어젯밤 오후 11시**에 전화를 <u>하는 중이었다</u>.

2 문제풀이 순서

- ☑ 문제에서 빈칸의 위치가 동사 자리라면 시제, 가정법, 당위성을 나타내는 동사원형 유형 중 하나이다.
- ☑ 빈칸이 포함된 문장에서 단서를 찾아 동그라미로 표시한다. (ex: yesterday, last night 등)
- ☑ 과거시점을 나타내는 단서가 있는 경우 대부분 과거진행시제 「was/were + -ing」 형태가 정답이다.
  (p. 42 과거완료진행시제와 비교 참조)
- ☑ 단서가 뚜렷하지 않으면, 주변 시제를 보고 헷갈리는 두 가지 선택지를 표시하고 다른 문제에서 정답으로 나온 시제를 소거한다.
- ☑ 각 시제는 1문제씩 출제되기 때문에 출제된 시제 문제 개수를 검토한다.

3 과거진행시제와 함께 쓰는 시간 표현 [빈칸 문장에 함께 쓰이는 단서]

yesterday (어제)	last night (지난밤)	ago (~전에)
at that time (그 때, 그 당시에)	last week (지난주)	until + 과거시점 (~까지)
at that moment (그 때)	last year (지난해)	in + 과거년도 (~년에)

> When + 주어 + 과거동사, 주어 + **과거진행 (was/were -ing)**
> → 주어 + **과거진행 (was/were -ing)** + when + 주어 + 과거동사
>
> While + 주어 + **과거진행 (was/were -ing)**, 주어 + 과거동사
> → 주어 + 과거동사 + while + 주어 + **과거진행 (was/were -ing)**

> Ray **was studying** genetics at university **at that time**.
> 레이는 **그 당시에** 대학교에서 유전학을 <u>공부하는 중이었다</u>.
>
> We **were climbing** the mountain **when** the rain **started**.
> 비가 내리기 **시작했을 때**, 우리는 산을 <u>오르는 중이었다</u>.
>
> While I **was working** in the garden, I **hurt** my back.
> 내가 정원에서 <u>일하고 있는 동안</u>, 나는 허리를 **다쳤다**.

연습문제

> **TIP** 시제 문제 풀 때 꼭 기억할 팁!
> · 단서가 되는 표현에 동그라미로 표시한다.
> · 항상 「be동사 + -ing」 형태가 정답이다.
> · 단서가 없는 경우 주변 시제를 확인한다. (주변 시제가 과거라면? 과거진행시제가 정답!)

1. While I _____ my room, I found some old photos which I thought I had lost a few years ago.
    (a) cleaned   (b) was cleaning
    (c) had cleaned   (d) is cleaning

2. Despite the inclement weather, the company outing was not canceled. We _____ the mountain when the rain started.
    (a) had climbed   (b) were climbing
    (c) is climbing   (d) climbed

3. At 11 o'clock last night, Ray _____ on phone with his girlfriend. After 4 hours of talking, he ended up staying up all night.
    (a) is talking   (b) talked
    (c) was talking   (d) had talked

4. My roommate _____ a movie on his bed when I returned to our apartment. He said he didn't have any plans tonight.
    (a) is just watching   (b) was just watching
    (c) has just watched   (d) had just been watching

5. The neighbors _____ so much noise, so we had to complain eventually.
    (a) are making   (b) had been made
    (c) were making   (d) will have been making

6. David heard someone knock on the door while he _____ a shower.
    (a) took   (b) are taking
    (c) will be taking   (d) was taking

7. When I came back from the restroom, the waitress _____ the food to our table.
    (a) was bringing   (b) had been bringing
    (c) is bringing   (d) brought

1. 기출 4회
Felix just had an Isaac Newton-like moment while outside of his house. He didn't have a brilliant idea or anything. Instead, when he _____ underneath a big apple tree, an apple fell on his head.

(a) has been sitting
(b) is sitting
(c) was sitting
(d) had sat

2. 기출 1회
Following an earthquake, Thomas immediately called his sister, Sherry, to check up on her. Sherry told him that she _____ her lines for an upcoming audition when the earthquake hit, so she didn't even feel it.

(a) had rehearsed
(b) has been rehearsing
(c) rehearsed
(d) was rehearsing

3. 기출 6회
Percy Spencer accidentally discovered the microwave in 1945. He _____ next to active magnetrons, which produce electromagnetic waves, when he noticed that the candy bar in his pocket had melted.

(a) has been standing
(b) stood
(c) was standing
(d) would stand

4.
Several dates of Lance Sheeran's world tour have been canceled after the singer-song writer injured his wrist. He _____ to his tour bus when he slipped on some ice and landed on his right arm.

(a) walked
(b) is walking
(c) was walking
(d) will walk

5.
A production of *Hamilton* was interrupted this weekend by an eccentric audience member. The musical _____ when a man rushed onto the stage. He rambled about several global conspiracies before security escorted him out of the building.

(a) is just starting
(b) has just started
(c) would just start
(d) was just starting

6.
Tulip, a 14-year-old chihuahua, proves that heroes come in all sizes. Annie Bledsoe, Tulip's owner, _____ when an electrical fire started in her living room. Tulip woke her owner up and guided her out of the house.

(a) is sleeping
(b) slept
(c) was sleeping
(d) would sleep

7.

The Robinson family's deep-sea fishing trip turned out to be more exciting than they expected. They _____ thirty miles off the coast when a pod of orcas appeared and surrounded their fishing boat.

(a) would fish
(b) had fished
(c) were fishing
(d) are fishing

8.

Last evening, Joseph was in a hurry to finish his financial report before the deadline. However, while he _____ the last part, his laptop suddenly shut down without saving, so he had to do it all over again.

(a) finishes
(b) was finishing
(c) is finishing
(d) has been finishing

9.

Sally had just put her baby to sleep when her friends suddenly came knocking at her door. She hurriedly opened the door and asked that they be quite because her baby _____. So, they came in quietly.

(a) was sleeping
(b) will be sleeping
(c) is sleeping
(d) had been sleeping

10.

Eric regrets not having saved his progress regularly while writing a research paper for his history class. The power in his room went out just when he _____ the report that was due the next day!

(a) has been finishing
(b) was finishing
(c) is finishing
(d) had finished

11.

At age 74, Carlos Santana gave his fans a big scare during a music festival in the summer of 2019. He _____ on stage when he suddenly collapsed and had to be rushed to the hospital.

(a) would perform
(b) has been performing
(c) was performing
(d) performed

12.

Ramona and Valery are at the police station now to help with a case. They _____ a video of themselves when suddenly in the background, a burglar could be seen crawling out of their neighbor's window!

(a) were recording
(b) would record
(c) have been recording
(d) are still recording

미래진행시제

출제 포인트

1 미래진행시제의 형태 「will be + -ing」

의미 ~하는 중일 것이다, ~하고 있을 것이다

> Jenny **will be studying** English **tomorrow evening**.
> 제니는 **내일 저녁에** 영어를 <u>공부하는 중일 것이다</u>.
>
> Kate **will be reading** books **when** her mom **arrives**.
> 케이트는 그녀의 어머니께서 **도착할 때면** 책을 <u>읽는 중일 것이다</u>.

2 문제풀이 순서

- ☑ 문제에서 빈칸의 위치가 동사 자리라면 시제, 가정법, 당위성을 나타내는 동사원형 유형 중 하나이다.
- ☑ 시제 문제일 경우 항상 진행시제 「be동사 + -ing」 형태가 정답이다.
- ☑ 빈칸이 포함된 문장에서 시제 관련 단서를 찾아 동그라미로 표시한다. (ex: tomorrow, next week 등)
- ☑ 단서가 뚜렷하게 나타나 있지 않으면, 주변 시제를 보고 헷갈리는 두 가지 선택지를 표시하고 다른 문제에서 정답으로 나온 시제를 소거한다.
- ☑ 각 시제는 1문제씩 출제되기 때문에 출제된 시제 문제 개수를 검토한다.

3 미래진행시제와 함께 쓰는 시간 표현 [빈칸 문장에 함께 쓰이는 단서]

next week (다음 주)	tomorrow (내일)	in + 미래시점 (~후에)
next month (다음 달)	by + 미래시점 (~까지) [기한]	starting/following/beginning + 미래시점 (~부터)
next year (내년)	until + 미래시점 (~까지) [지속]	

* 시간부사 접속사: when/by the time/once/until/before/after/as soon as등과 조건 접속사 if의 경우 부사절의 동사가 현재시제 동사이면, 빈칸에 들어갈 주절의 동사는 미래진행시제이다.

When + 주어 + 현재시제 동사, 주어 + **미래진행 (will + be + -ing)**
→ 주어 + **미래진행 (will + be + -ing)**+ when + 주어 + 현재시제 동사

> I **will be having** a dinner with Sally **next week Friday**.
> **다음 주 금요일에** 나는 샐리와 함께 저녁을 <u>먹는 중일 것이다</u>.
>
> **When** Ray **arrives** home, I **will be cooking** dinner.
> 레이가 집에 **도착할 때** 나는 저녁을 <u>요리하는 중일 것이다</u>.
>
> Jay **will be boarding** the plane **by the time** my plane **lands**.
> 내 비행기가 **착륙할 즈음이면**, 제이는 비행기에 <u>탑승하는 중일 것이다</u>.

연습문제

1. Employees in our company _____ only thirty hours a week by next year.
   (a) was working
   (b) will be working
   (c) had been working
   (d) is working

2. In a few years, Jenny _____ for her dream company.
   (a) was working
   (b) had been working
   (c) have been worked
   (d) will be working

3. Starting next Monday, I _____ students.
   (a) will be teaching
   (b) teach
   (c) have been teaching
   (d) was teaching

4. After Natali resigns as manger from her company, she _____ 3 months in Europe.
   (a) are spending
   (b) spends
   (c) will be spending
   (d) has spent

5. Samantha likes to take a walk after eating her lunch. She _____ if you see her in the park at lunchtime.
   (a) was walking
   (b) would be walking
   (c) is walking
   (d) will be walking

6. I _____ Korean food once I go abroad to study next month.
   (a) had been missing
   (b) am missing
   (c) will be missing
   (d) was missing

7. As soon as Jane comes back from work, we _____ a birthday party with her.
   (a) are having
   (b) will be having
   (c) had been having
   (d) have been having

8. Mike goes to the gym every day at 7 A.M. He _____ when you call him tomorrow morning.
   (a) will be working out
   (b) had been working out
   (c) was working out
   (d) is working out

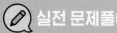

1. 기출 1회

Margot is anxious about how her new officemates will react when she starts work on Monday. She doesn't have to worry, though. They _____ so intently when she arrives that they might not even notice her!

(a) will work
(b) work
(c) will be working
(d) are working

2. 기출 5회

Liz is planning a surprise yacht party for her grandparents' fiftieth wedding anniversary. Starting tomorrow, she _____ the logistical arrangements to ensure everything goes as planned.

(a) had supervised
(b) has been supervising
(c) will be supervising
(d) supervises

3.

Last night, Gina came home late from work, but she had to wake up at 6 a.m. to prepare her children for school. If you visit her house later for a cup of coffee, she _____ again.

(a) has probably been sleeping
(b) will probably sleep
(c) probably sleeps
(d) will probably be sleeping

4.

You won't have much luck consulting Ms. Dutton about your performance evaluation at the office. The other workers _____ to her about their low grade when you bring it up. Instead, ask her for a meeting and talk to her privately.

(a) will also complain
(b) also complain
(c) will also be complaining
(d) would have also complained

5.

Bradley is no longer eligible to play on our school's football team because he failed his English course. So, Tyrone will play in his position. Starting with today's practice, Tyrone _____ as the quarterback on our team until Bradley improves his grades.

(a) fills in
(b) will be filling in
(c) is filling in
(d) would fill in

6.

Lacy Rhodes isn't available to do the interview with you tomorrow at the café. But, if it fits your schedule, you can meet her at the studio around five o'clock this evening. She _____ a recording session when you show up at 5:30

(a) will be completing
(b) is completing
(c) has completed
(d) will complete

7.
The CEO of Observant Records just announced the opening of a branch office on the West Coast. He _____ a team of employees over the next week who will travel to Seattle to help interview applicants and train new hires.

(a) has been selecting
(b) selects
(c) would select
(d) will be selecting

8.
Many people _____ the top star Jessy's annual concert tomorrow at New York Hall. To ensure the crowd's safety, the mayor of New York has assigned police officers to patrol the venue. In addition, local citizens will volunteer as event staff.

(a) was attending
(b) attends
(c) would attend
(d) will be attending

9.
Angela is preparing her grandmother's birthday party this Saturday. She already bought her a necklace as a present. When her relatives arrive at the party, her grandmother _____ the necklace.

(a) was wearing
(b) will be wearing
(c) will have worn
(d) has been wearing

10.
Despite the current economic crisis, the CEO of Kali Software wants to surpass next quarter's sales target. To overcome this situation, all the employees _____ household surveys every Monday to identify new potential market segments starting next week.

(a) have been conducting
(b) would be conducting
(c) will have conducted
(d) will be conducting

11.
The accounting department issued a memo regarding its new policy on part-time employees' compensation. For those who have questions about the policy, the accounting manager _____ inquiries in his office starting tomorrow.

(a) will be answering
(b) is answering
(c) has answered
(d) answers

12.
Mr. Lee's business trip to London is scheduled for next week. He is currently reminding wife that he _____ at The Palace Hotel for the entire duration of his business trip in case she needs to contact him.

(a) was staying
(b) stays
(c) will be staying
(d) would stay

출제 포인트

1 현재완료진행시제의 형태 「has / have been + -ing」

　　의미 ~해오는 중이다, ~해오고 있다
　　　　　→ 과거에 시작해서 지금도 진행 중임을 의미

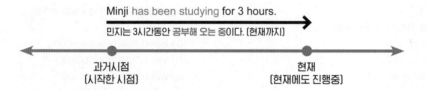

Minji has been studying for 3 hours.
민지는 3시간동안 공부해 오는 중이다. (현재까지)

과거시점　　　　　　　　　　　　　　현재
(시작한 시점)　　　　　　　　　　　　(현재에도 진행중)

> Jenny **has been reading** books **for 2 hours**.
> 제니는 **2시간 동안** 책을 읽어 오는 중이다 / 읽는 중이다.

2 문제풀이 순서

　☑ 문제에서 빈칸의 위치가 동사 자리라면 시제, 가정법, 당위성을 나타내는 동사원형 유형 중 하나이다.

　☑ 시제 문제일 경우 항상 진행시제 「be동사 + -ing」 형태가 정답이다.

　☑ 빈칸이 포함된 문장에서 시제와 완료의 단서를 찾아 동그라미로 표시한다. (ex: since, for 등)

　☑ 단서가 뚜렷하게 나타나 있지 않으면, 주변 시제를 보고 헷갈리는 두 가지 선택지를 표시하고 다른 문제에서 정답으로 나
　　온 시제를 소거한다.

　☑ 각 시제는 1문제씩 출제되기 때문에 출제된 시제 문제 개수를 검토한다.

3 현재완료진행시제와 함께 쓰는 시간 표현 [빈칸 문장에 함께 쓰이는 단서]

since + 과거시점 (~이후로)	until now (지금까지)	so far (지금까지 줄곧)
since + 주어+ 과거동사 (~이후로 계속)	for + 기간 + now (~동안)	lately (최근에)
ever since (~이후로 줄곧)	for + 기간 (~동안)	over/in/for + the + last/past + 기간 (~동안)

> 다른 완료진행시제의
> 단서로도 쓰일 수 있으니 주의!

> I **have been studying** English with Sally **for 4 hours now**.
> 나는 **4시간 동안** 샐리와 영어를 공부해오고 있는 중이다.
>
> Ray **has been playing** computer games **since this morning**.
> 레이는 **오늘 아침 이후로 계속** 컴퓨터 게임을 해오고 있는 중이다.
>
> Jay **has been working** at JN financial company **for over 3 years**.
> 제이는 **3년 이상 동안** JN 금융회사에서 근무해오고 있는 중이다.

연습문제

💡 **TIP** 문제 풀 때 꼭 기억할 팁!

· 단서가 되는 표현에 동그라미로 표시하기 (현재시제, for, since)
· 항상 「be동사 + -ing」 형태가 정답이다.
· 단서가 없는 경우 주변 시제를 확인한다.

1. Vanessa _____ the marketing department since she was transferred to the headquarters.
   (a) was supervising
   (b) has been supervising
   (c) had been supervising
   (d) is supervising

2. Students studying at King's college _____ to help the homeless so far.
   (a) is volunteering
   (b) had volunteered
   (c) will be volunteering
   (d) have been volunteering

3. Cloe _____ as a chief editor in *New York Post* for 5 years now.
   (a) was working
   (b) had been working
   (c) has been working
   (d) will be working

4. My friends and I _____ lunch for almost 2 hours now.
   (a) are having
   (b) had
   (c) will be having
   (d) have been having

5. Ever since, SPT corporation _____ the tide of negative publicity.
   (a) has been fighting
   (b) would be fighting
   (c) is fighting
   (d) will be fighting

6. Jane _____ for a partner for the Christmas party lately.
   (a) had been looking
   (b) was looking
   (c) will be looking
   (d) has been looking

7. The residents living near elementary schools _____ against riding a bike on the sidewalk for two weeks now.
   (a) are demonstrating
   (b) demonstrate
   (c) will be demonstrating
   (d) have been demonstrating

8. Since the company put up job posting in a newspaper, over 100 applicants _____ for the position.
   (a) was applying
   (b) have been applying
   (c) will be applying
   (d) had applied

1. 기출 5회

The goblin shark is one of Earth's oldest living shark species. Found in the deep sea, this rare shark species _____ the oceans for around 125 million years. It is sometimes described as a "living fossil."

(a) roams
(b) has been roaming
(c) is roaming
(d) will be roaming

2. 기출 2회

Aunt Ofelia is already 65 years old, but she's still working as a cashier at the local supermarket. She _____ about retirement for years now, but she hasn't actually gone through with her plans.

(a) will talk
(b) talks
(c) is talking
(d) has been talking

3. 기출 4회

Slash, a member of the band Guns N' Roses, is a British-American musician known for his exceptional guitar playing skills. He is such an expert because he _____ the guitar ever since he was a child.

(a) had been playing
(b) has been playing
(c) plays
(d) was playing

4.

The American Civil Liberties Union (ACLU) is a nonprofit organization that works to protect the Constitutional rights of every person in the United States. The ACLU _____ these liberties since its foundation in 1920.

(a) is defending
(b) defends
(c) defended
(d) has been defending

5.

Lisa never studied Korean before moving to Seoul. She says it's easier to learn when you're immersed in the language. Actually, she _____ in the city for one week, but she can already read the Korean alphabet.

(a) would have only lived
(b) is only living
(c) only lived
(d) has only been living

6.

Stephen King is one of the most creative and prolific authors of this generation. He _____ successful novels since the release of *Carrie* in 1973, and he frequently collaborates on TV shows and movies, too.

(a) is writing
(b) would have written
(c) will have been writing
(d) has been writing

7.

Harper's Monthly is one of America's most respected literary magazines. Featuring both works of fiction and articles on current events, the magazine _____ since 1850.

(a) is running
(b) runs
(c) ran
(d) has been running

8.

According to the recent poll of young adults from ages 18 to 25 studying at King's college, 53 percent said that they didn't support capitalism. Conversely, 30 percent support socialism. This is a political awakening that _____ over the past several years.

(a) was developing
(b) would be developing
(c) has been developing
(d) had been developing

9.

Although Mr. Hong was not the best volleyball player, he showed a great capability In managing a team after he retired at the age of 30. He _____ the Korean Women's National Volleyball team since his appointment in 2020.

(a) coached
(b) will be coaching
(c) is coaching
(d) has been coaching

10.

Film directors sometimes nurture long-standing working relationships with certain actors and actresses. For example, the director Stephen Allen Spielberg _____ with Tom Hanks on many movies since they first worked together on *Bridge of Spies* in 2015.

(a) has been collaborating
(b) collaborates
(c) collaborated
(d) is collaborating

11.

Daniel is starting to wonder if he made the best decision to study Mathematics at Arizona University. He _____ the major for two years now, but he still finds it difficult to learn. So, he is considering taking time off from the university.

(a) is pursuing
(b) pursues
(c) has been pursuing
(d) had been pursuing

12.

Mount Ararat is a snow-capped dormant volcano in Turkey that many mountaineers used to enjoy climbing. Unfortunately, the government declared the mountain a military restricted zone in 2016 and _____ civilian access to it since then.

(a) is restricting
(b) had been restricting
(c) has been restricting
(d) will have been restricting

미래완료진행시제

출제 포인트

1 미래완료진행시제의 형태 「will have been + -ing」

의미 ~해오고 있는 중일 것이다

→ 현재에 시작해서 미래의 특정 시점에도 진행중임을 의미

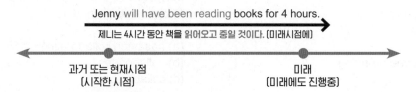

Jenny will have been reading books for 4 hours.
제니는 4시간 동안 책을 읽어오고 중일 것이다. (미래시점에)

과거 또는 현재시점 (시작한 시점)   미래 (미래에도 진행중)

Jenny **will have been reading** books for 4 hours **by the time** her mother **arrives**.
제니는 어머니께서 **도착하실 때 즈음** 책을 4시간 동안 <u>읽어오고 있는 중일 것이다</u>.

2 문제풀이 순서

☑ 문제에서 빈칸의 위치가 동사 자리라면 시제, 가정법, 당위성을 나타내는 동사원형 유형 중 하나이다.

☑ 시제 문제일 경우 항상 진행시제 「be동사 + -ing」 형태가 정답이다.

☑ 빈칸이 포함된 문장에서 시제와 완료의 단서를 찾아 동그라미로 표시한다. (ex: by, for, by the time 등)

☑ 단서가 뚜렷하게 나타나 있지 않으면, 주변 시제를 보고, 헷갈리는 두 가지 선택지를 표시하고 다른 문제에서 정답으로 나온 시제를 소거한다.

☑ 각 시제는 1문제씩 출제되기 때문에 출제된 시제 문제 개수를 검토한다.

3 미래완료진행시제와 함께 쓰는 시간 표현 [빈칸 문장에 함께 쓰이는 단서]

by the time + 현재동사	next 미래시점 + for 기간	in 미래시점 + for 기간
by 미래시점 + for 기간	until 미래시점 + for 기간	

* 시간부사 접속사: by the time/when/before과 조건절 if의 동사가 현재시제이며 주절에 「for 기간」 이 있다면 미래완료진행시제가 정답이다.

By the time + 주어 + **현재동사**, 주어 + <u>미래완료진행 (will have been + -ing)</u> + **for 기간**

→ 주어 + <u>미래완료진행 (will have been + -ing)</u> + **for 기간** + **by the time** + 주어 + **현재동사**

By the time the manager **returns** from the meeting, I <u>**will have been waiting**</u> for him **for 3 hours**.
매니저가 회의에서 **돌아올 때 쯤이면**, 나는 그를 **3시간 동안** <u>기다리게 될 것이다</u>.

Julie <u>**will have been studying**</u> Spanish **for 2 years by next month**.
다음 달이면 줄리는 스페인어를 **2년 간** <u>공부해오는 중일 것이다</u>.

By the end of this month, Ray <u>**will have been working**</u> at his company **for 3 years**.
이번 달 말이면, 레이는 그의 회사에서 **3년 간** <u>일해오는 중일 것이다</u>.

연습문제

· 단서가 되는 표현에 동그라미로 표시하기 (by the time + 현재시제, for + 기간, by 등)
· 항상 「be동사 + -ing」 형태가 정답이다.
· 단서가 없는 경우 주변 시제를 확인한다.

1. It _____ for a week if it rains until tomorrow.
   (a) will be raining
   (b) has been raining
   (c) had been raining
   (d) will have been raining

2. As of this March, we _____ together for five years.
   (a) has been living
   (b) had been living
   (c) will be living
   (d) will have been living

3. Tony _____ *Pride and Prejudice* for three hours by midnight.
   (a) was reading
   (b) had been reading
   (c) has been reading
   (d) will have been reading

4. By the time Jenny arrives, Matthew _____ TV for six hours.
   (a) will be watching
   (b) will have been watching
   (c) are watching
   (d) had been watching

5. By the time Jay finishes the homework at 9:30, he _____ it for four hours.
   (a) has been doing
   (b) would be doing
   (c) will have been doing
   (d) will be doing

6. I'm traveling around Europe now. By the end of the trip, I _____ for more than a year.
   (a) will have been traveling
   (b) are traveling
   (c) will be traveling
   (d) had been traveling

7. By midnight, James _____ his award-winning article for two hours.
   (a) were reading
   (b) will have been reading
   (c) will be reading
   (d) had been reading

8. By the end of this month, Gerald _____ the cello for five years.
   (a) will be playing
   (b) had been playing
   (c) will have been playing
   (d) has been playing

1. 기출 4회

Joanna is an accounting major who is only in her sophomore year. By the time she graduates three years from now, Joanna _____ balance sheets and cash flows for four straight years.

(a) has been studying
(b) will be studying
(c) would have studied
(d) will have been studying

2. 기출 3회

George started working for Green Mug last January. Initially hired as an intern at the Tucson office, he eventually became a full-time employee. By next month, he _____ for the beverage company for one year.

(a) will already have been working
(b) has already worked
(c) will already be working
(d) is already working

3. 기출 5회

Marcus is getting restless. He arranged to meet his sister for dinner at 6 p.m., but he's at the restaurant now and she still hasn't arrived. By 7 p.m., Marcus _____ for an hour.

(a) will have been waiting
(b) is waiting
(c) would have waited
(d) will wait

4.

It's nearly 9 p.m., and Kyle is still taking tables, even though he worked the morning shift today. By the time the restaurant closes at 11 p.m., he _____ customers for more than 13 hours.

(a) would serve
(b) has been serving
(c) will have been serving
(d) is serving

5.

Few athletes have had the endurance and luck that Matt Price has had in his long basketball career. By the end of this season, he _____ basketball professionally for over twenty years without suffering any major injuries.

(a) will have been playing
(b) should play
(c) has been playing
(d) played

6.

If I had really considered how much education and training was required to be a vascular surgeon, I might have chosen another path for myself. By the end of my residency, I _____ to become a surgeon for over fourteen years.

(a) am studying
(b) will have been studying
(c) have been studying
(d) would have studied

7.

Professor Langley, the head of the Classics Department, is currently explaining the hygienic practices of the people of ancient Rome to his students. By the end of the class, he _____ about Roman bathhouses for nearly four hours.

(a) has been lecturing
(b) lectures
(c) will have been lecturing
(d) lectured

8.

Jenny always wanted to eat out with her boyfriend at Han's Dining, which is so popular among young people these days. Fortunately, she has made a reservation. By the time she gets into the restaurant and savors its delectable dish, she _____ for three long weeks.

(a) will be waiting
(b) will have been waiting
(c) would be waiting
(d) has been waiting

9.

This week is the busiest week for all the employees in our company. If we continue working until 7 in the evening, we _____ on this financial report for nine hours without a break and we'll be too exhausted to work more today.

(a) had been working
(b) will have been working
(c) will be working
(d) had worked

10.

Sir Leonard Blavatnik is a Ukrainian-born businessman who is one of the UK's most hardworking billionaires. By the time he turns 69 in 2027, he _____ tirelessly for over 40 years since starting the company in UK.

(a) has been working
(b) had been working
(c) would have been working
(d) will have been working

11.

Wendy will stage another major solo exhibit as a way of celebrating her two-decade-long commitment to the Korean art scene. She started painting when she was at the age of seven, and by next month, she _____ for over 30 years.

(a) is painting
(b) will have been painting
(c) had been painting
(d) has been painting

12.

The power plant that provides electricity to our neighborhood went down last Saturday, which cause a power outage. Residents and workers in the area _____ for a week for power to be restored if the power is not back on by this weekend.

(a) are waiting
(b) will have been waiting
(c) have been waiting
(d) had been waiting

기출 POINT 6 　과거완료진행시제

출제 포인트

1 과거완료진행시제의 형태 「had been + -ing」

　의미 ~했던 중이었다, ~해오고 있었다
　　→ 대과거에 시작해서 그 이후의 특정 과거에도 진행 중임을 의미

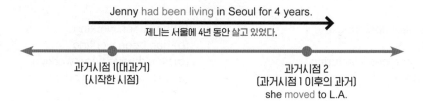

Jenny had been living in Seoul for 4 years.
제니는 서울에 4년 동안 살고 있었다.

과거시점 1(대과거)　　　　　과거시점 2
〔시작한 시점〕　　　　　〔과거시점 1 이후의 과거〕
　　　　　　　　　　　　she moved to L.A.

> Jenny **had been living** in Seoul **for 4 years before** she **moved** to L.A.
>
> 제니는 L.A.로 **이사하기 전에** 서울에 4년간 **살고 있었다.**

2 문제풀이 순서

　☑ 문제에서 빈칸의 위치가 동사 자리라면 시제, 가정법, 당위성을 나타내는 동사원형 유형 중 하나이다.

　☑ 시제 문제일 경우 항상 진행시제 「be동사 + -ing」 형태가 정답이다.

　☑ 빈칸이 포함된 문장에서 시제와 완료의 단서를 찾아 동그라미로 표시한다. (ex: since, for 등)

　☑ 「for 기간」 혹은 「since 과거시점」과 함께 주변 시제가 과거시제인 경우, 과거완료진행시제가 정답이다.

　☑ 단서가 뚜렷하게 나타나 있지 않거나 「for 기간」만 언급된 경우, 주변 시제를 보고 헷갈리는 두 가지 선택지를 표시하고
　　다른 문제에서 정답으로 나온 시제를 소거한다.

　☑ 각 시제는 1문제씩 출제되기 때문에 출제된 시제 문제 개수를 검토한다.

3 과거완료진행시제와 함께 쓰는 시간 표현 [빈칸 문장에 함께 쓰이는 단서]

before + 과거시점 + for 기간	until + 과거시점 + for 기간	prior to + 과거시점 + for 기간
since + 과거시점 + for 기간	by the time + 과거시점 + for 기간	

* 시간부사절 접속사 before/when/by the time/until 뒤에 동사가 과거시제동사이고, 주절에 「for 기간」 이 있다면 과거완료진행시제가 정답이다.

Before + 주어 + **과거동사**, 주어 + 과거완료진행 (had been -ing) + **for 기간**
→ 주어 + 과거완료진행 (had been -ing) + **for 기간** + **before** + 주어 + 과거동사

> Mr. Stevenson **had been studying** in Chicago **for 4 years before** he **joined** the army.
>
> 스티븐슨 씨는 그가 군대에 **입대하기 전에** 4년 동안 시카고에서 **공부를 하고 있었다.**
>
> I **had been trying** to contact Ray **since** he **left** the office.
>
> 나는 레이가 사무실을 **떠난 이후로** 그에게 연락하려고 **노력하는 중이었다.**

연습문제

💡 **TIP** 문제 풀 때 꼭 기억할 팁!
· 단서가 되는 표현에 동그라미로 표시하기 (접속사 + 과거동사, for 기간, since 과거시점)
· 항상 「be동사 + -ing」 형태가 정답이다.
· 단서가 없는 경우 주변 시제를 확인한다.

1. Jane _____ dinner for over 4 hours before Anne arrived.
   (a) was preparing   (b) has been preparing
   (c) had been preparing   (d) will be preparing

2. I _____ out alone for an hour before my trainer came.
   (a) has been working   (b) had been working
   (c) will be working   (d) was working

3. When Tony called me, I _____ television for two hours.
   (a) was watching   (b) had been watching
   (c) has been watching   (d) will be watching

4. Until Henry moved to Seoul last month, he _____ in Busan for a decade.
   (a) are living   (b) has been living
   (c) will be living   (d) had been living

5. By the time Linda finished her homework yesterday, she _____ in the library for five hours.
   (a) has been staying   (b) would be staying
   (c) is staying   (d) had been staying

6. Before visiting his parents in London last week, James _____ around Asia for a month.
   (a) had been traveling   (b) was traveling
   (c) will be traveling   (d) has been traveling

7. Jane went to the doctor on Monday. She _____ a severe headache for two days.
   (a) were having   (b) had been having
   (c) will be having   (d) have been having

8. Sandy _____ 7 different books for 10 hours before she took the final exam yesterday.
   (a) is reading   (b) has been reading
   (c) will be reading   (d) had been reading

1. 기출 3회
John Harrison is a former "professional ice cream taster" whose taste buds were insured for a million dollars. In the years leading up to his retirement in 2010, he _____ around 60 ice cream flavors on a daily basis.

(a) had been tasting
(b) tastes
(c) has tasted
(d) is tasting

2. 기출 4회
Aida struggled to balance family and work responsibilities after her father suffered a stroke. She _____ late to work every day until her manager finally allowed her to start working from home.

(a) has been arriving
(b) had been arriving
(c) would have arrived
(d) will be arriving

3. 기출 6회
David West was an American NBA player who retired in 2018. He _____ in the NBA since 2003 before deciding to retire due to getting "a bit too old" for the game.

(a) would play
(b) will have played
(c) has been playing
(d) had been playing

4.
The Marietta city council recently approved the establishment of a waste management department that will be run by the local government. Prior to the decision, the city _____ trash collection duties to a private company.

(a) had been contracting
(b) is contracting
(c) contracts
(d) would contract

5.
A fan of off-beat and dry humor, Amy has watched every Wes Anderson movie in just three days. She _____ similar "dramady" films for years before a friend lent her a copy of *The Royal Tennenbaums*.

(a) is watching
(b) had been watching
(c) will watch
(d) watches

6.
As valedictorian, Richard was extremely nervous about speaking at his class's graduation ceremony. He _____ his speech for a week when the guidance counselor informed him that, due to a miscalculation in the grading system, he actually wasn't the valedictorian.

(a) practiced
(b) had practiced
(c) had been practicing
(d) will practice

7.

Kent Wirth is one of the best commentators working for the Golf Channel. He can always tell what's going through a golfer's mind, and for good reason. Before Wirth retired from the game, he _____ in prestigious tournaments around the world for more than two decades.

(a) had been competing
(b) was competing
(c) has competed
(d) competed

8.

A team of architects was tasked with designing an industrial building for JN corporation. They _____ on the project for six months already when the company abruptly cancelled it due to insufficient funding.

(a) work
(b) have been working
(c) had been working
(d) worked

9.

Ray took a flight to Paris for his friend's wedding. Due to the inclement weather, the plane he took _____ during the whole flight, which made everyone anxious. All passengers broke into applause when the plane landed smoothly after all.

(a) will be shaking
(b) was shaking
(c) will have been shaking
(d) had been shaking

10.

Mrs. Vanessa, a well-loved public school teacher, recently resigned her job after accepting an offer to be the principal of a private school. She _____ in the public school system for 15 years before deciding to quit.

(a) has been teaching
(b) will have been teaching
(c) had been teaching
(d) is teaching

11.

The workers were told they would not receive their salary in time. Furthermore, they were informed to have been dismissed by the company lawyer without compensation. Up until then, they _____ seven days a week, up to 11 hours a day.

(a) has been working
(b) had been working
(c) working
(d) worked

12.

Jonathan celebrated his 30th birthday at his workplace with his colleagues and supervisor. His supervisor gave him the present that he _____ for so long. He got a promotion for his hard work and achievement since the start of his work.

(a) will be desiring
(b) has been desiring
(c) had been desiring
(d) is desiring

실전 CHECK-UP 1

기출 POINT 1~6까지 학습한 내용을 적용하여 다음 공식 기출 문제 및 기출 변형 문제를 풀어보세요.

1. 기출 2회

Ever since they lost their housekeeper, the Tucker family's sons have made an agreement to clean their own rooms. That's why Luke isn't at brunch with his friends. He _____ his room right now.

(a) tidies up
(b) will be tidying up
(c) is tidying up
(d) would tidy up

2. 기출 1회

The Tillamook State Forest was once prone to wildfires. By 1951, the area _____ a series of fires known as the "Tillamook Burn" for 18 years. However, after 1951, Oregonians safeguarded it from fires through reforestation.

(a) will have experienced
(b) experienced
(c) has been experiencing
(d) had been experiencing

3. 기출 1회

Vincent and Amanda's parents left for a monthlong vacation in the Bahamas last week. The kids _____ with their aunt since then. Despite not having children of her own, their aunt is doing a great job.

(a) are staying
(b) will stay
(c) have been staying
(d) stay

4. 기출 3회

Isaac was designing a scrapbook for his friend when he accidentally spilled glitter on a pile of laundry. Glitter is hard to remove, so he's frustrated because he knows that he _____ his clothes all afternoon.

(a) will clean
(b) is cleaning
(c) will be cleaning
(d) cleans

5. 기출 1회

Martin has longed to become a polyglot—someone who is fluent in many languages—since he was 15. By the time he graduates from college, he _____ himself to speak four languages for seven years.

(a) has been training
(b) will be training
(c) will have been training
(d) is training

6. 기출 2회

The board went silent after our product development team finished presenting its latest proposal. Worried about rejection, the team leader _____ to reemphasize the product's fine points when the president suddenly announced, "We have a winner!"

(a) has been preparing
(b) was preparing
(c) would prepare
(d) will prepare

7. 기출 4회

Diane won't be able to come out tonight because she is about to leave for her internship in New York. If you want to say goodbye, she _____ her bags at home until ten o'clock.

(a) will have been packing
(b) has been packing
(c) would have packed
(d) will be packing

8. 기출 3회

Although some unusual holidays from around the world are unofficial observances, they are relatively popular. One example is National Bacon Day, which some people in America _____ every December 30 since 1997.

(a) are celebrating
(b) have been celebrating
(c) celebrate
(d) would have celebrated

9. 기출 4회

My best friend Stacey always panics at the slightest sign of trouble. Right now, she _____ that we will have to sleep on the street tonight because we can't get a taxi ride home.

(a) was worrying
(b) is worrying
(c) will have worried
(d) has worried

10. 기출 3회

Keith became increasingly worried when it grew late and his mother hadn't come home from work yet. She wasn't even answering his phone calls. Keith _____ to contact her when she finally arrived around 9 p.m.

(a) had still tried
(b) still tried
(c) is still trying
(d) was still trying

11. 기출 2회

Olivia Preston's much-awaited tour in Atlanta was canceled because she developed vertigo. Her manager told the press that the singer _____ about motion sickness for a whole day before she was finally taken to the hospital.

(a) had been complaining
(b) has been complaining
(c) has complained
(d) would complain

12. 기출 2회

Katherine is very frustrated. Her flight was supposed to depart at 7 a.m., but it keeps getting delayed because of thunderstorms. By 3 p.m., she _____ for eight hours already.

(a) will wait
(b) will have been waiting
(c) has been waiting
(d) waits

기출 POINT 1~6까지 학습한 내용을 적용하여 다음 공식 기출 문제 및 기출 변형 문제를 풀어보세요.

13. 기출 2회
It's our weekly family dinner tonight, and I requested my favorite dessert. When I arrive at my parents' house later, I expect that a plate full of freshly baked chocolate chip cookies _____ for me.

(a) will wait
(b) has been waiting
(c) will be waiting
(d) is waiting

14. 기출 6회
The art director of the museum where I work recently celebrated her thirtieth anniversary at the institution. She is fond of joking that she _____ artwork since before some of us were born.

(a) has been curating
(b) will curate
(c) curates
(d) is curating

15. 기출 5회
Derek is apologizing to his girlfriend for not answering her call. He says that he _____ when she called. He plans to make it up to her by baking some of his special chocolate brownies.

(a) was sleeping
(b) would sleep
(c) sleeps
(d) has been sleeping

16. 기출 5회
Jill's parents-in-law will be coming over to her apartment for lunch. Although it's still early, Jill and her husband _____ the food right now. It takes a long time to make her in-laws' favorite pasta.

(a) are preparing
(b) will prepare
(c) have been preparing
(d) prepare

17. 기출 6회
Hans is frustrated with his laptop. He cannot finish an urgent report because his computer's operating system started updating a while ago. It _____ for two hours by the time the clock strikes ten.

(a) will have been updating
(b) will be updating
(c) updates
(d) has been updating

18. 기출 5회
Phil didn't expect to win the grand prize for his school's spelling bee. In fact, he _____ about being handed a difficult tie-breaker question until the announcer asked him to spell a familiar word instead.

(a) had been worrying
(b) will have worried
(c) would worry
(d) has been worrying

19. 기출 7회

Because they wanted to experience their first white Christmas, Elise's cousins visited her in Michigan last December. Fortunately, it _____ for days before her cousins arrived, and it continued to snow during their stay.

(a) would snow
(b) had been snowing
(c) will have snowed
(d) has been snowing

20. 기출 7회

Rugby players commonly move to new teams in pursuit of better contracts. This is why Buckley Madison is considered exceptionally loyal. He _____ for the same team since 2018 and has no intention of moving.

(a) had been playing
(b) plays
(c) is playing
(d) has been playing

21. 기출 6회

Jenny is rushing to get through security at Dulles International Airport. It's already 4 p.m., and her flight leaves in 30 minutes. If she arrives at the gate at 4:30, her plane _____.

(a) already takes off
(b) is already taking off
(c) will already take off
(d) will already be taking off

22. 기출 7회

Marvin cannot be disturbed right now, as he needs to work on his graduation speech. Currently, he _____ his speech in front of a mirror to adjust any awkward gestures and catch errors in his speech.

(a) is delivering
(b) delivers
(c) will be delivering
(d) has delivered

23. 기출 7회

Fans of the classic nineties computer game *Mortal Quest* were elated when its newest version was announced. By the time the anticipated update is released next month, the game _____ players for decades.

(a) would have entertained
(b) is entertaining
(c) will be entertaining
(d) will have been entertaining

24. 기출 7회

Eric had to cut his product presentation short because of technical problems. He _____ the new solar charger's unique selling points when his laptop's screen suddenly went black.

(a) has been presenting
(b) presented
(c) was presenting
(d) would present

UNIT 2

가정법

출제 포인트

1 가정법 과거   현재의 사실과 반대되는 사실을 가정하여 과거시제로 나타내는 가정법

　의미   (지금) ~한다면, (지금) ~할 텐데

2 형태   가정법 문장은 '~한다면'에 해당하는 if절과 '~할 텐데'에 해당하는 주절로 나뉘며, if절과 주절은 순서가 바뀌어 출제되기도 한다.

If 절	주절
If + 주어 + 과거시제 동사, were / 동사의 과거형(-ed 등) / didn't 동사원형 / couldn't 동사원형	주어 + 조동사 과거형 + 동사원형 would / could / might

If Jenny **studied** hard, she **could pass** the exam.

제니가 열심히 **공부한다면**, 그녀는 시험에 **통과할 수 있을 텐데**.

(= Jenny could pass the exam if she studied hard.)

If they **could help** me, I **would be** thankful.

그들이 나를 **도울 수 있다면**, 난 정말 고마울 **텐데**(= 고마울 **거야**).

(= I would be thankful if they could help **me.**)

3 문제풀이 순서

☑ 문제에서 빈칸의 위치가 동사 자리라면 시제, 가정법, 당위성을 나타내는 동사원형 유형 중 하나이다.

☑ 빈칸의 위치가 주절에 있다면 빈칸 앞 또는 뒤에 있는 if절에서 과거시제 동사를 동그라미로 표시하고 보기에서 「would / could / might + 동사원형」을 정답으로 고른다.

☑ 빈칸의 위치가 if절에 있다면 빈칸 앞 또는 뒤에 있는 주절에서 「would / could / might + 동사원형」을 동그라미로 표시하고 보기에서 과거시제 동사를 정답으로 고른다.

4 공식 적용 문제 풀이

The coffee shop at the corner offers 20 percent off for customers who orders coffee with their own tumbler. ② If I had my tumbler with me right now, ① I _____ it filled with coffee at a discount.

    (a) got
    (b) will get
    (c) had gotten
③ (d) could get

STEP ①
빈칸의 위치가 동사 자리인 것을 확인한다.

STEP ②
빈칸 문장 앞에 If로 시작하는 절이 있고 그 절의 동사가 과거시제 had인 것을 확인한다.

STEP ③
보기 중에서 「could + 동사원형」 형태인 (d)를 정답으로 선택한다.

연습문제

💡 **TIP** 가정법 과거 문제 풀 때 꼭 기억할 팁!
· 가정법 과거의 단서가 되는 표현에 동그라미로 표시하기 (if절의 시제, 주절의 시제)
· 빈칸의 위치가 if절에 있다면 과거시제 동사가 정답!
· 빈칸의 위치가 주절에 있다면 「would/could/might + 동사원형」이 정답!
· 보기에 부사가 포함되어 있는 경우에 부사는 무시하고 시제만 확인하여 정답을 선택한다.

1. If I were Jenny, I _____ the job in Los Angeles.
   (a) would have accepted   (b) will be accepting
   (c) would accept   (d) will accept

2. If it were open to graduates of other courses, anyone _____ the seminar.
   (a) will attend   (b) could attend
   (c) is attending   (d) can attend

3. Ray _____ there earlier than expected if he went by train.
   (a) will be getting   (b) would get
   (b) had been getting   (d) would have gotten

4. If I _____ the manager's phone number, I would text him and meet him in person.
   (a) would have   (b) have
   (c) had had   (d) had

5. If Ms. Lee only knew who were responsible for it, she _____ them to the authorities.
   (a) would report   (b) is reporting
   (c) will report   (d) has reported

6. If they had free time right now, they _____ their vacation immediately.
   (a) would have taken   (b) would take
   (c) will take   (d) will have taken

7. They say if students were to disregard such events, they _____ on all the fun activities that the school is offering.
   (a) would miss out   (b) had missed out
   (c) would have missed out   (d) had been missing out

8. Mark thinks that if he were a marble sculpture, he _____ in a fine arts museum.
   (a) had been definitely displayed   (b) would definitely be displayed
   (c) will definitely be displayed   (d) is definitely being displayed

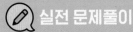

1. 기출 1회

In an interview for *The Daily Telegraph*, actor Jeremy Irons shared his declining interest in stage acting. He said he _____ acting for a year if his only option were the stage.

(a) would happily stop
(b) will happily stop
(c) was happily stopping
(d) has happily stopped

2. 기출 1회

The butterfly effect proposes that small actions can have large consequences. This theory stems from the idea that if a butterfly were to flap its wings at the right time, a tornado _____ somewhere else.

(a) would have eventually formed
(b) has eventually formed
(c) will eventually form
(d) would eventually form

3. 기출 2회

It's only a week before the draft, and the Jersey Dolphins managers still haven't decided which player to pick. If the team's promoter were to decide, he _____ Chad Westwick because of his high shooting percentage.

(a) would select
(b) has selected
(c) will select
(d) would have selected

4. 기출 2회

The Sun seems huge when seen from Earth, but in reality, it is a dwarf star. In fact, if you were to view a picture of our entire galaxy, you _____ where the Sun is.

(a) would not have easily seen
(b) would not easily see
(c) will not easily see
(d) have not easily seen

5. 기출 3회

My sister Margaret is musing about legally acquiring a new name. If she were to summon the patience needed to face the long process of submitting a petition, she _____ her name to Marigold.

(a) will definitely change
(b) would definitely have changed
(c) would definitely change
(d) has definitely changed

6. 기출 3회

Most current fads will be short-lived and offer limited profits. However, some novel products will eventually become household items. If I were able to identify the fads that have long-term potential, I _____ in them.

(a) will invest
(b) would have invested
(c) have invested
(d) would invest

7. 기출 4회

I'm sorry, but I can't give you a ride. I have to catch a flight, and it takes about two hours to get to your place. If only I had spare time, I _____ you home.

(a) would have driven
(b) will drive
(c) would drive
(d) have driven

8. 기출 4회

Mina told me that she bought a chess set last month but hasn't used it because she does not know how to play. If I were her, I _____ the basics and fundamentals of chess.

(a) would study
(b) will study
(c) am studying
(d) have studied

9. 기출 5회

Besides having many uses, honey is also one of the few foods that doesn't spoil. Theoretically, if I were to live another 200 years, I _____ honey that my mom bought before I was born.

(a) can still be consuming
(b) could still have consumed
(c) will still consume
(d) could still consume

10. 기출 5회

At a summit for perfume manufacturers, one of the speakers claimed that television advertising significantly boosts perfume sales. He joked that if smell technology for televisions were to be invented, these products _____ even better.

(a) would have performed
(b) are performing
(c) perform
(d) would perform

11. 기출 6회

Samantha's cat is about to give birth. Since Samantha cannot keep all the kittens, she is looking for future homes for some of them. I _____ one if only I were not allergic to cat hair.

(a) would adopt
(b) will adopt
(c) would have adopted
(d) have adopted

12. 기출 6회

Jupiter, Saturn, and several other planets in the solar system have multiple moons, but Earth has only one. If Earth were to gain another moon, our sky _____ at night.

(a) has been brighter
(b) would be brighter
(c) will be brighter
(d) would have been brighter

가정법 과거완료

출제 포인트

1 가정법 과거완료   과거의 사실과 반대되는 사실을 가정하여 과거완료시제로 나타내는 가정법

 의미   (과거에) ~했다면, (과거에) ~했을 텐데

2 형태   가정법 문장은 '(과거에) ~했다면'에 해당하는 if절과 '(과거에) ~했을 텐데'에 해당하는 주절로 나뉘며, if절과 주절은 순서가 바뀌어 출제되기도 한다.

If절	주절
If + 주어 + had p.p.,	주어 + 조동사 과거형 + have + p.p
부정형 had not p.p. (= hadn't p.p.)	would / could / might

> **If** Jenny **had studied** hard, she **could have passed** the exam.
> 제니가 열심히 **공부했다면**, 그녀는 시험에 **통과할 수 있었을 텐데**.(= Jenny could have passed the exam if she had studied hard.)
> **If** they **had helped** me, I **would have finished** the project earlier.
> 그들이 나를 **도왔다면**, 난 그 프로젝트를 **빨리 끝냈을 텐데**.(= I would have finished the project earlier if they had helped me.)

3 문제풀이 순서

 ☑ 문제에서 빈칸의 위치가 동사 자리라면 시제, 가정법, 당위성을 나타내는 동사원형 유형 중 하나이다.

 ☑ 빈칸의 위치가 주절에 있다면 빈칸 앞 또는 뒤에 있는 if절에서 「had p.p.」를 동그라미로 표시하고 보기에서 「would / could / might have p.p.」 형태를 정답으로 고른다.

 ☑ 빈칸의 위치가 if절에 있다면 빈칸 앞 또는 뒤에 있는 주절에서 「would / could / might have p.p.」를 동그라미로 표시하고 보기에서 「had p.p.」 형태를 정답으로 고른다.

4 공식 적용 문제 풀이

After a busy week, Mr. Hamilton came home early on Friday to make dinner for his family But his family had planned to visit a new Italian restaurant downtown. ② If Mr. Hamilton had known his family wanted to eat out tonight, he ① _____ them to meet him downtown at 6.

 (a) told
 (b) has told
③ (c) would have told
 (d) had told

STEP ①
빈칸의 위치가 동사 자리인 것을 확인한다.

STEP ②
빈칸 문장 앞에 If로 시작하는 절이 있고 그 절의 동사가 과거완료 시제 「had p.p.」인 것을 확인한다.

STEP ③
보기 중에서 「would have p.p.」 형태인 (c)를 정답으로 선택한다.

연습문제

TIP 가정법 과거완료 문제 풀 때 꼭 기억할 팁!
· 가정법 과거완료의 단서가 되는 표현에 동그라미로 표시하기 (if절의 시제, 주절의 시제)
· 빈칸의 위치가 if절에 있다면 「had p.p.」가 정답!
· 빈칸의 위치가 주절에 있다면 「would/could/might have p.p.」가 정답!
· 보기에 부사가 포함되어 있는 경우에 부사는 무시하고 시제만 확인하여 정답을 선택한다.

1. I _____ the job if I had submitted my résumé on time.
   (a) had taken   (b) could have taken
   (c) had been taking   (d) could take

2. If I _____ the book, the ending of the movie would have been a surprise to me.
   (a) not read   (b) wouldn't read
   (c) wouldn't have read   (d) hadn't read

3. Harry _____ the tournament if he had trained harder and more regularly.
   (a) might have won   (b) had won
   (c) might won   (d) had been winning

4. If it hadn't rained so hard yesterday, I _____ a perfect and wonderful day.
   (a) would have   (b) would have had
   (c) had had   (d) had

5. If Jenny had bought her plane ticket earlier, she _____ so much.
   (a) had paid   (b) might not paid
   (c) might not have paid   (d) may not pay

6. Sally would never have visited the war museum if her best friend _____ a wedding there.
   (a) didn't have   (b) wouldn't have
   (c) hadn't had   (d) wouldn't have had

7. If I had put all the money in my mother's bank account, I _____ it purchasing bags.
   (a) would not spend   (b) would not have spent
   (c) will not be spent   (d) had not spent

8. If he had known how terrible the traffic was around the airport, he _____ the office earlier.
   (a) would leave   (b) had left
   (c) will be leaving   (d) would have left

1. 기출 1회

Jane was surprised to hear that some of her classmates were taking an intriguing elective called Philosophy and Food. If she had known that the course was being offered, she _____ in the class with them.

(a) will have enrolled
(b) would enroll
(c) had enrolled
(d) would have enrolled

2. 기출 1회

Justin was disqualified from the 200-meter track event due to a false start. His coach believes that with the rigorous training he went through, Justin _____ first place if he hadn't started running before the signal.

(a) would have won
(b) will have won
(c) would win
(d) had won

3. 기출 2회

Last night, Edward took an hour to finish a short chapter from his assigned reading. If he had refrained from chatting online while studying, he _____ the chapter more quickly.

(a) will have completed
(b) would have completed
(c) had completed
(d) would complete

4. 기출 2회

Several celebrities have been ridiculed because of the wardrobe malfunctions they suffered while on live TV. If only their stylists had been more meticulous with their outfits, those celebrities _____ themselves from public embarrassment.

(a) could save
(b) could have saved
(c) had saved
(d) will have saved

5. 기출 3회

Acclaimed screenwriter Taylor Sheridan grew up underprivileged on a ranch in Texas. He said that if his family had not lost their property in the difficult economy of the 1990s, he _____ living there.

(a) would have continued
(b) will have continued
(c) would continue
(d) had continued

6. 기출 3회

Blake's friend called to invite him to an impromptu party last night, but Blake was distracted and ignored the call. If only he had answered his phone, he _____ all the fun.

(a) would not miss
(b) would not have missed
(c) had not missed
(d) will not have missed

7. 기출 4회

As a teenager, Ryan was convinced by his friends to join a performing arts club. Within a few years, he was a national singing sensation. If he hadn't listened to his friends, he _____ so popular.

(a) will not have become
(b) had not become
(c) would not have become
(d) would not become

10. 기출 5회

Someone convinced Ken to invest in a pyramid scheme by promising immediate financial gains. However, it was a scam. If Ken hadn't been so trusting, he _____ that the offer was too good to be true.

(a) would realize
(b) had realized
(c) will have realized
(d) would have realized

8. 기출 4회

Ella was hired as a secretary. Lately, however, she's been doing a lot of work that's not in her job description. If she had known that her boss was so demanding, she _____ the job.

(a) had not taken
(b) will not have taken
(c) would not take
(d) would not have taken

11. 기출 6회

My dentist explained that my gums were aching because of an erupting wisdom tooth. She said the tooth should have been removed earlier. If I _____ this sooner, I would have had it extracted months ago.

(a) will know
(b) had known
(c) were knowing
(d) have known

9. 기출 5회

Our president regrets contracting DM Construction to refurbish our offices, since JS Remodeling offers the same service at a lower price. If she had learned about the competitor's rates earlier, she _____ DM Construction.

(a) would not hire
(b) had not hired
(c) will not have hired
(d) would not have hired

12. 기출 6회

Shridhar Chillal held the world record for the longest fingernails. The nails on his left hand alone had a total length of 909.6 cm. Chillal's nails would have been longer if he _____ them in 2018.

(a) would not cut
(b) were not to cut
(c) had not cut
(d) was not cutting

기출 POINT 8 가정법 과거완료   59

기타 가정법

출제 포인트

1 If it were not for / If it had not been for 가정법

If절에서 '~없다면 / 없었다면'이라는 의미로 쓰이는 가정법이며, 주절은 if절의 시제에 따라 「would/could/might + 동사원형」 또는 「would/could/might + have p.p.」로 쓴다.

의미 ~가 없다면, ~할 텐데 / ~가 없었다면, ~했을 텐데

> **If it were not for** homework today, I **would go** to the baseball stadium.
> 오늘 숙제가 <u>없다면</u>, 나는 야구 경기장으로 <u>갈 텐데</u>.
>
> **If it had not been for** a spare key to my car, I **couldn't have driven** back home.
> 내 차의 여분키가 <u>없었다면</u>, 나는 집으로 운전해 올 수 <u>없었을 거야</u>.

2 혼합 가정법　과거의 사실과 반대되는 사실이 현재에 영향을 미치는 상황을 나타낸다.

의미 (과거에) ~했다면, (현재) ~할 텐데

3 형태　가정법 문장은 '(과거에) ~했다면'에 해당하는 if절과 '(현재) ~할 텐데'에 해당하는 주절로 나뉘며, if절과 주절은 순서가 바뀌기도 한다. 또한 주절에 (right) now가 힌트로 주어진다.

If절 (가정법 과거완료)	주절 (가정법 과거)
If + 주어 + had p.p.,	주어 + 조동사 과거형 + 동사원형
부정형 had not p.p. (= hadn't p.p.)	would / could / might

> **If** Jenny **had studied** hard, she **would be** a lawyer **now**.
> 제니가 열심히 <u>공부했다면</u>, 그녀는 **지금** 변호사가 <u>되었을 거야</u>.
> (= Jenny would be a lawyer now if she had studied hard.)
>
> **If** they **had helped** me, I **would watch** movies with my friends **right now**.
> 그들이 나를 <u>도왔다면</u>, 난 **지금** <u>내 친구들과 함께 영화를 보고 있을 거야</u>.
> (= I would watch movies with my friends right now if they had helped me.)

4 혼합 가정법 문제풀이 순서

- ☑ 문제에서 빈칸의 위치가 동사 자리라면 시제, 가정법, 당위성을 나타내는 동사원형 유형 중 하나이다.
- ☑ 일반적으로 혼합 가정법이 출제되면 주절에 빈칸이 있다. 이때, 주절에 now, right now와 같이 현재시제를 나타내는 부사가 힌트로 주어져 있는지, 주절의 내용이 현재 시점에 대한 내용인지 확인한다.
- ☑ If 절의 동사가 「had p.p.」이더라도, 주절에 now가 있다면 동그라미로 표시하고 보기에서 「would / could / might + 동사원형」을 정답으로 고른다.

5 공식 적용 문제 풀이

It is believed that the ancient Mesopotamians invented the wheel around 4200-4000 B.C. ② If wheels hadn't been invented then, people ①_____ able to use public transportation ② now.

③ (a) would not be
  (b) had not been
  (c) would not have been
  (d) will not be

STEP ❶
빈칸의 위치가 동사 자리인 것을 확인한다.

STEP ❷
If절의 동사가 hadn't been invented로 가정법 과거완료시제이지만 빈칸 문장에 now가 있는 것을 확인한다.

STEP ❸
보기 중에서 「would / could / might + 동사원형」 형태인 (a)를 정답으로 선택한다.

연습문제

TIP 기타 가정법 문제 풀 때 꼭 기억할 팁!
· If절에 it were not for 또는 it had not been for가 있는지 확인한다.
· 혼합 가정법일 경우 혼합 가정법의 단서가 되는 표현에 동그라미로 표시하기 (주절의 now 또는 right now)
· If절이 과거완료시제일지라도 주절에 now가 있다면 「would/could/might + 동사원형」이 정답!
· 보기에 부사가 포함되어 있는 경우에 부사는 무시하고 시제만 확인하여 정답을 선택한다.

1. If it were not for the Internet, there _____ no way to go direct to the consumer.
  (a) would be   (b) were
  (c) would have been   (d) have been

2. If it had not been for your help, I _____ the task on time.
  (a) hadn't finished   (b) wouldn't finish
  (c) haven't finished   (d) wouldn't have finished

3. If I had taken that job three years ago, I _____ paid more now.
  (a) had gotten   (b) would have gotten
  (c) had been getting   (d) would get

4. I _____ a lot of profit now if I had invested in the property market last year.
  (a) had made   (b) could make
  (c) could have made   (d) can make

5. If I had not bought the laptop computer a week ago, I _____ one at a discounted price now.
  (a) would have gotten (b) had gotten
  (c) will be getting   (d) would get

✏️💬 **실전 문제풀이** 학습한 내용을 적용하여 다음 공식 기출 문제를 풀어보세요.

1.

The much-anticipated video game *Wizard Hunter 2* was launched in May, and it received mixed reviews. If it were not for the excessive bugs and glitches in the game, it _____ higher scores from both critics and players.

(a) had earned
(b) will earn
(c) would have earned
(d) would earn

2.

Herbie's mother always encouraged him to practice the piano, and he went on to become a world-famous musician. If it had not been for his mother's support, he _____ his dreams.

(a) would not have pursued
(b) will not pursue
(c) had not pursued
(d) would not pursue

3.

Kyle is driving over nine hours from Pittsburgh to Chicago to visit his sister and her new baby. If round-trip plane tickets had been more affordable, he _____ the long, boring time driving now.

(a) won't spend
(b) wouldn't spend
(c) wouldn't have spent
(d) has spent

4.

Patty and Amrit are struggling to sell their house, but it's their own fault. Their real estate agent wanted them to start with a more reasonable asking price. If they had cut the price down, they _____ with a buyer and complete a sale contract now.

(a) will meet
(b) would meet
(c) have met
(d) would have met

5.

James lost weeks of work on an important project after his laptop got infected by a highly destructive computer virus. If he had kept his security software up to date, he _____ the project by now.

(a) had almost finished
(b) would have almost finished
(c) will almost finish
(d) would almost finish

6.

Joe's life flashed before his eyes when a truck sped through a red light while he was crossing at a crosswalk. If he had walked just a little quicker, Joe _____ in the hospital because of serious injuries now.

(a) would have been
(b) has been
(c) would be
(d) will be

출제 포인트

1 가정법의 도치 가정법에서 접속사 if가 생략되고 if절의 주어와 조동사나 be동사의 자리가 바뀐 문장을 말한다.

> TIP! 지텔프 레벨2에서는 가정법 과거완료가 도치로 출제되며, 1년에 1~2번 혼합 가정법이 도치로 출제되기도 한다.

2 형태 If절에서 접속사 if를 생략하고, 「had + 주어 + p.p.」로 쓰는 것을 가정법 과거완료의 도치라고 한다. 혼합가정법의 경우 생략된 주절의 now가 단서이다.

If절	주절
Had + 주어 + p.p., (가정법 과거완료)	주어 + **조동사 과거** + have + p.p. would / could / might
Had + 주어 + p.p., (혼합 가정법)	주어 + **조동사 과거** + 동사원형 (+ now) would / could / might

> **Had** you **been** in trouble, you **would have asked** me to help.
> = **If** you **had been** in trouble, you **would have asked** me to help.
> 만약 네가 곤경에 <u>처해 있었다면</u>, 내게 도움을 <u>요청했을 텐데</u>.
>
> **Had** you not **opened** the window, your hair **would** not **have gotten** wet from the rain.
> = **If** you **had** not **opened** the window, your hair **would** not **have gotten** wet from the rain.
> 네가 창문을 <u>열지 않았다면</u>, 너의 머리카락은 비에 젖지 <u>않았을 텐데</u>.

3 문제풀이 순서

- ☑ 문제에서 빈칸의 위치가 동사 자리라면 시제, 가정법, 당위성을 나타내는 동사원형 유형 중 하나이다.
- ☑ 빈칸의 위치가 주절에 있다면 빈칸 앞 또는 뒤에 있는 「had+ 주어 + p.p.」를 동그라미로 표시하고 보기에서 「would / could / might + have + p.p.」을 정답으로 고른다. 주절에 now가 있다면 보기에서 「would / could / might + 동사원형」을 정답으로 고른다.

4 공식 적용 문제 풀이

NASA canceled the first all-female spacewalk on the moon due to a lack of properly sized suits. ② Had NASA prepared well-fitting suits beforehand, the two female astronauts ① _____ a new milestone for space exploration.

    (a) will be achieving
    (b) had achieved
    (c) would achieve
③ (d) would have achieved

STEP ❶
빈칸의 위치가 동사 자리인 것을 확인한다.

STEP ❷
빈칸 문장 앞에 If의 생략과 도치의 형태인 「Had + 주어 + p.p.」를 확인한다.

STEP ❸
보기 중에서 「would / could / might + have + p.p.」 형태인 (d)를 정답으로 선택한다.

연습문제

TIP 가정법의 도치 문제 풀 때 꼭 기억할 팁!
· 접속사 if가 생략되어 있으므로 「had + 주어 + p.p.」 문구를 가장 먼저 찾는다.
· 빈칸은 항상 주절에 위치해 있으므로 「would/could/might + have p.p.」가 정답!
· 빈칸이 포함된 절에 now가 있다면 「would/could/might + 동사원형」이 정답!

1. Had I taken that job three years ago, I _____ happier now.
   (a) had been
   (b) could have been
   (c) will be
   (d) could be

2. I _____ rich had I bought that stock last year.
   (a) had been
   (b) were
   (c) could have been
   (d) can be

3. Had I studied hard when I was at college, I _____ a lot of scholarships.
   (a) would have been granted
   (b) would be granted
   (c) were granted
   (d) had been granted

4. Had Ray watched the news last night, he _____ what happened yesterday.
   (a) knew
   (b) would have known
   (c) will be knowing
   (d) had known

5. Had Jenny bought her plane ticket earlier, she _____ in Hawaii right now.
   (a) had been
   (b) might be
   (c) will be
   (d) may have been

6. Had you waited where we agreed to meet yesterday, we _____ a great meal.
   (a) had enjoy
   (b) would have enjoyed
   (c) had been enjoying
   (d) would enjoy

7. Had Alex not called me this morning, I _____ the job interview on time.
   (a) couldn't attend
   (b) attended
   (c) couldn't have attended
   (d) had attended

8. Had I made a reservation at the restaurant, we _____ for 40 minutes outside last night.
   (a) wouldn't have waited
   (b) hadn't waited
   (c) weren't waiting
   (d) wouldn't wait

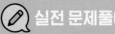

1. 기출 1회

Penelope was surprised when a former boss approached her at the tennis court yesterday. They had a short and awkward talk. In retrospect, she _____ a better conversation with him had she not been so nervous.

(a) would have had
(b) would have
(c) has had
(d) will have had

2. 기출 2회

Cola lovers were disgusted when a soft drink manufacturer announced its new "avocado-flavored cola." Had they noticed that the announcement was made on April 1, they _____ that the company was playing a joke on them.

(a) would have realized
(b) had realized
(c) will have realized
(d) would realize

3. 기출 3회

Liza is a huge fan of the late actor James Dean. She believes that the actor _____ even greater things in his acting career had he not died in a tragic car accident in 1955.

(a) would have accomplished
(b) had accomplished
(c) will have accomplished
(d) would accomplish

4.

Erica was late for work today because she was caught in traffic due to a car accident on 47th street. Had it not been for the accident, she _____ at the office on time.

(a) arrived
(b) had arrived
(c) would arrive
(d) would have arrived

5.

Several high-ranking Wehrmacht officers attempted to assassinate Adolf Hitler on July 20, 1944, in what has become known as Operation Valkyrie. Had the coup been successful, the military conflict on the Western Front _____ earlier than it did.

(a) has likely ended
(b) should likely end
(c) would have likely ended
(d) had been likely ended

6.

A powerful new drug that may prevent the growth of cancer cells has had its release postponed indefinitely by the FDA due to what it claims to be "insufficient testing." Countless cancer patients _____ had the FDA been more lenient in its requirements

(a) have been treated
(b) were being treated
(c) were treated
(d) could have been treated

7.

In 2021, GameStop caused a major upset in the American stock market. Had a large group of people not secretly agreed to purchase it at the same time, its value _____ the way it did.

(a) would not skyrocket
(b) has not skyrocketed
(c) would not have skyrocketed
(d) will not have skyrocketed

8.

Carol realized that there was nearly twice as much food as was needed for today's department training event. Had she been informed that there would be a second session, she _____ a smaller catering order.

(a) will have placed
(b) would have placed
(c) had placed
(d) would place

9.

Andy forgot about a coupon he had when he brought his car into the shop for regular maintenance. Had he remembered it, he _____ all four tires for the price of just one new one!

(a) could replace
(b) will have replaced
(c) could have replaced
(d) had replaced

10.

Hillary Clinton won the popular vote in the 2016 United States presidential election by a significant margin. Had she also won the electoral college vote, she _____ the first female President of the United States.

(a) will have become
(b) had become
(c) would become
(d) would have become

11.

Sarah stayed up all night cramming for a test this morning, but she forgot to set her alarm. Had her cousin not called her to wish her good luck, she _____ the bus to school!

(a) will not have missed
(b) had missed
(c) would miss
(d) would have missed

12.

Lucas did not want to participate in this year's County Science Fair. His teacher said that had he submitted his idea for a wind turbine, he _____ one of the top prizes at the event.

(a) would have won
(b) would win
(c) will have won
(d) had been winning

기출 POINT 7~10까지 학습한 내용을 적용하여 다음 공식 기출 문제 및 기출 변형 문제를 풀어보세요.

1. 기출 1회

There exist many conflicting accounts about Sacagawea, the guide of the famous Lewis and Clark expedition. If I were to go back in time, I _____ Sacagawea to gain firsthand knowledge about her.

(a) would interview
(b) would have interviewed
(c) will interview
(d) have interviewed

4. 기출 2회

It's amazing how my dog Sparky comforts me whenever I'm upset. He always does something cute that makes me smile. If only people were as empathetic as dogs, the world _____ a little bit kinder.

(a) would be
(b) would have been
(c) will be
(d) has been

2. 기출 4회

James was offered a part in the musical, but he rejected it because he was nervous about performing onstage. If he had received a little more encouragement from the director, he probably _____ the role.

(a) will have accepted
(b) would have accepted
(c) would accept
(d) has accepted

5. 기출 3회

Some experts believe that the global population will reach a crisis point in 15 years. If humans were to discover another habitable planet, I think I _____ there immediately to escape Earth's population problems.

(a) would have moved
(b) would move
(c) will move
(d) have moved

3. 기출 5회

Although it can be dangerous, Patrick likes to swim while it is raining. He _____ swimming in the rain last night, but he had to work late instead.

(a) will have gone
(b) had gone
(c) would have gone
(d) would go

6. 기출 6회

Jerome took a surprise quiz on the Battle of Hastings today. Luckily, he always reviews the assigned reading before history class. If he had not just looked over that particular chapter, he _____ on the quiz.

(a) would not do well
(b) had not done well
(c) would not have done well
(d) will not have done well

7. 기출 5회

Winged Victory of Samothrace is a headless statue of the goddess Nike. Because the head is missing, viewers are often curious about the goddess's facial expression. If the sculpture were still intact, they _____ about this detail.

(a) will not have to wonder
(b) would not have to wonder
(c) have not had to wonder
(d) would not have had to wonder

8. 기출 7회

A TV show contestant could not answer the million-dollar question. He thought he knew the answer, but he panicked in the last second. If he had just followed his instincts, he _____ the show a millionaire.

(a) can leave
(b) could leave
(c) could have left
(d) will have left

9. 기출 4회

In California, we observe *Día de los Muertos*, or Day of the Dead, but with less food and fewer decorations than in Mexico. If we lived in Mexico, we _____ the holiday with a more festive atmosphere.

(a) will definitely celebrate
(b) would definitely celebrate
(c) are definitely celebrating
(d) had definitely celebrated

10. 기출 7회

Joel used to consistently be at the top of his class. However, he has become addicted to video games and is now neglecting his studies. If I were him, I _____ professional help to address the addiction.

(a) would seek
(b) am seeking
(c) will seek
(d) had sought

11. 기출 7회

The Wild Waders lost a crucial water polo match because their star player had food poisoning. If she had been able to play, the team _____ the match and advanced to the finals.

(a) had won
(b) would have won
(c) will have won
(d) would win

12. 기출 7회

The unicorn is a mythical horse-like creature with a spiral horn on its forehead. If unicorns were real, no one _____ to capture them, as they are said to be extremely elusive.

(a) will be able
(b) has been able
(c) would be able
(d) would have been able

준동사

출제 포인트

1 to부정사

동사원형 앞에 to를 추가한 형태인 「to + 동사원형」을 to부정사라고 하며, 동사의 성질을 그대로 가지면서 문장에서 명사, 형용사, 부사의 기능을 할 수 있다. 지텔프 문법에서는 to부정사가 명사적 용법으로 타동사의 목적어나 목적격보어로 쓰이는 유형과 부사적 용법으로 목적을 나타내거나 형용사나 과거분사와 함께 쓰이는 유형, 그리고 명사를 수식하는 유형으로 출제된다.

2 to부정사만을 목적어로 취하는 타동사

to부정사가 명사적 용법으로 '~하는 것'으로 해석될 때 타동사의 목적어로 사용될 수 있다. 타동사에 따라 to부정사를 목적어를 취하기도 하며, 동명사를 취하기도 하는데, 다음의 타동사가 to부정사를 목적어로 취한다.

주어 ➕ 타동사 ➕ 목적어(to부정사)

decide	결심하다	want	원하다
determine		would like/would love	
resolve		plan	계획하다
hope	바라다	promise	약속하다, 맹세하다
desire		pledge	
wish		swear	
long		vow	
care	선택하다, 좋아하다	guarantee	보장하다
endeavor	노력하다, 분투하다	learn	배우다
struggle		ask	부탁하다
strive		demand	요구하다
expect	기대하다, 예상하다	offer	제공하다
agree	동의하다	choose	선택하다
aim	목표하다	elect	선출하다
mean	의미하다, 의도하다	need	필요하다
tend	~하는 경향이 있다	fight	싸우다, 분투하다
prepare	준비하다	fail	실패하다
dare	감히 ~하다	pretend	~인 척하다
refuse	거절하다, 거부하다	hesitate	주저하다, 머뭇거리다
intend	의도하다	manage	가까스로 해내다
arrange	준비하다	afford	~할 여유가 있다
seek	추구하다	volunteer	자원하다
bother	신경 쓰다	make sure	확실하게 하다

2형식 자동사인 seem, appear 뒤에도 to부정사가 쓰이는데, 이 때 to부정사는 목적어가 아닌 보어의 역할을 하여 '~하는 것처럼 보이다'라고 해석한다.

Despite all the hardship, Jenny **refused to give up** the opportunity.

모든 역경에도 불구하고, 제니는 그 기회를 포기하는 것을 거부했다.

He **promised to wait** for me until I come to him.

그는 내가 그에게 갈 때까지 나를 기다리겠다고 약속하였다.

I **managed to hand** in my report on recent economic trends in time.

나는 제시간에 겨우 최근 경제 동향에 관한 리포트를 제출하였다.

3 to부정사를 목적격보어로 취하는 타동사

to부정사는 5형식 동사(불완전타동사) 뒤에 목적어에 대한 목적격보어로도 사용된다. to부정사가 쓰인 목적격보어는 목적어가 하는 행동을 서술하여 '(목적어)가/에게 (to부정사)하라고 (타동사)한다'라고 해석된다. 따라서 다음에 나오는 5형식 타동사 뒤에 목적어가 위치하고 그 뒤에 빈칸이 있는 경우 to부정사가 정답이다.

주어 ➕	타동사 ➕	목적어 ➕	목적격보어(to부정사)
ask	요청하다	want	원하다
allow	허락하다	expect	기대하다, 예상하다
advise	권고하다	enable	가능하게 하다
recommend	추천하다	encourage	격려하다
require	요구하다	force	강요하다
order	명령하다	cause	초래하다
tell	말하다	remind	상기시키다
urge	권고하다, 촉구하다	convince	확신시키다
instruct	지시하다	assign	맡기다

allow, advise, require, permit, encourage는 동명사를 목적어로 취하지만, 목적격보어는 to부정사 형태를 취한다. 따라서 이 동사들이 출제되면, 빈칸이 목적어 자리인지 목적격보어 자리인지를 반드시 확인해야 한다.

The supervisor **allowed us to hire** more part-time workers.

상사는 우리가 시간제 근무 직원들을 <u>더 고용하는 것</u>을 허락했다.

The doctor **advised me to drink** at least 2 liters of water a day.

의사는 내게 하루에 최소 2리터의 물을 <u>마시라고</u> 권고했다.

The new technology **enables us to lower** electricity use by 30%.

새로운 기술은 전기 사용을 30퍼센트 <u>낮출</u> 수 있게 해준다.

4 문제풀이 순서

- ⊘ 선택지 (a)~(d)가 to부정사와 동사원형, 그리고 동명사로 구성되어 있는지 확인한다.
- ⊘ 문제에서 빈칸 앞에 타동사가 있는지, 빈칸 앞에 명사(목적어)가 있는지 파악한다.
- ⊘ 선택지 중에는 「to + 동사원형」과 「to have p.p.」가 있는데, 빈칸에 to부정사가 위치해야 하는 경우 「to + 동사원형」이 항상 정답이다.

5 공식 적용 문제 풀이

New servers at Marshall's Kitchen shouldn't worry about learning the entire menu right away. **The chef ② encouraged them** ① _____ **orders** carefully and accurately first.

    (a) to have taken
③ (b) to take
    (c) taking
    (d) having taken

STEP ①
빈칸의 위치와 선택지를 확인하여 준동사 유형임을 파악한다.

STEP ②
빈칸 바로 앞에 위치한 목적격 대명사 them과 타동사 encouraged를 단서로 확인하고 빈칸이 목적격보어 자리임을 확인한다.

STEP ③
보기 중에서 「to + 동사원형」 형태인 (b)를 정답으로 선택한다.

TIP! to부정사 유형의 문제에 선택지에 항상 등장하는 to have p.p.는 완료부정사 형태로, to부정사의 시제가 본동사보다 이전의 시제임을 나타내는 부정사이다. 지텔프 Level 2 문법에서는 완료부정사가 정답으로 출제되지 않으므로 항상 오답으로 소거한다.

연습문제

1. Mr. Smith was planning _____ his daughter's birthday party this weekend.
   (a) to throw   (b) thrown   (c) to have thrown   (d) throwing

2. We all managed _____ the project on time.
   (a) finishing   (b) to have finished   (c) finish   (d) to finish

3. Two friends of mine really wanted _____ to the opening ceremony of Olympic Games, but they failed to buy the tickets.
   (a) going   (b) to have going   (c) to go   (d) to have gone

4. At Hansell Hotel, we always strive _____ the best service and accommodations to our customers.
   (a) provides   (b) is providing   (c) providing   (d) to provide

5. The HR manager required the applicants _____ their résumé and the letter of reference.
   (a) submitted   (b) to submit   (c) submitting   (d) to have submitted

6. The manager expects Mr. Thompson _____ the sales conference this Saturday.
   (a) to attend   (b) attends   (c) attending   (d) having attended

7. The new technology enables us _____ electricity use by 30%.
   (a) lowering   (b) lowered   (c) to have lowered   (d) to lower

8. My parents told me _____ the mess in the living room.
   (a) cleaning up   (b) clean up   (c) would clean up   (d) to clean up

1. 기출 1회

Psychological experiments demonstrated the bouba/kiki effect using a rounded, blob-like shape and an angular, spiky shape. During the experiment, participants tended _____ the word "bouba" with the rounded shape and "kiki" with the jagged shape.

(a) to have associated
(b) having associated
(c) associating
(d) to associate

2. 기출 3회

"Teetotalers" are people who completely abstain from drinking alcoholic beverages. While some teetotalers avoid alcohol for personal reasons, others choose not _____ alcohol because of cultural and religious practices, as well as health concerns.

(a) having drunk
(b) to have drunk
(c) to drink
(d) drinking

3. 기출 5회

The English language went through a series of pronunciation changes from the fifteenth to the eighteenth century. This "Great Vowel Shift" caused most Middle English vowel sounds _____ higher and farther forward in the mouth.

(a) to have been pronounced
(b) to be pronounced
(c) being pronounced
(d) having been pronounced

4.

Herbert Snell is suing Grant University for alleged ageism. Dr. Snell claims that the university, where he taught English literature for more than 30 years, forced him _____ against his wishes.

(a) retiring
(b) to retire
(c) having retired
(d) to be retired

5.

Daniel was embarrassed about failing his driving test for the third time. Everything was going well, but when the instructor told him _____ left into an intersection, Daniel forgot to use his signal and failed the test immediately.

(a) to have turned
(b) to turn
(c) turning
(d) having turned

6.

Josh is burnt out with his copywriting job at a mid-tier ad company. However, with his second child on the way, he would not dare _____ without already having a new job secured.

(a) having quit
(b) quitting
(c) to quit
(d) to be quitting

7.

Russia's invasion of Ukraine has reignited Cold War tensions between the West and East. Even though the United States and NATO support Ukraine, they cannot afford _____ any direct military confrontation with Russia and its nuclear arsenal.

(a) to be risking
(b) to risk
(c) risking
(d) having risked

8.

While many entrepreneurs dream of opening their own trendy café, it is a risky business endeavor. In such a crowded market, few locally owned cafés can manage _____ against major franchises.

(a) to compete
(b) to be competing
(c) competing
(d) having competed

9.

Ivy is still furious with her husband for making a joke about her new hairstyle. Even after he brought home a bouquet of roses for her, she refused _____ him.

(a) forgiving
(b) to forgive
(c) to be forgiving
(d) having forgiven

10.

Post-competition drug tests have found that cyclist Clinton Gladwell was taking performance-enhancing drugs during the race. However, Gladwell denies the accusation and intends _____ the test results in a court hearing.

(a) to be challenging
(b) challenging
(c) having challenged
(d) to challenge

11.

After listening to Evan cough, groan, and sneeze all morning, Mr. Jones strongly advised him _____ home at lunchtime. Evan said he had a lot of work to do, but Mr. Jones didn't want the other employees to get sick, too.

(a) to have just gone
(b) to just go
(c) just going
(d) having just gone

12.

Dr. Foreman may have breached some ethical codes with his latest experiment. His research required him _____ children with a loud noise while they were holding a comfort item, such as a baby blanket or favorite toy. Some of the subjects did not react well to the experience.

(a) having scared
(b) scaring
(c) to scare
(d) to have scared

기출 POINT 12 to부정사(2)

출제 포인트

1 to부정사의 형용사적 용법: 명사를 뒤에서 수식하는 to부정사

to부정사는 명사를 뒤에서 수식할 수 있으며, '~할', '~해야 하는'이라는 의미로 해석한다.

TIP! 주로 to부정사의 수식을 받는 명사에는 way(방법), ability(능력), place(장소), decision(결정), plan(계획), money(돈), time(시간), chance(기회), opportunity(기회), effort(노력), permission(허락)이 있다.

> The orientation is **a good opportunity to learn** about the company's strategies.
> 오리엔테이션은 회사 전략을 알 수 있는 **좋은 기회**이다.
>
> Talking with friends a lot is **the best way to become** familiar with them.
> 친구들과 많이 대화하는 것이 그들과 친해지는 **최고의 방법**이다.

2 to부정사의 부사적 용법

① 목적: ~하기 위하여 (= in order to 동사원형, so as to 동사원형)

to부정사는 동사를 수식하거나 형용사를 수식하는 등 부사의 기능을 가진다. 그 중에서 자주 출제되는 것은 '~하기 위해서'라는 의미인 '목적'의 용법이다.

> Jenny **studied** hard **to pass** the exam.
> 제니는 시험에 통과하기 위해 열심히 **공부했다.**
>
> Josh **is learning Spanish** these days **to spend** his summer vacation in Spain.
> 조쉬는 스페인에서 여름 휴가를 보내기 위해 요즘 **스페인어를 배우고 있다.**

TIP! 부사적 용법 <목적>의 to부정사 위치

① 주어 + 자동사 + (부사구) + to부정사

자동사 뒤에는 부사 요소가 와야 하므로 명사 기능으로 목적어 역할을 하는 동명사가 올 수 없다. 그러므로 자동사를 수식하여 '~하기 위해'라는 목적의 의미인 to부정사가 정답이다.

My father and I get up early these days **to go jogging**.
아버지와 나는 요즘 조깅하러 가기 위해 일찍 일어난다.

② 주어 + 타동사 + 목적어 + to부정사

문장의 기본 요소가 모두 갖춰진 타동사 구문에서도 추가로 동사가 사용될 때는 부사의 기능을 하는 형태가 되어야 한다. 그러므로 빈칸에는 목적을 나타내는 to부정사가 들어간다. 마찬가지로, 이때 -ing 형태의 현재분사(또는 동명사)는 정답이 되지 않는다.

I bought some flowers **to decorate** the living room.
나는 거실을 꾸미기 위해 꽃 몇 송이를 샀다.

② 감정의 원인: 감정을 나타내는 형용사를 수식

happy, glad, sorry, sad, pleased, disappointed, satisfied 등과 같이 사람의 감정을 나타내는 형용사 뒤에 to부정사가 위치하면 '~해서'라는 의미로 감정의 원인을 나타낸다.

> We are **pleased to meet** you again.
> 당신을 다시 <u>만나서</u> **반갑습니다**.

3 수동태 뒤에 위치하는 to부정사

「be동사 + p.p.(과거분사)」 뒤에 준동사가 위치할 때는 주로 to부정사가 위치하여 '~하는 것이' 또는 '~하기 위해(목적)'으로 해석된다. 단, be caught 뒤에는 동명사가 위치하니 주의한다. (be caught -ing)

TIP! 과거분사 구문으로 주절 앞에 be동사가 생략되고 「과거분사(p.p.)+ _____ 」으로 출제되어도 정답은 to부정사이다.

> Visitors **are allowed to take** pictures here.
> 방문객들은 여기에서 사진을 <u>찍는 것이</u> **허용된다**.
>
> The fundraising event **was held to finance** outstanding start-up businesses.
> 우수한 신생기업들에게 <u>자금을 조달하기 위해</u> 모금행사가 **열렸다**. (목적)

4 It 가주어, to부정사 진주어 구문

to부정사가 문장의 주어로 쓰이면 주어 부분이 너무 길어지므로 주어로 쓰인 to부정사를 문장 맨 뒤로 이동시키고 주어 자리에는 가주어인 it을 위치시키는 문장 구조이다. 해석할 때 가주어 it은 해석하지 않고 to부정사를 주어로 해석한다. It 가주어 to부정사 진주어 구문은 동사가 be동사이고 그 뒤에 형용사가 보어로 쓰이는 문장 구조에 자주 쓰인다.

> [To 부정사 (+ 목적어/보어 + 수식어구)] + 동사(be) + 형용사(보어)
>   주어
>
> ➡ It + 동사(be) + 형용사 (+ for 목적격) + [to 부정사 (+ 목적어/보어 + 수식어구)]
>   가주어   진주어
>
> **TIP!** 「for + 목적격」은 to부정사의 의미상 주어로, to부정사의 행위를 하는 주체를 나타낸다.

> **It** is difficult for them **to deliver** orders ahead of schedule because of a heavy rain.
> 폭우 때문에 그들이 일정보다 일찍 주문품을 <u>배송하는 것은</u> 어렵다.
>
> **It** is important **to confirm** ticket reservations at least one week advance.
> 적어도 1주일 전에 티켓 예약을 <u>확정하는 것이</u> 중요하다.

5 특정 형용사를 수식하는 to부정사

to부정사가 특정 형용사 뒤에 위치하면 '~할', '~하기에'라는 의미로 해당 형용사를 수식한다.

to부정사의 수식을 받는 형용사			
eager(열망하는)	eligible(자격 있는)	ready(준비가 된)	willing(기꺼이 ~하는)
reluctant(~을 꺼려하는)	hesitant(주저하는)	fortunate(다행인)	set(~하기로 예정된)
about (~하려고 하는)	sure(반드시 ~한)	likely(~할 것 같은)	

All residents **are eligible** <u>to sign up</u> for the swimming class.
모든 주민들은 수영 강습을 <u>신청할</u> **자격이 있다**.

The survey shows those who attended yesterday's seminar **are likely** <u>to attend</u> the second one next week.
설문 조사는 어제 세미나에 참석한 사람들이 다음 주의 두 번째 세미나에도 <u>참석할</u> **것이라는** 점을 보여준다.

6 문제풀이 순서

☑ 문제에서 빈칸의 위치를 확인하고 선택지를 본다.

☑ 선택지에 to 동사원형, 동사-ing 형태가 2개 이상 존재한다면 준동사 유형이다.

☑ 빈칸 앞에 명사가 있다면 대부분 to부정사가 정답이다.

   TIP! (예외) have difficulty -ing, be worth -ing

☑ '~하기 위하여'로 해석되거나 감정 형용사 뒤에 빈칸이 위치하면 to부정사가 정답이다.

☑ 부정사가 정답일 경우 선택지에서 「to + 동사원형」이 정답이다. (to have p.p. 오답)

7 공식 적용 문제 풀이

Starlight Studios is notorious in the gaming industry for treating its employees poorly. Overstressed and burnt-out game designers there frequently ② work 80-hour weeks ① _____ unreasonable deadlines.

③ (a) to meet
   (b) meeting
   (c) to be met
   (d) having met

STEP ❶
빈칸의 위치와 선택지를 확인하여 준동사 유형임을 파악한다.

STEP ❷
빈칸 앞에 자동사 work와 기간을 나타내는 80-hour weeks가 있으므로, 빈칸이 문맥상 동사 work의 목적의 의미를 나타내는 to부정사 자리임을 확인한다.

STEP ❸
보기 중에서 단순 to부정사의 형태인 (a)를 정답으로 선택한다.

연습문제

🔆 **TIP** to부정사 유형에서 꼭 기억할 팁!

· 선택지가 to부정사와 동명사로 구성되어 있는지 확인하여 준동사 문제임을 파악한다.
· 빈칸 앞에 있는 것이 명사인지 타동사인지, 부사인지 수동태(be + p.p.)인지 확인한다.
· 선택지 중에 to have p.p. 형태는 항상 오답으로 소거한다.

1. People were very surprised _____ about the results.
   (a) to hear
   (b) to have heard
   (c) having heard
   (d) hearing

2. Ray was instructed _____ overnight and only allowed to drink water.
   (a) fast
   (b) fasting
   (c) to have fasted
   (d) to fast

3. Schedules and objectives are important management goals _____ outcomes.
   (a) had achieved
   (b) to have achieved
   (c) having achieved
   (d) to achieve

4. It is honorable _____ people who died serving in the country's armed forces.
   (a) remembering
   (b) to remember
   (c) remembered
   (d) to have remembered

5. K-TOY Company announced plans _____ new products for children.
   (a) released
   (b) releasing
   (c) to release
   (d) to have released

6. Jenny was allowed _____ home a day early to be with her ailing father.
   (a) to go
   (b) to have gone
   (c) going
   (d) having gone

7. Henry always wakes up early in order _____ his work early in the morning.
   (a) started
   (b) starting
   (c) to start
   (d) to have started

8. It is difficult for adults _____ what children in conflict are going through.
   (a) to understand
   (b) to have understood
   (c) understanding
   (d) understood

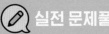

1. 기출 1회

Applauding is typically discouraged during a poetry slam performance. If the audience likes a poet, they normally just snap their fingers _____ approval without disrupting the flow of a poet's performance.

(a) showing
(b) having shown
(c) to show
(d) to have shown

2. 기출 2회

As much as she loves spending time with people, Brenda is an introvert who gets tired after long conversations. She often brings a book so she has something _____ when taking a break from social interactions.

(a) reading
(b) having read
(c) to have read
(d) to read

3. 기출 4회

One of the Five Pillars of Islam is the *Hajj*. It is a pilgrimage to Mecca that all Muslims are encouraged _____ in order to show their commitment to the religion and its community.

(a) having made
(b) making
(c) to make
(d) to have made

4.

You should know exactly where to find your personal documents, such as your birth certificate or tax records. You never know when you'll need them, so it is wise _____ such papers in a secure place that you will not forget.

(a) to keep
(b) keeping
(c) to be kept
(d) having kept

5.

Grandmaster Konstantin Tabakov set a new world record by playing 650 simultaneous games of chess. No matter how well he plays chess, Tabakov couldn't achieve this goal if he didn't have the concentration _____ on every single match at the same time.

(a) focusing
(b) to focus
(c) to be focusing
(d) had focused

6.

Nancy only had a brief window of time between work and her evening class, so she drove to a fast food restaurant _____ a quick dinner. However, upon reaching Burger Kingdom, she saw that the drive-thru line extended clear to the street.

(a) to get
(b) gets
(c) get
(d) getting

7.

Harrison felt helpless when his friend fell and broke his arm while they were hiking in Yellowstone last month. Not wanting to feel like that again, Harrison enrolled in an adult education class _____ first aid.

(a) learning
(b) learn
(c) learns
(d) to learn

8.

Ben Lecomte, 51, has begun his journey to become the first person to swim across the Pacific Ocean. The six-month swim requires amazing physical ability and the mental endurance _____ so much time in solitude.

(a) spending
(b) to be spent
(c) to spend
(d) to have spent

9.

Jennifer Riggins was selected as the Journalist of the Year thanks to her article about Dupree Chemicals disposing of pollutants into the Hocking River. She could never have written the story if she hadn't had the determination _____ Dupree executives with difficult questions.

(a) confront
(b) to confront
(c) to be confront
(d) to have confronted

10.

My friend Rory is obsessed with the World Cup this summer, even though the American team didn't qualify. He watches every game closely _____ which country will likely be the champions.

(a) figure out
(b) figures out
(c) to figure out
(d) figuring out

11.

At State University in NY, Hershel's friends tease him for his old-fashioned manners. However, he is proud of his Southern upbringing and how he was raised _____ older men and women as "sir" or "madam," respectively.

(a) to have always addressed
(b) to always address
(c) always addressing
(d) having always addressed

12.

Superman, arguably the most virtuous of all superheroes, champions a moral code that prevents him from killing his enemies. However, a frequent plot in comics and films about Superman depicts dire times when he is forced _____ the life of a villain.

(a) having taken
(b) taking
(c) to take
(d) to have taken

출제 포인트

1 명사 역할을 하는 동명사

동명사 (동사+-ing) : 동명사는 동사 끝에 -ing를 붙인 형태로, 문장에서 명사 기능을 할 수 있다. 하지만 동사의 성질을 갖고 있기 때문에 형용사가 아니라 부사의 수식을 받는다. 또한, to부정사와 마찬가지로 목적어나 보어를 가질 수 있으며, 수동태 형태(being p.p.)로 나타낼 수 있다.

2 동명사만을 목적어로 취하는 타동사

동명사는 to부정사의 명사적 용법과 동일하게 '~하는 것'으로 해석된다. 동명사는 타동사 뒤에 목적어 자리가 빈칸으로 제시되는 문제 유형으로 주로 출제되기 때문에 동명사를 목적어로 취하는 타동사 암기가 필수적이다.

주어	➕ 타동사	➕	목적어(동명사)
encourage	장려하다, 권고하다	avoid	피하다
recommend		evade	
advise		escape	
allow	허락하다	mention	말하다, 언급하다
enjoy	즐거워하다	admit	인정하다
keep	계속 ~하다	acknowledge	
consider	고려하다	dislike	싫어하다
postpone	미루다, 연기하다	detest	
put off		anticipate	기대하다, 예상하다
delay		mind	꺼리다
defer		deny	부인하다
limit	금지하다, 제한하다, 막다	imagine	상상하다
prohibit		include	포함하다, 수반하다
ban		involve	
inhibit		entail	수반하다
prevent		appreciate	감사하다
avoid	피하다	oppose	반대하다
give up	포기하다	remind	상기시키다
depict	묘사하다	disclose	폭로하다
discontinue	중단하다	discuss	논의하다
dread	두려워하다	end up	결국 ~하다
fear		experience	경험하다

practice	연습하다	adore	아주 좋아하다
promote	장려하다	quit	멈추다, 중단하다
regard	~로 여기다	stop	
reject	거절하다	report	알리다, 발표하다
resent	분개하다	resist	저항하다
risk	위험을 무릅쓰다	suggest	제안하다
finish	끝내다, 마무리하다	support	지지하다
discuss	논의하다	welcome	환영하다

They **enjoy** <u>learning</u> English nowadays.
그들은 요즘 영어를 <u>배우는 것을</u> **즐긴다.**

Cindy **suggested** <u>seeing</u> a movie after work.
신디는 일을 마친 후에 영화를 <u>보러 가자고</u> **제안했다.**

3 to부정사와 동명사 둘 다 목적어로 취하며 의미도 같은 동사

타동사 중에는 목적어 자리에 to부정사와 동명사를 모두 취할 수 있으며, 둘 중 어느 것이 목적어로 위치해도 동일하게 해석되는 타동사가 있다.

start	시작하다	hate	싫어하다
begin		love, like	좋아하다
continue	계속하다	cease	중단하다

TIP! 거의 출제되지 않지만, 출제되면 to부정사나 동명사 중에 하나만 정답이 되도록 출제된다.

They **started** <u>to drink</u> coffee. = They **started** <u>drinking</u> coffee.
그들은 커피를 <u>마시기</u> **시작했다.**

4 to부정사와 동명사 둘 다 목적어로 취하지만 의미가 다른 동사

다음 타동사는 to부정사와 동명사를 목적어로 취할 때 각각 의미가 달라진다. to부정사가 미래의 일을, 동명사가 과거의 일을 나타내는 경우가 많으며, try는 각각 '노력하다', '시도하다'라는 의미를 나타낸다.

	to부정사	**동명사**
remember (미래/과거)	I **remember** <u>to send</u> it. 나는 그것을 보내야 할 것을 **기억한다.**	I **remember** <u>sending</u> it. 나는 그것을 보냈던 것을 **기억한다.**
forget (미래/과기)	I **forgot** <u>to lock</u> the door. 나는 집 문 잠그는 것을 **잊었다.**	I **forgot** <u>closing</u> the door. 나는 문을 닫았던 것을 **잊었다.**
regret (미래/과거)	I **regret** <u>to tell</u> you this news. 이 소식을 <u>전하게 되어</u> **유감이다.**	I **regret** <u>telling</u> you the truth. 나는 네게 진실을 <u>말했던 것을</u> **후회한다.**
try (노력/시도)	I **tried** <u>to climb</u> the mountain. 나는 그 산을 올라가려고 **노력했다.**	I **tried** <u>climbing</u> the mountain. 나는 그 산을 <u>시험삼아 올라가</u>**보았다.**

5 동명사의 관용표현

cannot help -ing	~하지 않을 수 없다	have difficulty -ing	~하는 것에 어려움을 겪다
be worth -ing	~할 가치가 있다	have trouble -ing	
be caught -ing	~하다 잡히다	spend 시간/돈 -ing	~에 시간/돈을 들이다/쓰다
object to -ing	~을 반대하다	feel like -ing	~하고 싶다
be opposed to -ing		look forward to -ing	~하기를 고대하다
be devoted to -ing	헌신하다, 전념하다	be subject to -ing	~하기 쉽다
be committed to -ing		be accustomed to -ing	~에 익숙해지다

> We **cannot help** <u>remembering</u> the day when we first met.
> 우리는 우리가 처음 만났던 그 날을 <u>기억하지</u> **않을 수가 없다**.
>
> Many students **were caught** <u>cheating</u> in three subjects.
> 많은 학생들이 3 과목에서 <u>부정행위를 한 것</u>이 **잡혔다**.

6 문제풀이 순서

- ✅ 문제에서 빈칸이 '동사+_____(목적어)'의 위치라면, 준동사가 정답이다.
- ✅ 동사가 동명사를 취하는 동사면 선택지에서 '동사-ing'를 정답으로 선택한다.
- ✅ 빈칸이 포함된 문장에 동명사의 관용표현의 단서가 있다면 단서에 동그라미 하고 동명사를 정답으로 선택한다.
- ✅ 항상 단순 동명사(동사 + -ing)가 정답이 된다. (완료동명사 having p.p.는 오답)

7 공식 적용 문제 풀이

It is commonplace for students to ② dread ① _____ back to school after the weekend with family, but Jenny loves going back to school to learn something and play with her friends.

   (a) to have gone
   (b) to go
   (c) having gone
③ (d) going

STEP ①
빈칸의 위치와 선택지를 확인하여 준동사 유형임을 파악한다.

STEP ②
빈칸 바로 앞에 위치한 동사 dread에 동그라미 표시하고 동명사를 목적어로 취하는 동사임을 파악한다.

STEP ③
보기 중에서 단순 동명사의 형태인 (d)를 정답으로 선택한다.

TIP! 동명사 유형의 문제에 선택지에 항상 등장하는 having p.p.는 완료동명사 형태로, 동명사의 시제가 본동사보다 이전의 시제임을 나타내는 동명사이다. 지텔프 Level 2 문법에서는 완료동명사가 정답으로 출제되지 않으므로 항상 오답으로 소거한다.

연습문제

💡 **TIP** 동명사 풀 때 꼭 기억할 팁!
· 빈칸 주변을 살피고 선택지를 확인하여 준동사 문제임을 파악하기.
· 출제 포인트에 따라 to부정사 혹은 동명사가 정답이 되며 단순 to부정사 혹은 동명사가 정답이 된다.

1. The procedure permitted _____ photographs of the identical spot each time.
   (a) to take   (b) to have taken   (c) having taken   (d) taking

2. Just imagine _____ the rest of your life in Hawaii with your family.
   (a) spent   (b) spending   (c) to spend   (d) to have spent

3. People generally tend to postpone _____ a big task because they think that they are not ready
   for doing it.
   (a) beginning   (b) to have begun   (c) having begun   (d) to begin

4. We discussed _____ to the cinema, but in the end we stayed at home all day.
   (a) going   (b) to go   (c) was going   (d) to have gone

5. The law prohibits _____ a dog on a chain for than more than 10 hours a day.
   (a) to have kept   (b) to keep   (c) keeping   (d) having kept

6. The students of the senior class must practice _____ English with their partners at least three
   times a day.
   (a) spoken   (b) speaking   (c) to speak   (d) to have spoken

7. My brother always forgets _____ his medicine in the morning, so I set an alarm for him.
   (a) taken   (b) taking   (c) to take   (d) would take

8. Mr. Gail tried _____ his car on the road, but he had to call a tow truck.
   (a) to fix   (b) fixed   (c) fixing   (d) to have fixed

실전 문제풀이 학습한 내용을 적용하여 다음 공식 기출 및 기출 변형 문제를 풀어보세요.

1. 기출1회
Woody recently learned about the team sport called Whirlyball, which is a combination of lacrosse and bumper cars. He now enjoys _____ Whirlyball regularly with his friends, even though a single game is quite expensive.

(a) to play
(b) to have played
(c) playing
(d) having played

2. 기출2회
People should avoid checking their phones while driving. Even the most experienced drivers risk _____ into serious accidents when they use mobile devices while on the road.

(a) to get
(b) having gotten
(c) getting
(d) to have gotten

3. 기출3회
Gale chose expensive water-resistant frames for his new glasses. He thinks the frames are worth the investment. His face often gets sweaty, and his old pair kept _____ the bridge of his nose.

(a) to slide down
(b) having slid down
(c) to have slid down
(d) sliding down

4. 기출3회
Katharine has developed a rash behind her knees due to sweating heavily when she plays dodgeball. The school physician suggested that she avoid _____ the area to prevent it from getting infected.

(a) to scratch
(b) to have scratched
(c) scratching
(d) having scratched

5. 기출4회
Black History Month is celebrated every February to commemorate the achievements and history of the African American community. It also involves _____ the harmful effects that prejudice can have.

(a) remembering
(b) having remembered
(c) to remember
(d) to have remembered

6. 기출4회
Mary has been working overtime for the past week just to make ends meet. She has been so tired lately that she can't help _____ on the train during her commute.

(a) having slept
(b) to sleep
(c) to have slept
(d) sleeping

7.

Gina will travel to Rome next month, and she wants to experience as much of the culture as she can. She has been practicing _____ Italian every day so that she can have conversations with the locals while she's there.

(a) speaking
(b) to speak
(c) spoke
(d) to be spoken

8.

After their seventh break-up, Rachel swore to herself that she would never get back together with Richard. However, she still can't resist _____ him when she has had a bad day.

(a) to call
(b) calling
(c) called
(d) to be called

9.

The board of directors of Flipside, the massively popular social media site, will meet on Wednesday at the company headquarters in San Francisco. The members will discuss _____ Flipside to a potential buyer, who has chosen to remain anonymous.

(a) to sell
(b) selling
(c) having sold
(d) to have sold

10.

Doris has told her son and daughter-in-law that she will always be available to babysit Ethan, their three-year-old child. She adores _____ time with her grandson, who is her pride and joy.

(a) to spend
(b) spending
(c) having spent
(d) to have spent

11.

The manager of Trattoria 321, a popular Italian restaurant in downtown Chicago, is seeking new servers. The waiters who had been working there were caught _____ from the restaurant and were swiftly fired.

(a) stealing
(b) to steal
(c) having stolen
(d) to have stolen

12.

Individuals with small veins may be more squeamish about donating blood than others. The nurse may have difficulty _____ a hard-to-find vein, which can result in multiple needle insertions and increased discomfort.

(a) locating
(b) to locate
(c) having located
(d) to have located

기출 POINT 11~13까지 학습한 내용을 적용하여 다음 공식 기출 문제 및 기출 변형 문제를 풀어보세요.

1. 기출 4회

Mr. Moore was enjoying a picnic with his family at Kensington Metropark when it suddenly started to rain. They quickly packed up _____ their food from getting wet.

(a) to keep
(b) keeping
(c) to have kept
(d) having kept

2. 기출 1회

Mrs. Claiborne stays with her son at night to monitor his unusual sleeping habit. He often walks in his sleep and risks _____ down the stairs when left unattended.

(a) to have fallen
(b) having fallen
(c) falling
(d) to fall

3. 기출 1회

The fact-finding committee at our organization was accused of being idle lately. Our chairman thus asked the head of the committee if he would not mind _____ the tasks that they are currently working on.

(a) having listed
(b) listing
(c) to have listed
(d) to list

4. 기출 2회

Amazeland has a certain magic that makes everyone giddy with excitement. When you're there, you feel like a kid again. You just have to endure _____ long distances, as the park is quite large.

(a) to have walked
(b) walking
(c) to walk
(d) having walked

5. 기출 5회

Evan has been avoiding pastries lately because the ketogenic diet he is on promotes low-carb foods. He needs _____ energy from fats instead of carbohydrates, and he now mostly eats keto-friendly foods, such as seafood.

(a) obtaining
(b) having obtained
(c) to have obtained
(d) to obtain

6. 기출 3회

Fred is still unsure which degree program to pursue in college. To avoid paying unnecessary registration fees, he should delay _____ any college applications until he has absolutely decided on his major.

(a) submitting
(b) having submitted
(c) to submit
(d) to have submitted

7. 기출 2회

A 7-Eleven store in California started playing loud classical music, intimidating lingering customers so that they would leave after making their purchases. Those owners must really despise _____.

(a) having loitered
(b) to have loitered
(c) loitering
(d) to loiter

8. 기출 4회

Besides songwriting, singing, directing, and acting, the legendary musician Prince was said to have had an additional set of skills. According to his friend Ahmir "Questlove" Thompson, Prince also adored _____.

(a) to have roller skated
(b) having roller skated
(c) to roller skate
(d) roller skating

9. 기출 2회

Charles's student athletic scholarship was revoked by the school because of his failing grades, and not even his coach could do anything about it. Now, he has _____ a part-time job to be able to continue school.

(a) to have worked
(b) working
(c) having worked
(d) to work

10. 기출 3회

DEAFinitely Dope is an organization that helps those who are hard of hearing "listen" to hip hop music. By using sign language to interpret live performances, the organization is able _____ fans with hearing loss a complete musical experience.

(a) having offered
(b) to offer
(c) to have offered
(d) offering

11. 기출 5회

Anika has started taking better care of a chronic health condition she'd previously been neglecting. In fact, she has even considered _____ some of her classes to make time for her frequent doctor's appointments.

(a) having dropped
(b) to be dropping
(c) to drop
(d) dropping

12. 기출 6회

Lindsay is furious with Jacob. After they had been dating for three months, he suddenly stopped _____ her. She doesn't know what she did or said for Jacob to suddenly become so cold.

(a) having seen
(b) to see
(c) seeing
(d) to have seen

기출 POINT 11~13까지 학습한 내용을 적용하여 다음 공식 기출 문제 및 기출 변형 문제를 풀어보세요.

13. 기출 5회

During a study session one afternoon, Ella voiced her amazement at Jack's improvement in mathematics. When asked how he did it, Jack mentioned _____ tutorials from his best friend, who is a math whiz.

(a) receiving
(b) to have received
(c) to receive
(d) having been received

16. 기출 7회

Betty's Bakery might have to discontinue their more creative baked goods due to low sales. The employees are now making an effort _____ these items, which they believe have the potential to be best sellers.

(a) having promoted
(b) promoting
(c) to have promoted
(d) to promote

14. 기출 6회

1 vs. 100 was an American game show first broadcast in 2006. A contender would compete against 100 others by answering general knowledge questions. The contender needed to be the last player standing _____ the game.

(a) winning
(b) having won
(c) to have won
(d) to win

17. 기출 5회

During an open forum, the presenting artist was asked how she perfects her craft. She explained that she regularly practices _____ an object with a single line, never lifting her pen off the paper.

(a) to have drawn
(b) drawing
(c) to draw
(d) having drawn

15. 기출 7회

Eating fewer carbohydrates is one way to lose body fat. Therefore, dieticians suggest _____ one's main source of carbohydrates with a healthier alternative. For example, cauliflower rice can be substituted for white rice.

(a) replacing
(b) having replaced
(c) to have replaced
(d) to replace

18. 기출 6회

Lima syndrome is a condition where abductors develop sympathy toward their hostages. This may happen when abductors don't fully support their own criminal behavior or dislike _____ their victims.

(a) to hurt
(b) having hurt
(c) to have hurt
(d) hurting

19. 기출 6회

If you are restless at night, listen to classical music. Experts recommend _____ to classical music for at least 45 minutes before bedtime to help improve the quality of your sleep.

(a) listening
(b) to listen
(c) to have listened
(d) having listened

20. 기출 7회

Nowadays, it is more common for students who are graduating from high school to take a gap year. They postpone _____ at a university for a year and take time to explore life outside the classroom.

(a) to enroll
(b) enrolling
(c) to have enrolled
(d) having enrolled

21. 기출 7회

Communication, skill, and unpredictable serves helped the Falcons win the volleyball championship. After the game, the players delayed _____ their victory so that the opposing team wouldn't feel disrespected.

(a) celebrating
(b) to celebrate
(c) having celebrated
(d) to have celebrated

22. 기출 6회

Mr. Banks had hoped that the board meeting would go smoothly, but the board members began to argue and raise their voices with one another. Mr. Banks stepped outside _____ while the debate dragged on.

(a) cooling down
(b) to cool down
(c) having cooled down
(d) to have cooled down

23. 기출 7회

Margot heard that her team won first place in the college science fair. Stunned by the news, she nervously logged on to the science department's website _____ that they had really bagged the prestigious prize.

(a) to check
(b) having checked
(c) checking
(d) to have checked

24.

Students at Malcolm High School are raising funds to help with disaster-relief efforts after devastating tornadoes struck the area. Community members who care _____ money or supplies can contact Mr. Hills at the school.

(a) to be donated
(b) having donated
(c) donating
(d) to donate

UNIT 4

UNIT 4

조동사

출제 포인트

1 동사원형이 당위성을 나타내는 이유

· 이 유형의 단서는 요구, 주장, 제안, 추천, 명령 등을 나타내는 동사와 당위성을 나타내는 형용사이다.

· 요구, 주장, 제안, 추천, 명령 등을 나타내는 동사와 당위성을 나타내는 형용사의 의미에 맞춰져서 그 뒤에 위치한 that절의
동사는 '~해야 한다'라고 해석된다.

· '~해야 한다'라는 의미를 나타내기 위해 that절에 조동사 should가 있어야 하지만 앞의 동사나 형용사의 의미에 포함되어
있는 것으로 간주되며, 빈칸으로 제시된 동사는 「조동사 + 동사원형」 규칙에 의하여 동사원형이 된다.

2 당위성을 나타내는 동사원형 문장 구조 익히기

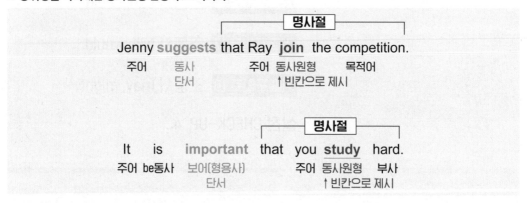

3 요구, 주장, 제안, 추천, 명령을 나타내는 동사

주어	동사	that	주어	동사원형
	AR(아) SCI(씨) DOUP(또)			
	Ask, **A**dvise, **A**dvocate(요청하다, 권고하다, 주장하다)			be (be동사의 원형)
	Recommend, **R**equest, **R**equire(추천하다, 요청하다, 요구하다)			일반동사의 원형
	Suggest, **S**tipulate(제안하다, 규정하다)			부정형: not + 동사원형
	Command, **C**laim(명령하다, 주장하다)			not be
	Insist, **I**nstruct(주장하다, 지시하다)			수동태: be + p.p.(-ed)
	Demand, **D**esire(요구하다, 바라다)			
	Order(명령하다)			
	Urge(촉구하다)			
	Propose, **P**lead, **P**rescribe(제안하다, 주장하다, 규정하다)			

Jenny **demands that** she <u>study</u> hard.

제니는 그녀의 남동생이 열심히 <u>공부해야 한다고</u> **요구한다**.

John **insisted that** the applicant <u>not join</u> the company.

존은 그 지원자가 회사에 <u>입사해서는 안 된다고</u> **주장했다**.

The manager **asked that** the window <u>be locked</u> for sure.

매니저는 창문들이 확실히 <u>잠겨 있어야 한다고</u> **요청했다**.

주어	동사		주어	부정어	동사원형	목적어 및 수식어구
Jenny	**demands**	**that**	her brother		**study**	hard.
John	**insisted**		the applicant	**not**	**join**	the company.
The manager	**asked**		the windows		**be locked**	for sure.

4 당위성을 나타내는 형용사

CI(씨) VBEN(벤)				
It is	형용사(보어)	that	주어	동사원형
	Critical, **C**rucial, **C**ustomary(결정적인, 중대한, 관례적인)			be (be동사의 원형)
	Important, **I**mperative(중요한, 필수적인)			일반동사의 원형
	Vital, **B**est(중요한, 최선의)			부정형: not + 동사원형
	Essential(필수적인), **E**xpected(기대되는)			not be
	Necessary(필수적인, 필요한)			수동태: be + p.p.(-ed)
(추가)	**A**dvisable, **D**esirable(바람직한)			

It is **advisable that** he <u>rest</u> for a while.

그는 잠시 동안 <u>쉬어야 하는 것이</u> **바람직하다**.

It is **vital that** he <u>not eat</u> too much.

그는 너무 많이 <u>먹지 않는 것이</u> **중요하다**.

It is **necessary that** the audience <u>be</u> silent during a play.

연극 중에 관객들은 조용히 <u>있어야 하는 것이</u> **필요하다**.

It is **important that** cash <u>be kept</u> in a safe place.

현금은 안전한 장소에 <u>보관되는 것이</u> **중요하다**.

주어	동사	형용사(보어)		주어	부정어	동사원형	목적어 및 수식어구
It	is	advisable	that	he		rest	for a while.
		vital		he	not	eat	too much.
		necessary		the audience		be	silent during a play.
		important		cash		be kept	in a safe place.

5 문제풀이 순서

☑ 선택지를 먼저 확인하고 동사원형이 포함되어 있는지 확인한다.

☑ 빈칸 앞에 아씨 또(ARSCI DOUP) 동사 또는 씨 벤(Ci VBEN) 형용사와 that이 있으면 동그라미로 표시하고 선택지 중에서 동사원형을 정답으로 고른다.

☑ 부정어 not이 있으면 「not 동사원형」 수동태이면 「be + p.p.(—ed)」가 정답!

☑ 아씨 또 동사는 항상 주어 뒤에 위치하는 것은 아니며, 부정사나 동명사로 나올 수 있다.

6 선택지 익히기

주로 다양한 시제의 동사와 「조동사 + 동사원형」 형태가 오답으로 제시된다.

1.	2.	3.
(a) is studying	(a) will build	(a) help
(b) would study	(b) is building	(b) is helping
(c) studied	(c) was building	(c) will be helping
(d) study	(d) build	(d) helped

7 공식 적용 문제 풀이

A new study at the Oslo Mesa Observatory will require a massive amount of data. To help with the task, Dr. Rand, the head researcher, ② has requested that amateur astronomers ① _____ their own data to the project as well.

(a) will submit
③ (b) submit
(c) submitted
(d) are submitting

STEP ❶
보기 (a)~(d)가 동사의 여러 형태로 구성되어 있고, 빈칸이 that절의 동사 자리인 것을 확인한다.

STEP ❷
that 앞에 AR(아) SCI(씨) DOUP(또) 동사 중 하나인 request가 현재완료시제로 쓰인 것을 확인한다.

STEP ❸
보기 중에서 동사원형 형태인 (b)를 정답으로 선택한다.

연습문제

💡 **TIP** 당위성을 나타내는 동사원형 문제 풀 때 꼭 기억할 팁!

· 빈칸이 that절의 주어 뒤 동사 자리인지 확인한다.
· that절 앞의 동사 또는 형용사가 AR(아) SCI(씨) DOUP(또) 동사 또는 CI(씨) VBEN(벤) 형용사가 쓰였는지 확인하고 동사원형을 정답으로 고른다.
· 보기가 모두 수동태일 경우 「be + 과거분사(-ed / p.p.)」 형태를 정답으로 고른다.

1. Johnson pleaded that Ray _____ her a flower to console her.
   (a) presented   (b) present   (c) was presenting   (d) will be presenting

2. They request that their products _____ because of the mechanical problem.
   (a) was not sold   (b) not being sold   (c) not be sold   (d) had not been sold

3. Paul suggested that we _____ our colleague's promotion.
   (a) celebrated   (b) is celebrating   (c) would celebrate   (d) celebrate

4. The Health Department demanded that safety standards _____.
   (a) upgrading   (b) be upgraded   (c) will be upgraded   (d) are upgraded

5. It is crucial that she _____ hard to get promoted.
   (a) works   (b) will work   (c) work   (d) was working

6. It is customary that relatives _____ the commencement ceremony.
   (a) attends   (b) was attending   (c) will attend   (d) attend

7. It is essential that you _____ openly and honestly with your friends.
   (a) talking   (b) talk   (c) talks   (d) was talking

8. We advise that every attendee _____ ahead of the scheduled time.
   (a) arrive   (b) arrives   (c) will arrive   (d) is arriving

9. Experts say it's vital that a proper investigation _____ into this dangerous situation.
   (a) is held   (b) be held   (c) was held   (d) would be held

10. It's necessary that children _____ home to face the real world.
    (a) are leaving   (b) will leave   (c) leave   (d) would leave

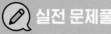

1. 기출 1회

Olive dislikes wearing skirts because they typically do not have pockets. That's why she is proposing that the manager _____ the store's strict dress code for women by allowing them to wear pants.

(a) has expanded
(b) expand
(c) will expand
(d) is expanding

2. 기출 3회

Every signatory of a contract must agree to all of its contents, including the tiniest details, which can sometimes be overlooked. It is therefore recommended that one _____ every page thoroughly before signing a contract.

(a) will inspect
(b) inspect
(c) is inspecting
(d) has inspected

3. 기출 3회

Tyler's academic performance is suffering because he is involved in too many sports. One of his coaches advised that Tyler _____ on maintaining high grades so he can hold on to his athletic scholarship.

(a) has worked
(b) will work
(c) is working
(d) work

4. 기출 4회

A commotion just erupted from the crowd in the mall's atrium, drawing the attention of security. The manager has proposed that at least ten security guards _____ in the vicinity until safety and order are restored.

(a) have been posted
(b) were posting
(c) will be posted
(d) be posted

5.

High inflation in the United States continues to wreak havoc on the market as the cost of everyday goods skyrockets. It is crucial that the Federal Reserve _____ swiftly to prevent further harm to the economy.

(a) is acting
(b) will act
(c) acts
(d) act

6.

Ms. Tuite, editor-in-chief at *Village Trend*, is looking for a new assistant. According to Ms. Tuite's specifications, it is desirable that the assistant _____ a background in fashion, modern art, and print journalism.

(a) possessed
(b) possess
(c) possessing
(d) to possess

7.

The manager asked that Ray sign a confidentiality agreement stipulating that he _____ for other rival companies for 7 years from the day when he signed the agreement.

(a) was not working
(b) not work
(c) will not work
(d) has not work

8.

The U.S. government demanded that safety standards _____ in thousands of poorly maintained, aging schools. This will change the prior system which is now inefficient.

(a) was upgraded
(b) upgrades
(c) be upgraded
(d) had been upgraded

9.

Global events are being canceled or postponed because of COVID-19, which suggests that students _____ the school. Instead, they should study at home and take on-line classes.

(a) not attend
(b) not attended
(c) will not attend
(d) not be attending

10.

Visitors who visit Jenny's Kitchen are entitled to request that people _____ their children, so when my family arrived, we had to go to another restaurant instead.

(a) will not bring
(b) not brought
(c) not bringing
(d) not bring

11.

JN Corporation has failed to audit their books for the last five years, resulting in their delinquent investor status in the Securities and Exchange Commission. The SEC therefore urged that they _____ their annual financial reports.

(a) are immediately submitting
(b) immediately submitted
(c) will immediately submit
(d) immediately submit

12.

Without proper land surveying equipment, a land surveyor cannot gather accurate data and a construction project's success is unlikely. Therefore, it is essential that a surveyor _____ appropriate tools and apparatuses during land inspections.

(a) bring
(b) will bring
(c) to bring
(d) brings

기출 POINT 15 　조동사 should, must

출제 포인트

1 should

· 의무, 당위성: ~해야 한다 (= ought to 동사원형)

규정이나 법규 등에 의한 의무가 아니라, 관습이나 도덕, 주변 상황에 필요한 행동을 나타낼 때 should를 사용한다.

> We **should study** hard to pass the exam.
> 우리는 시험에 통과하기 위해 열심히 공부<u>해야 한다</u>.
>
> You **should be** thoughtful in decision-making process.
> 당신은 의사결정 과정에서 사려 깊<u>어야 한다</u>.

· 충고, 조언: ~하는 것이 좋겠다

주관적인 의견으로서 '~하는 것이 좋다'라는 의미로 충고의 개념을 나타낼 때 should를 사용한다.

> It's dark outside. You **should not go** home alone.
> 밖이 어두워. 너는 집에 혼자 가지 않는 <u>것이 좋겠다</u>.
>
> Ray looks so tired. He **should take** a rest today.
> 레이는 너무 피곤해 보인다. 그는 오늘 휴식을 취하<u>는 것이 좋겠다</u>.

· [과거의 후회] should have p.p.: ~했어야 했는데

과거의 행동을 후회할 때 쓰는 표현으로, 실제로는 하지 않았지만 '~했어야 했다'라는 의미를 나타낼 때 쓴다. 부정형 shouldn't have p.p.는 '하지 말았어야 했는데'라고 해석한다.

> They **should have been** more considerate while making the decision.
> 그들은 그 결정을 내리는 동안 좀 더 신중<u>했어야 했는데</u>.
>
> I got sunburned yesterday. I **should have applied** sunblock before playing soccer.
> 나는 어제 햇빛에 탔다. 축구를 하기 전에 자외선 차단크림을 발랐<u>어야 했는데</u>.

2 must

· 강한 의무, 금지 : ~ 해야 한다(=has/have to), ~하면 안 된다(must not)

must는 원칙, 규정 또는 법규 등에 의해 강제되는 의무 혹은 강한 권고를 나타내며, 부정형인 must not은 금지를 나타낸다. 의무나 목적이 언급된 문맥에서 반드시 해야 하는 일을 나타낼 때 대부분 must가 정답으로 출제된다.

> We **must submit** the report by this Friday.
> 우리는 금요일까지 보고서를 제출해야 한다.
>
> The audience **must not take** photos during the performance.
> 관중들은 공연 중에 사진을 찍으면 안 된다.

· 확신: ~임에 틀림없다

must는 강한 확신을 가지고 말할 때 사용하며, '~임에 틀림없다', '~하는 것이 틀림없다'라는 의미로 해석된다. 추측이 아니기 때문에 구체적인 근거가 문제에 언급되어 있는 경우가 많다.

> Mr. Anderson **must live** near the park. I see him waiting for a bus there every morning.
> 앤더슨 씨는 공원 근처에 사는 것이 틀림없다. 나는 매일 아침 그가 거기서 버스를 기다리는 것을 본다.
>
> He **must not be** at the office. He isn't answering the phone.
> 그는 사무실에 없는 것이 틀림없다. 그는 전화를 받지 않는다.

· [과거의 확신] must have p.p.: ~했음에 틀림없다

과거의 있었던 일에 대한 확신으로 '~했음에 틀림없다', '~이었음에 틀림없다'라고 해석한다. 실제 시험에서는 「_____(빈칸) + have p.p.」으로 출제되기 때문에, 보기에서 must를 찾아 정답으로 고른다.

> She **must have visited** many countries because she can speak various languages.
> 그녀는 다양한 언어를 말할 수 있기 때문에 많은 국가를 방문했음에 틀림없다.
>
> He **must have been** ill as he looked pale yesterday.
> 그는 어제 안색이 나빠 보였기 때문에 아팠음에 틀림없다.

3 should와 must가 정답이 되는 단서와 오답 소거법

조동사는 다른 문제 유형과 달리 적절한 조동사를 고를 수 있는 문장 구조 상의 단서가 존재하지 않지만, 각 조동사의 의미에 자주 쓰이는 문맥을 확인하고 빈칸에 들어갈 적절한 조동사를 찾을 수 있다. 다음은 should와 must가 자주 쓰이는 단서 및 문맥으로, 문제 풀이 시 도움이 될 수 있으나 항상 이러한 단서로 should와 must가 정답이 되는 것이 아니므로 should와 must를 넣고 전체 문장이 자연스럽게 해석되는지 확인해야 한다.

· 빈칸이 포함된 문장에 to부정사 부사적 용법(목적) '~하기 위하여'(=in order to = so as to)가 있는 경우
· 빈칸이 포함된 문장에 「for + 명사」(~를 위해서)가 있는 경우
· 빈칸이 포함된 문장에 「submit~ by + 시점」(~까지 제출해야 한다)이 있는 경우
· 빈칸이 포함된 문장에 「get permission/approval」(승인을 얻어야 한다)이 있는 경우
· 빈칸이 포함된 문장에 「meet the standard(s)」(기준을 충족시켜야 한다)가 있는 경우
· law(법), regulation(규정), rule(규정), guideline(지침), standard(기준), policy(정책) 등의 어휘를 통해 의무를 나타내는 경우
· If와 함께 '좋은 결과를 얻기를 원한다면' 혹은 '나쁜 결과를 얻고 싶지 않다면(if not = unless)'의 경우
· (a)~(d) 중에 should, must 둘 다 있는 경우, 문제에 법률적 의무와 같은 문맥이 존재한다면 must가 정답이다.
· 문제가 「빈칸 + have to 동사원형」으로 출제된 경우, have to가 must와 유사한 의미이기 때문에 must는 오답으로 소거한다.
· 주어가 사물이거나 의무를 가질 수 있는 주체가 아닌 경우, should와 must는 오답으로 소거한다.

4 예제 풀이

② The South Korean government officially lifted its outdoor mask policy on Monday, another sign that the pandemic is finally ending. ② However, individuals ① _____ still wear masks indoors and on public transportation.

    (a) may
③ (b) must
    (c) will
    (d) can

STEP ①
빈칸의 위치와 선택지를 확인하여 조동사 유형임을 파악한다.

STEP ②
빈칸이 포함된 문장의 전후 문장의 문맥을 파악한다.

STEP ③
야외 마스크 정책은 해제하였다는 앞문장의 내용과 실내에서는 여전히 마스크를 착용해야 한다는 정책(policy)에 관한 내용이므로 의무의 조동사 must를 정답으로 선택한다.

연습문제

1. To ensure safety, you _____ refer to the instructions before use.
   (a) will   (b) can   (c) must   (d) may

2. You _____ wash your hands before having dinner.
   (a) should   (b) might   (c) may   (d) could

3. She _____ be smart because she can speak many languages.
   (a) can   (b) must   (c) will   (d) would

4. Unless Jenny wants to get F for all the classes, she _____ sleep early and reduce her time playing computer games.
   (a) would   (b) should   (c) can   (d) will

5. While different theories on the ideal balance of nutrients from foods exist, one thing that most nutritionists agree on is that people _____ eat plenty of vegetables.
   (a) should   (b) could   (c) may   (d) must

6. For safety reasons, everyone _____ remove their shoes before entering the area in case anyone gets stepped on by accident.
   (a) would   (b) must   (c) may   (d) could

7. NFL Play 60 was launched in 2007 as a program to make children more active. NFL athletes play with local kids and teach them lessons such as why they _____ stretch before and after doing a workout.
   (a) could   (b) might   (c) will   (d) should

8. After the meeting with the client was over, I was going to go out for lunch. However, I still can't find my mobile phone. I _____ have laid it somewhere in the office.
   (a) can   (b) must   (c) could   (d) would

1. 기출 1회

Paul looked extremely pale and emaciated the last time Celine saw him. He _____ have consulted a doctor and taken medicine since then because he looked much healthier and more energetic at his party last night.

(a) must
(b) could
(c) will
(d) should

2. 기출 2회

Discounts can really entice a customer to shop impulsively. That is why you _____ ask yourself several times whether you really need to buy a discounted item or not. Otherwise, you may regret buying it later.

(a) could
(b) will
(c) should
(d) can

3. 기출 4회

Research has shown that the beautiful islands of the Maldives are eroding due to climate change and may disappear soon. If you want to experience this paradise, you _____ visit the country before it's too late.

(a) can
(b) must
(c) will
(d) might

4.

If your student ID card has been lost or damaged, you need to apply for the reissue of a new card. Bring a picture with you. Please be aware that it takes about a week for a reissue and you _____ report to this building after 10 days to get your new ID card.

(a) will
(b) might
(c) should
(d) can

5.

The rise of "fake news" and proliferation of unconfirmed facts make it difficult for many people to discern whether something is true or not. Therefore, one _____ only read articles and news from credible sources to avoid false information.

(a) will
(b) should
(c) might
(d) would

6.

If you want to keep your viola in optimum condition, there are several things that have to be done regularly. For example, strings _____ be changed every three months in order that the sound does not deteriorate.

(a) might
(b) must
(c) can
(d) would

7.

HD Financials' security system automatically gets activated at 9 P.M. If you come to the office after that time, you _____ enter the 9-digit code at the security panel before the alarm goes off.

(a) should
(b) will
(c) would
(d) must

8.

The Marietta Elementary School Parent Teacher Association is seeking volunteers to help with its annual bake sale. Anyone interested in helping out _____ come to Tennyson Park at 9 o'clock on Saturday morning.

(a) will
(b) should
(c) might
(d) could

9.

Excited to commit to a healthy lifestyle, Kyle has been going to the gym every day since he first joined. However, his trainer told him that he _____ still rest for a day between every session.

(a) will
(b) may
(c) should
(d) can

10.

Becoming a cardiovascular surgeon takes nearly 20 years of education and training. Even after finishing a residency program, an aspiring surgeon _____ complete a fellowship to become fully certified.

(a) will
(b) must
(c) may
(d) can

11.

Victoria overslept, and now she is rushing to get to the bus stop in time. She _____ catch the next bus that goes to her office or else she will be late for work again.

(a) must
(b) can
(c) will
(d) may

12.

Anyone can run a 5K, but you have to give yourself enough time to properly train. First of all, a new runner _____ buy adequate running shoes and start by walking with 30-second intervals of light jogging.

(a) might
(b) should
(c) could
(d) will

기출 POINT 16 조동사 can, could

출제 포인트

1 can

· 능력 : ~할 수 있다

현재 시점에서 어떠한 행동을 할 수 있음을 나타내는 능력을 의미한다. 특히 「so 형용사 + (that) 주어 can 동사원형」(너무 ~해서 ~할 수 있다) 또는 「so (that) 주어 can 동사원형」(그래서 ~할 수 있도록)의 구조에서 can이 빈칸으로 출제되는 경우가 많으므로 알아두는 것이 좋다.

Jenny will give me a ride to work next morning so I **can get** ready for my presentation early.
제니는 내가 일찍 발표 준비를 <u>할 수 있도록</u> 내일 아침에 나를 직장에 차로 태워다 줄 것이다.

· 가능성: ~할 수 있다

특정 경우에 가능한 결과를 말할 때 can을 사용할 수 있다. 이 때 미래를 나타내는 조동사 will과 혼동될 수 있으나, will은 미래에 예정된 일이거나 can보다 더 확정적인 미래의 일을 나타낼 때 사용한다.

Getting enough sleep **can help** reduce stress.
충분한 숙면을 취하는 것은 스트레스를 줄여<u>줄 수 있다</u>.

· 허가 : ~해도 좋다

허락을 나타내는 조동사 may와 거의 동일한 의미를 나타내지만, 비격식적인 표현으로 여겨진다.

You **can go** home right now.
당신은 지금 집에 가도 <u>좋습니다</u>.

2 could

· can의 과거 형태 : (능력) ~할 수 있었다

could는 주로 능력을 나타내는 can의 과거형으로 출제된다.

When Jenny was 3, she **could speak** both English and French.
제니가 3살이었을 때, 그녀는 영어와 프랑스어를 말할 <u>수 있었다</u>.

· 추측/가정 : ~할 수 있을 텐데, ~할 수도 있다

could는 현재, 미래의 불확실한 추측(~일 수도 모른다)의 의미를 나타내며, 가정법 과거에서 가정의 의미로도 자주 쓰인다.

If he **could have** more time to study, he would pass the test.
그가 공부할 시간을 더 가<u>질 수 있다면</u>, 그는 그 시험을 통과할 것이다.

3 can이 정답이 되는 단서와 오답 소거법

can은 능력, 가능성, 허락의 의미 외에도 함께 쓰일 수 있는 문맥을 파악하는 것이 가장 중요하다. 주로 능력과 가능성의 의미로 출제되며, 이 경우 빈칸에 can을 넣고 자연스러운 문맥이 되는지 확인해야 한다.

- 질병 발생의 가능성
- 진단/치료/예방의 가능성
- 사람의 능력 (언어 능력, 예술적 재능), 동물/식물 (특징적인 능력, 가능성)
- 연구결과의 가능성
- 빈칸 뒤에 be able to가 있는 경우 can과 같은 의미이기 때문에 can을 오답으로 소거한다.
- 「afford to 동사원형」과 같은 표현에는 afford 앞에 can이 함께 쓰이는 경우가 많다.

4 could가 정답이 되는 단서와 오답 소거법

선택지에 can과 could가 둘 다 있는 경우 '~할 수 있다'라는 능력을 나타내는지 확인한다. 그리고 빈칸이 포함된 문맥의 시제를 반드시 확인하고, 과거일 경우 could를 정답으로 선택한다.

- 주절의 시제가 과거인 경우 could가 정답이다.
- 현재/미래의 불확실한 추측의 의미는 '~일 수도 있다'로 해석되므로 항상 빈칸 앞뒤 문장의 의미를 해석하고 문맥을 먼저 파악해야 한다.

5 예제 풀이

② While most consumer drones only have flight times of around 30 minutes, military-grade drones last much longer. ② Some advanced models ① _____ fly for nearly 24-hours without needing to land to recharge their batteries.

③ (a) can
   (b) may
   (c) must
   (d) would

STEP ❶

빈칸의 위치와 선택지를 확인하여 조동사 유형임을 파악한다.

STEP ❷

빈칸이 포함된 문장의 전후 문장의 문맥을 파악한다. 대부분의 드론의 비행 시간은 30분 정도이고, 몇몇 고급 모델은 거의 24시간을 난다고 언급되어 있다.

STEP ❸

고급 모델이 24시간을 날 수 있다는 능력을 나타내므로 '~할 수 있다'는 의미의 조동사 (a) can을 정답으로 선택한다.

연습문제

TIP 조동사 풀 때 꼭 기억할 팁!

· 선택지를 보고 조동사 문제임을 파악한다.
· 빈칸이 포함된 문장의 전후 문장의 문맥을 파악하여 알맞은 의미의 조동사를 찾는다.
· 선택지에 있는 조동사를 모두 빈칸에 넣어 문장이 자연스럽게 해석되는 것을 정답으로 선택한다.

1. Hello, and welcome to this tour of the Monterey Bay Aquarium. As a reminder, you _____ also participate in a virtual tour any time if you download our mobile app, which is available on our website.
   (a) will   (b) would   (c) can   (d) should

2. Congratulations on being approved for our Premium Rewards Credit Card! Once you call the number below to confirm your identity, you _____ start using this card to make purchases online or at any major retail location!
   (a) would   (b) could   (c) wil   (d) can

3. In today's podcast, we're going to talk about some easy ways to save some money on personal vehicle maintenance expenses. For example, you _____ regularly check and refill things such as windshield wiper fluid or antifreeze.
   (a) will   (b) can   (c) must   (d) may

4. Burj Khalifa is the tallest building in the world, with its highest observation deck being at 555 meters above the ground. On a clear day, visitors _____ see Iran, all the way across the Persian Gulf!
   (a) would   (b) may   (c) can   (d) might

5. Many countries around the world are struggling to reduce their carbon emissions. Some logistics experts said that the United States _____ do so by introducing high-speed railways across the country to reduce domestic air travel.
   (a) will   (b) might   (c) would   (d) could

6. Michelle has a VIP Air Pass. That means that she _____ choose from a long list of options for how to redeem her flight mileage points, including hotel room upgrade vouchers or full day spa treatments.
   (a) can   (b) might   (c) would   (d) should

실전 문제풀이 학습한 내용을 적용하여 다음 공식 기출 및 기출 변형 문제를 풀어보세요.

1. 기출 1회

NASA has established a height requirement for aspiring astronauts. This restriction states that people _____ only apply to be astronauts if they're taller than 4 feet 10 1/2 inches and shorter than 6 feet 5 inches.

(a) would
(b) can
(c) might
(d) will

2. 기출 3회

The Advanced Bomb Suit (ABS) is a full-body outfit that soldiers wear during bomb disposal missions. However, gloves are not provided with the ABS. This ensures that the wearers _____ use their hands without restriction.

(a) must
(b) will
(c) can
(d) should

3. 기출 3회

In 2000, Jennifer Lopez's Versace jungle dress stirred public interest. Due to the resulting increase in online searches for the garment, Google created its Google Images search function so people _____ find the outfit more easily.

(a) shall
(b) will
(c) must
(d) could

4. 기출 5회

Simon wondered why, after eating mostly salads for the previous month, he hadn't lost weight. His dietician explained that salad _____ still be fattening when it is doused in high-calorie dressing.

(a) can
(b) should
(c) must
(d) shall

5.

A tow truck has just arrived at Dustin's house to take his car to a nearby auto shop. Dustin thought he _____ change the oil himself, but he messed up the simple procedure so badly that now the engine will not even start.

(a) can
(b) will
(c) could
(d) shall

6.

Accepting that age has finally caught up to him, Gerald has retired from his successful, decades-long career as a power lifter. He competed all around the world, and in his prime, he _____ deadlift over 400 kilograms.

(a) could
(b) will
(c) can
(d) shall

7.

My charismatic cousin Barry is always a hit at parties and other social events. No matter the setting or crowd, he _____ talk with anyone about any topic while exuding charm and confidence.

(a) can
(b) may
(c) must
(d) would

8.

The Dunning–Kruger effect is the cognitive bias, which means that high performers tend to underestimate their skills. Also, researchers include the opposite effect that low performers overestimate their abilities. This _____ lead to making bad decisions.

(a) will
(b) should
(c) must
(d) can

9.

Not everyone can break down or digest lactose, the sugar found in milk and cheese. People who are lactose intolerant _____ drink alternative milk products, such as soy and almond milk, without risking stomach problems.

(a) must
(b) can
(c) will
(d) should

10.

Because of the pandemic, Laurence University Hospital is enforcing a strict visitation policy. Only one immediate family member _____ visit at a time while a patient is recovering from surgery.

(a) can
(b) might
(c) must
(d) would

11.

The Sun Zipper 3, a solar-powered aircraft, is a marvel of engineering. Even as a prototype, it _____ fly for twenty-six days straight without landing, and current models are even more impressive.

(a) could
(b) should
(c) might
(d) must

12.

Buller is an exciting new investment app that is perfect for virtual currencies. Buller _____ track all of your investments across different trading platforms, allowing you to seamlessly transfer assets from one to the other at no extra cost.

(a) can
(b) may
(c) must
(d) should

기출 POINT 17 조동사 will, would

출제 포인트

1 will

· 미래 : ~할 것이다

미래의 시점에 할 행동을 나타낼 때 '~할 것이다'라는 의미로 조동사 will을 사용할 수 있다. 이때 해당 문장에 미래시점을 나타내는 부사가 함께 쓰이는 점을 단서로 활용한다.

> Ray **will be** promoted this year.
> 레이는 올해 승진할 <u>것이다</u>.

· 주어의 의지 : ~할 것이다

특정 미래를 나타내지 않더라도 주어가 어떠한 행동을 하겠다는 의지를 나타낼 때 will을 사용할 수 있다.

> I **will call** you again **this afternoon**.
> 너에게 오늘 오후에 다시 전화할게.

· 「when, if + 현재시제」의 주절: ~할 것이다

부사절 접속사 when 또는 if가 있는 절의 동사가 현재시제일 경우, 주절은 미래 시제를 나타내므로 조동사 will이 사용된다.

> **If** the player **violates** the rules again, he **will get** a red card.
> 만약 그 선수가 한번 더 규칙을 위반하면, 레드 카드를 받을 <u>것이다</u>.

2 would

· will의 과거 형태 : (과거 시점에서) ~할 것이다

would는 대부분 will의 과거형으로 출제되는데, 주절의 동사가 과거시제일 때 that절에 있는 동사 앞에 will이 필요할 경우 과거형으로 바꾸어 would로 쓴다.

> Jenny **told** her employees that a bonus **would be given** out for them.
> 제니는 직원들에게 보너스가 지급될 <u>것이라고</u> 말했다.

· 과거의 불규칙적 습관 : ~하곤 했다

과거에 규칙적으로 한 행동은 아니지만 자주 했던 행동을 말할 때 '~하곤 했다'는 의미로 would를 사용할 수 있으며, 부사절 또는 주변의 문장의 문맥이 과거에 대한 내용인 것을 확인해야 한다.

> Whenever I **visited** my uncle, I **would play** computer games.
> 나는 삼촌 댁을 방문할 때마다 컴퓨터 게임을 <u>하곤 했다</u>.

3 가정법 과거 : (~한다면) ~할 텐데

If I **had** more time, I **would** **finish** the report early.
내가 시간이 많다면, 보고서를 일찍 끝낼 텐데.

4 will이 정답이 되는 단서와 오답 소거법

· 미래 시간 표현 (tomorrow, this + 미래시점, next + 미래시점, until + 미래시점)
· 「주어 + hope / think / believe / be sure / make sure + that + 주어 + will + 동사원형」의 구조로 미래에 일어날 일이 다소 확실한 내용인 경우
· certain, absolute 등의 확실한 상황을 나타내는 형용사가 언급되어 있는 경우
· 일정이 이미 정해진 상황 (as scheduled, as planned)
· soon은 일반적으로 미래의 단서로 쓰여서 will이 정답인 경우가 많지만, 상황에 따라 가능성을 나타내는 can 또는 불확실한 추측을 나타내는 may가 정답이 될 수도 있다.
· 자연재해가 일어날 가능성에 관한 문맥에서는 will이 아닌 may가 정답인 경우가 많다.

5 would가 정답이 되는 단서와 오답 소거법

· would는 출제 빈도가 낮지만, 출제된다면 will의 과거 형태로 주로 출제된다.
· 과거시제의 문장에서 과거시점에서의 미래, 주어의 의지, 확실히 일어날 일들을 언급하는 경우
· 「주어 + hoped / thought / believed / was(were) sure + that + 주어 + would + 동사원형」의 구조로 주절의 동사가 과거 시제이고 과거 시점 당시에 확실히 일어날 일에 대해 언급하는 경우

6 예제 풀이

Kelly has never met her cousins from Germany, but ② they are going to visit her in New York City. ② They ① _____ arrive at JFK Airport on Saturday morning **and stay with her for two weeks.**

    (a) would
③ (b) will
    (c) may
    (d) can

STEP ❶
빈칸의 위치와 선택지를 확인하여 조동사 유형임을 파악한다.

STEP ❷
빈칸이 포함된 문장의 전후 문장의 문맥을 파악한다. 빈칸 앞 문장의 시제가 미래시제(are going to visit)이고, 빈칸 문장에서 미래 시점을 나타내는 Saturday morning이 언급된 것을 확인한다.

STEP ❸
빈칸 앞뒤의 문장에 미래 시점에 대한 단서가 있으므로 미래를 나타내는 조동사 (b) will을 정답으로 선택한다.

연습문제

TIP 조동사 문제 풀 때 꼭 기억할 팁!

· 선택지를 보고 조동사 문제임을 파악한다.
· 빈칸이 포함된 문장의 전후 문장의 문맥을 파악하여 알맞은 의미의 조동사를 찾는다.
· 선택지에 있는 조동사를 모두 빈칸에 넣어 문장이 자연스럽게 해석되는 것을 정답으로 선택한다.

1. Kelly is determined to pursue a PhD in Organic Chemistry. She has already filled out the relevant application forms and _____ stop by the post office on her way to work today to send them out.
   (a) could   (b) would   (c) will   (d) must

2. This year's Battle of the Bands _____ feature 41 different groups of artists. That's a considerable increase from last year's 28, so we're going to need a much larger venue for all of those registered bands.
   (a) may   (b) will   (c) must   (d) can

3. Attention passengers, our plane _____ be landing in Detroit in about 10 minutes. Please return your seats and trays to their full upright positions and shut down any electronic devices.
   (a) may   (b) will   (c) could   (d) might

4. Jake promised his wife that he _____ take her out to a fancy restaurant on her birthday, but his boss wants him to work late that day. Now he has to decide which thing to do!
   (a) can   (b) should   (c) must   (d) would

5. Manuel works as a computer programmer, but his true passion in life is painting. He hopes that someday his artwork _____ become popular so that he can quit his current job and pursue his dream full-time.
   (a) will   (b) should   (c) must   (d) may

6. On January 6th, 2020, Donald Trump told a group of his supporters that he _____ follow them to the Capitol building. However, he was escorted back to the White House right after he gave that speech.
   (a) would   (b) could   (c) will   (d) can

1. 기출 2회

It's Randall's first day at work. He is now filling out forms for his personnel file. Later, he _____ complete his W-4 form so his employers can determine how much tax to withhold from his paycheck.

(a) could
(b) can
(c) will
(d) may

2. 기출 5회

According to the NBA rulebook, players "cannot touch the floor consecutively with the same foot" after ending their dribble. When a competent referee sees this, he or she _____ usually call a "traveling" violation.

(a) could
(b) may
(c) shall
(d) will

3.

After the Korean War, people suffered a rice shortage due to the war and drought. the Korean government thought that growing corn massively and distributing it for the poor _____ be a solution for sure.

(a) will
(b) can
(c) should
(d) would

4.

Recently, apartment prices have skyrocketed in Glover Heights, a neighborhood on the outskirts of the city. A new subway line _____ open there later this year, making it the ideal spot for many commuters.

(a) might
(b) may
(c) will
(d) should

5.

It is not uncommon for film studios to change a movie's content to better appeal to audiences in different countries. For instance, an upcoming action movie _____ include additional scenes set in Beijing for its Chinese release.

(a) might
(b) may
(c) will
(d) should

6.

The Lawrence family went to their lake house in the Ozarks one last time before its sale was finalized. The family _____ spend summer vacations there when the kids were growing up.

(a) should
(b) might
(c) will
(d) would

7.

Bryan's heart broke all over again when he saw Stacy, his ex-girlfriend, at their mutual friend's birthday party. She had told him that she _____ not go to the party, but she still showed up anyway.

(a) should
(b) would
(c) might
(d) will

8.

After watching a documentary about the meat industry, Amy feels conflicted about her meat-based diet. As a result, she _____ follow a vegan diet next month to see if she can completely avoid animal-produced goods.

(a) will
(b) would
(c) can
(d) should

9.

May the Fourth—a clever pun on the iconic phrase "May the force be with you" —is celebrated as Star Wars Day. On that day, which is next week, fans _____ rewatch their favorite films in the saga.

(a) will
(b) would
(c) may
(d) must

10.

Erica was sad to hear that Grand Park, the amusement park in her hometown, has closed permanently. She and her friends _____ spend every day of their summer break at the park when they were teenagers.

(a) must
(b) would
(c) can
(d) should

11.

Mrs. Price's first-grade students love their teacher and see her like a second mother. They _____ be heartbroken to learn that she is leaving half-way through the school year to go on maternity leave.

(a) might
(b) should
(c) can
(d) will

12.

Pop star Valerie Fox came from a small town in Manitoba, but she always knew she was destined for fame and fortune. As a teenager, she always told people around town that they _____ see her on TV someday.

(a) should
(b) must
(c) would
(d) may

출제 포인트

1 may

· 추측 : ~일지도 모른다

현재나 미래의 불확실한 추측을 나타내며, 보통 확신할 근거 없이 추측만으로 언급할 때나 실제로 일어날 가능성이 확실하지 않을 경우 쓰인다.

> Sitting for hours **may increase** the risk of getting cancer.
> 여러 시간 앉아있는 것은 암 발병의 위험을 높일<u>지도 모른다</u>.

· 허락 : ~해도 좋다

may는 행동의 허락을 나타내며 '~해도 좋다'라고 해석한다. 이 때 선택지에 can이 있더라도 may를 정답으로 선택한다.

> Individuals who have an admission ticket **may enter** the building.
> 입장권을 가지고 있는 사람들은 건물 안으로 들어<u>가도 좋다</u>.
>
> Visitors **may take** pictures during the tour.
> 방문객들은 관람 중에 사진을 찍어도 <u>된다</u>.

2 might

· 불확실한 추측 : ~일지도 모른다

may보다 더 불확실하거나 근거가 약한 추측을 언급할 경우 might를 사용한다. 단, might는 may의 과거형이 아니므로 현재시제로 사용된다.

> This car **might not be** comfortable for Jane.
> 이 자동차는 제인에게 편안하지 않을<u>지도 모른다</u>.
>
> It **might be** difficult for students to learn grammar without speaking practice.
> 말하기 연습 없이 문법을 배우는 것은 학생들에게 어려울 <u>지도 모른다</u>.

3 may have p.p. / might have p.p. (과거에 대한 추측): ~이었을지도 모른다

과거에 있었던 일에 대한 추측에 대한 언급으로, may 또는 might 뒤에 have p.p. 를 써서 '~이었을지도 모른다'는 의미를 나타낸다. 문제에서는 빈칸 뒤에 have p.p.가 위치하고 있으므로 과거에 대한 추측인지 파악해야 한다.

> The building manger **may/might have turned** off the light in my office while I **was having** dinner.
> 내가 저녁을 먹고 있는 동안 건물 관리인이 내 사무실의 불을 껐을<u>지도 모른다</u>.

4 may, might가 정답이 되는 단서와 오답 소거법

· 자연 현상, 자연재해, 질병의 발생 가능성

· 치료나 의약 관련, 예방 관련 소재의 100% 확률의 결과가 나올 수 없는 연구 또는 실험 내용

· seem, speculate, be estimated 등과 같은 추측과 연관된 동사가 쓰인 경우

· may: 특정 상황에서 허용되는 행위 (허락)

5 예제 풀이

② Some fans at Werner Stadium who didn't bring raincoats or umbrellas are leaving early. There are only two innings left in the baseball game, ② but it ① _____ start raining before it's over.

(a) would
③ (b) might
(c) shall
(d) can

STEP ①
빈칸의 위치와 선택지를 확인하여 조동사 유형임을 파악한다.

STEP ②
빈칸이 포함된 문장의 전후 문장의 문맥을 파악한다. 아직 비가 오지 않지만 비가 올 지도 모른다는 내용임을 확인한다.

STEP ③
비가 내리는 것은 자연 현상에 관한 것이므로 불확실한 추측의 조동사인 (b) might를 정답으로 선택한다.

연습문제

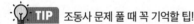 **TIP** 조동사 문제 풀 때 꼭 기억할 팁!

· 선택지를 보고 조동사 문제임을 파악한다.

· 빈칸이 포함된 문장의 전후 문장의 문맥을 파악하여 알맞은 의미의 조동사를 찾는다.

· 선택지에 있는 조동사를 모두 빈칸에 넣어 문장이 자연스럽게 해석되는 것을 정답으로 선택한다.

1. Silver Hotel is known for its indoor pool and hot tub facilities. To keep them from getting too crowded, each guest currently staying at the hotel _____ invite only one additional person into the pool area.
(a) should   (b) would   (c) may   (d) might

2. Billy's parents are bringing him to his first professional baseball game this Saturday. They told him to bring his baseball mitt, because if he's lucky, he _____ even get a chance to catch a foul ball!
(a) must   (b) should   (c) can   (d) might

3. The possible presence of intelligent life elsewhere in the universe is sometimes discussed by scholars. Although there _____ be other sentient life forms out there, we don't have any evidence of their existence as of yet.
(a) can   (b) should   (c) would   (d) may

1. 기출 6회

Most volcanoes produce warning signs before a possible eruption. These include gas emissions, ground swelling, and small earthquakes around the volcano. The presence of any of these signs means that a volcano _____ be erupting soon.

(a) can
(b) will
(c) should
(d) might

2.

"Phantom vibration syndrome" refers to when phone users perceive their device to vibrate, when in fact their mobile phones did not vibrate at all. Psychologists speculate that this syndrome _____ be caused by one's overuse of mobile phones.

(a) will
(b) should
(c) might
(d) would

3.

Venus is the brightest planet in the sky after the sun and the moon. Venus is so bright thanks to the proximity to the sun and reflective clouds, so the planet Venus _____ be seen during the day.

(a) will
(b) might
(c) should
(d) must

4.

While most think that what they do could never be fully automated, the Industrial Revolution made many jobs obsolete. Self-driving automobile manufacturers hint that truckers _____ be the next group to lose their positions to technology.

(a) would
(b) may
(c) will
(d) can

5.

A new report released by the UN claims that global warming is increasing quicker than experts had previously anticipated. Based on these new projections, the global average temperature _____ increase by 1.5 degrees Celsius by 2026.

(a) should
(b) ought to
(c) must
(d) may

6.

In response to recent dining trends, Jackson Barbecue has added several varieties of wine to its menu. In addition, guests _____ bring their own bottle to the restaurant if they pay a small corkage fee.

(a) shall
(b) may
(c) will
(d) must

7.

Tom is fed up with all the congestion on the highway during his endless commutes to work. He _____ buy a motorcycle so he can weave in and out of traffic, but he's still thinking about it.

(a) should
(b) must
(c) may
(d) will

8.

Yellowstone National Park, the crown jewel of America's national park system, is also the site of a massive supervolcano. Some experts suspect that it _____ erupt again soon, wiping out all of humanity.

(a) might
(b) should
(c) must
(d) shall

9.

Media streaming services have yet to figure out a way to prevent their customers from sharing their passwords without being too restrictive. Under most service agreements, a subscriber _____ use their account on up to five devices simultaneously.

(a) should
(b) may
(c) could
(d) will

10.

Neelay can't wait to see *Mountains of Madness* in a theater, but he doesn't want to go by himself. He _____ ask his girlfriend to watch it with him, but she usually doesn't enjoy horror movies.

(a) must
(b) can
(c) might
(d) shall

11.

SkyFox Airlines has a surprisingly generous policy concerning carry-on baggage. Under its terms, passengers _____ bring one carry-on bag plus two personal items, such as a purse or backpack.

(a) may
(b) might
(c) should
(d) must

12.

Clara is still finalizing her plans for her upcoming trip to Spain. She wants to spend most of her time in Madrid and Barcelona, but she _____ spend a few days in Granada depending on how she feels.

(a) might
(b) would
(c) should
(d) must

기출 POINT 14~18까지 학습한 내용을 적용하여 다음 공식 기출 문제 및 기출 변형 문제를 풀어보세요.

1. 기출 1회
Cooper Holding's Sponsorship Department found some inconsistencies in last year's third-quarter financial report. To avoid conflicts of interest, the secretary is now requesting that an outsourced accountant _____ the document with the master database.

(a) cross-check
(b) will cross-check
(c) is cross-checking
(d) has cross-checked

2. 기출 1회
Ants become lethargic in cold temperatures, so their bodies tend to move more slowly. This is why it is crucial that ants _____ food throughout the warm seasons in preparation for winter.

(a) are gathering
(b) have gathered
(c) gather
(d) will gather

3. 기출 2회
The buildup of uric acid crystals in the joints may cause one to develop gout and experience severe pain. Specialists advise that one _____ lots of water to lower the incidence of gout.

(a) will drink
(b) has drunk
(c) is drinking
(d) drink

4. 기출 4회
Most smartphone companies use glass on the screens of their devices, making the products fragile. Because of this, anyone who wants to protect their phone _____ invest in a screen protector to avoid accidental damage.

(a) may
(b) should
(c) could
(d) would

5. 기출 6회
Sarah has received numerous complaints about her employee, Bill, and is considering firing him from her restaurant. She told Bill that if he wants to continue being a server, he _____ be more courteous towards customers.

(a) might
(b) can
(c) would
(d) must

6. 기출 4회
In 1949, Mao Zedong led the establishment of the People's Republic of China after the fall of Chiang Kai-shek's army. To keep the republic stable, Mao insisted that the citizens _____ their wealth to the state.

(a) contribute
(b) will contribute
(c) contributed
(d) are contributing

7. 기출 2회

To fight climate change, New Zealand's Ministry for Primary Industries launched a project to plant one billion trees by 2028. The government is requesting that all New Zealanders _____ in the effort to meet this goal.

(a) are participating
(b) participated
(c) will participate
(d) participate

8. 기출 4회

Irregular accounting practices forced Enron Corporation to file for bankruptcy in 2001. To avoid being publicly embarrassed, Enron's leaders asked that they _____ by the press.

(a) had not been interviewed
(b) were not being interviewed
(c) will not be interviewed
(d) not be interviewed

9.

Market analysts reassure the public that stock values _____ go back up in time. There are many investors, however, who have simply chosen to back out after having lost so much money during the current recession.

(a) will
(b) shall
(c) may
(d) might

10.

Several mysterious artifacts were recently uncovered at an archaeological site in present-day Chile. Some professors theorize that they _____ have been used in some sort of religious ritual performed by the natives who once lived there.

(a) may
(b) would
(c) will
(d) should

11. 기출 5회

It is normal to lose 50 to 100 strands of hair daily. However, it is important that a person _____ hair at the same rate that it is lost. Otherwise, hair thinning will inevitably occur.

(a) will regrow
(b) regrow
(c) is regrowing
(d) has regrown

12.

Graffiti continues to appear around the park, especially near the basketball courts and outside the amphitheater. It's necessary that security cameras _____ in these areas to prevent vandals from causing further damage.

(a) are being installed
(b) to be installed
(c) be installed
(d) will be installed

기출 POINT 14~18까지 학습한 내용을 적용하여 다음 공식 기출 문제 및 기출 변형 문제를 풀어보세요.

13. 기출 7회
The elderly are at a high risk of developing osteoporosis, a disease characterized by brittle bones. This is why people over the age of 50 _____ ensure adequate calcium intake to maintain their bone strength.

(a) will
(b) should
(c) can
(d) might

14. 기출 5회
With the seniors graduating soon, the Woodridge High School basketball team has recruited new members. To ensure the new players can meet the team's high standards, it's crucial that they _____ intense training.

(a) will undergo
(b) undergo
(c) have undergone
(d) underwent

15. 기출 6회
Franburg City law prohibits motorcycle drivers from wearing helmets in public when not driving. The law also requires that a biker _____ other facial coverings, like face masks, for easy identification in public spaces.

(a) is removing
(b) remove
(c) has removed
(d) will remove

16.
Tetsuo is very interested in the countries and cultures of Southeast Asia, so he took a trip to Taiwan last summer. This year, he _____ visit Vietnam, but he has yet to make any travel reservations.

(a) must
(b) can
(c) might
(d) should

17.
The servers for the popular first-person shooter *Overwatch* have been down since early this morning for extended maintenance. A representative from Blizzard Entertainment promised the impatient players that the work _____ be completed by noon.

(a) might
(b) would
(c) can
(d) must

18. 기출 7회
The Bahamas relies heavily on tourism for its gross domestic product. However, uncontrolled tourism is polluting the country's natural resources. Therefore, it is vital that the Bahamian government _____ measures to balance tourism with environmental protection.

(a) is implementing
(b) will implement
(c) implement
(d) has implemented

19. 기출 5회

Millions of premature deaths occur each year from the ill effects of pollution. International health organizations are therefore urging that the public _____ all forms of pollution as a serious health problem.

(a) recognize
(b) is recognizing
(c) will recognize
(d) has recognized

20. 기출 6회

While many believe spitting to be impolite, the Maasai tribe of Africa does not. It is expected that Maasai _____ respect by spitting on their palms before shaking hands with other tribe members.

(a) is showing
(b) will show
(c) show
(d) has shown

21. 기출 7회

Emma was really annoyed when her son Ben called twice during an important meeting. Now, to avoid unnecessary disturbances, she tells Ben to text her first and ask if he _____ call her.

(a) must
(b) can
(c) will
(d) might

22. 기출 7회

Today's smartphones use lithium-ion batteries. These batteries have a long life and require little maintenance. Nonetheless, it is best that a user _____ the phone when the battery is full to keep it from overheating.

(a) has unplugged
(b) is unplugging
(c) will unplug
(d) unplug

23.

Overfishing can have serious and irreversible consequences on aquatic ecosystems, but seafood is an important source of people's food. We _____ find the perfect balance that allows us to eat without causing species to go extinct.

(a) may
(b) must
(c) would
(d) shall

24.

Cindy suffered a bad ankle sprain during yesterday's soccer game. Her doctor told her that she _____ need surgery to fully recover, and that playing any more games this season would be out of the question.

(a) can
(b) might
(c) must
(d) should

UNIT 5

연결어

기출 POINT 19 전치사

출제 포인트

1 전치사

전치사는 명사(구) 또는 동명사 앞에 쓰이며, 해당 명사(구)와 함께 시간, 장소, 이유, 양보 등의 의미를 나타내는 전치사구를 이룬다. 전치사구는 문장에서 동사, 부사, 문장, 명사를 수식할 수 있다.

> 전치사 + 명사   to부정사와 그 이후의 내용은 명사 the efforts 수식
> **Despite the efforts to finish the report in time**, I couldn't make it.
> 보고서를 제 때에 끝내려고 노력했음<u>에도 불구하고</u>, 나는 해낼 수 없었다.

2 빈출 전치사

· **이유/원인:** because of = due to = owing to **(~때문에)**

> The Atlantic blue marlin fish are endangered **<u>because of</u> overfishing**.
> 대서양 푸른색 말린(marlin) 물고기는 남획 **때문에** 멸종위기에 있다.

· **양보:** despite = in spite of **(~에도 불구하고)**

> **<u>Despite</u> all these challenges**, Martin never gave up.
> 모든 어려움에도 불구하고, 마틴은 결코 포기하지 않았다.

· **반대:** instead of **(~ 대신에)**

> **<u>Instead</u> of working**, Ray took a day off to rest.
> 일하는 대신에, 레이는 쉬기 위해 휴가를 냈다.

3 전치사, 접속사, 접속부사의 의미가 같은 경우

전치사 뒤에는 명사가 위치하며, 접속사 뒤에는 주어와 동사가 있는 완전한 절이 위치한다. 반면, 접속부사는 반드시 바로 뒤에 콤마(,)가 위치한다는 점에서 차이가 있다.

> **<u>Despite</u> Kim's efforts** to reopen the restaurant, he decided to close it.
> 음식점을 재개업하려는 킴의 노력<u>에도 불구하고</u>, 그는 문을 닫기로 결정했다.
>
> = **<u>Though</u> Kim tried to reopen the restaurant**, he decided to close it.
> = Kim **tried** to reopen the restaurant. **<u>Nevertheless</u>**, he decided to close it.

	전치사	접속사	접속부사
~때문에	because of	because	
	due to	since	
	owing to	as	
~에도 불구하고	despite	although	nevertheless
	in spite of	though	nonetheless
		even though	
~대신에	instead of		instead
~의 경우에	in case of	in case (that)	

4 예제 풀이

Circuit Center, the electronics retailer, has announced bankruptcy and the closing of all of its stores. ① _____ having hundreds of locations across the country, ② the franchise could no longer compete with online stores and ubiquitous hypermarkets.

(a) Because
(b) When
③ (c) Despite
(d) Although

STEP ①

선택지에 접속사와 전치사가 섞여 있으므로 빈칸 뒤에 명사구가 있는지, 절이 위치해 있는지 확인한다.

STEP ②

빈칸이 포함된 부분은 전국에 수백개의 지점이 있다는 내용이며, 주절의 문장의 의미는 온라인 상점과 경쟁할 수 없다는 내용이므로 서로 상반된 내용임을 확인한다.

STEP ③

빈칸 뒤에 동명사구(having~)가 위치해 있으므로 전치사 자리이며, 주절의 내용과 상반되므로 '~에도 불구하고'라는 의미의 전치사 (c)를 정답으로 선택한다.

연습문제

 TIP 전치사 문제 풀 때 꼭 기억할 팁!
· 빈칸 뒤의 명사(구)를 보고 전치사 문제임을 파악한다.
· 빈칸이 포함된 문장의 전후 문장의 문맥을 파악하여 알맞은 의미의 전치사를 찾는다.

1. Korea's turtle ships are considered one of the single greatest advancements in naval military history. Thanks to them, Korea was able to defeat an invading Japanese fleet in the late 16th century _____ being vastly outnumbered.
   (a) on the other hand   (b) however   (c) moreover   (d) despite

2. The majority of climate experts agree that steadily rising global temperatures are primarily _____ human actions such as burning fossil fuels and deforestation. However, some global leaders are hesitant to take action to slow climate change.
   (a) in accordance with   (b) in spite of   (c) due to   (d) along with

3. It's important for people to get exercise on a regular basis in order to stay healthy. One easy way to burn some calories is to take the stairs _____ the elevator whenever you have the chance.
   (a) despite   (b) instead of   (c) moreover   (d) on the other hand

4. The city of New Orleans was not always below sea level. It has been gradually sinking _____ pumping water out from the ground and blocking the river.
   (a) around   (b) along with   (c) upon   (d) because of

1.

People in developed countries rarely have dietary deficiency _____ easy access to nutritious food. However, one can be affected seriously by what they don't eat. For example, if one has low levels of vitamin D, B12, copper, and selenium, one can be blinded.

(a) despite
(b) instead of
(c) because of
(d) nevertheless

2.

Fewer people now consider global warming to be very serious. _____ years of studies which show the impact of global warming on the planet, only 49% now consider climate change a very serious issue, which is far fewer than at the beginning of the worldwide financial crisis.

(a) Since
(b) Due to
(c) Despite
(d) In case of

3.

Curling, a winter sport similar to shuffleboard, was a surprise fan-favorite in the 2018 Pyeongchang Olympics. _____ being a relatively unknown sport, curling had some of the highest television ratings among all the different events.

(a) Instead of
(b) Despite
(c) Although
(d) Because of

4.

The link of smoking to lung cancer is a classic example. _____ tobacco industry's claim that there was no decisive proof, the accumulation of evidence eventually made it impossible to deny that years of smoking cause cancer even long after one has quit smoking.

(a) Due to
(b) Owing to
(c) Instead of
(d) In spite of

5.

Last month, Jenny went to Paris for her little sister's graduation ceremony. She had spent 3 years studying Modern Art and Architecture. After the commencement ceremony, she and her sister Jane enjoyed the beautiful scenery _____ inclement weather.

(a) despite
(b) due to
(c) in case of
(d) instead of

6.

Tundra biomes are relatively even in elevation and devoid of most vegetation. _____ this barren appearance, however, there are actually a number of varied species that make the area their homes.

(a) Despite
(b) Due to
(c) Instead
(d) Like

7.

Basketball fans on the East Coast missed the dramatic conclusion of the Raptors game last night against the Heat when an emergency weather update was broadcasted _____ the game's final minutes.

(a) during
(b) following
(c) due to
(d) because of

8.

Ricardo has a master's degree in electrical engineering from one of the best schools in the nation, but he's still struggling to find a job. Companies are hesitant to hire him _____ his lack of work experience.

(a) although
(b) because of
(c) despite
(d) aside from

9.

Roadkill, the acclaimed punk band from Buffalo, New York, has reportedly finished their latest album. However, they cannot play live _____ the pandemic, so they won't release the album until they can support it with a nationwide tour.

(a) due to
(b) prior to
(c) even so
(d) while

10.

Thanks to a strong grassroots campaign, Constance Breyer has defeated incumbent senator Michael Jackson. _____ the election, Ms. Breyer was a community organizer in Dayton.

(a) Despite
(b) Prior to
(c) Because of
(d) Following

11.

Stacker Stadium always has a home game on the Fourth of July so that it can celebrate the holiday with all the fans. Every year, there's a live concert and fireworks show _____ the baseball game.

(a) instead of
(b) since
(c) following
(d) because of

12.

Most of Harker Financial's employees were unhappy with the company ski trip last month, so they'll do something different next year. According to rumors, the destination will be Las Vegas _____ a ski resort in Colorado.

(a) prior to
(b) instead of
(c) because of
(d) besides

출제 포인트

1 부사절 접속사: 주절을 수식하는 부사절을 이끄는 접속사

형태: 「접속사 + 주어 + 동사, 주어 + 동사」 혹은 「주어 + 동사 + 접속사 + 주어 + 동사」

Although the meeting began late, we were able to discuss entire project.
비록 회의가 늦게 시작됐지만, 우리는 전체 프로젝트를 논의할 수 있었다.

Jenny is good at playing the piano **while she is poor at dancing.**
제니는 춤을 잘 못 추는 반면 피아노는 잘 친다.

2 빈출 부사절 접속사

이유	because, as 때문에 since, now that ~이므로
시간	when, as ~할 때 as soon as ~하자마자 until ~할 때까지 after ~후에 before ~전에 since ~이후로 while ~하는 동안
양보	although, though, even though ~이긴 하지만 even if ~라 할지라도
조건 경우	if 만약 ~라면 unless ~하지 않는다면 as long as ~하는 한 once 일단 ~하면 in case(that) ~할 시에는, ~하면 given (that) ~라 가정하면 provided (that) ~라면, ~라는 조건으로
대조	while, whereas 반면에
목적	so that, in order that ~하기 위해서
결과	so+형용사/부사+that 너무 ~해서 ~하다 so 따라서

3 등위 접속사 : 단어, 구, 절을 대등한 관계로 연결한다.

형태: 일반적으로 문장과 문장을 연결하는 형태로 출제된다.

주어 ➕ 동사 **,** 등위접속사 ➕ 주어 ➕ 동사

so 그래서 (결과) but, yet 그러나 (대조) for ~때문에 (이유) and 그리고 or 또는

Seoul has so much to see, **so** I recommend going sightseeing at least a week.
서울은 볼거리가 많다. 그래서 적어도 1주일은 구경하러 가는 것을 추천한다.

I studied hard, **but** I couldn't pass the test.
열심히 공부했지만 시험에 통과할 수 없었다.

TIP! 등위접속사 or, and, but은 상관접속사 Either A or B(A와 B 둘 중 하나), Both A and B(A와 B 둘 다), Not only A, but (also) B(A뿐만 아니라 B도)
와 같은 상관접속사에도 쓰인다.

4 예제 풀이

Dave has difficulty walking after he was hit by a car in the middle of a crosswalk a month ago. He started remedial exercises after having surgery. The doctor said _____ ① he keeps doing the exercises, ② he will be able to walk again by himself.

    (a) although
    (b) in case
    (c) unless
③ (d) as long as

STEP ❶
빈칸 뒤에 주어와 동사가 포함된 절이 있으므로 접속사 문제임을 파악한다.

STEP ❷
빈칸이 포함된 문장과 주절의 문장의 의미를 파악한다.

STEP ❸
빈칸 뒤 주절의 문장은 그가 혼자서 다시 걸을 수 있을 것이라는 내용의 미래시제 문장이며, 빈칸이 포함된 문장은 운동을 계속 한다는 현재시제 문장이므로 현재시제로 미래를 나타낼 수 있는 시간 또는 조건의 부사절 접속사가 정답이다. 문맥상 '~하는 한'이라는 조건의 접속사 (d) as long as를 정답으로 고른다.

연습문제

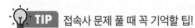 **TIP** 접속사 문제 풀 때 꼭 기억할 팁!
· 선택지를 보고 접속사 문제임을 파악한다.
· 빈칸이 포함된 문장의 전후 문장의 문맥을 파악하여 알맞은 의미의 접속사를 찾는다.
· 선택지에 있는 접속사를 모두 빈칸에 넣어 문장이 자연스럽게 해석되는 것을 정답으로 선택한다.

1. During extreme heat waves in places like Phoenix, Arizona, all airplanes are grounded. This is _____ air becomes less dense at higher temperatures, so not enough lift can be generated under the wings to take off.
(a) as if   (b) because   (c) although   (d) so that

2. Florida is a popular tourist destination, but it is often hit with hurricanes during the summer and fall. In case of a hurricane, travelers are advised to seek shelter and remain there _____ the storm passes.
(a) as soon as   (b) prior to   (c) within   (d) until

3. Based on current global usage, it is estimated that the world will exhaust its oil supplies before the end of the 21st century. This will lead to a worldwide crisis _____ other energy solutions are found.
(a) hereby   (b) by which   (c) unless   (d) as in

4. When taking the official test, you must fill in the answer sheet using a No. 2 pencil. We advise bringing multiple pencils _____ the one you are using breaks and there is no pencil sharpener available.
(a) in case   (b) until   (c) although   (d) whereas

5. Some fairly low-budget films such as *Office Space* and *Idiocracy* are currently considered modern cult classics, _____ they were not big hits at the box office. Some say that their humor became more relevant over time.
(a) if only   (b) despite   (c) although   (d) as if

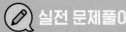

1. 기출 1회

Liam kept begging his mother to let him sleep over at his friend's house. Despite her initial reservations, she finally allowed him to go _____ he returns home tomorrow before his 9 p.m. curfew.

(a) unless
(b) provided that
(c) in case
(d) because

2. 기출 2회

Joseph founded an e-commerce empire at a time when other industry giants were dominating e-commerce. He is the embodiment of resilience. _____ the task initially seemed impossible, he persevered and fought his way to the top.

(a) Unless
(b) As soon as
(c) Although
(d) As if

3.

The #MeToo movement, which has exposed rampant abuse in the entertainment industry, has spread from America to other countries around the world. Long-sought justice has been served for some of the victims, _____ there's still a long path ahead toward the overall goal of gender equality.

(a) instead
(b) so
(c) whenever
(d) yet

4.

Mass shootings have become more and more frequent in the States, and there seems to be no solution to this uniquely American problem. Many citizens have become disheartened and believe nothing will change _____ politicians and powerful lobbyists refuse to even consider introducing stricter gun laws.

(a) as long as
(b) until
(c) before
(d) unless

5.

Paulin was invited by her best friend to her birthday party on Friday night. She really wanted to go but turned down the invitation _____ she had to take an important test in the next morning. If she didn't have to take that test, she could have visited her best friend.

(a) until
(b) because
(c) while
(d) so

6.

If you want to take care of your skin, it should be taken very seriously and it's a good idea to be cautious. In order to have younger and healthier skin, you should drink sufficient water and apply sunscreen _____ you go out even for 5 minutes. Also, sleeping before 11 can help regenerate your skin.

(a) while
(b) whenever
(c) unless
(d) after

7.

After studying abroad in Tokyo for a year, Michaela was terribly homesick and so glad to finally be going home. _____ she saw her parents waiting for her at the airport, she started to cry tears of joy.

(a) As soon as
(b) Until
(c) So that
(d) While

8.

D.P. Dough Bakery sells the freshest breads and pastries in the Tipton Heights area. The bakers start their day at 3 o'clock in the morning _____ the baked goods are still warm from the oven when the first customers arrive.

(a) even if
(b) in case
(c) so that
(d) since

9.

The Great Barrier Reef, one of the seven wonders of the natural world, suffered its sixth mass bleaching event, with 91% of reefs affected. The coral may never recover _____ drastic actions are taken to save the ecosystem.

(a) once
(b) although
(c) unless
(d) while

10.

Hye-won has been accepted into a graduate program at a prestigious American university. _____ her student visa is approved by the U.S. embassy, she will purchase a plane ticket and start looking for an apartment.

(a) Once
(b) Until
(c) Even if
(d) Unless

11.

Supply shortages resulting from the pandemic are affecting nearly all major industries. For example, the price of used cars is rising _____ no new vehicles are currently being manufactured in China.

(a) because
(b) before
(c) although
(d) until

12.

The FIFA World Cup is one of the largest events in the sporting world and has occurred every four years since 1930, _____ no tournaments were held in 1942 and 1946 due to the Second World War.

(a) until
(b) although
(c) so
(d) after

출제 포인트

1 접속부사

두 개의 절을 실제 종속 관계로 연결하는 부사절 접속사와 달리, 독립된 두 개의 '문장'을 의미상으로 연결하는 부사를 말한다. 실제는 뒤 문장에 속한 부사이지만, 접속사처럼 두 개의 문맥을 연결하는 가능을 하기 때문에 앞뒤 문장을 해석하여 알맞은 의미의 접속부사를 골라야 한다.

2 접속부사의 특징

접속부사는 보통 뒤 문장 맨 앞에 위치한 단어일 수도 있고 여러 단어로 구성된 구일 수도 있다. 하지만 뒤 문장 중간에 위치하기도 하며, 그 뒤에 반드시 콤마(,)가 뒤따라야 한다.

앞 문장   접속부사, 뒤 문장.

3 빈출 접속부사

역접 / 대조	However 하지만 Instead ~대신에 Conversely 정반대로 By contrast 대조적으로 On the contrary 그와 반대로 In contrast 대조적으로 On the other hand 반면에
양보	Nevertheless = Nonetheless 그럼에도 불구하고, 그렇지만 Otherwise 그렇지 않으면 Even so 그럼에도 불구하고
결과	Therefore =Thus = Hence 그러므로 As a result 결국 Accordingly 따라서 Consequently 결과적으로
예시	For example = For instance 예를 들어
첨가	Besides = In addition = Moreover 게다가 Furthermore 더 나아가서, 더욱이 Also 또한 (* However 하지만 – 추가 설명이 뒤에 이어짐)
부연	After all 어쨌든 In fact 사실 In particular = particularly 특히 Specifically 특히 In other words 다시 말해서
강조	Of course 물론 Absolutely 틀림없이 Certainly 분명히 Undoubtedly 의심의 여지가 없게 Indeed 정말로 Naturally 당연히
시간	Meanwhile 한편, 그와 동시에 Presently 현재 Eventually 결국 So far 지금까지
기타	Fortunately 다행히도 Unfortunately 안타깝게도

· 역접 / 대조

You don't have to cancel your reservation. instead, you can change the date.

비행편을 취소할 필요가 없다. 대신, 날짜를 바꿀 수 있다.

Koreans sleep 6 hours daily. <u>On the other hand</u>, Americans sleep 7 hours on average.

한국인들은 매일 6시간 잠을 잔다. <u>반면에</u>, 미국인들은 평균적으로 7시간 잔다.

· 양보

You should study hard. <u>Otherwise</u>, you will not pass the test.

너는 열심히 공부해야 한다. <u>그렇지 않으면</u>, 시험에 통과하지 못할 것이다.

· 결과

We installed the latest quality control system in our factory. <u>As a result</u>, the defective rates have decreased significantly.

우리는 공장에 최신 품질관리 시스템을 설치했다. <u>그 결과</u>, 불량률이 상당히 감소했다.

· 예시

Coins in the U.S. vary in size. <u>For example</u>, a dime is about 18 mm in diameter, but a quarter is about 24 mm in diameter.

미국의 동전은 크기가 다양하다. <u>예를 들어</u>, 10센트의 동전은 지름이 약 18mm이지만, 25센트 동전은 지름이 약 24mm이다.

· 첨가

Jenny is good at playing the piano. <u>Besides</u>, she is also good at playing tennis.

제니는 피아노를 잘 친다. <u>게다가</u>, 그녀는 테니스 또한 잘 친다.

· 부연

LT Electronics has been increasing its budget for developing new technologies. <u>In fact</u>, it spent over 100 million dollars developing social networking technology last year.

LT전자는 신기술 개발을 위한 예산을 증가시켜 오고 있다. <u>사실</u>, 이 회사는 작년 소셜 네트워킹 기술을 개발하는 데 1억 달러 이상을 지출했다.

TIP! 첨가와 부연의 차이

　in fact는 뜻밖의 자세한 내용을 제시하여 앞의 주장을 입증할 때 사용하며, besides는 앞서 언급한 사실과 동일한 종류의 다른 사실을 나열할 때 쓰인다.

· 강조

Jenny always tries hard to get her work done perfectly on time. <u>Undoubtedly</u>, she deserves a quarterly bonus this month.

제니는 항상 제 시간에 완벽하게 일을 처리하기 위해 노력한다. <u>의심의 여지도 없이</u>, 그녀는 이번 달에 분기별 보너스를 받을 만하다.

· 시점

Judy really tried hard to study math. <u>Eventually</u>, she got A on the final test.

주디는 정말 열심히 수학 공부를 했다. <u>결국</u>, 그녀는 기말고사에서 A를 받았다.

4 문제풀이 순서

- ⊘ 선택지 (a)~(d)에 접속부사가 포함되어 있는지 확인한다.
- ⊘ 빈칸 뒤에 콤마(,)가 있는지 확인한다.
- ⊘ 빈칸 앞뒤 문장의 내용이 어떤 관계에 있는지 문맥을 파악한 후, 두 문장의 관계를 이어주는 적절한 의미의 접속부사를 정답으로 고른다.

5 예제 풀이

Former FBI director James Comey is a controversial figure in the United States. A week before the 2016 election, ② Comey re-opened an investigation into presidential candidate Hillary Clinton, damaging her credibility at a critical moment. ① _____, ② he may have aided in her loss.

- (a) After
- ③ (b) Thus
- (c) Additionally
- (d) But

STEP ❶

빈칸 뒤에 콤마(,)가 있으므로 접속부사 유형임을 파악한다.

STEP ❷

앞 문장에서는 Comey가 Hilary Clinton에 대해 재수사를 시작하였고 중요한 순간에 신뢰성을 훼손했다는 의미이며, 빈칸 뒤의 문장에서는 Comey가 Hilary Clinton의 손실에 도움을 줬을지도 모른다는 내용이 언급되어 있다.

STEP ❸

문맥상 앞 문장은 뒤 문장의 원인에 해당하며 뒤 문장은 결과에 해당하는 내용이므로 빈칸에는 '그러므로'라는 의미로 결과를 나타내는 접속부사 (b) Thus가 정답이다.

✍ STEP UP! 접속부사 vs. 부사절 접속사

1. 접속부사는 독립된 두 절의 내용을 자연스럽게 연결하는 부사이다.

He is always nice to the people who he is working with. **However**, he gets strict during meetings.
[접속부사는 뒤 문장의 부사일 뿐으로, 두 문장은 대등한 관계]
그는 자신과 함께 일하는 사람들에게 항상 친절하다. <u>하지만</u>, 회의 중에는 엄격해진다.

2. 접속사는 상호 연관된 두 절을 종속적으로 연결한다.

He gets strict during meetings <u>even though</u> he is always nice to the people who he is working with.
[접속사는 접속사절을 주절에 종속시킴]
그가 자신과 함께 일하는 사람들에게 항상 친절하긴 <u>하지만</u>, 그는 회의 중에는 엄격해진다.

3. 복합관계부사 however는 양보 부사절 접속사이다.

<u>However</u> nice he is to the people who he is working with, he gets strict during meetings.
[형용사/부사를 수식하는 부사와 양보 접속사의 이중 기능]
그가 자신과 함께 일하는 사람들에게 <u>얼마나 친절하든지 간에</u>, 그는 회의 중에는 엄격해진다.

연습문제

TIP 접속부사 유형에서 꼭 기억할 팁!
· 선택지에 접속부사가 포함되어 있는지 확인한다.
· 빈칸 뒤에 콤마(,)가 있는지 확인한다.
· 콤마(,)가 있다면 접속부사가 정답, 콤마(,)가 없다면 접속사가 정답이다.

1. One thing that all plants have in common is that they are capable of performing photosynthesis. _____, some plants like the Venus flytrap can also trap and consume prey as an alternate source of nutrition.
   (a) Similarly   (b) Likewise   (c) Therefore   (d) However

2. Nothing should be judged solely based on the category it is in. _____, the fact that some birds cannot fly does not make them helpless; penguins are incredibly agile swimmers and ostriches are extremely fast runners.
   (a) In spite of   (b) For example   (c) As far as   (d) In order to

3. Insurance claims agents reviewed the dashboard camera footage after the accident. It revealed that the driver was not, _____, responsible for the accident and that all damage expenses should be covered by the insurance company.
   (a) in fact   (b) despite   (c) as much   (d) in order to

4. Carla isn't sure what gift to get for her father's birthday. She knows that he likes fancy watches. _____, she also knows that he doesn't like people spending a lot of money on him.
   (a) As well as   (b) On the other hand   (c) In order to   (d) In spite of

5. Amanda's lawyer argued that his client was not guilty of any crimes. _____, he stated that since there was no solid evidence of wrongdoing by Amanda, the lawsuit should be thrown out of court.
   (a) However   (b) Whichever   (c) Also   (d) Anywhere

6. The pufferfish is considered a delicacy in several Asian cultures. _____, the fish contains an extremely deadly poison sac, and is therefore considered unsafe to eat according to most chefs in other parts of the world.
   (a) However   (b) Hereby   (c) Otherwise   (d) Likewise

실전 문제풀이 학습한 내용을 적용하여 다음 공식 기출 및 기출 변형 문제를 풀어보세요.

1. 기출1회

Although similar, "solitude" and "loneliness" do not have the same meaning. Solitude is the act of isolating oneself. _____, loneliness is a state of sadness a person may feel when alone or in a group.

(a) Regardless
(b) On the other hand
(c) Furthermore
(d) At the same time

2. 기출3회

Final Fantasy is widely recognized as one of the most influential role-playing game (RPG) series of all time. _____, the franchise has been credited with introducing many of the fundamental RPG elements that are used today.

(a) In fact
(b) To conclude
(c) However
(d) Therefore

3.

The new high-speed rail has increased the levels of noise pollution near the Oakland Heights apartments. Trains loudly pass by the building all day, every day. _____, most tenants are trying to get out of their leases or get their rent reduced.

(a) Therefore
(b) Furthermore
(c) However
(d) Otherwise

4.

For our vacation this year, my family is just going to rent a lake house for a week. It's much cheaper than going to the beach, and it's only a few hours' drive. _____, my older sister is seven-months pregnant and shouldn't travel too far.

(a) However
(b) Namely
(c) Consequently
(d) Besides

5.

A new "Battle Royal" genre of video games, which features 100 players competing for survival on one large map, has taken the industry by storm. _____, the popular game *Fortnite* boasts over 125 million players and has made billions of dollars in profit.

(a) Namely
(b) For example
(c) So far
(d) In summary

6.

Jeddah Tower, being built in Jeddah, Saudi Arabia, is planned to be the world's first 1-kilometer high building. _____, construction has only reached the 63rd floor, and the completion date has not been set.

(a) So far
(b) At last
(c) In summary
(d) For example

7.

Voter turnout in America is among the lowest of any developed countries. _____, only 56% of the U.S. voting-age population cast ballots in the 2016 presidential election.

(a) On the other hand
(b) Besides
(c) In fact
(d) Therefore

8.

Rock & Roll UK Band were a British rock band formed in 1990s. There were 7 members including 2 main vocals, and the group dominated the music scene for nearly a decade. _____, numerous internal problems caused the band to break.

(a) Nevertheless
(b) Besides
(c) Therefore
(d) For example

9.

National Geographic has called Corcovado National Park in Costa Rica "the most biologically diverse place on Earth." _____, it is home to 140 mammal species, 370 bird species, and over 10,000 insect species.

(a) Besides
(b) In summary
(c) In addition
(d) In fact

10.

It may be time for workers to start demanding higher wages. The latest financial reports indicate that inflation has increased by more than 5% this year. _____, the unemployment rate has decreased by 2%.

(a) Even so
(b) Meanwhile
(c) Nonetheless
(d) Therefore

11.

Phillip wants to take a break from studying after finishing his master's degree. He would use the time to earn money and get work experience. _____, a lengthy break might look bad when he applies to doctoral programs.

(a) Otherwise
(b) In conclusion
(c) As a result
(d) On the other hand

12.

After her two roommates suddenly moved out, Sally is desperate to find new ones. _____, she will not be able to afford the exorbitant rent in New York City all on her own.

(a) Otherwise
(b) For example
(c) In contrast
(d) Besides

기출포인트 19~21까지 학습한 내용을 적용하여 다음 공식 기출 문제 및 기출 변형 문제를 풀어보세요.

1. 기출 3회
Forever Marilyn is a 26-foot-tall statue of Marilyn Monroe. The sculpture is a re-creation of the iconic image of Monroe pushing down her flowing white dress _____ a gust of air blows her skirt upward.

(a) once
(b) until
(c) while
(d) hence

2. 기출 4회
For 69 years, the Soviet Union enjoyed a highly centralized government and economy. _____ its total collapse in 1991, it boasted some of the most significant technological, social, and military achievements in the world.

(a) Due to
(b) Since
(c) Before
(d) In case of

3. 기출 4회
Tissue regeneration is considered one of the most significant applications of stem cell therapy. _____, the procedure is being tested for treating degenerative brain diseases such as Alzheimer's and Parkinson's.

(a) In fact
(b) To summarize
(c) However
(d) Nevertheless

4. 기출 5회
Wristwatch advertisements often have the hands set at 10:10, giving the watch an appealing look and a "smiling" face. _____, this placement of the hands allows the watchmaker's brand and logo to remain in clear view.

(a) Otherwise
(b) Instead
(c) However
(d) Moreover

5. 기출 5회
The children's book *And Tango Makes Three* is based on a true story of two male penguins that raised a chick together. _____ receiving some initial backlash, the book has earned many critical awards and accolades.

(a) Before
(b) As if
(c) Despite
(d) Rather than

6. 기출 6회
Many people confuse ocular hypertension with glaucoma. While both involve high eye pressure, glaucoma causes optic nerve damage. _____, ocular hypertension does not cause optic nerve damage, yet it can progress to glaucoma.

(a) Therefore
(b) By contrast
(c) Moreover
(d) In the same way

7. 기출 2회

The weather around here is unpredictable, so it's a good idea to always carry an umbrella in your bag. _____ it rains this afternoon, go ahead and take this umbrella with you now.

(a) In case
(b) Given that
(c) As long as
(d) Even though

8.

The renovations at Littlecreek Stadium were originally scheduled to begin on April 10, _____ they will now start on May 20 because Little creek baseball team went the playoffs.

(a) so
(b) and
(c) or
(d) but

9. 기출 6회

According to legend, anybody who throws a penny into Rome's Trevi Fountain should expect to return to Rome again in the near future. _____ , the coin should be flung with one's back to the fountain.

(a) However
(b) For example
(c) Otherwise
(d) By contrast

10. 기출 7회

Those who book the Disney VIP Tour can skip long lines at Disneyland. _____ expensive, given the seven-hour tour costs thousands of dollars, many guests choose to pay the higher price to maximize their time.

(a) Unless
(b) Rather than
(c) Although
(d) Whereas

11. 기출 7회

Winnie's parents used to forbid her from traveling on her own. However, now that she is 18 years old, they allow her to go on solo trips _____ she keeps them updated about her whereabouts.

(a) though
(b) until
(c) as long as
(d) so that

12.

Tom was incredibly disappointed with his performance in the marathon, which took him more than six hours to complete. _____ eating well and getting plenty of rest prior to the race, he didn't have stamina to maintain a competitive pace

(a) Instead of
(b) Despite
(c) Although
(d) Because of

기출포인트 19~21까지 학습한 내용을 적용하여 다음 공식 기출 문제 및 기출 변형 문제를 풀어보세요.

13.

Alongside global warming, plastic pollution has become a major threat to our ocean environment. Scientists are urging immediate action to be taken. _____, the amassment of microplastics in the ocean will kill vital links of the marine food chain, leading to widespread consequences.

(a) Otherwise
(b) As such
(c) Alternately
(d) Besides

14.

Teachers in Ohio have gone on strike, refusing to return to their classrooms until work conditions improve. Now the state government must either raise the teachers' salaries to match the increased cost of living, _____ end the school year early and continue negotiations indefinitely.

(a) and
(b) but
(c) or
(d) so

15.

The Grand Jam Festival is being held this year in Tristan Park. Food will not be available at the event, but attendees are free to leave the festival to eat and return later, _____ they are still wearing the wristband attained at first entry.

(a) instead
(b) unless
(c) after
(d) as long as

16.

As part of its escalating trade war with the U.S., China has introduced new tariffs on almonds and avocados. _____, Californian farmers will likely be forced to find new buyers or suffer severe financial losses.

(a) As a result
(b) However
(c) For example
(d) So far

17.

The Buffalo Grill's popular Lava Wing Challenge, in which a customer attempts to eat fifteen extremely spicy chicken wings in under ten minutes, has been suspended by the head manager. Last Saturday, a customer became seriously ill _____ he quickly consumed thirteen of the wings.

(a) during
(b) before
(c) and
(d) after

18.

Brexit, the United Kingdom's planned departure from the European Union, is already taking a financial toll on the country. _____, a governor of the Bank of England announced that it has cost British households £900 each since the vote.

(a) Consequently
(b) For example
(c) Even though
(d) On the other hand

19.

I turned down the offer to attend law school in New York City. I was content with my job, and I didn't want to leave my girlfriend. _____, I would have had to take out massive student loans to pay for it.

(a) But
(b) Besides
(c) Thus
(d) Namely

20.

Every year, between 50 and 100 people are injured during the Running of the Bulls in Pamplona, and fifteen deaths have been recorded since 1910. _____, nearly 20,000 runners test their speed and luck against the bulls every year.

(a) Nevertheless
(b) Accordingly
(c) Similarly
(d) Rather

21.

Jeff is a volunteer firefighter in his town. _____ an emergency, he is required to keep his cell phone on at all times and answer it immediately whenever he gets a call from his fire station.

(a) In case of
(b) Wherever
(c) However
(d) In order to

22.

Occasionally, produce looks different from others of its same kind that are sold in stores. Some organizations collect these "unsellable" fruits and vegetables to distribute them to food banks and shelters. _____, they would be discarded.

(a) Regardless
(b) However
(c) Likewise
(d) Otherwise

23.

Nick and Martha's friends are concerned that their relationship is becoming more and more unequal. When everyone is together, Nick always asserts strong opinions about whatever topic is being discussed, _____ Martha just agrees with him, no matter how she actually feels.

(a) while
(b) so
(c) or
(d) however

24.

At his last health checkup, Kevin's doctor said that he needs to lose some weight. So, he stopped eating desserts and started exercising every day. _____, he lost 5 kilograms over the past month!

(a) In order to
(b) As a result
(c) Instead of
(d) As much as

UNIT 6

관계사

G-TELP
GRAMMAR

기출 포인트

1 주격관계대명사

선행사 **+** 주격관계대명사 **+** 동사

- **선행사가 사람**이며 **관계사절에서 주어 역할**을 할 때 **who, that** 사용

  I want to meet your **younger sister** who is pretty. 한정적 용법 (that으로 대체 가능)
  나는 예쁜 너의 여동생을 만나고 싶다.

  I want to meet your younger sister**, who** is pretty. 계속적 용법 (콤마 포함, that으로 대체 불가능)
  나는 너의 여동생을 만나고 싶은데, 그녀는 예쁘다.

- **선행사가 사람이 아닌 사물 또는 동물(사람이 아닌 모든 명사)** 등에 해당하며 **관계사절에서 주어 역할**을 할 때 **which, that** 사용

  I need **a pen** which can be erased with an eraser. 한정적 용법 (that 가능)
  나는 그것은 지우개로 지워질 수 있는 펜 하나가 필요하다.

  I need **a pen, which** can be erased with an eraser. 계속적 용법 (콤마 포함, that 불가능)
  나는 펜 하나가 필요한데, 그것은 지우개로 지워질 수 있는 것이다.

  TIP! 관계대명사 that은 한정적 용법에서만 who나 which를 대체할 수 있으며, 콤마(,)가 있는 계속적 용법에서는 쓸 수 없다.

2 목적격관계대명사

선행사 **+** 목적격관계대명사 **+** 주어 **+** 동사

- **선행사가 사물명사/동물**이며 관계사절에서 목적어 기능을 할 때 **who(m), that** 사용

  Jenny is **a passionate teacher** whom I met yesterday. 한정적 용법 (that 가능)
  제니는 내가 어제 만났던 열정적인 선생님이다.

  Jenny is **a passionate teacher, whom** I met yesterday. 계속적 용법 (콤마 포함, that 불가능)
  제니는 열정적인 선생님인데, 나는 어제 그녀를 만났다.

  TIP! 구어에서 목적격관계사 whom을 who로 대체 가능하나 관계사 바로 앞에 전치사가 있다면 whom만 사용이 가능하다.

- **선행사가 사물명사/동물(사람이 아닌 모든 명사)**이며 관계사절에서 목적어기능을 할 때 **which, that** 사용

  I need **a camera** which I will use tomorrow. 한정적 용법 (that 가능)
  나는 내일 사용할 카메라가 필요하다.

  I need **a camera, which** I will use tomorrow. 계속적 용법 (콤마 포함, that 불가능)
  나는 카메라가 필요한데, 나는 내일 그것을 사용할 것이다.

3 소유격관계대명사 정답 출제율 매우 낮음

| 선행사 | **+** | 소유격관계대명사 + 명사 | **+** | 주어 | **+** | 동사 | **+** | (목적어/보어) |

· 선행사가 **동물, 사물, 사람**이며 관계사절에서 소유격의 기능을 할 때 **whose**사용

Jenny is **a famous painter** <u>whose</u> **work** placed first in the contest. 한정적 용법

제니는 그녀의 작품이 대회에서 1등으로 입상한 유명한 화가이다.

Jenny is **a famous painter**<u>, whose</u> **work** placed first in the contest. 계속적 용법

제니는 유명한 화가인데, 그녀의 작품이 대회에서 1등으로 입상했다.

> **TIP!** 선행사를 포함한 관계대명사 **what**은 명사의 기능을 가지고 있다. 그러므로 형용사의 기능을 하는 관계사만 출제되는 G-TELP Level 2에서는 **출제되지 않는다**.

4 문제풀이 순서

☑ 선택지 (a)~(d)가 who, which, that 등의 관계사가 포함된 절로 구성되어 있는지 확인한다.

☑ 빈칸 앞에 위치한 선행사가 사람인지, 사람이 아닌지 파악한다.

☑ 빈칸과 선행사 사이에 콤마(,)가 있는지 확인한다. 콤마가 있다면 that으로 시작하는 선택지를 소거한다.

☑ 선행사가 사람이면 who, 사람이 아니면 which로 시작하는 보기를 정답으로 선택한다.

☑ 빈칸과 선행사 사이에 콤마가 없고, that으로 시작하는 선택지가 있다면 해당 선택지의 문장 구조를 파악하여 비문법적인 선택지를 오답으로 소거한다.

☑ 주격관계대명사 who, which, that 뒤에는 주어가 없는 불완전한 절이 이어지며, 목적격관계대명사 who(m), which, that 뒤에는 목적어가 없는 불완전한 절이 이어진다.

5 공식 적용 문제 풀이

Elon Musk is one of several billionaires trying to be the first to put people on Mars. ① SpaceX, _____, has already tested new rocket prototypes necessary for making the incredible journey.

(a) who is one of Musk's companies
② (b) that is one of Musk's companies
(c) where is one of Musk's companies
③ (d) which is one of Musk's companies

STEP ①
빈칸 앞의 선행사 SpaceX는 고유명사이고 사람이 아니므로 관계대명사 which나 that으로 시작하는 (b), (d) 중에 정답이 있음을 확인한다.

STEP ②
빈칸 앞의 콤마(,)를 보고 계속적 용법임을 알 수 있으므로 계속적 용법으로는 쓰이지 않는 that을 소거한다.

STEP ③
따라서 which로 시작하는 (d)를 정답으로 선택한다.

연습문제

TIP 관계사 문제 풀 때 꼭 기억할 팁!
· 선택지에서 what, whose를 소거한다.
· 빈칸 앞의 명사가 사람명사인지, 사물명사인지 확인한다.
· 빈칸 앞에 콤마가 있다면 that을 소거한다.

1. Mozart was a prodigy _____ with the ability to compose incredible musical compositions in short periods of time.
   (a) which was abnormally gifted
   (b) what was abnormally gifted
   (c) who he was abnormally gifted
   (d) that was abnormally gifted

2. There are many contagious diseases _____ throughout the nation.
   (a) which it can rapidly spread
   (b) what can rapidly spread
   (c) that can rapidly spread
   (d) whose it can rapidly spread

3. Make sure you don't skip any meals, _____.
   (a) that can trigger headaches
   (b) which can trigger headaches
   (c) what can trigger headaches
   (d) who can trigger headaches

4. Lee Kuan Yew was a Singaporean statesman, _____ of Singapore from 1959 to 1990.
   (a) who served as the first prime minister
   (b) which served as the first prime minister
   (c) that served as the first prime minister
   (d) what served as the first prime minister

5. When I was walking in the park this morning, I saw the nurse _____ in the clinic yesterday.
   (a) who had checked my blood pressure
   (b) which had checked my blood pressure
   (c) whom had checked my blood pressure
   (d) that he had checked my blood pressure

6. The song, _____, became an million seller .
   (a) that made the once unknown composer world-famous
   (b) who made the once unknown composer world-famous
   (c) which made the once unknown composer world-famous
   (d) what made the once unknown composer world-famous

실전 문제풀이 학습한 내용을 적용하여 다음 공식 기출 문제를 풀어보세요.

1. 기출 1회

The haka is a posture dance from the Māori people of New Zealand. The dance, _____, was traditionally performed as a war cry to intimidate the Māori's opponents and boost their own morale.

(a) what consists of forceful gestures and shouts
(b) who consists of forceful gestures and shouts
(c) that consists of forceful gestures and shouts
(d) which consists of forceful gestures and shouts

2. 기출 4회

An X-ray is a form of electromagnetic radiation that can be used to take images of the human body. It was William Roentgen _____ after observing that the ray casts shadows when passing through solid objects.

(a) who discovered this
(b) which discovered this
(c) what discovered this
(d) that he discovered this

3.

Millions of people around the world tuned in to watch the royal wedding of Prince Harry and Meghan Markle on May 19, 2018. Markle, _____, was a popular American television actress, so the event generated more interest than usual in the States.

(a) who is now the Duchess of Sussex
(b) that is now the Duchess of Sussex
(c) which is now the Duchess of Sussex
(d) where is now the Duchess of Sussex

4.

Professor Thornhill's history lecture was about the assassination of Archduke Franz Ferdinand on June 28, 1914. He argued that it was the single most important moment in the 20th century because it was the event _____.

(a) when it led to the start of the First World War
(b) what led to the start of the First World War
(c) that led to the start of the First World War
(d) where the First World War led to the start of

5.

I had high hopes about getting this new job, but that was before the interview. The HR manager told me they need an employee _____, and I don't think I can leave my family for that long.

(a) who can work abroad during the summer
(b) which can work abroad during the summer
(c) when can work abroad during the summer
(d) where can work abroad during the summer

6.

Brian Hooker has been making a name for himself in the local art scene for quickly making stunningly realistic portraits. His latest portrait _____ sold for more than $30,000.

(a) who painted it in only six minutes
(b) that he painted in only six minutes
(c) when he painted in only six minutes
(d) which he painted in only six minutes

7.

Aside from giving individual attention, a tutor can help encourage a student to ask questions without feeling embarrassed. Thus, students _____ their lessons are encouraged to seek tutoring.

(a) who have a hard time understanding
(b) that they have a hard time understanding
(c) what have a hard time understanding
(d) which have a hard time understanding

8.

After Ayn Rand moved to the United States because of the political revolution, she had a play produced on Broadway in mid 1930s. After two early novels _____, she achieved fame with her novel, *The Fountainhead*.

(a) what were initially unsuccessful
(b) which they were initially unsuccessful
(c) that were initially unsuccessful
(d) who were initially unsuccessful

9.

Stephanie L. Kwolek was a Polish-American chemist who is known for inventing Kevlar. She received many awards, including M.I.T Lifetime Achievement Award, _____ and innovators.

(a) that recognizes the nation's most talented inventors
(b) which recognizes the nation's most talented inventors
(c) what recognizes the nation's most talented inventors
(d) who recognizes the nation's most talented inventors

10.

Mountain climbing is a physical activity _____. That's why inexperienced climbers must train properly before attempting to scale steep or difficult trails.

(a) which it requires a great deal of strength and extensive training.
(b) that requires a great deal of strength and extensive training.
(c) whose requires a great deal of strength and extensive training.
(d) what requires a great deal of strength and extensive training.

11.

Paul Albert Anka, _____ at the end of July, is a Canadian singer, songwriter and actor. He has been nominated for Juno Awards many other times. Besides, he was inducted into the Canadian Music Hall of Fame in 1980.

(a) which turns 65
(b) who turns 65
(c) what turns 65
(d) that turns 65

12.

Elephants have a keen nose and more smell receptors than any mammal. They can also sniff out food _____. the elephant's trunk clearly stands out for its size, flexibility, and strength.

(a) which it is several miles away
(b) what is several miles away
(c) whose food is several miles away
(d) that is several miles away

기출 포인트

1 관계부사

선행사 [장소, 시간]	➕	관계부사 [when, where]	➕	주어	➕	동사	➕	목적어/보어/수식어구

- 관계부사는 「전치사+관계대명사(which)」를 나타내며 관계사절에서 부사 역할을 한다.
- 부사는 문장 성분이 아니므로 관계부사 뒤에는 문장에 필요한 기본 성분(주어, 동사, 목적어/보어 등)이 포함된 완전한 문장이 위치한다.
- 관계대명사 which, who, that은 관계사절에서 주어 또는 목적어 역할을 하기 때문에 뒤에 주어 또는 목적어가 빠진 불완전한 문장이 이어지므로 관계대명사 뒤에 완전한 문장이 있는 선택지는 오답으로 소거한다.
- 선행사가 장소나 시간을 나타내지 않으면 (사람이거나 사물명사) 바로 소거한다.
- 관계부사 Why와 How는 지텔프 Level 2 시험에서 출제되지 않으므로 소거한다.

2 시간 관계부사 when

시간 관계부사 when은 항상 시간명사를 선행사로 가진다. 선행사로 쓰이는 대표적인 시간 명사로는 the day, the week, the month, the year 등이 있다.

> I remember **the day** <u>when</u> we first met.
> 나는 우리가 만났던 그 날을 기억한다.
>
> Monday is **the day** <u>when</u> our summer vacation starts.
> 월요일은 우리의 여름 휴가가 시작되는 날이다.

3 장소 관계부사 where

장소 관계부사 where은 항상 장소명사를 선행사로 가진다. 선행사로 쓰이는 대표적인 장소 명사로는 the place, the building, the convention, the venue과 도시명, 국가명 등이 있다. 특히 the situation, the event, the circumstance 등과 같은 명사도 장소 명사로 취급되어 관계부사 where이 쓰이는 경우가 많다.

> I want to visit **the place** <u>where</u> we met this time last year.
> 나는 우리가 작년 이맘때 만났던 장소를 방문하고 싶다.
>
> The capital of South Korea is **Seoul**, <u>where</u> more than ten million people live.
> 대한민국의 수도는 서울이며, 그곳에서 천만명 이상의 사람들이 살고 있다.

TIP! 선행사 뒤에 콤마가 있는 것을 계속적 용법이라 하는데, 해석 상 관계부사절이 선행사를 수식하는 것이 아니라 「and + 부사」의 의미로 쓰이며, 위의 예문에서는 '그리고 그 곳에서'라고 해석되었다.

4 공식 적용 문제 풀이

During battle with Setne, Percy falls into ① the ocean, ② _____ and restores his powers quicker than usual. Percy theorizes that Poseidon may have been helping him heal faster than before given the fact that it was so quick.

    (a) which the salt water heals him
② (b) ~~that the salt water heals him~~
    (c) when the salt water heals him
③ (d) where the salt water heals him

STEP ①

선택지가 모두 관계사절인 것을 보고 빈칸 앞의 선행사가 장소 명사인 the ocean임을 확인한다.

STEP ②

빈칸 앞의 콤마(,)를 보고 계속적 용법임을 알 수 있으므로 계속적 용법으로는 쓰이지 않는 that을 소거한다.

STEP ③

각 선택지에서 관계대명사와 관계부사 뒤에 이어지는 절이 주어(the salt water), 동사(heals), 목적어(him)으로 구성된 완전한 문장이므로 장소 관계부사인 where로 시작하는 관계부사절 (d)를 정답으로 선택한다.

연습문제

TIP 관계부사 문제 풀 때 꼭 기억할 팁!
· 빈칸 앞의 명사가 장소 명사인지, 시간 명사인지 확인한다.
· 빈칸 앞에 콤마(,)가 있는 경우 that으로 시작하는 선택지는 오답으로 소거한다.
· which, who, that 뒤에 완전한 절이 있는 선택지는 오답으로 소거한다.

1. Jake has never left Busan, _____, since 1997.
  (a) which he was born   (b) that he was born
  (c) when he was born   (d) where he was born

2. The tundra biome is a cold and treeless plain _____ for plants and animals alike to survive.
  (a) that harsh conditions make it hard
  (b) which harsh conditions make it hard
  (c) when harsh conditions make it hard
  (d) where harsh conditions make it hard

3. The value of Bestcoin, one of the cryptocurrencies has dropped by 50% since last November, _____.
  (a) when it hit its all-time peak   (b) that it hit its all-time peak
  (c) what it hit its all-time peak   (d) where it hit its all-time peak

4. A nostalgia-fueled craze for Pokémon bread has swept the nation. Just the other day, desperate customers swarmed a rural, out-of-the-way convenience store _____.
  (a) when a few coveted pastries could still be found
  (b) where a few coveted pastries could still be found
  (c) which a few coveted pastries could still be found
  (d) that a few coveted pastries could still be found

실전 문제풀이 학습한 내용을 적용하여 다음 공식 기출 및 기출 변형 문제를 풀어보세요.

1. 기출 3회

Michael Jackson's *Thriller* is the world's best-selling album of all time, with at least 66 million certified copies sold worldwide. Jackson probably did not anticipate the album's long-term success back in 1982 _____.

(a) when it was first released
(b) why it was first released
(c) that it was first released
(d) where it was first released

2. 기출 5회

Mrs. Monteith and her family are planning to visit Turkey this summer. They already have many destinations in mind. Her daughter is most excited to go to Cappadocia, _____ while riding in a hot air balloon.

(a) that one can look down at a beautiful landscape
(b) when one can look down at a beautiful landscape
(c) where one can look down at a beautiful landscape
(d) which one can look down at a beautiful landscape

3.

Touted as an experiment in art and community, Burning Man is a spectacular and bizarre summer festival. Every year, revelers venture into the Black Rock Desert, _____, and celebrate the counter-culture with giant art sculptures and pulsing electronic music.

(a) when the week-long festival is held
(b) where the week-long festival is held
(c) which the week-long festival is held
(d) who the week-long festival is held

4.

In 2002, Kim Yuna, famous South Korean figure skater, competed internationally for the first time at the Triglav Trophy in Slovenia, _____ in the novice competition. At age 12, she won the senior title, becoming the youngest skater ever to win that title all over the world.

(a) which she won the gold medal
(b) that won the gold medal
(c) where she won the gold medal
(d) when she won the gold medal

5.

Parker spent weeks planning the perfect proposal to his girlfriend. After a romantic dinner, he will pop the question at the ice cream shop _____.

(a) when they had their first date
(b) where they had their first date
(c) which they had their first date
(d) that they had their first date

6.

Douglas thought he was ready to get back to the wild nightlife of Tokyo after the pandemic curfews were finally lifted. However, after falling asleep in a club, he realized that gone were the times _____.

(a) where he could party until sunrise
(b) that he could party until sunrise
(c) which he could party until sunrise
(d) when he could party until sunrise

기출포인트 22~23까지 학습한 내용을 적용하여 다음 공식 기출 문제 및 기출 변형 문제를 풀어보세요.

1. 기출 2회

Alfred was just sitting down at a slot machine when he heard a commotion nearby. A woman, _____, had won the jackpot. Unfortunately for Alfred, his luck was not as good, and he went home empty-handed.

(a) what happened to be celebrating her eightieth birthday
(b) which happened to be celebrating her eightieth birthday
(c) that happened to be celebrating her eightieth birthday
(d) who happened to be celebrating her eightieth birthday

2. 기출 2회

Wrinkles get increasingly visible as we get older. This is because the production of the protein collagen, _____, slows down with age. To keep skin looking youthful, one can take supplements rich in collagen.

(a) that keeps the skin smooth and soft
(b) who keeps the skin smooth and soft
(c) which keeps the skin smooth and soft
(d) what keeps the skin smooth and soft

3. 기출 1회

If you are stuck in a burning building and the smoke is overwhelming, cover your nose with a damp towel. Then make sure to crawl close to the floor, _____, allowing you to escape.

(a) when there is breathable air
(b) where there is breathable air
(c) that there is breathable air
(d) which there is breathable air

4. 기출 3회

The Medal of Honor is the highest military decoration in the US. The medal, _____, has been awarded to only one woman, Dr. Mary Edwards Walker, for her valuable contributions during the American Civil War.

(a) that has been bestowed upon more than 3,500 people
(b) what has been bestowed upon more than 3,500 people
(c) who has been bestowed upon more than 3,500 people
(d) which has been bestowed upon more than 3,500 people

5. 기출 4회

The collapse of the Civic Tower of Pavia in Italy led to the temporary closure of the Leaning Tower of Pisa in 1990. The closed tower, _____, was restabilized and reopened to the public in 2001.

(a) which is also located in Italy
(b) that is also located in Italy
(c) what is also located in Italy
(d) who is also located in Italy

6. 기출 5회

Many Olympic athletes have the official symbol of the Olympic Games tattooed on their bodies. The symbol, _____, represents the five participating continents: America, Asia, Africa, Europe, and Australia.

(a) who consists of five interlocking rings
(b) which consists of five interlocking rings
(c) what consists of five interlocking rings
(d) that consists of five interlocking rings

7. 기출 6회

Mona and her sister want to visit different tourist spots in Amsterdam. To make the most of their time, they have decided to split up. At lunchtime, they will meet at the same café _____ earlier.

(a) where they had their breakfast
(b) that they had their breakfast
(c) when they had their breakfast
(d) which they had their breakfast

8. 기출 6회

A Brazilian footballer holds the record for the most World Cup victories by any player. Edson Arantes do Nascimento, _____, won the FIFA World Cup in 1958, 1962, and 1970.

(a) which is more popularly known as Pelé
(b) that is more popularly known as Pelé
(c) what is more popularly known as Pelé
(d) who is more popularly known as Pelé

9. 기출 7회

Some novice lawyers complain that it's hard to get trial experience. New attorneys _____ have few opportunities to gain this valuable experience, because they are often assigned civil cases that rarely go to trial.

(a) who work in big law firms
(b) where work in big law firms
(c) what work in big law firms
(d) which work in big law firms

10. 기출 7회

U.S. News & World Report published an article about the best spring destinations. The Grand Canyon, _____, earned the top spot. The weather allows tourists to enjoy the breathtaking views there throughout the day.

(a) that is located in the state of Arizona
(b) what is located in the state of Arizona
(c) where is it located in the state of Arizona
(d) which is located in the state of Arizona

11.

Abraham Lincoln's Gettysburg Address is one of the most famous speeches in American history. It was delivered on November 19, 1863, at the dedication of the Soldier's National Cemetery in Gettysburg, Pennsylvania, _____.

(a) when a definitive battle had been fought four months earlier
(b) where a definitive battle had been fought four months earlier
(c) that a definitive battle had been fought four months earlier
(d) which a definitive battle had been fought four months earlier

12.

The Circleville community is reeling from the loss of a favorite local pizza shop this weekend. Bertie's Pies, _____, burned down late Friday night after a grease fi re in the kitchen grew out of control. Luckily, no one was harmed in the blaze.

(a) where opened over two decades ago
(b) which opened over two decades ago
(c) that opened over two decades ago
(d) when opened over two decades ago

13.

Jurassic World: Dominion is the latest film in the popular series about giant reptiles running amok on a tropical island. Chris Pratt and Bryce Dallas Howard, _____, team up once again to save as many people – and dinosaurs – as they can.

(a) which star in the movie
(b) that star in the movie
(c) what star in the movie
(d) who star in the movie

14.

It may not be a popular opinion, but I for one was not impressed with my meal at Horizon Bistro. My server couldn't tell me anything about the menu, and the dish _____ was sold out. It was only 6 P.M. when I tried to order it.

(a) whose restaurant is best known for
(b) that the restaurant is best known for
(c) where the restaurant is best known for
(d) what the restaurant is best known for

15.

The range of holidays in the United States reflects the cultural diversity that defines contemporary America. For instance, *Cinco de Mayo*, _____, is now a celebration of Mexican-American culture and is popular across the United States.

(a) which commemorates a victory of the Mexican Army in 1862
(b) that commemorates a victory of the Mexican Army in 1862
(c) when commemorates a victory of the Mexican Army in 1862
(d) what commemorates a victory of the Mexican Army in 1862

16.

To increase sales, the CEO of Wharton Electronics has announced that another incentive program will run until the end of this quarter. According to this program, the employee _____ will receive an all-expenses paid cruise for two to the Bahamas.

(a) who sells the most appliances
(b) which sells the most appliances
(c) what sells the most appliances
(d) where sells the most appliances

17.

The Beatles played their last live performance on January 30, 1969, on the rooftop of their Apple Corps headquarters. The rooftop _____ is now a pilgrimage destination for diehard Beatles fans.

(a) where they held the impromptu concert
(b) that they held the impromptu concert
(c) which they held the impromptu concert
(d) when they held the impromptu concert

18.

In the aftermath of the RMS Titanic tragedy, some newspapers criticized the crew for sending the lifeboats away from the ship before they were fully loaded with passengers. However, any lifeboat _____ would have been pulled under the water as it sunk.

(a) where it was too close to the massive vessel
(b) why the massive vessel was too close
(c) what was too close to the massive vessel
(d) that was too close to the massive vessel

19.

A boom in wine tourism in recent years has lured millions of Merlot enthusiasts to California's Wine Country, _____. There are over 400 wineries in the area north of San Francisco, mostly located in the area's numerous valleys.

(a) which is known worldwide as a premium wine-growing region
(b) where is known worldwide as a premium wine-growing region
(c) what is known worldwide as a premium wine-growing region
(d) that is known worldwide as a premium wine-growing region

20.

Viewers across the country will tune into the season finale of *Talented American Singer* tonight. As in past seasons, the contestant _____ will record an album and embark on a national concert tour.

(a) whose wins the competition
(b) that wins the competition
(c) whom wins the competition
(d) when wins the competition

21.

CODA took home several awards at the 2022 Oscars, including Best Picture. The film, _____, is being hailed as a breakthrough for inclusive filmmaking.

(a) which features a predominantly deaf cast
(b) that features a predominantly deaf cast
(c) where features a predominantly deaf cast
(d) who features a predominantly deaf cast

22.

The concept of the nuclear family was largely shaped by consumerism. It was an image frequently utilized in the ads of the 1950s _____ over American culture and commerce.

(a) where the advertising industry held an incredible amount of influence
(b) when the advertising industry held an incredible amount of influence
(c) which the advertising industry held an incredible amount of influence
(d) that the advertising industry held an incredible amount of influence

23.

Pre-sale tickets for this summer's Zephyr Hills Music Festival have already sold out, even though the line-up has not yet been announced. Since the band _____ is always a big name, music fans know what to expect.

(a) that headlines the event
(b) whom headlines the event
(c) what headlines the event
(d) when headlines the event

24.

From Software's *Elden Ring* has sold more than 13 million units and will likely be Game of the Year. The role-playing game is set in a sprawling open world and features challenging gameplay _____.

(a) who requires both focus and persistence
(b) that requires both focus and persistence
(c) what requires both focus and persistence
(d) when requires both focus and persistence

G-TELP KOREA 공식 기출문제 제공 & 기출변형문제 수록

지텔프 G-TELP
기출 문법

정답 및 해설

G-TELP KOREA 공식 기출문제 제공 & 기출변형문제 수록

지텔프 G-TELP
기출 문법

정답 및 해설

UNIT 1
시제

기출 POINT 1 현재진행시제

연습문제

1. (b)	2. (b)	3. (c)	4. (a)
5. (c)	6. (b)	7. (a)	8. (c)

1.

정답 (b)

해석 바로 지금, 제니는 그녀의 절친들과 함께 생일 파티를 하고 있다.

해설 빈칸 앞에 현재진행시제의 단서로 쓰이는 부사 Right now(바로 지금)가 있으므로 보기 중에서 현재진행시제인 (b) is having 이 정답이다.

어휘 best friend 절친, 가장 친한 친구

2.

정답 (b)

해석 지금 이 순간, 제니는 그녀의 웨딩 드레스를 신중하게 고르고 있다.

해설 빈칸 앞에 현재진행시제의 단서로 쓰이는 As of this moment (지금 이 순간)가 있으므로 보기 중에서 현재진행시제인 (b) is carefully choosing이 정답이다.

어휘 carefully 신중하게, 조심스럽게 choose 고르다, 선택하다

3.

정답 (c)

해석 현재, 줄리는 어제 산 심리학에 관한 책을 읽고 있다.

해설 빈칸 앞에 현재진행시제의 단서로 쓰이는 At present(현재)가 있으므로 보기 중에서 현재진행시제인 (c) is reading이 정답이다.

어휘 psychology 심리학

4.

정답 (a)

해석 우리 팀원들은 요즘 신입 직원들을 위한 환영 파티를 계획하고 있다.

해설 문장 마지막에 위치한 부사 these days가 현재진행시제와 함께 쓰이는 표현이므로 보기 중에서 현재진행시제인 (a) are planning이 정답이다.

어휘 welcoming party 환영 파티 employee 직원 plan 계획하다

5.

정답 (c)

해석 현재, IT 부서는 웹사이트를 개선하는 작업을 할 웹개발자를 구하고 있다.

해설 빈칸 앞에 현재진행시제의 단서로 쓰이는 부사 Currently(현재)가 있으므로 보기 중에서 현재진행시제인 (c) is seeking이 정답이다.

어휘 department 부서 developer 개발자 improve 개선시키다 seek 구하다, 찾다

6.

정답 (b)

해석 오늘날, 지구의 천연 자원은 건설 자재에 대한 증가하는 수요로 인해 빠른 속도로 고갈되고 있다.

해설 빈칸 앞에 현재진행시제의 단서로 쓰이는 부사 Today(오늘날)가 있으므로 보기 중에서 현재진행시제인 (b) are running out이 정답이다.

어휘 Earth 지구 natural resources 천연 자원 at a rapid rate 빠른 속도로 due to ~로 인해 demand 수요 building materials 건설 자재

7.

정답 (a)

해석 인사부장은 방금 최고경영자에게 "면접자들이 방에서 바로 지금 당신을 기다리고 있습니다."라고 말했다.

해설 문장 마지막에 현재진행시제의 단서로 쓰이는 at the moment (바로 지금)가 있으므로 보기 중에서 현재진행시제인 (a) are waiting이 정답이다.

어휘 HR 인사부(Human Resources) manger 관리자, 부장 CEO 최고경영자(chief executive officer)

8.

정답 (c)

해석 시내의 모든 식당들은 요즘 위생 시설 점검을 받고 있다.

해설 문장 마지막에 현재진행시제의 단서로 쓰이는 부사 these days(요즘)가 있으므로 보기 중에서 현재진행시제인 (c) are being inspected가 정답이다.

어휘 sanitation 위생 시설 inspect 점검하다, 시찰하다

실전 문제풀이

1. (a)	2. (d)	3. (c)	4. (c)	5. (b)	6. (b)
7. (a)	8. (a)	9. (b)	10. (c)	11. (c)	12. (a)

1.

정답 (a)

해석 채드가 내일 프로 골프 선수로 데뷔할 예정이기 때문에, 부모님께서는 오늘 밤에 기념하고 싶어 한다. 채드를 놀라게 할 계획을 하며, 그의 어머니는 바로 지금 저녁 식사를 구입하고 있으며, 그가 도착하기 약 20분 전에 돌아올 것이다.

해설 빈칸 뒤에 위치한 right now가 '바로 지금'이라는 의미를 나타내어 현재 일시적으로 진행되는 일을 뜻하는 현재진행시제 동사와 어울려 쓰이므로 (a) is buying이 정답이다.

어휘 debut ⑧ 데뷔하다 celebrate 기념하다, 축하하다 plan to do ~할 계획이다 surprise ~을 놀라게 하다 arrive 도착하다

TIP 현재시제는 반복 또는 습관적인 행동, 사실 등을 나타내는 시제이므로 현재 진행 중인 행동을 나타내는 문장에서는 쓰이지 않는다.

2.

정답 (d)

해석 앤더슨 씨는 수국이 아내가 가장 좋아하는 꽃이라는 것을 알고 있다. 따라서, 그는 주기적으로 정원에 수국을 심는다. 지금, 그는 지난주에 심은 한 무더기의 꽃에 물을 주고 있다.

해설 빈칸 앞에 위치한 At the moment가 '바로 지금'이라는 의미를 나타내어 현재 일시적으로 진행되는 일을 뜻하는 현재진행시제 동사와 어울려 쓰이므로 (d) is watering이 정답이다.

어휘 hydrangea 수국 favorite 가장 좋아하는 consequently 따라서, 그 결과 regularly 주기적으로 plant ~을 심다 at the moment 바로 지금 batch 무더기, 다발, 묶음 water ⑧ ~에 물을 주다

3.

정답 (c)

해석 데이먼이 한 유명 음악가에 관한 영화를 봤을 때, 자신만의 음악을 만들고 싶다는 영감을 받았다. 그는 그 이후로 멈추지 않고 계속 곡을 써 오고 있다. 실제로, 그는 지금 새로운 곡을 하나 작곡하고 있다.

해설 빈칸 뒤에 위치한 right now가 '바로 지금'라는 의미를 나타내어 현재 일시적으로 진행되는 일을 뜻하는 현재진행시제 동사와 어울려 쓰이므로 (c) is composing이 정답이다.

어휘 be inspired to do ~하도록 영감을 받다 create ~을 만들어 내다 nonstop 멈추지 않고, 쉬지 않고 since then 그 때 이후로 in fact 실제로, 사실 piece (음악, 글, 미술 등의) 하나, 한 작품 compose ~을 작곡하다

4.

정답 (c)

해석 연극부는 학교에서 사교 활동을 하는 데 어려움을 겪는 학생들에게 아주 좋은 과외 활동이 될 수 있다. 예를 들어, 재레드는 연극부에 가입하기 전에 항상 혼자 지내고 말을 거의 하지 않았다. 지금, 그는 학교의 연례 연극에서 주인공 역할을 위한 오디션을 보는 것에 대해 생각하고 있다.

해설 동사 think의 알맞은 시제 형태를 고르는 문제이다. 빈칸 앞에 있

는 Now는 '지금, 이제'라는 의미를 가지고 있으므로 현재진행시제와 어울리는 부사이다. 따라서 정답은 현재진행시제인 (c) is thinking이다.

어휘 drama club 연극부 extracurricular 과외의, 정식 교과 이외의 activity 활동 have difficulty -ing ~하는 데 어려움을 겪다 socialize 사교 활동을 하다, (사람들과) 어울려 지내다 for instance 예를 들어 keep to oneself 혼자 지내다, 남과 어울리지 않다 rarely 거의 ~않다 audition 오디션을 보다 main role 주연, 주인공 역할 annual 해마다의, 연례의 play 연극

5.

정답 (b)

해석 부유한 나라에서 온 사람들이 동남 아시아를 여행하는 동안 돈을 구걸하는 "구걸 배낭여행"은 여행 분야에서 새로 유행하는 논쟁거리가 되었다. 현재, 유명 관광지의 관광 당국들은 그 행위를 막는 방법들을 도입하고 있다.

해설 동사 introduce의 알맞은 시제 형태를 고르는 문제이다. 빈칸이 있는 문장의 앞에 '현재'라는 의미의 Currently라는 부사가 있으므로 빈칸에 들어갈 동사의 시제는 현재진행시제가 되어야 한다. 따라서 정답은 (b) are introducing이다.

어휘 begpacking 구걸 배낭여행 individual 개인, 사람 affluent 부유한 beg for ~을 달라고 애원하다, 구걸하다 controversial 논란거리의, 논란이 많은 trend 경향, 트렌드 currently 현재, 지금 tourism 관광(업) agency 대리점, 업체 popular 인기 있는, 유명한 destination 목적지, 도착지 discourage 막다, 좌절시키다 practice 행위

6.

정답 (b)

해석 나의 형은 마침내 얻은 1개월 휴가 동안 유럽을 여행할 것에 대해 아주 신이 난 것처럼 보인다. 그는 매주 엄청나게 오랜 시간을 일을 하며, 몇 년간 휴가를 가지지 못했다. 그래서, 그는 바로 지금 프랑스로 가는 비행편을 이미 예약하고 있는 중이다.

해설 동사 book의 알맞은 시제 형태를 고르는 문제이다. 빈칸이 있는 문장의 마지막에 as we speak가 '바로 지금'이라는 의미의 부사이므로 이와 어울리는 동사의 시제는 현재진행시제이다. 따라서 정답은 (b) is booking이다.

어휘 seem + 형용사: ~한 것처럼 보인다 thrilled 황홀한, 아주 신난 month-long 한달 기간의, 1개월의 finally 마침내, 결국 win 얻다 incredibly 엄청나게, 믿을 수 없을 정도로 in years 몇년간 flight 비행편, 항공기 as we speak 바로 지금

7.

정답 (a)

해석 나의 동생 토니는 대학 생활을 시작한 후로 많은 걱정거리를 가지고 있었다. 주말에 집으로 와서, 그는 현재 해변가에 누워서 진정되고 있는 중인데, 그 곳은 우리가 어렸을 때 함께 놀던 곳이다.

해설 빈칸 바로 뒤에 위치한 right now가 '바로 지금'이라는 의미를 나타내어 현재 일시적으로 진행되는 일을 뜻하는 현재진행시제 동사와 어울려 쓰이므로 (a) is being soothed가 정답이

다. 이처럼 수동태의 현재진행시제는 「am/are/is + being + p.p.」로 쓰인다.

어휘   anxiety 불안, 걱정거리   university 대학   lie 눕다   beach 해변(가)   used to + 동사원형: ~하곤 했다(과거)   soothe 진정시키다, 완화시키다

8.

정답   (a)

해석   줄리는 내가 본 반 친구 중 가장 영리하다. 21살에, 그녀는 이미 물리학 석사 학위를 받았다. 그녀는 요즘 스탠포드 대학에서 박사학위를 위해 공부하는 중이다.

해설   동사 study의 알맞은 시제 형태를 고르는 문제이다. 빈칸이 있는 문장의 맨 뒤에 these days라는 부사가 있으므로 빈칸에 들어갈 동사의 시제는 현재진행시제가 되어야 한다. 따라서 정답은 (a) is studying이다.

어휘   master's degree 석사 학위   doctorate degree 박사 학위   these days 요즘

9.

정답   (b)

해석   헨리가 5살 때, TV에서 야구경기를 본 후 야구에 흥미를 보였다. 그는 3년 전부터 수업을 듣기 시작했다. 현재, 그는 뉴욕 키즈 야구팀 소속으로 경기를 하는 중이다.

해설   동사 play의 알맞은 형태를 고르는 문제이다. 빈칸이 포함된 문장 맨 앞에 Currently라는 부사가 있기 때문에 동사의 시제는 현재진행시제가 되어야 한다. 따라서 정답은 (b) is playing이다.

어휘   interest 흥미   currently 현재   baseball 야구

10.

정답   (c)

해석   나의 가장 친한 친구 중 하나인 도로시는 지난달에 그녀의 꿈의 직장에 지원했다. 그녀는 지금 이 순간 관리책임자와 면접을 진행 중이며 결과는 이메일로 개별 공지될 것이다.

해설   빈칸이 포함된 문장의 중반부에 있는 부사(as of this moment)는 '지금 이 순간'을 뜻하므로 동사의 시제는 현재진행시제가 되어야 한다. 따라서 정답은 (c) is doing이다.

어휘   apply for 지원하다   chief manager 관리책임자   as of this moment 지금 이 순간   notify 공지하다   individually 개별적으로

11.

정답   (c)

해석   레베카는 체중을 줄이고 근력을 향상시키고 싶어한다. 그래서 그녀는 헬스 트레이너 짐과 함께 요즘 운동하는 중이다. 그는 레베카에게 좋은 결과를 얻기 위해서는 운동 외에 건강한 식습관을 유지하는 것이 좋다고 말했다.

해설   동사 work의 알맞은 형태를 고르는 문제이다. 빈칸이 포함된 문

장 맨 뒤 부사 nowadays는 현재진행시제를 나타내는 단서이다. 따라서 정답은 (c) is working이다.

어휘   lose weight 체중을 줄이다   improve 향상시키다   healthy 건강한   diet 식습관   result 결과

12.

정답   (a)

해석   힘든 일로 지친 레이첼은 저녁에 집에서 홀로 시간을 보내는 것을 하루 종일 고대해 왔다. 그녀는 지금 그녀가 좋아하는 『오만과 편견』을 읽는 중이다. 그녀가 읽는 것을 마무리할 때 즈음이면, 그녀는 4시간 동안 책을 읽어오는 중일 것이다.

해설   동사 read의 알맞은 형태를 고르는 문제이다. 빈칸이 포함된 문장의 맨 뒤 부사 right now는 현재진행시제를 나타내는 단서이다. 따라서 정답은 (a) is reading이다.

어휘   exhausted 지친   look forward to -ing ~하기를 고대하다

기출 POINT 2   과거진행시제

연습문제

1. (b)	2. (b)	3. (c)	4. (b)
5. (c)	6. (d)	7. (a)	

1.

정답   (b)

해석   나는 내 방을 청소하고 있는 동안, 몇 년 전에 잃어버렸다고 생각했던 오래된 사진 몇 장을 발견하였다.

해설   빈칸은 부사절 접속사 while이 있는 부사절의 동사 자리이며, 빈칸 뒤의 주절의 시제가 과거(found)이므로 '~하고 있는 동안'이라는 의미를 나타내기 위해 과거진행시제가 필요하다. 따라서 보기 중에 과거진행시제인 (b) was cleaning이 정답이다.

어휘   while ~하는 동안   find 찾다, 발견하다   lose 잃다   clean 청소하다

2.

정답   (b)

해석   궂은 날씨에도 불구하고, 회사 야유회는 취소되지 않았다. 비가 내리기 시작했을 때 우리는 산을 오르고 있었다.

해설   빈칸은 주절의 동사 자리이고, 주절 뒤에 있는 when 시간 부사절의 시제가 과거(started) 시제인 것을 보고 빈칸에 들어갈 시제가 과거진행시제인 것을 알 수 있다. 따라서 보기 중에 과거진행시제인 (b) were climbing이 정답이다.

어휘   despite ~에도 불구하고   inclement (날씨가) 궂은, 좋지 못한   weather 날씨   company outing 회사 야유회   cancel 취소하다   climb (산 등을) 오르다, 올라가다

3.

정답 (c)

해석 어젯밤 11시에, 레이는 그의 여자친구와 통화 중이었다. 4시간의 통화 후에, 그는 결국 밤을 새게 되었다.

해설 빈칸 앞에 위치한 **At 11 o'clock last night**가 과거시점을 나타내는 표현이므로 빈칸에 들어갈 동사의 시제는 과거진행시제가 되어야 한다. 따라서 보기 중에 과거진행시제인 **(c) was talking**이 정답이다.

어휘 talk on phone 통화하다 end up -ing: 결국 ~하게 되다 stay all night 밤을 새다, 자지 않고 밤을 보내다

4.

정답 (b)

해석 나의 룸메이트는 내가 우리의 아파트로 돌아왔을 때 그의 침대에서 영화를 보고 있었다. 그는 오늘 밤 아무런 약속이 없다고 말했다.

해설 빈칸은 주절의 동사 자리이고, 주절 뒤에 있는 when 시간 부사절의 시제가 과거(returned) 시제인 것을 보고 빈칸에 들어갈 시제가 과거진행시제인 것을 알 수 있다. 따라서 보기 중에 과거진행시제인 **(b) was just watching**이 정답이다.

어휘 return 돌아오다 plan 약속, 계획

5.

정답 (c)

해석 이웃들이 너무 많은 소음을 일으키고 있었다. 그래서 우리는 결국 항의를 해야 했다.

해설 빈칸 뒤의 문장의 시제가 과거(had)이므로 빈칸에 들어갈 동사의 시제도 과거에 관련되어야 한다. 문맥상 이웃들이 많은 소음을 일으키고 있었고, 그래서 항의를 해야 했다는 내용이 자연스러우므로 빈칸에 과거진행시제가 들어가는 것이 적절하다. 따라서 정답은 **(c) were making**이다.

어휘 neighbor 이웃 make noise 소음을 일으키다 complain 항의하다, 불평하다 eventually 결국, 마침내

6.

정답 (d)

해석 데이비드는 그가 샤워를 하고 있는 동안 누군가가 문을 두드리는 것을 들었다.

해설 빈칸은 부사절 접속사 while이 있는 부사절의 동사 자리이며, 빈칸 앞의 주절의 시제가 과거(heard)이므로 '~하고 있는 동안'이라는 의미를 나타내기 위해 과거진행시제가 필요하다. 따라서 보기 중에 과거진행시제인 **(d) was taking**이 정답이다.

어휘 knock 두드리다 take a shower 샤워하다

7.

정답 (a)

해석 내가 화장실에서 돌아왔을 때, 여종업원이 우리 테이블로 음식을 가져오고 있었다.

해설 빈칸은 주절의 동사 자리이고, 주절 앞에 있는 when 시간 부사절의 시제가 과거(came) 시제인 것을 보고 빈칸에 들어갈 시제가 과거진행시제인 것을 알 수 있다. 따라서 보기 중에 과거진행시제인 **(a) was bringing**이 정답이다.

어휘 restroom 화장실 waitress 여종업원, 웨이트리스 bring 가져오다, 가져다주다

실전 문제풀이

1. (c)	2. (d)	3. (c)	4. (c)	5. (d)	6. (c)
7. (c)	8. (b)	9. (a)	10. (b)	11. (c)	12. (a)

1.

정답 (c)

해석 펠릭스는 자신의 집 바깥에 있는 동안 아이작 뉴턴 같은 순간을 막 겪었다. 뭔가 훌륭한 아이디어 같은 게 떠오르거나 한 건 아니었다. 대신, 그가 큰 사과나무 아래에 앉아 있었을 때, 사과 하나가 그의 머리에 떨어졌다.

해설 빈칸 뒤에 과거시제 동사(fell)를 포함한 주절이 쓰여 있어 빈칸이 속한 when절은 이 주절이 가리키는 과거 시점에 앉아 있던 상태가 일시적으로 지속되던 상황을 나타내야 자연스러우므로 이러한 의미로 쓰이는 과거진행시제 **(c) was sitting**이 정답이다.

어휘 while ~하는 동안, ~인 반면 brilliant 훌륭한 or anything (부정문에서 명사 뒤에 쓰여) ~ 같은 instead 대신 underneath ~ 아래에

2.

정답 (d)

해석 지진이 일어난 후, 토마스는 여동생인 셰리가 괜찮은지 확인하기 위해 즉시 전화했다. 셰리는 지진이 발생했을 때 다가오는 오디션을 위해 대사를 최종 연습하고 있었고, 그래서 심지어 느껴지지도 않았다고 말했다.

해설 빈칸 뒤에 과거시제 동사(hit, 단수주어 earthquake와 수 일치되어 있지 않으므로)를 포함한 when절이 쓰여 있어 이 when절이 가리키는 과거 시점에 최종 연습하는 일이 일시적으로 진행되던 상황을 나타내야 자연스러우므로 이러한 의미로 쓰이는 과거진행시제 **(d) was rehearsing**이 정답이다.

어휘 following ~후에 immediately 즉시 check up on ~을 확인하다 line 대사 upcoming 다가오는, 곧 있을 rehearse ~을 최종 연습하다

3.

정답 (c)

해석 퍼시 스펜서는 1945년에 우연히 마이크로파를 발견했다. 그가 전자파를 만들어내면서 가동 중이던 마그네트론 옆에 서 있었을 때, 자신의 주머니에 있던 캔디 바가 녹아 내렸다는 사실을 알게 되었다.

| 해설 | 빈칸 뒤에 과거시제 동사(noticed)를 포함한 when절이 쓰여 있어 빈칸이 속한 주절은 이 when절이 가리키는 과거 시점에 서 있던 상태가 일시적으로 지속되던 상황을 나타내야 자연스러우므로 이러한 의미로 쓰이는 과거진행시제 (c) was standing 이 정답이다. |
| 어휘 | accidentally 우연히, 실수로 discover ~을 발견하다 microwave 마이크로파 next to ~ 옆에 active 가동 중인, 활동 중인 magnetron 마그네트론(진공관의 일종) produce ~을 만들어 내다 electromagnetic waves 전자파 notice that ~임을 알게 되다, 알아차리다 melt 녹다 |

4.

정답	(c)
해석	며칠 간의 랜스 시런의 월드 투어 일정이 그 싱어송라이터가 팔목을 다친 후로 취소되었다. 얼음에 미끄러져 오른쪽 팔로 착지하였을 때, 그는 투어 버스로 걸어가고 있던 중이었다.
해설	동사 walk의 알맞은 시제 형태를 고르는 문제이다. 빈칸 뒤에 있는 when절에서 말하는 특정 과거 시점(slipped)인 얼음에 미끄러졌을 그 순간에 주어인 He가 하고 있었던 행동을 나타낼 수 있는 시제가 빈칸에 들어가야 한다. 이를 언급하기 위해서 '~하고 있었다'는 의미의 과거진행시제가 적절하므로 정답은 (c) was walking이다. 과거시제인 (a) walked는 when절의 상황이 발생한 후에 시작되는 일을 나타내므로 오답이다.
어휘	date 날짜 cancel 취소하다 injure 부상을 입다, 다치다 wrist 손목 slip 미끄러지다 land 착지하다

5.

정답	(d)
해석	<해밀턴>의 제작은 이번 주말 기이한 관객에 의해 중단되었다. 한 남자가 무대 위로 급히 올라왔을 때 그 뮤지컬은 막 시작되고 있던 중이었다. 그는 몇 가지 세계적 음모론에 대해 횡설수설하다가 경비원에 의해 건물 밖으로 쫓겨났다.
해설	동사 start의 알맞은 시제 형태를 고르는 문제이다. 빈칸 뒤에 있는 when절에서 말하는 특정 과거 시점(rushed)에 한 남자가 무대로 급히 뛰어올랐을 그 순간에 주어인 The musical이 막 시작되고 있었음을 나타낼 수 있는 시제가 빈칸에 들어가야 한다. 이를 언급하기 위해서 '~하고 있었다'는 의미의 과거진행시제가 적절하므로 정답은 (d) was just starting이다. 현재완료시제인 (b) has just started는 현재 시점을 기준으로 방금 시작하였다는 의미를 나타내므로 과거의 일을 서술하는 이 문장에는 어울리지 않는다.
어휘	production 제작, 생산 interrupt 중단하다 eccentric 기이한, 별난 audience 관객 rush onto ~의 위로 급히 올라가다 ramble 횡설수설하다, 지껄이다 global 세계의 conspiracy 음모(론) security 보안, 경비(담당 부서) escort 호송하다

6.

| 정답 | (c) |
| 해석 | 14살 치와와인 튤립은 어떤 크기라도 영웅이 될 수 있다는 것을 증명했다. 전기로 인한 화재가 집의 거실에서 시작되었을 때, 튤 |

립의 주인인 애니 블레드소는 잠을 자고 있었다. 튤립은 주인을 깨우고 집 밖으로 안내했다.

| 해설 | 동사 sleep의 알맞은 시제 형태를 고르는 문제이다. 빈칸 뒤에 있는 when절에서 말하는 특정 과거 시점(started)에 주어인 Annie Bledsoe가 하고 있었던 행동을 나타낼 수 있는 시제가 빈칸에 들어가야 한다. 이를 언급하기 위해서 '~하고 있었다'는 의미의 과거진행시제가 적절하므로 정답은 (c) was sleeping 이다. 단순과거시제인 (b) slept는 불이 붙기 시작한 후에 slept 의 행위가 이루어진 것으로 해석되므로 오답이다. |
| 어휘 | prove 증명하다 hero 영웅 com in all sizes 모든 크기로 나타나다, (의류의 경우) 다양한 사이즈로 판매되다 owner 주인 electrical fire 전기로 인한 화재 wake up ~을 깨우다 guide 안내하다 |

7.

정답	(c)
해석	로빈슨 가족의 심해 낚시 여행은 그들이 기대했던 것보다 더 흥미진진했다. 범고래 떼가 나타나 그들의 어선을 에워쌌을 때 그들은 해안에서 30마일 떨어진 곳에서 낚시를 하던 중이었다.
해설	동사 fish의 알맞은 시제 형태를 고르는 문제이다. 빈칸 뒤에 있는 when절에서 말하는 특정 과거 시점(appeared)과 시제 일치를 해주어야 하므로 과거진행시제인 (c) were fishing이 정답이다.
어휘	deep-sea 심해의 turn out ~라고 판명되다 exciting 흥미진진한 expected 예상된 coast 해안 a pod of orcas 범고래 떼 surround 에워싸다

8.

정답	(b)
해석	지난 저녁, 조셉은 마감일 전에 재무 보고서를 끝내기 위해 서두르고 있었다. 하지만, 그가 마지막 부분을 작성하는 동안 그의 노트북이 저장하지 않고 갑자기 꺼져서, 그는 그것을 처음부터 다시 해야만 했다.
해설	동사 finish의 알맞은 시제 형태를 고르는 문제이다. 빈칸 뒤에 있는 주절의 특정 과거 시점(shut)에 시제를 일치해준다. 따라서 과거진행시제인 (b) was finishing이 정답이다.
어휘	financial report 재정 보고서 deadline 마감 however 하지만, 그러나 laptop 노트북 suddenly 갑자기 shut down 꺼지다

9.

정답	(a)
해석	샐리는 그녀의 친구들이 갑자기 집 문을 두드렸을 때 그녀의 아기를 방금 막 재웠던 상태였다. 그녀는 서둘러 문을 열었고 그들에게 아기가 자는 중이니 조용해달라고 요청했다. 그래서, 그들은 조용히 들어왔다.
해설	동사 sleep의 알맞은 시제 형태를 고르는 문제이다. 빈칸 앞 과거동사(opened, asked)에 시제를 일치해준다. 따라서, 과거진행시제인 (a) was sleeping이 정답이다.
어휘	suddenly 갑자기 knock 문을 두드리다 hurriedly 서둘러서

open 열다 quietly 조용히

10.

정답　(b)

해석　에릭은 그의 역사 수업의 연구 논문을 쓰는 동안 정기적으로 그의 진척을 저장하지 않았던 것을 후회한다. 그가 그 다음 날까지 제출 기한이었던 그 리포트를 끝마치고 있을 때 바로 그의 방의 전기가 끊겼다.

해설　동사 finish의 알맞은 시제 형태를 고르는 문제이다. 빈칸 앞에 있는 when절에서 말하는 특정 과거 시점(went out)이 언급되어 있으므로 '~하고 있을 때 전기가 나갔다'는 의미가 되는 것이 적절하다. 따라서 보기 중에 과거진행시제인 (b) was finishing이 정답이다.

어휘　regret 후회하다 save 저장하다 progress 진척, 진행 regularly 정기적으로 research paper 연구 논문 go out (전기가) 나가다, 끊기다, 정전되다 due ~기한인

11.

정답　(c)

해석　74세의 나이에, 카를로스 산타나는 2019년 여름 음악 페스티벌 도중에 그의 팬들에게 커다란 놀라움을 주었다. 그가 갑자기 쓰러졌을 때, 그는 무대에서 연주하던 중이었고, 병원으로 급히 옮겨져야 했다.

해설　동사 perform의 알맞은 시제 형태를 고르는 문제이다. 빈칸 뒤에 있는 when절에서 말하는 특정 과거 시점(collapsed)에 카를로스 산타나가 갑자기 쓰러졌을 때, 그가 연주를 하고 있었음을 나타낼 수 있는 시제가 빈칸에 들어가야 한다. 이를 언급하기 위해서 '~하고 있었다'는 의미의 과거진행시제가 적절하므로 정답은 (c) was performing이다.

어휘　scare 놀람, 불안감, 공포 stage 무대 suddenly 갑자기 collapse (의식을 잃고) 쓰러지다 rush 급히 움직이다, 서두르다 perform 연주하다, 공연하다

12.

정답　(a)

해석　라모나와 발레리는 한 사건을 돕기 위해 경찰서에 있다. 갑자기 뒤에서 도둑이 이웃집 창문으로 기어 나오는 것이 목격될 수 있었을 때 그들은 그들 자신의 영상을 녹화 중이었다!

해설　동사 record의 알맞은 시제 형태를 고르는 문제이다. 빈칸 뒤에 있는 when절에서 말하는 특정 과거시점(could be seen)에 a burglar이 기어나오는 것을 볼 수 있었음을 나타낼 수 있는 시제가 빈칸에 들어가야 한다. 이를 언급하기 위해서 '~하는 중이었다'는 의미의 과거진행시제가 적절하므로 정답은 (a) were recording이다.

어휘　police station 경찰서 case 사건 record 기록하다, 녹화하다 burglar 도둑 crawl 기어가다 neighbor 이웃

기출 POINT 3 미래진행시제

기출 POINT 3 미래진행시제

연습문제

1. (b)	2. (d)	3. (a)	4. (c)
5. (d)	6. (c)	7. (b)	8. (a)

1.

정답　(b)

해석　우리 회사의 직원들은 내년쯤 일주일에 단 30시간만 일을 하고 있을 것이다.

해설　동사 work의 알맞은 시제 형태를 고르는 문제이다. 빈칸 뒤에 있는 by next year을 보면 빈칸에 들어갈 시제는 미래시제이다. 보기 중에 미래를 나타내는 시제는 (b) will be working이다.

2.

정답　(d)

해석　몇 년 후에, 제니는 그녀가 꿈에 그리던 회사에서 일하고 있을 것이다.

해설　동사 work의 알맞은 시제 형태를 고르는 문제이다. 빈칸 앞에 있는 In a few years를 보면 빈칸에 들어갈 시제는 미래시제이다. 보기 중에 미래를 나타내는 시제는 (d) will be working이다.

3.

정답　(a)

해석　다음 주 월요일부터, 나는 학생들을 가르칠 것이다.

해설　동사 teach의 알맞은 시제 형태를 고르는 문제이다. 빈칸 앞에 있는 Starting next Monday를 보면 빈칸에 들어갈 시제는 미래시제이다. 보기 중에 미래를 나타내는 시제는 (a) will be teaching이다.

어휘　teach 가르치다

4.

정답　(c)

해석　나탈리가 그녀의 회사에서 매니저직에서 사임한 후에, 그녀는 유럽에서 3개월을 보낼 것이다.

해설　동사 spend의 알맞은 시제 형태를 고르는 문제이다. 빈칸 앞에 위치한 After Natali resigns처럼 현재시제 동사를 포함한 after절과 결합하는 절의 동사는 미래진행시제의 단서가 되며, 이 after절이 가리키는 미래 시점에 일어나고 있을 일을 나타내므로 미래진행시제 (c) will be spending이 정답이다.

어휘　resign 사임하다, 그만두다 spend (시간을) 보내다

5.

정답　(d)

해석　사만다는 점심 식사 후에 산책하는 것을 좋아한다. 그녀를 점심시

정답 및 해설　7

간에 공원에서 본다면 그녀는 걷고 있을 것이다.

해설 동사 walk의 알맞은 형태를 고르는 문제이다. 빈칸 뒤에 위치한 if you see처럼 현재시제 동사를 포함한 조건 부사절 if절과 결합하는 절의 동사는 미래진행시제의 단서가 되며, 이 if절이 가리키는 미래 시점에 일시적으로 진행되는 상황을 나타내야 자연스러우므로 미래진행시제 (d) will be walking이 정답이다.

어휘 take a walk 산책하다 lunchtime 점심시간

6.

정답 (c)

해석 나는 다음 달에 해외로 유학을 가게 된다면 한국음식을 그리워할 것이다.

해설 동사 miss의 알맞은 형태를 고르는 문제이다. 빈칸 뒤에 위치한 once I go처럼 현재시제 동사를 포함한 조건 부사절 once절과 결합하는 절의 동사는 미래진행시제의 단서가 되며, 미래시점을 나타내는 next month가 있으므로 주절의 동사는 미래 시점에 일시적으로 진행되는 상황을 나타내야 자연스럽다. 따라서 미래진행시제 (c) will be missing이 정답이다.

어휘 once ~하기만 하면 go abroad 해외로 가다 miss 그리워하다

7.

정답 (b)

해석 제인이 회사에서 돌아오자 마자, 우리는 그녀와 함께 생일 파티를 열 것이다.

해설 동사 have의 알맞은 형태를 고르는 문제이다. 빈칸 앞에 위치한 As soon as Jane comes처럼 현재시제 동사를 포함한 시간 부사절 as soon as절과 결합하는 절의 동사는 미래진행시제의 단서가 되며, 이 as soon as절이 가리키는 미래 시점에 일시적으로 진행되는 상황을 나타내야 자연스러우므로 미래진행시제 (b) will be having이 정답이다.

어휘 as soon as ~하자 마자 come back from work 회사에서 돌아오다 have a party 파티를 열다

8.

정답 (a)

해석 마이크는 매일 아침 7시에 체육관에 간다. 내일 아침에 그에게 전화할 때 그는 운동을 하고 있을 것이다.

해설 동사 work out의 알맞은 형태를 고르는 문제이다. 빈칸 뒤에 위치한 when you call처럼 현재시제 동사를 포함한 시간 부사절 when절과 결합하는 절의 동사는 미래진행시제의 단서가 되며, 이 when절에 미래시점을 나타내는 tomorrow morning이 있어서 미래 시점에 일시적으로 진행되는 상황을 나타내야 자연스러우므로 미래진행시제 (a) will be working out이 정답이다.

어휘 gym 체육관 work out 운동하다

실전 문제풀이

1. (c)	2. (c)	3. (d)	4. (c)	5. (b)	6. (a)
7. (d)	8. (d)	9. (b)	10. (d)	11. (a)	12. (c)

1.

정답 (c)

해석 마고는 자신이 월요일에 근무를 시작할 때 사무실 신입 동료들이 어떻게 반응할 것인지에 대해 걱정하고 있다. 하지만, 그녀는 걱정할 필요가 없다. 그녀가 도착할 때 그들이 너무 열중해서 일하고 있을 것이어서 심지어 그녀를 인식하지 못할지도 모른다.

해설 동사 work의 알맞은 형태를 고르는 문제이다. 빈칸 뒤에 위치한 when she arrives처럼 현재시제 동사를 포함한 when절과 결합하는 절의 동사는 미래진행시제의 단서가 되며, 이 when절이 가리키는 미래 시점에 열중해 일하는 것이 일시적으로 진행되는 상황을 나타내야 자연스러우므로 미래진행시제 (c) will be working이 정답이다.

어휘 be anxious about ~에 대해 걱정하다, 불안해하다 react 반응하다 though (문장 끝이나 중간에서) 하지만 so A that B: 너무 A해서 B하다 intently 열중해서, 골똘히 arrive 도착하다 notice ~을 인식하다, 알아차리다

2.

정답 (c)

해석 리즈는 조부모님의 50번째 결혼 기념일을 위해 깜짝 요트 파티를 계획하고 있다. 내일부터, 그녀는 반드시 모든 것이 계획대로 진행되도록 하기 위해 물품 수송 준비 과정을 감독할 것이다.

해설 동사 supervise의 알맞은 형태를 고르는 문제이다. 빈칸 앞에 쓰인 Starting tomorrow는 '내일부터 (시작되어)'라는 의미로 미래진행시제 동사와 어울려 쓰이는 시점 표현이므로 미래진행시제 동사인 (c) will be supervising이 정답이다.

어휘 anniversary (해마다 돌아오는) 기념일 logistical 물품 수송의 arrangement 준비, 마련, 조치 ensure (that) 반드시 ~하도록 하다, ~임을 보장하다 as planned 계획대로 supervise ~을 감독하다, 지휘하다

3.

정답 (d)

해석 지난밤, 지나는 직장에서 늦게 집에 돌아왔지만, 아이들을 학교에 보낼 준비를 하기 위해 아침 6시에 일어나야 했다. 만약 당신이 나중에 커피를 마시기 위해 그녀의 집을 방문한다면, 그녀는 아마 다시 자고 있을 것이다.

해설 동사 sleep의 알맞은 시제 형태를 고르는 문제이다. 빈칸 앞에 이어지는 if절에서 말하는 특정 미래 시점(visit)에 너(you)가 방문한다면, 그녀는 아마 다시 자는 중일 것임을 나타내는 문맥이므로, 진행의 의미를 나타내는 미래진행시제 (d) will probably be sleeping이 정답이다.

어휘 had to 동사원형: ~해야 했다 prepare 준비하다 probably 아마도

4.

정답 (c)

해석 듀튼 씨와 사무실에서 당신의 업무 능력 평가에 대해서 상담하는 것은 별 소득이 없을 것이다. 당신이 그것에 대해 이야기하면 다른 직원들도 또한 그녀에게 자신들의 낮은 점수에 대해서 불평하게 될 것이다. 대신, 그녀에게 회의를 요청해서 따로 이야기하도록 하라.

해설 동사 complain의 알맞은 시제 형태를 고르는 문제이다. 빈칸 뒤에 이어지는 when절에서 말하는 특정 미래 시점(bring)에 그녀(Ms. Dutton)에게 그 이야기를 꺼낼 때면, 다른 사람들도 그녀에게 불평을 말하게 될 것이라는 문맥이므로, 진행의 의미를 나타내는 미래진행시제 (c) will also be complaining이 정답이다. 단순미래시제인 (a) will also complain은 when절과 같은 시점에 동시 진행되지 않고 when절의 행위가 끝난 후에 일어날 일을 나타낼 경우에 사용한다.

어휘 have luck -ing ~하는 데 운이 따르다 performance 업무 성과 evaluation 평가 grade 점수, 등급 bring up 이야깃거리를 꺼내다 instead 대신에 ask for ~을 요청하다 privately 사적으로

5.

정답 (b)

해석 브래들리는 영어 수업을 낙제했기 때문에 이제 우리 학교의 축구팀에서 경기를 할 수 있는 자격이 없다. 그래서, 타이런이 그의 포지션에서 경기를 할 것이다. 금일 연습부터, 타이런은 브래들리가 성적을 향상시킬 때까지 우리 팀에서 쿼터백 자리를 맡을 것이다.

해설 동사 fill in의 알맞은 시제 형태를 고르는 문제이다. 빈칸 뒤에 이어지는 until절에서 말하는 특정 미래 시점(improves), 즉 브래들리가 점수를 향상시키는 동안 진행 중일 행위 또는 상태를 나타내야 알맞으므로 미래진행시제인 (b) will be filling in이 정답이다. when, until과 같은 접속사가 쓰인 부사절의 시제가 현재시제일 경우, 현재가 아닌 미래의 의미로 사용된 점에 주의한다. 따라서 주절은 항상 미래시제를 써야 하므로 현재시제인 (a)는 오답이며, 예정된 가까운 미래를 나타낼 수 있는 현재진행형 (c)도 오답이다.

어휘 no longer 더 이상 ~ 않다 be eligible to 동사원형: ~할 자격이 있다 fail (수업을) 낙제하다 position (경기의) 포지션, 위치, 자리 starting with ~부터 시작해서 quarterback 쿼터백, 미식 축구의 중간 공격수 improve 향상시키다, 개선하다 grade 점수, 등급 fill in ~을 채우다, ~을 대신하다

6.

정답 (a)

해석 레이시 로즈는 내일 카페에서 당신과 인터뷰를 할 시간이 없다. 하지만, 당신의 일정과 시간이 맞는다면, 오늘 오후 5시쯤에 스튜디오에서 그녀를 만날 수 있다. 당신이 5시 30분에 나타나면, 그녀는 녹음을 완료하고 있을 것이다.

해설 동사 complete의 알맞은 시제 형태를 고르는 문제이다. 빈칸 뒤에 이어지는 when절에서 말하는 특정 미래 시점(show, at 5:30)에 그녀(Lacy Rhodes)가 하고 있을 일을 나타내야

하므로 진행의 의미를 나타내는 미래진행시제 (a) will be completing이 정답이다. 단순미래시제인 (d) will complete는 when절과 같은 시점에 동시 진행되지 않고 when절의 행위가 끝난 후에 일어날 일을 나타낼 경우에 사용한다.

어휘 available 시간이 되는, 여유가 있는 fit ~에 맞다 recording session 녹음 시간 show 나타나다 complete 완료하다

7.

정답 (d)

해석 옵저번트 레코즈의 최고경영인은 서부 해안지역에 새로운 지점을 연다는 것을 방금 발표하였다. 그는 지원자들을 인터뷰하고 신입 사원들을 교육시키는 것을 도와주기 위해 시애틀로 갈 한 팀의 직원들을 다음 주에 뽑을 것이다.

해설 동사 select의 알맞은 시제 형태를 고르는 문제이다. 빈칸 뒤에 있는 next week를 보면 빈칸에 들어갈 시제는 미래시제이다. 보기 중에 미래를 나타내는 시제는 (d) will be selecting이다.

어휘 announce 발표하다 opening 개업, 개점 branch office 지점, 지사 travel 이동하다 interview 면접을 보다, 인터뷰하다 applicant 지원자, 신청자 train 훈련시키다 hire 신입 사원

8.

정답 (d)

해석 많은 사람들이 내일 뉴욕홀에서 열리는 톱스타 제시의 연례 콘서트에 참석할 것이다. 군중의 안전을 보장하기 위해, 뉴욕 시장은 행사장을 순찰할 경찰관들을 배치했다. 또한 지역 시민들이 행사 스태프로 자원봉사를 할 것이다.

해설 동사 attend의 알맞은 시제 형태를 고르는 문제이다. 빈칸 뒤에 있는 tomorrow는 미래시제를 나타내는 부사이다. 따라서, 미래진행시제인 (d) will be attending이 정답이다.

어휘 annual 연례의, 매년의 ensure 보장하다 crowd 군중 safety 안전 mayor 시장 assign (일을) 맡기다 patrol 순찰하다 venue 장소 volunteer 자원봉사 하다

9.

정답 (b)

해석 앤젤라는 이번 주 토요일에 할머니의 생일 파티를 준비할 것이다. 그녀는 이미 할머니에게 선물로 목걸이를 사드렸다. 그녀의 친척들이 파티에 도착했을 때, 그녀의 할머니는 그 목걸이를 하고 있을 것이다.

해설 동사 wear의 알맞은 시제 형태를 고르는 문제이다. 빈칸 앞에 이어지는 when절에서의 특정 미래 시점에 도착(arrive)할 때, 주절의 주어인 그녀의 할머니가 착용하는 중일 것임을 나타내는 미래진행시제 (b) will be wearing이 정답이다.

어휘 prepare 준비하다 already 이미 necklace 목걸이 relative 친척 wear 착용하다

10.

정답 (d)

해석 현재의 경제 위기에도 불구하고, 칼리 소프트웨어의 최고경영인

은 다음 분기의 판매 목표를 초과 달성하기를 원한다. 이러한 상황을 극복하기 위해, 전 직원은 다음 주부터 새로운 잠재 시장 부문을 파악하기 위해 매주 월요일마다 가게 조사를 실시할 예정이다.

해설 동사 conduct의 알맞은 시제의 형태를 고르는 문제이다. 빈칸 뒤의 부사구 starting next week는 미래의 시점을 나타내는 단서이므로 미래진행시제 (d) will be conducting이 정답이 된다.

어휘 despite ~에도 불구하고 current 현재의 economic crisis 경제 위기 surpass 초과하다, 능가하다 sales target 판매 목표 overcome 극복하다 employee 직원 household survey 가게 조사 identify 확인하다 potential 잠재적인 market 시장 segment 부문 conduct 실시하다

11.

정답 (a)

해설 경리부는 시간제 직원들의 보상에 대한 새로운 방침에 대한 제안서를 발표했다. 그 방침에 대해 질문이 있는 직원들을 위해, 내일부터 경리 과장은 그의 사무실에서 문의 사항에 대하여 답하는 중일 것이다.

해설 동사 answer의 알맞은 시제의 형태를 고르는 문제이다. 빈칸 뒤에 미래의 단서를 알려주는 부사구 starting tomorrow가 있으므로 미래진행시제인 (a) will be answering이 정답이다.

어휘 accounting department 경리부, 회계부 issue 발표하다 memo 제안서 regarding ~에 관하여 policy 정책 part-time employee 시간제 직원 compensation 보상 accounting manager 경리과장 answer 대답하다 inquiry 질문

12.

정답 (c)

해설 리 씨의 런던 출장은 다음 주로 예정되어 있다. 그는 아내에게 그녀가 그와 연락할 필요가 있는 경우에 대비해 출장 기간 내내 더 팰리스 호텔에 머물 것이라는 것을 현재 상기시키고 있다.

해설 동사 stay의 알맞은 시제의 형태를 고르는 문제이다. 빈칸 뒤 in case (that)절에서 주어(she)가 특정 미래 시점에 그와 연락할 필요(needs)가 있다면, 그가 더 팰리스 호텔에 묵는 중일 것임을 나타내는 미래진행시제 (c) will be staying이 정답이다.

어휘 business trip 출장 be scheduled for ~로 예정되어 있다 remind 상기시키다 stay 머무르다 entire duration 전체 기간 in case ~의 경우에 대비해 contact 연락하다

기출POINT4 현재완료진행시제

연습문제

1. (b)	2. (d)	3. (c)	4. (d)
5. (a)	6. (d)	7. (d)	8. (b)

1.

정답 (b)

해석 바네사는 본사로 전근된 이후로 마케팅 부서를 관리해오고 있는 중이다.

해설 동사 supervise의 알맞은 형태를 고르는 문제이다. 빈칸 뒤에 '그녀가 전근된 이후로'를 뜻하는 절 since she was transferred가 쓰여 있는데, 이렇게 「since + 주어 + 과거시제 동사(was)」로 구성되어 '~한 이후로'를 뜻하는 절과 결합하는 주절은 현재완료진행시제로 된 동사와 함께 사용하므로 (b) has been supervising이 정답이다.

어휘 department 부서 transfer 전근 가다, 이적하다 headquarters 본사, 본부 supervise 관리하다, 감독하다

2.

정답 (d)

해석 킹스 대학에서 공부하는 학생들은 지금까지 노숙자들을 위해 자원봉사를 해오고 있는 중이다.

해설 동사 volunteer의 알맞은 형태를 고르는 문제이다. 빈칸 뒤에 so far가 과거에서 현재까지 이어지는 기간을 나타내어 현재완료진행시제로 된 동사와 함께 사용하므로 (d) have been volunteering이 정답이다.

어휘 the homeless 노숙자들(= homeless people) so far 지금까지 volunteer 자원 봉사하다

3.

정답 (c)

해석 클로이는 <뉴욕 포스트>에서 5년 동안 편집장으로 일해오고 있는 중이다.

해설 동사 work의 알맞은 형태를 고르는 문제이다. 빈칸 뒤에 위치한 기간 표현 for 5 years now는 과거에서 현재까지 지속되어 온 기간임을 알 수 있다. 이렇게 과거에서 현재까지 지속되어 온 행동을 말할 때 현재완료진행시제를 사용하므로 (c) has been working이 정답이다.

어휘 chief editor 편집장

4.

정답 (d)

해석 내 친구들과 나는 거의 2시간 동안 점심을 먹고 있다.

해설 동사 have의 알맞은 형태를 고르는 문제이다. 빈칸 뒤에 위치한 기간 표현 for almost 2 hours now는 과거에서 현재까지 지속되어 온 기간임을 알 수 있다. 이렇게 과거에서 현재까지 지속되어 온 행동을 말할 때 현재완료진행시제를 사용하므로 (d) have been having이 정답이다.

5.

정답 (a)

해석 그 이후로, SPT 기업은 부정적인 여론의 흐름에 맞서 싸우고 있다.

해설	동사 fight의 알맞은 형태를 고르는 문제이다. 빈칸 앞에 위치한 기간 표현 Ever since는 '그 이후로'라는 의미로 과거에서 현재까지 지속되어 온 기간을 나타낸다. 이렇게 과거에서 현재까지 지속되어 온 행동을 말할 때 현재완료진행시제를 사용하므로 (a) has been fighting이 정답이다.	
어휘	ever since 그 이후로 corporation 기업 tide (여론의) 흐름, 물결 negative 부정적인 publicity 여론, 언론의 관심, 홍보	

6.

정답 (d)

해석 제인은 최근에 크리스마스 파티를 위한 파트너를 찾고 있다.

해설 동사 look의 알맞은 형태를 고르는 문제이다. 빈칸 뒤에 위치한 부사 lately는 과거에서 현재까지의 지속적으로 하는 행동을 나타낼 때 쓰는 표현이다. 이렇게 과거에서 현재까지 지속되어 온 행동을 말할 때 현재완료진행시제를 사용하므로 (d) has been looking이 정답이다.

어휘 partner 파트너, 동반자 look for ~을 찾다

7.

정답 (d)

해석 초등학교 근처에 거주하는 주민들은 2주째 인도에서 오토바이를 타는 것에 반대하여 시위하고 있다.

해설 동사 demonstrate의 알맞은 형태를 고르는 문제이다. 빈칸 뒤에 for two weeks now가 과거에서 현재까지 이어지는 기간을 나타내어 현재완료진행시제로 된 동사와 함께 사용하므로 (d) have been demonstrating이 정답이다.

어휘 resident 거주민 elementary school 초등학교 against ~에 반대하여 bike 오토바이, 이륜차 sidewalk 인도, 보행로 demonstrate 시위하다

8.

정답 (b)

해석 회사가 신문에 구인 광고를 게시한 이후로, 100명이 넘는 지원자들이 그 직무에 지원해오고 있다.

해설 동사 apply의 알맞은 형태를 고르는 문제이다. 빈칸 뒤에 '회사가 게시한 이후로'를 뜻하는 절 Since the company put up이 쓰여 있는데, 이렇게 「since + 주어 + 과거시제 동사(put)」로 구성되어 '~한 이후로'를 뜻하는 절과 결합하는 주절은 현재완료진행시제로 된 동사를 함께 사용하므로 (b) have been applying이 정답이다.

어휘 put up 게시하다, 올리다 job posting 구인 광고 applicant 지원자 position 직무 apply 지원하다, 신청하다

실전 문제풀이

1. (b)	2. (d)	3. (b)	4. (d)	5. (d)	6. (d)
7. (d)	8. (c)	9. (d)	10. (a)	11. (c)	12. (c)

1.

정답 (b)

해석 마귀상어는 지구상에서 가장 오래된 살아 있는 상어 종의 하나이다. 심해에서 발견되는, 이 희귀 상어 종은 약 1억 2천 5백만 년 동안 바다 속에서 이리저리 돌아다녔다. 때로는 "살아 있는 화석"으로 묘사되기도 한다.

해설 동사 roam의 알맞은 형태를 고르는 문제이다. 첫 문장에 현재시제 동사(is)와 함께 현재에도 존재하는 상어 종임을 말하고 있으므로 빈칸 뒤에 위치한 기간 표현 for around 125 million years는 과거에서 현재까지 존재해 온 기간임을 알 수 있다. 이렇게 과거에서 현재까지 지속되어 온 상태 등을 말할 때 현재완료진행시제를 사용하므로 (b) has been roaming이 정답이다.

어휘 species (동식물의) 종 rare 희귀한, 드문 around 약, 대략 describe A as B: A를 B로 묘사하다 fossil 화석 roam 이리저리 돌아다니다

2.

정답 (d)

해석 오펠리아 고모님께서 벌써 65세이시긴 하지만, 여전히 지역 슈퍼마켓에서 계산원으로 근무하고 계신다. 고모님께서는 지금 몇 년째 은퇴 이야기를 해오고 계시지만, 사실 그 계획을 실행하진 않으셨다.

해설 동사 talk의 알맞은 형태를 고르는 문제이다. 빈칸 뒤에 for years now가 과거에서 현재까지 이어지는 기간을 나타내어 현재완료진행시제로 된 동사와 함께 사용하므로 (d) has been talking이 정답이다.

어휘 local 지역의, 현지의 retirement 은퇴 actually 사실, 실은 go through with ~을 실행하다, 관철시키다

3.

정답 (b)

해석 밴드 건즈 앤 로지즈의 멤버인 슬래쉬는 특출한 기타 연주 능력으로 알려져 있는 영국계 미국인 음악가이다. 그는 어린 아이였을 때부터 줄곧 기타를 연주해오고 있기 때문에 대단한 전문가이다.

해설 동사 play의 알맞은 형태를 고르는 문제이다. 빈칸 뒤에 '어린 아이였을 때부터'를 뜻하는 절 since he was a child가 쓰여 있는데, 이렇게 「since + 주어 + 과거시제 동사(was)」로 구성되어 '~한 이후로'를 뜻하는 절과 결합하는 주절은 현재완료진행시제로 된 동사를 함께 사용하므로 (b) has been playing이 정답이다.

어휘 known for ~로 알려져 있는 exceptional 특출한, 아주 우수한 expert 전문가 ever since ~한 이후로 줄곧

4.

정답 (d)

해석 미국 시민자유연합(ACLU)은 미국의 모든 사람이 헌법적 권리를 지킬 수 있도록 일하는 비영리단체이다. ACLU는 1920년에 설립된 이후로 이러한 자유를 보호해왔다.

해설 동사 defend의 알맞은 시제 형태를 고르는 문제이다. 「since

+ 과거시점」은 '~이후로'라는 의미로 과거에서부터 현재까지의 기간을 지칭하는 표현이다. 따라서 since 전치사구와 어울리는 시제는 그 시작점부터 현재까지의 지속적인 행동 또는 상태를 나타내는 현재완료진행시제이므로 (d) has been defending 이 정답이다.

어휘   civil 시민의, 민간의   nonprofit 비영리적인   organization 조직, 단체   protect 보호하다   constitutional 헌법의   right 권리   liberty 자유   foundation 설립   defend 보호하다, 지키다

5.

정답   (d)

해석   리사는 서울로 오기 전까지 한국어를 한 번도 공부한 적이 없다. 그녀는 언어 속에 몰입되어 있을 때 배우는 것이 더 쉽다고 말한다. 실제로 그녀는 그 도시에서 일주일 동안 살고 있는데, 그녀는 벌써 한국어 철자를 읽을 수 있다.

해설   동사 live의 알맞은 시제 형태를 고르는 문제이다. 현재 시점까지의 지속 기간을 나타내는 표현 for one week가 빈칸 뒤에 있으므로, 이 기간 표현과 어울리는 것으로 과거에서 현재까지 지속되어 오고 있는 일을 나타낼 때 사용하는 현재완료진행시제인 (d) has only been living이 정답이다. (b) is only living은 현재진행형으로, 현재 진행중인 행위나 상태만 언급하는 시제이므로, 일주일 전부터 지금까지 살아오고 있다는 행위를 나타내기에는 적절하지 않으므로 오답이다.

어휘   be immersed in ~에 몰입되다, 몰두하다   alphabet 알파벳, 철자

6.

정답   (d)

해석   스티븐 킹은 이 세대에서 가장 창의적이고 다작하는 작가 중 한 명이다. 그는 『캐리』가 출간된 1973년 이후로 성공적인 소설을 써오고 있으며, 텔레비전 쇼나 영화에서도 자주 공동 작업을 한다.

해설   동사 write의 알맞은 시제 형태를 고르는 문제이다. 「since + 과거시점」은 '~이후로'라는 의미로 과거에서부터 현재까지의 기간을 지칭하는 표현이다. 따라서 since 전치사구와 어울리는 시제는 그 시작점부터 현재까지의 지속적인 행동 또는 상태를 나타내는 현재완료진행시제이므로 (d) has been writing이 정답이다.

어휘   creative 창의적인   prolific 다작하는   author 작가   generation 세대   novel 소설   release 출시, 출간   frequently 자주   collaborate on ~에 대해 공동 작업하다, 협업하다

7.

정답   (d)

해석   『하퍼스 먼슬리』는 미국에서 가장 존경받는 문학 잡지 중 하나이다. 그 잡지는 픽션과 최근의 사건들을 다룬 기사들을 모두 다루면서 1850년부터 계속 발행되어 오고 있다.

해설   동사 run의 알맞은 시제 형태를 고르는 문제이다. 「since + 과거시점」은 '~이후로'라는 의미로 과거에서부터 현재까지의 기간을 지칭하는 표현이다. 따라서 since 전치사구와 어울리는 시제

는 그 시작점부터 현재까지의 지속적인 행동 또는 상태를 나타내는 현재완료진행시제이므로 (d) has been running이 정답이다.

어휘   respected 존경받는   literary 문학의   feature (잡지에서) 특종으로 싣다, 기사로 다루다   run 발행되다

8.

정답   (c)

해석   킹스 대학에서 공부하는 18세에서 25세 사이의 젊은이들을 대상으로 한 최근 여론조사에 따르면, 53%가 자본주의를 지지하지 않는다고 말했다. 반대로 30%는 사회주의를 지지한다. 이것은 지난 몇 년간 발전해 온 정치적 각성이다.

해설   동사 develop의 알맞은 시제 형태를 고르는 문제이다. 「over + 기간표현」은 '~동안에'라는 의미로 과거 특정 시점부터 현재까지의 기간을 나타내는 표현이다. 따라서 over 전치사구와 어울리는 시제는 그 시작점부터 현재까지의 지속적인 행동 또는 상태를 나타내는 현재완료진행시제이므로 (c) has been developing이 정답이다.

어휘   recent 최근의   poll 여론조사   support 지지하다   capitalism 자본주의   conversely 반대로   socialism 사회주의   political 정치적인   awakening 각성

9.

정답   (d)

해석   홍 씨는 비록 최고의 배구 선수는 아니었지만, 30세의 나이에 은퇴한 후 팀을 관리하는 데 대단한 능력을 보여주었다. 그는 2020년 부임 이후 한국 여자 배구 국가대표팀 감독을 맡고 있다.

해설   동사 coach의 알맞은 시제 형태를 고르는 문제이다. 「since + 과거시점」은 '~이후로'라는 의미로 과거에서부터 현재까지의 기간을 지칭하는 표현이다. 따라서 since 전치사구와 어울리는 시제는 그 시작점부터 현재까지의 지속적인 행동 또는 상태를 나타내는 현재완료진행시제이므로 (d) has been coaching이 정답이다.

어휘   although 비록 ~지만   volleyball player 배구 선수   capability 능력   retire 은퇴하다   appointment 임명, 부임

10.

정답   (a)

해석   영화 감독들은 때로는 특정 배우들과 오랜 기간 동안 업무적인 관계를 키운다. 예를 들어, 스티븐 앨런 스필버그 감독은 톰 행크스와 2015년 <스파이 브릿지>에서 처음 함께 작업한 이후 많은 영화에서 공동 작업을 해왔다.

해설   동사 collaborate의 알맞은 시제 형태를 고르는 문제이다. 「since + 주어 + 과거동사」는 '~이후로'라는 의미로 과거에서부터 현재까지의 기간을 지칭하는 표현이다. 따라서 since절과 어울리는 시제는 그 시작점부터 현재까지의 지속적인 행동 또는 상태를 나타내는 현재완료진행시제이므로 (a) has been collaborating이 정답이다.

어휘   film director 영화 감독   sometimes 때때로, 가끔   nurture

(관계 등을) 키우다, 육성하다 long-standing 오래된, 오랜 기간의 relationship 관계 actor 남자 배우 actress 여자 배우 for example 예를 들어 collaborate 공동 작업하다, 협업하다

11.

정답   (c)

해석   다니엘은 자신이 애리조나 대학에서 수학을 공부하기 위해 최선의 결정을 내렸는지 궁금해하기 시작했다. 그는 2년째 그 전공을 추구하고 있지만, 여전히 배우는 것을 어려워한다. 그래서 그는 대학을 휴학하는 것을 고려하고 있다.

해설   동사 pursue의 알맞은 시제 형태를 고르는 문제이다. 「for + 기간표현 + now」는 '지금까지~ 동안' 이라는 의미로 과거에서부터 현재까지의 기간을 지칭하는 표현이다. 따라서 for 전치사구와 어울리는 시제는 그 시작점부터 현재(now)까지의 지속적인 행동 또는 상태를 나타내는 현재완료진행시제이므로 (c) has been pursuing이 정답이다.

어휘   wonder 궁금해하다 decision 결정 major 전공 find 알다, ~라고 생각하다 learn 배우다 consider 고려하다 time off 휴식 pursue 추구하다, 쫓아가다

12.

정답   (c)

해석   아라랏 산은 터키의 눈 덮인 휴화산으로 많은 산악인들이 등산을 즐기던 곳이다. 안타깝게도, 정부는 2016년에 이 산을 군사 제한 구역으로 선언했고 그 이후로 민간인 출입을 제한해오고 있다.

해설   동사 restrict의 알맞은 시제 형태를 고르는 문제이다. 「since + 과거시점」은 '~이후로'라는 의미로 과거에서부터 현재까지의 기간을 지칭하는 표현이다. 따라서 since 전치사구와 어울리는 시제는 그 시작점부터 현재까지의 지속적인 행동 또는 상태를 나타내는 현재완료진행시제이므로 (c) has been restricting이 정답이다.

어휘   snow-capped 눈 덮인 dormant volcano 휴화산 mountaineer 산악인 enjoy 즐기다 climb 산을 오르다 unfortunately 안타깝게도 government 정부 declare 선언하다 military restricted zone 군사 제한 구역 civilian access 민간인의 출입 restrict 제한하다

기출 POINT 5 미래완료진행시제

연습문제

1. (d)	2. (d)	3. (d)	4. (b)
5. (c)	6. (a)	7. (b)	8. (c)

1.

정답   (d)

해석   만약 내일까지 비가 온다면 일주일 동안 비가 오게 될 것이다.

해설   동사 rain의 알맞은 시제 형태를 고르는 문제이다. 주절에 '~동안'을 나타내는 「for + 기간」 표현인 for a week와 함께 if절의 현재시제 rains와 미래의 시점을 나타내는 until tomorrow가 쓰이면 주절의 동사는 미래의 특정 시점까지 상태 또는 행동이 지속될 것이라는 미래완료시제가 되어야 한다. 이 문제에서는 for a week와 until tomorrow가 미래완료진행시제에 대한 단서가 되므로 (d) will have been raining이 정답이다.

2.

정답   (d)

해석   올 3월부로, 우리는 5년 동안 함께 살아오는 것이 될 것이다.

해설   동사 live의 알맞은 시제 형태를 고르는 문제이다. 주절에 '~동안'을 나타내는 「for + 기간」 표현인 for five years와 함께 미래시점을 나타내는 As of this March가 쓰이면 주절의 동사는 미래의 특정 시점까지 상태 또는 행동이 지속될 것이라는 미래완료시제가 되어야 한다. 이 문제에서는 As of this March와 for five years가 미래완료진행시제에 대한 단서가 되므로 (d) will have been living이 정답이다.

3.

정답   (d)

해석   토니는 자정 쯤이면 『오만과 편견』을 세 시간째 읽고 있는 것이 될 것이다.

해설   동사 read의 알맞은 시제 형태를 고르는 문제이다. 주절에 '~동안'을 나타내는 「for + 기간」 표현인 for three hours와 문장 마지막에 위치한 by midnight과 같이 미래 시점을 나타내는 by 전치사구가 쓰이면 주절의 동사는 미래의 특정 시점까지 상태 또는 행동이 지속될 것이라는 미래완료진행시제가 되어야 한다. 따라서 (d) will have been reading이 정답이다.

어휘   pride 오만, 자부심 prejudice 편견 midnight 자정

4.

정답   (b)

해석   제니가 도착할 때쯤이면, 매튜는 6시간 동안 TV를 보고 있는 중일 것이다.

해설   동사 watch의 알맞은 형태를 고르는 문제이다. 빈칸 앞에 위치한 By the time Jenny arrives와 같이 By the time이 이끄는 절에 현재시제 동사(arrives)가 쓰이고, 주절에 '~동안'이라는 의미로 기간을 나타내는 「for + 기간」 표현인 for six hours가 있으면 주절의 동사는 미래완료진행시제로 된 동사를 함께 사용하므로 미래완료진행시제인 (b) will have been watching이 정답이다.

5.

정답 (c)

해석 제이가 9시 30분에 숙제를 마칠 때쯤이면, 그는 4시간 동안 숙제를 하고 있는 중일 것이다.

해설 동사 do의 알맞은 형태를 고르는 문제이다. 빈칸 앞에 위치한 By the time Jay finishes와 같이 by the time이 이끄는 절에 현재시제 동사(finishes)가 쓰이고, 주절에 '~동안'이라는 의미로 기간을 나타내는 「for + 기간」 표현인 for four hours가 있으면 주절의 동사는 미래완료진행시제로 된 동사를 함께 사용하므로 미래완료진행시제인 (c) will have been doing이 정답이다.

6.

정답 (a)

해석 나는 지금 유럽을 여행하고 있다. 여행이 끝날 때쯤이면, 나는 1년 이상 여행을 하는 중일 것이다.

해설 동사 travel의 알맞은 시제 형태를 고르는 문제이다. '~가 끝날 때쯤에는'을 뜻하는 by the end of와 함께 주절에 '~동안'을 나타내는 「for + 기간」이 쓰이면 미래의 특정 시점까지 일정 기간 동안 여행을 하고 있을 것이라는 미래완료시제가 되어야 하므로 (a) will have been traveling이 정답이다.

7.

정답 (b)

해석 자정 쯤이면, 제임스는 2시간 동안 그의 수상 기사를 읽고 있는 중일 것이다.

해설 동사 read의 알맞은 시제 형태를 고르는 문제이다. '~때쯤에'를 뜻하는 「by + 미래시점」과 함께 주절에 '~동안'을 나타내는 「for + 기간」이 쓰이면 미래의 특정 시점까지 일정 기간동안 기사를 읽고 있을 것이라는 미래완료진행시제가 되어야 하므로 (b) will have been reading이 정답이다.

어휘 midnight 자정 award-winning 수상한, 상을 받은 article (신문, 잡지 증의) 기사

8.

정답 (c)

해석 이번 달 말쯤이면, 제럴드는 5년 동안 첼로를 연주하고 있는 중일 것이다.

해설 동사 play의 알맞은 시제 형태를 고르는 문제이다. '~가 끝날 때쯤에는'을 뜻하는 by the end of와 함께 주절에 '~동안'을 나타내는 「for + 기간」이 쓰이면 미래의 특정 시점까지 일정 기간동안 연주하고 있을 것이라는 미래완료진행시제가 되어야 하므로 (c) will have been playing이 정답이다.

실전 문제풀이

1. (d)	2. (a)	3. (a)	4. (c)	5. (a)	6. (b)
7. (c)	8. (b)	9. (b)	10. (d)	11. (b)	12. (b)

1.

정답 (d)

해석 조애나는 겨우 2학년 밖에 되지 않은 회계 전공자이다. 지금부터 3년 후에 졸업할 때쯤이면, 조애나가 4년 연속으로 대차 대조표와 현금 유동성을 공부하게 될 것이다.

해설 동사 study의 알맞은 형태를 고르는 문제이다. 빈칸 앞에 위치한 By the time she graduates와 같이 by the time이 이끄는 절에 현재시제 동사(graduates)가 쓰이면 주절에 미래완료진행시제로 된 동사를 함께 사용하므로 미래완료진행시제인 (d) will have been studying이 정답이다.

어휘 accounting 회계(학) major 圐 전공자 sophomore 2학년생 by the time ~할 때쯤이면 graduate 졸업하다 balance sheet 대차 대조표 cash flow 현금 유동성 straight 연속적인

2.

정답 (a)

해석 조지는 지난 1월에 그린 머그에서 근무하기 시작했다. 처음엔 투산 지사에서 인턴으로 고용되었지만, 결국 정규직 직원이 되었다. 다음 달쯤이면, 이 음료 회사에서 벌써 1년째 근무하게 될 것이다.

해설 동사 work의 알맞은 형태를 고르는 문제이다. 빈칸 앞에 위치한 By next month와 같이 미래 시점을 나타내는 By 전치사구가 쓰이면 미래완료진행시제로 된 동사를 함께 사용하므로 미래완료진행시제인 (a) will already have been working이 정답이다.

어휘 work for ~에서 근무하다 initially 처음에 hire ~을 고용하다 eventually 결국, 마침내 by ~쯤이면 beverage 음료(수)

3.

정답 (a)

해석 마커스는 점점 더 안절부절 못하고 있다. 그는 저녁 식사를 위해 여동생과 오후 6시에 만나기로 약속을 잡았는데, 그는 지금 레스토랑에 있지만 여동생은 여전히 도착하지 않았다. 오후 7시쯤이면, 마커스가 1시간째 기다리게 될 것이다.

해설 동사 wait의 알맞은 형태를 고르는 문제이다. 앞선 문장에 현재시제 동사(is)를 통해 마커스가 현재 레스토랑에 있다는 사실을 알 수 있으며, 그리고 현재완료시제 동사(hasn't arrived)를 통해 여동생이 아직 도착하지 않은 사실을 알 수 있다. 따라서 빈칸 앞에 위치한 7 p.m.이 미래 시점을 나타내므로 이와 같은 미래의 특정 종료 시점을 나타내는 by 전치사구는 미래시점까지의 기간을 나타내어 미래완료진행시제로 된 동사와 함께 사용하므로 미래완료진행시제인 (a) will have been waiting이 정답이다.

어휘 get 형용사: ~한 상태가 되다 restless 안절부절 못하는, 가만히 있지 못하는 arrange to do ~하기로 약속하다, 일정을 잡다 arrive 도착하다

4.

정답 (c)

해석 지금은 거의 오후 9시이며, 카일은 아침에 오전 근무를 했지만 여

전히 테이블에서 서빙을 하고 있다. 11시에 식당의 문을 닫을 때쯤이면, 그는 13시간 동안 고객을 응대하는 것이 될 것이다.

해설 동사 serve의 알맞은 시제 형태를 고르는 문제이다. '~할 때쯤에는, ~할 때까지는'을 뜻하는 By the time이 이끄는 절에 현재시제 동사(closes)가 쓰이면 주절의 동사는 미래완료시제가 되어야하므로 미래완료진행시제 (c) will have been serving이 정답이다.

어휘 nearly 거의 still 여전히 take 맡다, 담당하다 even though ~하지만, ~하는 것에도 불구하고 shift 교대 근무조 serve 응대하다, 음식을 나르다

5.
정답 (a)

해석 맷 프라이스가 그의 오랜 농구 경력에서 보여주는 참을성과 행운을 가지고 있는 선수는 거의 없다. 이 시즌이 끝날 때쯤이면, 그는 어떠한 심각한 부상도 겪지 않고 20년이 넘는 동안 프로 경기에서 농구를 해오게 될 것이다.

해설 동사 play의 알맞은 시제 형태를 고르는 문제이다. '~가 끝날 때쯤에는'을 뜻하는 by the end of와 함께 주절에 '~동안'을 나타내는 「for + 기간」이 쓰이면 미래의 특정 시점까지 농구를 계속하고 있을 것이라는 미래완료진행시제가 되어야 한다. 이 문제에서는 by the end of this season과 for over twenty years가 미래완료진행시제에 대한 단서가 되므로 (a) will have been playing이 정답이다.

어휘 few 거의 없는 athlete 운동 선수 endurance 인내,참을성 luck 행운 career 경력 professionally 직업적으로, (운동 선수가) 프로 경기에서 suffer (고통, 병 등을) 겪다 major 중대한, 심각한 injury 부상

6.
정답 (b)

해석 내가 만약 혈관외과 전문의가 되는 데 얼마나 많은 교육과 연습이 필요한지를 진지하게 고려했다면, 나는 아마 다른 길을 선택했을 것이다. 내 레지던트 근무가 끝날 때쯤이면, 나는 14년이 넘는 기간 동안 외과 전문의가 되기 위해 공부하게 되는 것이다.

해설 동사 study의 알맞은 시제 형태를 고르는 문제이다. '~가 끝날 때쯤에는'을 뜻하는 by the end of와 함께 주절에 '~동안'을 나타내는 「for + 기간」이 쓰이면 미래의 특정 시점까지 공부를 계속하고 있을 것이라는 미래완료진행시제가 되어야 한다. 이 문제에서는 by the end of my residency와 for over fourteen years가 미래완료진행시제에 대한 단서가 되므로 (b) will have been studying이 정답이다.

어휘 consider 고려하다 education 교육 training 훈련 be required 요구되다 vascular 혈관의 surgeon 외과의사 path 길, 경로 residency (수련의의) 레지던트 근무

7.
정답 (c)

해석 고전학과 학과장인 랭글리 교수는 고대 로마 사람들의 위생적 행위에 대해서 학생들에게 설명하고 있다. 수업이 끝날 때쯤이면,

그는 로마의 목욕탕에 대하여 거의 4시간 동안 강의를 하게 될 것이다.

해설 동사 lecture의 알맞은 시제 형태를 고르는 문제이다. '~가 끝날 때쯤에는'을 뜻하는 by the end of와 함께 주절에 '~동안'을 나타내는 「for + 기간」이 쓰이면 현재부터 미래의 특정 시점까지 일정 기간동안 강의를 하고 있을 것이라는 미래완료진행시제가 되어야 하므로 (c) will have been lecturing이 정답이다.

어휘 professor 교수 head ~장, 우두머리 classics 고전학 currently 현재, 지금 explain 설명하다 hygienic 위생의, 위생적인 practice 관행, 행위 ancient 고대의 bathhouse 목욕탕 nearly 거의

8.
정답 (b)

해석 제니는 요즘 젊은이들 사이에서 매우 인기 있는 한스 다이닝에서 항상 남자친구와 외식을 하고 싶어했다. 다행히도 그녀는 예약을 했다. 그녀가 레스토랑에 들어가서 맛있는 음식을 맛볼 즈음이면, 그녀는 긴 3주 동안 기다려 오던 중일 것이다.

해설 동사 wait의 알맞은 시제 형태를 고르는 문제이다. '~할 때쯤에는, ~할 때까지는'을 뜻하는 By the time이 이끄는 절에 미래의 특정 시점을 알려주는 동사(gets)가 쓰이면 주절의 동사는 미래완료진행시제가 되어야하므로 (b) will have been waiting이 정답이다.

어휘 popular 인기있는 fortunately 다행히도 reservation 예약 by the time ~할 때 즈음이면 get into ~로 들어가다 savor 맛을 보다 delectable 아주 맛있는

9.
정답 (b)

해석 이번 주는 우리 회사의 모든 직원들이 가장 바쁜 주간이다. 저녁 7시까지 계속 일하면 9시간 동안 쉬지 않고 이 재무보고서를 작성하게 될 것이며 너무 피곤해서 오늘은 더 이상 일을 할 수 없을 것 같다.

해설 동사 work의 알맞은 시제 형태를 고르는 문제이다. If절에서 주어(we)가 미래의 특정 시점을 알려주는 동사(continue)와 빈 칸 뒤의 주절에 완료의 단서를 알려주는 「for + 기간」 표현이 함께 쓰이면 미래완료진행시제가 되어야 하므로 (b) will have been working이 정답이다.

어휘 the busiest 가장 바쁜 employee 직원 continue 계속하다 financial 재정적인 report 보고서 exhausted 기진맥진한

10.
정답 (d)

해석 레너드 블라바트니크 경은 영국에서 가장 열심히 일하는 억만장자 중 한 명인 우크라이나 태생의 사업가이다. 그가 2027년에 69세가 될 때쯤, 그는 영국에서 회사를 시작한 이후 40년 이상 지치지 않고 일하게 될 것이다.

해설 동사 work의 알맞은 시제 형태를 고르는 문제이다. '~할 때쯤에는, ~할 때까지는'을 뜻하는 접속사 By the time이 이끄는 절에 미래의 특정 시점을 알려주는 동사(turns)가 쓰이면 주절의 동

사는 미래완료진행시제가 되어야 하므로 (d) will have been working이 정답이다.

어휘 Ukrainian-born 우크라이나 태생의 businessman 사업가 hardworking 열심히 일하는 billionaire 억만장자 turn ~가 되다 tirelessly 지치지 않고

11.

정답 (b)

해석 웬디는 한국 미술계에 대한 그녀의 20년 동안의 헌신을 기념하기 위한 방법으로 또 다른 주요 개인전을 열 것이다. 그녀는 7살 때 그림을 그리기 시작했고, 다음 달이면 30년 넘게 그림을 그리고 있을 것이다.

해설 동사 paint의 알맞은 시제 형태를 고르는 문제이다. '다음 달 즈음에는'을 뜻하는 by next month와 함께 주절에 '~동안'을 나타내는 「for + 기간」이 쓰이면 현재부터 미래의 특정 시점까지 일정 기간동안 그림을 그리고 있을 것이라는 미래완료진행시제가 되어야 하므로 (b) will have been painting이 정답이다.

어휘 stage 무대에 올라가다 major 주요한, 중대한 exhibit 전시회 celebrate 축하하다 decade 10년 commitment 약속, 헌신 paint 그림을 그리다

12.

정답 (b)

해석 지난 토요일에 우리 동네에 전기를 공급하는 발전소의 작동이 중단되었고, 그것이 정전을 발생시켰다. 이 지역 주민과 근로자들은 이번 주말까지 전기가 다시 들어오지 않으면 일주일 동안 전기가 복구되기를 기다리고 있을 것이다.

해설 동사 wait의 알맞은 시제 형태를 고르는 문제이다. If절에 현재시제 동사 is가 있고, by this weekend라는 미래 시점을 나타내는 표현이 있으므로, 주절은 미래 시제의 동사가 쓰여야 한다. 빈칸 뒤의 주절에 완료의 단서를 알려주는 「for + 기간」 표현인 for a week가 있으므로 미래완료진행시제 (b) will have been waiting이 정답이다.

어휘 power plant 발전소 provide 제공하다 electricity 전기 neighborhood 이웃, 동네 go down 작동이 중단되다 power outage 정전 resident 주민 wait 기다리다 restore 복구시키다 by + 시점: (기한) ~까지

기출 POINT 6 과거완료진행시제

연습문제

1. (c)	2. (b)	3. (b)	4. (d)
5. (d)	6. (a)	7. (b)	8. (d)

1.

정답 (c)

해석 제인은 앤이 돌아오기 전에 4시간 넘는 시간 동안 저녁을 준비하고 있었다.

해설 동사 prepare의 알맞은 시제 형태를 고르는 문제이다. 빈칸 뒤에 제시된 시점 표현 before Anne arrived에서 과거시제 동사(arrived)를 통해 주절은 과거 시점 이전에 일어난 일을 나타낸다는 것을 알 수 있다. 또한 '~동안'이라는 의미의 「for + 기간」 표현인 for over 4 hours를 통해 주절의 동사는 특정 과거시점 이전에 일정 기간동안 진행 중이었던 일을 가리키는 과거완료진행시제로 쓰여야 한다는 것을 알 수 있다. 따라서 정답은 (c) had been preparing이다.

어휘 prepare 준비하다

2.

정답 (b)

해석 나는 나의 트레이너가 오기 전에 한 시간 동안 혼자 운동을 하고 있었다. .

해설 동사 work의 알맞은 형태를 고르는 문제이다. 빈칸 뒤에 제시된 시점 표현 before my trainer came에서 과거시제 동사(came)를 통해 주절은 과거 시점 이전에 일어난 일을 나타낸다는 것을 알 수 있다. 또한 '~동안'이라는 의미의 「for + 기간」 표현인 for an hour를 통해 주절의 동사는 특정 과거시점 이전에 일정 기간동안 진행 중이었던 일을 가리키는 과거완료진행시제로 쓰여야 한다는 것을 알 수 있다. 따라서 정답은 (b) had been working이다.

어휘 work out 운동하다 alone 혼자서 trainer 트레이너, 훈련시키는 사람

3.

정답 (b)

해석 토니가 나에게 전화했을 때, 나는 2시간 동안 텔레비전을 보고 있던 중이었다.

해설 동사 watch의 알맞은 형태를 고르는 문제이다. 빈칸 앞에 제시된 시점 표현 When Tony called me에서 과거시제 동사(called)를 통해 주절은 과거 시점에 일어난 일을 나타낸다는 것을 알 수 있다. 그리고 '~동안'이라는 의미의 「for + 기간」 표현인 for two hours를 통해 주절의 동사는 특정 과거시점 이전에 일정 기간동안 진행 중이었던 일을 가리키는 과거완료진행시제로 쓰여야 한다는 것을 알 수 있다. 따라서 정답은 (b) had been watching이다.

4.

정답 (d)

해석 헨리가 지난달에 서울로 이사오기 전까지, 그는 10년 동안 부산에 살고 있었다.

해설 동사 live의 알맞은 형태를 고르는 문제이다. 빈칸 뒤에 과거시제 동사(moved)를 포함한 until절이 쓰여 있는데, 접속사 until의 의미 특성상(~할 때까지) until절과 결합하는 주절은 moved

가 나타내는 과거 시점보다 더 이전의 과거 시점에 있었던 일을 의미해야 한다. 또한 '~동안'이라는 의미의 「for + 기간」 표현인 for a decade를 통해 주절의 동사는 특정 과거시점 이전에 일정 기간동안 진행 중이었던 일을 가리키는 과거완료진행시제로 쓰여야 한다는 것을 알 수 있다. 따라서 정답은 (d) had been living이다.

어휘   move 이사하다 decade 10년

5.

정답   (d)

해석   린다가 어제 그녀의 숙제를 마쳤을 때 쯤에, 그녀는 5시간 동안 도서관에 머물고 있던 중이었다.

해설   동사 stay의 알맞은 형태를 고르는 문제이다. 빈칸 앞에 제시된 시점 표현 By the time Linda finished에서 과거시제 동사 (finished)를 통해 주절은 과거 시점에 일어난 일을 나타낸다는 것을 알 수 있다. 그리고 '~동안'이라는 의미의 「for + 기간」 표현인 for five hours를 통해 주절의 동사는 특정 과거시점 이전에 일정 기간동안 진행 중이었던 일을 가리키는 과거완료진행시제로 쓰여야 한다는 것을 알 수 있다. 따라서 정답은 (d) had been staying이다.

어휘   stay 머물다

6.

정답   (a)

해석   지난주에 런던에 있는 부모님 댁을 방문하기 전에, 제임스는 한 달 동안 아시아를 여행하고 있었다.

해설   동사 travel의 알맞은 시제 형태를 고르는 문제이다. 빈칸이 속한 주절 앞에 '~이전에'를 뜻하는 Before가 쓰이고 그 뒤에 동명사 visiting이 쓰였으므로, visiting의 시점보다 더 이전의 일을 나타내야 한다. 문맥상 visiting의 시점이 last week로 과거시점으로 언급되어 있으므로 빈칸에 들어갈 동사는 특정 과거 시점보다 더 이전의 과거를 나타낼 때 사용하는 과거완료진행시제가 되어야 한다. 따라서 정답은 (a) had been traveling이다.

어휘   visit 방문하다, ~의 집에 가다 travel 여행하다

7.

정답   (b)

해석   제인은 월요일에 병원 진료를 받았다. 그녀는 2일 동안 심한 두통을 겪고 있었다.

해설   동사 have의 알맞은 시제 형태를 고르는 분세이나. 빈칸 앞의 문장 동사 시제가 과거시제(went)이고, 문맥상 병원 진료를 받기 전에 두통을 겪었다는 의미가 되는 것이 자연스럽다. 또한 '~동안'이라는 의미의 「for + 기간」 표현인 for two days를 통해 빈칸에 들어갈 동사는 병원에 갔던 과거시점 이전에 일정 기간동안 두통을 겪었던 일을 가리키는 과거완료진행시제로 쓰여야 한다는 것을 알 수 있다. 따라서 정답은 (b) had been having이다.

어휘   go to the doctor 의사의 진찰을 받다, 병원 진료를 받다 severe 심한, 혹독한 headache 두통

8.

정답   (d)

해석   샌디는 그녀가 어제 기말시험을 치기 전에 10시간 동안 7권의 책을 읽고 있던 중이었다.

해설   동사 read의 알맞은 형태를 고르는 문제이다. 빈칸 뒤에 제시된 시점 표현 before she took에서 과거시제 동사(took)를 통해 주절은 과거 시점 이전에 일어난 일을 나타낸다는 것을 알 수 있다. 또한 '~동안'이라는 의미의 「for + 기간」 표현인 for 10 hours를 통해 주절의 동사는 특정 과거시점 이전에 일정 기간동안 진행 중이었던 일을 가리키는 과거완료진행시제로 쓰여야 한다는 것을 알 수 있다. 따라서 정답은 (d) had been reading이다.

어휘   final exam 기말시험

실전 문제풀이

1. (a)	2. (b)	3. (d)	4. (a)	5. (b)	6. (c)
7. (a)	8. (c)	9. (d)	10. (c)	11. (b)	12. (c)

1.

정답   (a)

해석   존 해리슨은 전직 "전문 아이스크림 감별사"로서, 그의 미뢰는 1백만 달러 보험에 들어 있었다. 그가 은퇴한 2010년까지 이어지는 기간 내내, 그는 매일 약 60가지의 아이스크림 맛을 봤었다.

해설   동사 taste의 알맞은 형태를 고르는 문제이다. 첫 문장에 전직 전문 아이스크림 감별사라는(a former "professional ice cream taster")라는 말이 쓰여 있어 과거의 직업임을 알 수 있고, 빈칸 앞에 과거의 은퇴 시점(his retirement in 2010)이 제시되어 있다. 따라서, 전문 아이스크림 감별사로서 매일 약 60가지의 아이스크림 맛을 본 일은 은퇴한 과거 시점보다 더 이전의 과거 시점에 있었던 일임을 알 수 있다. 이렇게 특정 과거 시점보다 더 이전의 과거 시점에 발생된 일을 나타낼 때 과거완료진행시제로 된 동사를 사용하므로 과거완료진행시제인 (a) had been tasting이 정답이다.

어휘   former 전직 ~의, 이전의, 과거의 taste buds 미뢰 be insured for ~의 보험에 들다 lead up to ~까지 내내 이어지다 retirement 은퇴 around 약, 대략 on a daily basis 매일, 하루 단위로

2.

정답   (b)

해석   아이다는 아버지께서 뇌졸중으로 고통 받으신 후에 가족과 직무 사이에서 균형을 유지하느라 힘겨워했다. 소속 부서장이 마침내 그녀가 재택 근무를 시작하는 것을 허용했을 때까지 매일 회사에 늦게 도착했다.

해설   동사 arrive의 알맞은 형태를 고르는 문제이다. 빈칸 뒤에 과거시제 동사(allowed)를 포함한 until절이 쓰여 있는데, 접속사 until의 의미 특성상(~할 때까지) until절과 결합하는 주절은 allowed가 나타내는 과거 시점보다 더 이전의 과거 시점에 있

었던 일을 의미해야 한다. 이렇게 특정 과거 시점보다 더 이전의 과거 시점에 발생된 일을 나타낼 때 과거완료진행시제로 된 동사를 사용하므로 과거완료진행시제인 (b) had been arriving이 정답이다.

어휘   struggle to 동사원형: ~하느라 힘겨워하다   balance 통 ~의 균형을 유지하다   work responsibility 직무   suffer ~로 고통받다, ~에 시달리다   stroke 뇌졸중   allow A to 동사원형: A에게 ~하도록 허용하다, ~할 수 있게 해 주다   work from home 재택 근무하다   arrive 도착하다

3.

정답   (d)

해석   데이빗 웨스트는 2018년에 은퇴한 미국 NBA 농구 선수였다. 그는 경기를 하기에 "조금 많이 나이가 들게 된" 것을 이유로 은퇴를 결심하기 전까지 2003년부터 NBA에서 활동했다.

해설   동사 play의 알맞은 형태를 고르는 문제이다. 첫 문장에 과거시제 동사(retired) 및 과거 시점 표현(in 2018)과 함께 과거 시점에 이미 은퇴했다는 말이 쓰여 있다. 따라서, 2003년부터 선수로 활동한 기간은 은퇴한 과거 시점보다 더 이전의 과거에 발생된 일임을 알 수 있다. 이렇게 특정 과거 시점보다 더 이전의 과거 시점에 발생된 일을 나타낼 때 과거완료진행시제로 된 동사를 사용하므로 과거완료진행시제인 (d) had been playing이 정답이다.

어휘   retire 은퇴하다   since ~부터, ~ 이후로   decide to 동사원형: ~하기로 결정하다   due to ~ 때문에, ~로 인해   a bit too 조금 많이

4.

정답   (a)

해석   마리에타 시의회는 최근에 지방 정부에 의해 운영될 쓰레기 처리 부서의 설치를 허가했다. 그 결정을 내리기 이전에, 시는 쓰레기 수거 업무를 사설 업체와 계약을 해오고 있었다.

해설   동사 contract의 알맞은 시제 형태를 고르는 문제이다. 빈칸이 속한 주절 앞에 '~이전에'를 뜻하는 Prior to가 쓰였으므로 the decision이 지칭하는 시점보다 더 이전의 일을 나타내야 한다. 문맥상 the decision은 앞 문장에 언급된 쓰레기 처리 부서의 설립을 승인한 것(approved)을 가리키므로 the decision은 과거의 일이다. 따라서 빈칸의 동사로는 특정 과거 시점보다 더 이전의 과거를 나타낼 때 사용하는 과거완료진행시제인 (a) had been contracting이 정답이다.

어휘   council 의회   approve 승인하다   establishment 설립   waste 쓰레기   management 관리, 처리   run 운영하다   local government 지방 정부, 지방 자치 단체   prior to ~에 앞서, ~이전에   decision 결정   trash 쓰레기   collection 수거, 수집   duty 업무, 임무

5.

정답   (b)

해석   색다르고 진지한 유머의 팬인 에이미는 3일만에 모든 웨스 앤더슨의 영화를 모두 보았다. 그녀는 친구가 <로열 테넌바움>을 빌려주기 전까지 몇 년 동안 유사한 "코믹 드라마" 영화들을 보았

다.

해설   동사 watch의 알맞은 형태를 고르는 문제이다. 빈칸 뒤에 제시된 시점 표현 before a friend lent에서 과거시제 동사(lent)를 통해 주절은 과거 시점 이전에 일어난 일을 나타낸다는 것을 알 수 있다. 또한 '~동안'이라는 의미의 「for + 기간」 표현인 for years를 통해 주절의 동사는 특정 과거시점 이전에 일정 기간동안 진행 중이었던 일을 가리키는 과거완료진행시제로 쓰여야 한다는 것을 알 수 있다. 따라서 정답은 (b) had been watching이다.

어휘   off-beat 색다른   dry humor 진지한 유머, 정색을 하고 말하는 농담   similar 유사한, 비슷한   dramady 코미디의 요소가 많은 극(영화)   lend 빌려주다

6.

정답   (c)

해석   졸업생 대표로서, 리처드는 졸업식에서 할 연설 때문에 극도로 긴장했었다. 그는 그의 지도 교사가 성적 시스템의 잘못된 계산으로 인해 사실은 그가 졸업생 대표가 아니었다는 사실을 말해 주었을 때, 일주일 동안 연설을 연습해오던 중이었다.

해설   동사 practice의 알맞은 형태를 고르는 문제이다. 빈칸 뒤에 제시된 시점 표현 when the guidance counselor informed에서 과거시제 동사(informed)를 통해 주절은 과거 시점에 일어난 일을 나타낸다는 것을 알 수 있다. 그리고 '~동안'이라는 의미의 「for + 기간」 표현인 for a week를 통해 주절의 동사는 특정 과거시점 이전에 일정 기간동안 진행 중이었던 일을 가리키는 과거완료진행시제로 쓰여야 한다는 것을 알 수 있다. 따라서 정답은 (c) had been practicing이다.

어휘   valedictorian 졸업생 대표   extremely 극도로, 아주   nervous 긴장한, 초조한   graduation ceremony 졸업식   guidance counselor 지도 교사, 상담 교사   inform ~에게 알리다   due to ~로 인해   miscalculation 계산 착오, 오산   practice 연습하다

7.

정답   (a)

해석   켄트 워스는 골프 채널에서 일하는 유명한 해설자 중 한 명이다. 그는 항상 골프 선수의 심경이 어떠한지, 충분한 이유를 들어 설명했다. 워스가 현역에서 은퇴하기 전에, 그는 20년이 넘는 기간 동안 전 세계에서 벌어진 일류의 명망 있는 시합에 참가하였다.

해설   동사 compete의 알맞은 시제 형태를 고르는 문제이다. 빈칸 앞에 제시된 시점 표현 Before Wirth retired를 통해 특정 과거 시점의 이전의 일이 언급된다는 것을 알 수 있다. 또한 주절에서 「for + 기간」 표현인 for more than two decades를 통해 20년 이상의 기간 동안 이루어졌던 과거의 일을 언급해야 하므로 빈칸에는 특정 과거 시점 이전에 일정 기간 동안 지속되어 온 일을 나타내는 과거완료진행시제가 들어가야 한다. 따라서 정답은 (a) had been competing이다.

어휘   commentator (스포츠 경기의) 해설자   go through ~을 겪다   for good reason 충분한 이유로, 정당한 이유를 들어   retire 은퇴하다   prestigious 명망 있는, 일류의   tournament 토너먼트, 시합   decade 10년   compete (대회

에) 참가하다, 경쟁하다

8.

정답 (c)

해석 건축팀은 JN 기업을 위한 산업 건물을 설계하는 임무를 맡았다. 그 회사는 자금 부족으로 갑자기 취소했을 때 그들은 이미 6개월 동안 이 프로젝트를 진행해 오던 중이었다.

해설 동사 work의 알맞은 형태를 고르는 문제이다. 빈칸 뒤에 제시된 시점 표현 when the company abruptly cancelled에서 과거시제 동사(cancelled)를 통해 주절은 과거 시점에 일어난 일을 나타낸다는 것을 알 수 있다. 그리고 '~동안'이라는 의미의 「for + 기간」 표현인 for six months를 통해 주절의 동사는 특정 과거시점 이전에 일정 기간동안 진행 중이었다는 것을 알 수 있으므로 과거완료진행시제로 쓰여야 한다. 따라서 정답은 (c) had been working이다.

어휘 architect 건축가 be tasked with ~의 임무를 맡다 design 디자인하다 industrial 산업의 corporation 기업, 회사 abruptly 갑자기 due to ~ 때문에 insufficient 불충분한 funding 자금

9.

정답 (d)

해석 레이는 친구의 결혼식을 위해 파리로 가는 비행기를 탔다. 악천후로 그가 탄 비행기는 비행 내내 흔들려 모두를 불안하게 했다. 결국에 비행기가 순조롭게 착륙하자 모든 승객들이 박수를 치기 시작했다.

해설 동사 shake의 알맞은 형태를 고르는 문제이다. 빈칸 앞에 제시된 과거동사(took)를 통해 과거시제의 문장임을 알 수 있으며 '~동안'이라는 의미의 「during + 특정 기간」 표현인 during the whole flight를 통해 주절의 동사가 특정 과거시점 이전에 일정 기간동안 진행 중이었던 일을 가리키는 과거완료진행시제임을 알 수 있다. 따라서 정답은 (d) had been shaking이다.

어휘 take a flight to ~로 가는 비행기를 타다 due to ~로 인해 inclement weather 궂은 날씨, 악천후 anxious 불안한 passenger 승객 break into (갑자기) ~하기 시작하다 applause 박수 land 착륙하다 smoothly 순조롭게 after all 결국에

10.

정답 (c)

해석 인기있는 공립학교 선생님인 바네사는 최근 사립학교의 교장직 제안을 수락한 후 직장을 그만두었다. 그만두기로 결심하기 전에 그녀는 15년 동안 공립 학교 체제에서 학생들을 가르치고 있었다.

해설 동사 teach의 알맞은 형태를 고르는 문제이다. 빈칸 뒤에 제시된 시점 표현 before deciding은 첫 번째 문장 동사의 시제(resigned)를 통해 before she decided to quit의 의미임을 알 수 있다. 또한 '~동안'이라는 의미의 「for + 기간」 표현인 for 15 years를 통해 주절의 동사는 특정 과거시점 이전에 일정 기간동안 진행 중이었던 일을 가리키는 과거완료진행시제로 쓰여야 한다는 것을 알 수 있다. 따라서 정답은 (c) had been

teaching이다.

어휘 well-loved 인기있는, 사랑받는 public school 공립학교 recently 최근에 resign 사임하다 principal 교장 private school 사립 학교 decide 결심하다, 결정하다 quit 그만두다

11.

정답 (b)

해석 근로자들은 제때에 월급을 받지 못할 것이라는 이야기를 들었다. 게다가, 그들은 회사 변호사로부터 보상 없이 해고되었다는 통보를 받았다. 그때까지, 그들은 일주일에 7일, 하루에 최대 11시간씩 일해오던 중이었다.

해설 동사 work의 알맞은 형태를 고르는 문제이다. 빈칸 앞에 제시된 시점 표현 Up until then에서 then은 앞 문장을 통해 과거 시점을 나타낸다는 것을 알 수 있으므로 주절의 동사는 특정 시점까지 일정 기간동안 진행 중이었던 일을 가리키는 과거완료진행시제로 쓰여야 한다. 따라서 정답은 (b) had been working이다.

어휘 receive 받다 salary 월급 furthermore 게다가 be informed to 동사원형: ~한다는 것을 통보 받다 dismiss 해고하다 lawyer 변호사 compensation 보상 up until then 그때까지, 그전까지 up to 최대 ~까지

12.

정답 (c)

해석 조나단은 동료와 상사와 함께 직장에서 서른 번째 생일을 축하했다. 그의 상사는 그가 정말 오랫동안 바라오던 선물을 그에게 주었다. 그는 업무를 시작한 이후 노력과 성과로 승진했다.

해설 동사 desire의 알맞은 형태를 고르는 문제이다. 빈칸 앞 과거동사(gave)를 통해 빈칸이 포함된 문장이 과거에 관한 내용임을 알 수 있다. 빈칸이 포함된 문장은 the present를 수식하는 관계대명사절인데, 문맥상 조나단이 선물을 받은 과거 시점보다 그 선물을 받기를 바라던 일이 더 이전에 지속되었던 일이므로 빈칸에 들어갈 동사는 과거완료진행시제로 쓰여야 한다는 것을 알 수 있다. 따라서 정답은 (c) had been desiring이다.

어휘 celebrate 축하하다, 기념하다 workplace 직장 colleague 직장 동료 supervisor 직장 상사, 감독 present 선물 for so long 정말 오랫동안 promotion 승진, 진급 hard work 노력 achievement 성과, 성취 since ~이후로 desire 바라다, 원하다

실전 CHECK-UP 1

1. (c)	2. (d)	3. (c)	4. (c)	5. (c)	6. (b)
7. (d)	8. (b)	9. (b)	10. (d)	11. (a)	12. (b)
13. (c)	14. (a)	15. (a)	16. (a)	17. (a)	18. (a)
19. (b)	20. (d)	21. (d)	22. (a)	23. (d)	24. (c)

1.

정답 (c)

해석   가정부를 잃은 이후로 줄곧, 터커 씨 가족의 아들들은 각자의 방을 청소하는 데 동의해 왔다. 그게 바로 루크가 친구들과 브런치를 먹는 자리에 있지 않는 이유이다. 그는 바로 지금 자신의 방을 말끔히 치우고 있다.

해설   동사 tidy의 알맞은 형태를 고르는 문제이다. 빈칸 뒤에 위치한 right now가 '바로 지금'이라는 의미를 나타내어 현재 일시적으로 진행되는 일을 뜻하는 현재진행시제동사와 어울려 쓰이므로 (c) is tidying up이 정답이다.

어휘   ever since ~한 이후로 줄곧 housekeeper 가정부, 객실 관리 담당 make an agreement to do ~하는 데 동의하다 tidy up ~을 말끔히 치우다

2.

정답   (d)

해석   틸라무크 국유림은 한때 산불이 발생되기 쉬운 곳이었다. 1951년 무렵까지, 이 지역은 18년 동안 "틸라무크 화재"라고 알려진 일련의 산불을 겪고 있었다. 하지만, 1951년 이후에, 오리건 주의 사람들이 재조림 사업을 통해 화재가 나지 않도록 보호했다.

해설   동사 experience의 알맞은 형태를 고르는 문제이다. 빈칸 앞에 위치한 By 1951과 같이 과거의 특정 시점을 나타내는 by 전치사구는 과거완료시제 또는 과거완료진행시제로 된 동사와 함께 사용하므로 과거완료진행시제인 (d) had been experiencing이 정답이다. 참고로, 미래의 특정 종료 시점이 언급된 by 전치사구는 미래완료진행시제로 된 동사와 함께 사용한다.

어휘   be prone to ~의 대상이 되기 쉽다 known as ~라고 알려진 however 하지만, 그러나 safeguard A from B: A를 B로부터 보호하다 through ~을 통해 reforestation 재조림, 숲 다시 가꾸기

3.

정답   (c)

해석   빈센트와 아만다의 부모님은 지난주에 바하마로 일주일 간의 휴가를 떠났다. 이 아이들은 그 이후로 고모와 함께 계속 지내오고 있다. 본인의 아이가 없음에도 불구하고, 그 고모는 아주 잘 해내고 계신다.

해설   동사 stay의 알맞은 형태를 고르는 문제이다. 빈칸 뒤에 '그때 이후로'를 뜻하는 전치사구 since then이 쓰여 있는데, 여기서 then은 앞 문장에서 말하는 과거 시점(last week)을 가리킨다. 이렇게 「since + 과거 시점」으로 된 전치사구는 현재완료진행시제로 된 동사와 함께 사용하므로 (c) have been staying이 정답이다.

어휘   aunt 고모, 이모 since then 그때 이후로 of one's own 자기 자신의 do a great job 아주 잘 해내다

4.

정답   (c)

해석   아이작이 친구를 위해 스크랩북을 만들고 있었을 때 실수로 세탁물 한 더미에 반짝이를 쏟았다. 반짝이는 제거하기 어렵기 때문에 좌절하고 있는데, 오후 내내 옷을 세탁해야 할 것이라는 사실을

알았기 때문이다.

해설   동사 clean의 알맞은 형태를 고르는 문제이다. 빈칸이 속한 that절은 현재시제 동사 knows의 목적어이므로 앞으로 일어날 것으로 알고 있는 일을 나타내야 한다. 또한, 빈칸 뒤에 위치한 all afternoon이 가리키는 미래 시점에 옷을 세탁하는 일이 일시적으로 진행되는 상황을 나타내야 자연스러우므로 미래진행시제 (c) will be cleaning이 정답이다.

어휘   accidentally 실수로, 우연히 spill ~을 쏟다, 흘리다 glitter (장식용) 반짝이 pile 더미, 차곡차곡 쌓은 것 laundry 세탁물 frustrated 좌절한, 불만스러운

5.

정답   (c)

해석   마틴은 15살 때부터 많은 언어에 유창한 사람인 다국어 사용자가 되기를 간절히 바랐다. 그가 대학교를 졸업할 때쯤이면, 네 가지 언어를 말하도록 스스로 훈련한지 7년째가 될 것이다.

해설   동사 train의 알맞은 형태를 고르는 문제이다. 빈칸 앞에 위치한 By the time he graduates from college와 같이 by the time이 이끄는 절에 현재시제 동사(graduates)가 쓰이면 주절에 미래완료진행시제로 된 동사를 함께 사용하므로 (c) will have been training이 정답이다. 참고로, By the time이 이끄는 절에 과거시제 동사가 쓰이면 주절에 과거완료시제 또는 과거완료진행시제로 된 동사를 함께 사용한다.

어휘   long to 동사원형: ~하기를 간절히 바라다 polyglot 다국어 사용자 fluent in ~에 유창한 by the time ~할 때쯤이면 graduate from ~을 졸업하다 train ~을 훈련시키다, 교육하다

6.

정답   (b)

해석   우리 제품 개발팀이 최근의 제안 사항 발표를 끝마친 후에 이사진은 침묵에 빠졌다. 거절될까 우려하면서, 개발팀장이 그 제품의 좋은 점들을 재차 강조하기 위해 준비하고 있었을 때 사장님께서 갑자기 "성공할 만한 것이 있습니다!"라고 알리셨다.

해설   동사 prepare의 알맞은 형태를 고르는 문제이다. 빈칸 뒤에 과거시제 동사(announced)를 포함한 when절이 쓰여 있어 이 when절이 가리키는 과거 시점에 재차 강조하기 위해 준비하는 일이 일시적으로 진행되는 중이었던 상황을 나타내야 자연스러우므로 이러한 의미로 쓰이는 과거진행시제 (b) was preparing이 정답이다.

어휘   board 이사진, 이사회 go + 형용사: ~한 상태가 되다 development 개발, 발전 present ~을 발표하다, 제시하다 proposal 제안(서) worried about ~을 걱정하는 rejection 거절, 거부 reemphasize ~을 다시 강조하다 point(특징이 되는) 점, 요소 suddenly 갑자기 winner 성공할 만한 것, 성공작 prepare ~을 준비하다

7.

정답   (d)

해석   다이앤은 뉴욕에서 있을 인턴 프로그램을 위해 막 떠나려 하는 참이기 때문에 오늘밤에 밖으로 나올 수 없을 것이다. 작별 인사를

하기를 원한다면, 그녀가 집에서 10시까지 가방을 꾸리고 있을 것이다.

해설 동사 pack의 알맞은 형태를 고르는 문제이다. 빈칸 앞에 위치한 If you want처럼 현재시제 동사를 포함한 If절과 결합하는 절의 동사는 미래시제가 되어야 하며, 빈칸 뒤에 위치한 시점 표현 until ten o'clock이 가리키는 시점까지 가방을 꾸리는 일이 일시적으로 진행되는 상황을 나타내야 자연스러우므로 미래진행시제 (d) will be packing이 정답이다.

어휘 be able to 동사원형: ~할 수 있다 be about to 동사원형: 막 ~하려는 참이다 leave 떠나다, 출발하다 pack (짐 등) ~을 꾸리다, 싸다

8.

정답 (b)

해석 비록 전 세계 곳곳의 몇몇 흔치 않은 휴일이 비공식적인 행사이긴 하지만, 비교적 대중적이다. 한 가지 예시가 '전국 베이컨의 날'인데, 이날은 미국의 일부 사람들이 1997년 이후로 해마다 12월 30일에 계속 기념해 오고 있다.

해설 동사 celebrate의 알맞은 형태를 고르는 문제이다. 빈칸 뒤에 '1997년 이후로'를 뜻하는 전치사구 since 1997이 쓰여 있는데, 이렇게 「since + 과거 시점」으로 된 전치사구는 현재완료진행시제로 된 동사와 함께 사용하므로 (b) have been celebrating이 정답이다.

어휘 unusual 흔치 않은, 이례적인 unofficial 비공식적인 observance 행사, 관례, 준수 relatively 비교적, 상대적으로 celebrate ~을 기념하다, 축하하다

9.

정답 (b)

해석 나랑 가장 친한 친구인 스테이시는 조금만 문제가 생길 것 같은 징조가 보여도 항상 당황한다. 지금, 우리가 집으로 가는 택시를 잡을 수 없기 때문에 그녀는 오늘밤에 길거리에서 자야 하는 게 아닌지 걱정하고 있다.

해설 동사 worry의 알맞은 형태를 고르는 문제이다. 빈칸 바로 앞에 위치한 Right now가 '지금, 현재'라는 의미를 나타내어 현재 일시적으로 진행되는 일을 뜻하는 현재진행시제 동사와 어울려 쓰이므로 (b) is worrying이 정답이다.

어휘 panic 당황하다 slight 조금의, 약간의 sign 징조, 신호 will have to 동사원형: ~해야 할 것이다 worry that ~하는 게 아닌지 걱정하다

10.

정답 (d)

해석 키이스는 시간이 늦어지고 있는데도 어머니께서 아직 직장에서 집으로 돌아오시지 않으셨을 때 점점 더 걱정이 되었다. 어머니는 심지어 전화도 받지 않고 있었다. 어머니가 드디어 오후 9시쯤 도착하였을 때, 키이스는 여전히 어머니에게 연락하려 하고 있었다.

해설 동사 try의 알맞은 형태를 고르는 문제이다. 빈칸 뒤에 과거시제 동사(arrived)를 포함한 when절이 쓰여 있어 이 when절이

가리키는 과거 시점에 연락하려 한 일이 일시적으로 진행되던 상황을 나타내야 자연스러우므로 이러한 의미로 쓰이는 과거진행시제 (d) was still trying이 정답이다.

어휘 become 형용사: ~한 상태가 되다(= grow 형용사) increasingly 점점 더 even 심지어 (~도) contact ~에게 연락하다 arrive 도착하다 around ~쯤, ~ 무렵 try to 동사원형: ~하려 하다

11.

정답 (a)

해석 올리비아 프레스턴이 현기증이 생기는 바람에 사람들이 간절히 기다렸던 애틀랜타 투어가 취소되었다. 그녀의 매니저는 이 가수가 하루 종일 멀미로 계속 불평하다가 결국 병원으로 실려 갔다고 언론에 밝혔다.

해설 동사 complain의 알맞은 형태를 고르는 문제이다. 빈칸이 속한 that절은 애틀랜타 투어가 취소된 이유에 해당되는데, 앞선 문장에 과거시제 동사(was canceled)와 함께 과거 시점에 취소된 사실이 쓰여 있다. 따라서 그 이유로서 올리비아 프레스턴이라는 가수가 멀미로 불평한 일은 취소된 시점보다 더 이전의 과거 시점에 발생된 일이어야 한다. 이렇게 특정 과거 시점보다 더 이전의 과거 시점에 발생된 일을 나타낼 때 과거완료진행시제로 된 동사를 사용하므로 과거완료진행시제인 (a) had been complaining이 정답이다.

어휘 much-awaited 간절히 기다린 cancel ~을 취소하다 develop (병 등이) 생기다 vertigo 현기증, 어지러움 the press 언론 motion sickness 멀미 complain 불평하다, 불만을 제기하다

12.

정답 (b)

해석 캐서린은 아주 불만스러워했다. 자신의 항공편이 오전 7시에 출발할 예정이었지만, 뇌우 때문에 계속 지연되고 있다. 오후 3시쯤이면 그녀는 벌써 8시간째 기다리게 될 것이다.

해설 동사 wait의 알맞은 형태를 고르는 문제이다. 빈칸 앞에 위치한 문장에 현재시제 동사(keeps)와 함께 현재 계속 지연되는 상황임을 나타내는 말이 쓰여 있어, 빈칸 앞에 위치한 By 3 p.m.이 미래 시점임을 알 수 있다. 이렇게 미래 시점을 나타내는 by 전치사구가 쓰이면 미래완료진행시제로 된 동사를 함께 사용하므로 미래완료진행시제인 (b) will have been waiting이 정답이다. 참고로, 과거 시점을 나타내는 by 전치사구가 쓰이면 과거완료시제 또는 과거완료진행시제로 된 동사를 함께 사용한다.

어휘 frustrated 불만스러운, 좌절한 be supposed to 동사원형: ~할 예정이다, ~하기로 되어 있다 depart 출발하다, 떠나다 keep -ing 계속 ~하다 get p.p. ~된 상태가 되다 delayed 지연된, 지체된

13.

정답 (c)

해석 매주 여는 가족 저녁 식사가 오늘 저녁에 있고, 난 내가 가장 좋아하는 디저트를 요청했다. 내가 이따가 부모님 댁에 도착하면, 갓

구운 초콜릿 칩 쿠키들로 가득한 접시가 날 기다리고 있을 거라고 기대하고 있다.

해설   동사 wait의 알맞은 형태를 고르는 문제이다. 빈칸이 속한 that절은 현재시제 동사 expect의 목적어이므로 앞으로 일어날 것으로 예상하는 일을 나타내야 한다. 또한, 빈칸이 속한 주절 앞에 위치한 When I arrive처럼 현재시제 동사를 포함한 when절이 가리키는 미래 시점에 음식이 자신을 기다리는 것이 일시적으로 진행되는 상황을 나타내야 자연스러우므로 미래진행시제 (c) will be waiting이 정답이다.

어휘   request ~을 요청하다 favorite 가장 좋아하는 arrive 도착하다 expect that ~라고 기대하다, 예상하다 full of ~로 가득한

14.

정답   (a)

해석   내가 근무하는 박물관의 미술 감독님이 최근에 우리 단체에서 근무한지 30주년이 되는 해를 기념하였다. 이분은 우리 직원들 중 일부가 태어나기 전부터 미술품 큐레이터를 해 오고 있다고 농담하는 것을 좋아한다.

해설   동사 curate의 알맞은 형태를 고르는 문제이다. 빈칸 뒤에 '우리 직원들 중 일부가 태어나기 전부터'를 뜻하는 절 since before some of us were born이 쓰여 있는데, 이렇게 「since + 주어 + 과거시제 동사(were)」로 구성되어 '~한 이후로'를 뜻하는 절과 결합하는 주절은 현재완료진행시제로 된 동사를 함께 사용하므로 (a) has been curating이 정답이다.

어휘   recently 최근에 celebrate ~을 기념하다, 축하하다 anniversary (해마다 돌아오는) 기념일 institution 단체, 기관 be fond of ~을 좋아하다 joke that ~라고 농담하다 since before ~하기 전부터 curate 큐레이터로 일하다

15.

정답   (a)

해석   데릭은 여자친구에게 그녀의 전화를 받지 않은 것에 대해 사과하고 있다. 그는 여자친구가 전화했을 때 자고 있었다고 말한다. 그는 자신의 몇몇 특별 초콜릿 브라우니를 구워 주는 것으로 여자친구에게 보상해 줄 계획이다.

해설   동사 sleep의 알맞은 형태를 고르는 문제이다. 빈칸 뒤에 과거시제 동사(called)를 포함한 when절이 쓰여 있어 이 when절이 가리키는 과거 시점에 잠을 자던 일이 일시적으로 진행되던 상황을 나타내야 자연스러우므로 이러한 의미로 쓰이는 과거진행시제 (a) was sleeping이 정답이다.

어휘   apologize to ~에게 사과하다 plan to 동사원형: ~할 계획이다 make it up to (손해 등에 대해) ~에게 보상하다

16.

정답   (a)

해석   질의 시부모님이 점심 식사를 위해 그녀의 아파트에 찾아올 예정이다. 아직 이르긴 하지만, 질과 그녀의 남편은 지금 음식을 준비하고 있다. 시부모님께서 가장 좋아하는 파스타를 만들려면 시간이 오래 걸린다.

해설   동사 prepare의 알맞은 형태를 고르는 문제이다. 빈칸 뒤에 위치한 right now가 '지금, 현재'라는 의미를 나타내어 현재 일시적으로 진행되는 일을 뜻하는 현재진행시제 동사와 어울려 쓰이므로 (a) are preparing이 정답이다.

어휘   parents-in-law 시부모 come over to ~로 찾아오다 take a long time to 동사원형: ~하는 데 시간이 오래 걸리다 in-laws 시부모, 장인과 장모, 사돈 prepare ~을 준비하다

17.

정답   (a)

해석   한스는 자신의 노트북 컴퓨터를 불만스러워한다. 그는 급한 보고서를 끝낼 수 없는데, 이 컴퓨터의 운영 시스템이 조금 전에 업데이트를 시작했기 때문이다. 시계가 10시를 울릴 때쯤이면 2시간 동안 업데이트하게 될 것이다.

해설   동사 update의 알맞은 형태를 고르는 문제이다. 빈칸 뒤에 위치한 by the time the clock strikes와 같이 by the time이 이끄는 절에 현재시제 동사(strikes)가 쓰이면 주절에 미래완료진행시제로 된 동사를 함께 사용하므로 (a) will have been updating이 정답이다. 참고로, by the time이 이끄는 절에 과거시제 동사가 쓰이면 주절에 과거완료시제 또는 과거완료진행시제로 된 동사를 함께 사용한다.

어휘   be frustrated with ~을 불만스러워하다, ~에 좌절하다 urgent 급한 operating system 운영 시스템 a while ago 조금 전에 by the time ~할 때쯤이면 strike (시간을 알리기 위해 시계가) ~을 울리다, 치다

18.

정답   (a)

해석   필은 그가 다니는 학교의 맞춤법 대회에서 대상을 받을 것으로 예상하지 못했다. 사실은, 사회자가 그에게 익숙한 단어를 대신 써 보도록 요청하기 전까지 승자 결정 문제가 어렵게 출제될까 계속 걱정하고 있었다.

해설   동사 worry의 알맞은 형태를 고르는 문제이다. 빈칸 뒤에 과거시제 동사(asked)를 포함한 until절이 쓰여 있는데, 접속사 until의 의미 특성상(~할 때까지) until절과 결합하는 주절은 asked가 나타내는 과거 시점보다 더 이전의 과거 시점에 있었던 일을 의미해야 한다. 이렇게 특정 과거 시점보다 더 이전의 과거 시점에 발생된 일을 나타낼 때 과거완료진행시제로 된 동사를 사용하므로 과거완료진행시제인 (a) had been worrying이 정답이다.

어휘   expect to 동사원형: ~할 것으로 예상하다 win (상 등) ~을 받다, 타다 grand prize 대상 spelling bee 맞춤법 대회 in fact 실제로, 사실 hand A B: A에게 B를 넘겨주다, 건네다 tie-breaker question 승자를 결정 짓는 문제 ask A to 동사원형: A에게 ~하도록 요청하다 spell ~의 철자를 쓰다 familiar 익숙한, 잘 아는 instead 대신 worry about ~을 걱정하다

19.

정답   (b)

해석 함께 첫 화이트 크리스마스를 경험하고 싶었기 때문에, 사촌들이 지난 12월에 미시건에 사는 엘리스를 방문했다. 다행히, 사촌들이 도착하기 전에 며칠 동안 눈이 내렸으며, 그들이 머무는 동안에도 계속 눈이 내렸다.

해설 동사 snow의 알맞은 형태를 고르는 문제이다. 빈칸 뒤에 과거 시제 동사(arrived)를 포함한 before절이 쓰여 있는데, 접속사 before의 의미 특성상(~하기 전에) before절과 결합하는 주절은 arrived가 나타내는 과거 시점보다 더 이전의 과거 시점에 있었던 일을 의미해야 한다. 이렇게 특정 과거 시점보다 더 이전의 과거 시점에 발생한 일을 나타낼 때 과거완료진행시제로 된 동사를 사용하므로 과거완료진행시제인 (b) had been snowing이 정답이다.

어휘 experience ~을 경험하다, 겪다 fortunately 다행히 arrive 도착하다 continue to do 계속 ~하다

20.

정답 (d)

해석 럭비 선수들은 더 나은 계약을 찾아 새 팀으로 이적하는 일이 흔하다. 이것이 바로 버클리 매디슨이 이례적으로 충성스럽다고 여겨지는 이유이다. 그는 2018년 이후로 계속 같은 팀에서 활동해왔으며, 이적에 대한 의사가 없다.

해설 동사 play의 알맞은 형태를 고르는 문제이다. 빈칸 뒤에 '2018년 이후로'를 뜻하는 전치사구 since 2018이 쓰여 있는데, 이렇게 「since + 과거 시점」으로 구성되어 '~ 이후로'를 뜻하는 전치사구가 쓰이는 문장은 현재완료시제로 된 동사를 함께 사용하므로 (d) has been playing이 정답이다.

어휘 commonly 흔히 in pursuit of ~을 찾아, ~을 추구해 contract 계약(서) be considered A: A한 것으로 여겨지다 exceptionally 이례적으로, 유난히 loyal 충성스러운 since ~ 이후로 intention 의사, 의도

21.

정답 (d)

해석 제니는 덜레스 국제 공항의 보안 검색대를 통과하기 위해 서두르고 있다. 이미 오후 4시가 되었는데, 그녀의 항공편이 30분 후에 떠난다. 그녀가 4시 30분까지 탑승구에 도착하면, 그녀의 비행기는 이미 이륙하고 있을 것이다.

해설 동사 take off의 알맞은 형태를 고르는 문제이다. 빈칸 앞에 위치한 If she arrives처럼 현재시제 동사를 포함한 If절과 결합하는 절의 동사는 미래시제 또는 미래진행시제가 되어야 하며, 빈칸 앞에 위치한 시점 표현 at 4:30에 비행기가 이륙하는 일이 일시적으로 진행되는 상황을 나타내야 자연스러우므로 미래진행시제 (d) will already be taking off가 정답이다.

어휘 rush to 동사원형: ~하기 위해 서두르다 flight 항공편 leave 떠나다, 출발하다 in 시간: ~ 후에 arrive 도착하다 take off 이륙하다

22.

정답 (a)

해석 마빈은 지금 방해 받으면 안 되는데, 자신의 졸업 연설에 공을 들

여야 하기 때문이다. 지금, 그는 연설에서 어색한 몸짓을 조정하고 실수를 잡아내기 위해 거울 앞에서 연설하는 중이다.

해설 동사 deliver의 알맞은 형태를 고르는 문제이다. 빈칸 앞에 위치한 Currently가 '지금, 현재'라는 의미를 나타내어 현재 일시적으로 진행되는 일을 뜻하는 현재진행시제동사와 어울려 쓰이므로 (a) is delivering이 정답이다.

어휘 disturb ~을 방해하다, ~에 지장을 주다 graduation 졸업 currently 현재 in front of ~ 앞에 adjust ~을 조정하다, 조절하다 awkward 어색한 deliver (연설, 발표 등) ~을 하다

23.

정답 (d)

해석 90년대의 고전 컴퓨터 게임 <모탈 퀘스트>를 좋아했던 팬들은 그 최신 버전이 발표되었을 때 마냥 행복해했다. 기대하던 업데이트 버전이 다음 달에 출시될 때쯤이면, 이 게임은 수십 년 동안 이용자들을 즐겁게 만들어 주게 될 것이다.

해설 동사 entertain의 알맞은 형태를 고르는 문제이다. 빈칸 앞에 위치한 By the time the anticipated update is released와 같이 by the time이 이끄는 절에 현재시제 동사(is released)가 쓰이면 주절에 미래완료진행시제로 된 동사를 함께 사용하므로 미래완료진행시제인 (d) will have been entertaining이 정답이다. 참고로, by the time이 이끄는 절에 과거시제 동사가 쓰이면 주절에 과거완료시제 또는 과거완료진행시제로 된 동사를 함께 사용한다.

어휘 elated 마냥 행복해하는 announce ~을 발표하다 by the time ~할 때쯤이면 anticipated 기대하던 release ~을 출시하다, 발매하다 decade 10년 entertain ~을 즐겁게 하다

24.

정답 (c)

해석 에릭은 기술적 문제 때문에 자신의 제품 발표를 갑자기 끝내야 했다. 그의 노트북 컴퓨터 화면이 갑자기 까맣게 변했을 때 그는 새 태양열 충전기의 독특한 장점을 발표하고 있었다.

해설 동사 present의 알맞은 형태를 고르는 문제이다. 빈칸 뒤에 과거시제 동사(went)를 포함한 when절이 쓰여 있어 빈칸이 속한 주절은 이 when절이 가리키는 과거 시점에 발표하는 일이 일시적으로 지속되던 상황을 나타내야 자연스러우므로 이러한 의미로 쓰이는 과거진행시제 (c) was presenting이 정답이다.

어휘 cut A short: A를 갑자기 끝내다 presentation 발표(회) solar charger 태양열 충전기 unique 독특한, 특별한 selling point 장점 suddenly 갑자기 go 형용사: ~한 상태가 되다

UNIT 2
가정법

기출 POINT 7 가정법 과거

연습문제

| 1. (c) | 2. (b) | 3. (b) | 4. (d) |
| 5. (a) | 6. (b) | 7. (a) | 8. (b) |

1.

정답 (c)

해석 내가 제니라면 나는 로스앤젤레스에 있는 그 직장을 받아들였을 것이다.

해설 동사 accept의 알맞은 형태를 고르는 문제이다. if절의 동사가 가정법 과거를 나타내는 과거시제(were)일 때, 주절의 동사는 「would/could/might + 동사원형」과 같은 형태가 되어야 알맞으므로 (c) would accept이 정답이다.

어휘 accept 받아들이다

2.

정답 (b)

해석 만약 그것이 다른 학과의 졸업생들에게도 개방된다면, 누구나 그 세미나를 참석할 수 있을 것이다.

해설 동사 attend의 알맞은 형태를 고르는 문제이다. if절의 동사가 가정법 과거를 나타내는 과거시제(were)일 때, 주절의 동사는 「would/could/might + 동사원형」과 같은 형태가 되어야 알맞으므로 (b) could attend이 정답이다.

어휘 graduate 명 졸업생 course 학과, 강좌 attend 참석하다

3.

정답 (b)

해석 레이는 기차로 간다면 예상한 것보다 더 일찍 그곳에 도착할 것이다.

해설 동사 get의 알맞은 형태를 고르는 문제이다. if절의 동사가 가정법 과거를 나타내는 과거시제(went)일 때, 주절의 동사는 「would/could/might + 동사원형」과 같은 형태가 되어야 알맞으므로 (b) would get이 정답이다.

어휘 earlier 더 일찍 than expected 예상보다

4.

정답 (d)

해석 만약 내가 매니저의 전화번호를 가지고 있다면, 그에게 문자를 보내서 직접 만나자고 할 것이다.

해설 동사 have의 알맞은 형태를 고르는 문제이다. 주절의 동사가 「would + 동사원형」일 때 가정법 과거를 나타내므로 if절의 동사는 과거시제가 되어야 한다. 따라서 정답은 (d) had이다.

어휘 text 문자 메시지를 보내다 in person 직접

5.

정답 (a)

해석 리 씨가 그것에 대한 책임자가 누구인지 안다면, 그녀는 그들을 당국에 신고할 것이다.

해설 동사 report의 알맞은 형태를 고르는 문제이다. if절의 동사가 가정법 과거를 나타내는 과거시제(knew)일 때, 주절의 동사는 「would/could/might + 동사원형」과 같은 형태가 되어야 알맞으므로 (a) would report가 정답이다.

어휘 be responsible for ~에 대한 책임을 지다, ~을 담당하다 authorities 당국 report 신고하다, 보고하다

6.

정답 (b)

해석 그들에게 지금 자유시간이 있다면, 그들은 당장 그들의 휴가를 떠날 것이다.

해설 동사 take의 알맞은 형태를 고르는 문제이다. if절의 동사가 가정법 과거를 나타내는 과거시제(had)일 때, 주절의 동사는 「would/could/might + 동사원형」과 같은 형태가 되어야 알맞으므로 (b) would take가 정답이다.

어휘 right now 지금 당장 take a vacation 휴가를 떠나다 immediately 당장, 즉시

7.

정답 (a)

해석 그들은 학생들이 그러한 행사들을 무시한다면, 그들이 학교가 제공하는 재미있는 모든 활동들을 놓칠 것이라고 말한다.

해설 동사구 miss out의 알맞은 형태를 고르는 문제이다. if절의 동사가 가정법 과거를 나타내는 과거시제(were)일 때, 주절의 동사는 「would/could/might + 동사원형」과 같은 형태가 되어야 알맞으므로 (a) would miss out이 정답이다.

어휘 disregard 무시하다 event 행사 activity 활동 offer 제공하다 miss out (좋은 기회를) 놓치다

8.

정답 (b)

해석 마크는 그가 대리석 조각이라면 그는 틀림없이 미술 박물관에 전시될 것이라고 생각한다.

해설 수동태 be displayed의 알맞은 형태를 고르는 문제이다. if절

의 동사가 가정법 과거를 나타내는 과거시제(were)일 때, 주절의 동사는 「would/could/might + 동사원형」과 같은 형태가 되어야 알맞으므로 (b) would definitely be displayed가 정답이다. 가정법 선택지에는 definitely와 같이 부사가 삽입되어 있는 경우가 있는데, 부사는 수식어구이므로 정답을 고르는 단서가 되지 않기 때문에 부사를 제외하고 주절의 동사 구조를 파악해야 한다.

어휘   marble 대리석   sculpture 조각(품)   fine art 미술   museum 박물관   display 전시하다

실전 문제풀이

1. (a)	**2.** (d)	**3.** (a)	**4.** (b)	**5.** (c)	**6.** (d)
7. (c)	**8.** (a)	**9.** (d)	**10.** (d)	**11.** (a)	**12.** (b)

1.

정답   (a)

해석   <더 데일리 텔레그래프>와의 인터뷰에서, 배우 제레미 아이언스는 무대 연기에 대한 관심이 줄어들고 있음을 알렸다. 그는 자신의 유일한 선택권이 무대라면 1년 동안 기꺼이 연기를 쉴 것이라고 말했다.

해설   동사 stop의 알맞은 형태를 고르는 문제이다. if절의 동사가 가정법 과거를 나타내는 과거시제(were)일 때, 주절의 동사는 「would/could/might + 동사원형」과 같은 형태가 되어야 알맞으므로 (a) would happily stop이 정답이다. 가정법 선택지에는 happily와 같이 부사가 삽입되어 있는 경우가 있는데, 부사는 수식어구이므로 정답을 고르는 단서가 되지 않기 때문에 부사를 제외하고 주절의 동사 구조를 파악해야 한다.

어휘   share (남에게) ~을 알리다, 말하다, 공유하다   declining 줄어드는, 감소하는   interest in ~에 대한 관심   acting 연기

2.

정답   (d)

해석   나비 효과란 작은 행동이 커다란 결과를 가져올 수 있음을 말한다. 이 이론은 나비가 적절한 때에 날개를 펄럭거리면, 다른 어딘가에서 그 결과로 토네이도가 만들어질 것이라는 생각에서 유래한다.

해설   동사 form의 알맞은 형태를 고르는 문제이다. if절의 동사가 가정법 과거를 나타내는 과거시제(were)일 때, if절과 연결되는 절의 동사는 「would/could/might + 동사원형」과 같은 형태가 되어야 알맞으므로 (d) would eventually form이 정답이다.

어휘   propose that ~라고 말하다, 제시하다   consequence 결과   theory 이론   stem from ~에서 유래하다, 비롯되다   flap 펄럭거리다   at the right time 적절한 때에, 제때   eventually 결과적으로, 결국   form 만들어지다, 형성되다

3.

정답   (a)

해석   드래프트까지 일주일 밖에 남지 않았는데, 저지 돌핀스의 경영진은 아직도 어느 선수를 선택할지 결정하지 못했다. 이 팀의 프로모터가 결정하게 된다면, 높은 슈팅 비율 때문에 채드 웨스트윅을 선발할 것이다.

해설   동사 select의 알맞은 형태를 고르는 문제이다. If절의 동사가 가정법 과거를 나타내는 과거시제(were)일 때, 주절의 동사는 「would/could/might + 동사원형」과 같은 형태가 되어야 알맞으므로 (a) would select가 정답이다.

어휘   draft 드래프트, 선수 선발   decide ~을 결정하다   pick ~을 선택하다, 선발하다(= select)

4.

정답   (b)

해석   태양은 지구에서 보면 엄청 크게 보이지만, 실제로는, 왜성이다. 실제로, 우리 은하 전체를 담은 사진을 보게 된다면, 태양이 어디 있는지 쉽게 보이지 않을 것이다.

해설   동사 see의 알맞은 형태를 고르는 문제이다. if절의 동사가 가정법 과거를 나타내는 과거시제(were)일 때, 주절의 동사는 「would/could/might + 동사원형」과 같은 형태가 되어야 알맞으므로 (b) would not easily see가 정답이다.

어휘   seem 형용사: ~하게 보이다, ~한 것 같다   huge 거대한   dwarf star 왜성   be to 동사원형: ~하게 되다, ~해야 하다, ~할 예정이다   entire 전체의

5.

정답   (c)

해석   내 여동생 마가렛은 법적으로 새 이름을 얻는 것을 깊이 생각해보고 있다. 여동생이 신청서를 제출하는 오랜 과정에 직면하는 데 필요한 인내심을 발휘하게 된다면, 분명 이름을 매리골드로 변경할 것이다.

해설   동사 change의 알맞은 형태를 고르는 문제이다. If절의 동사가 가정법 과거를 나타내는 과거시제(were)일 때, 주절의 동사는 「would/could/might + 동사원형」과 같은 형태가 되어야 알맞으므로 (c) would definitely change가 정답이다.

어휘   muse about ~을 깊이 생각하다, 숙고하다   legally 법적으로   acquire ~을 얻다   be to 동사원형: ~하게 되다, ~해야 하다, ~할 예정이다   summon (힘, 용기 등) ~을 발휘하다, 내다   patience 인내(심)   face (통) ~에 직면하다, ~와 마주하다   process 과정   submit ~을 제출하다   petition (법적) 신청서, 청원서   definitely 분명히, 확실히

6.

정답   (d)

해석   대부분의 현재 유행들은 수명이 짧아서 제한적인 이익을 제공한다. 하지만, 일부 참신한 제품들은 결국 가정 내의 물품이 된다. 내가 장기적인 잠재성을 지닌 유행을 확인할 수 있다면, 그것들에 투자할 것이다.

해설   동사 invest의 알맞은 형태를 고르는 문제이다. If절의 동사가 가정법 과거를 나타내는 과거시제(were)일 때, 주절의 동사는 「would/could/might + 동사원형」과 같은 형태가 되어야 알맞으므로 (d) would invest가 정답이다.

어휘　current 현재의　fad 유행　short-lived 수명이 짧은, 오래 가지 못하는, 단기간의　offer ~을 제공하다　limited 제한적인　profit 이익, 수익　however 하지만, 그러나　novel 참신한　eventually 결국　household 가정의　be able to 동사원형: ~할 수 있다　identify ~을 확인하다　long-term 장기적인　potential 잠재성　invest in ~에 투자하다

7.

정답　(c)

해석　죄송하지만, 제가 차로 태워 드릴 수 없습니다. 제가 비행기를 타야 하는데, 당신 집으로 가는 데 약 2시간이 걸립니다. 제가 여유 시간이 있어도, 댁으로 모셔다 드릴 겁니다.

해설　동사 drive의 알맞은 형태를 고르는 문제이다. If절의 동사가 가정법 과거를 나타내는 과거시제(had)일 때, 주절의 동사는 「would/could/might + 동사원형」과 같은 형태가 되어야 알맞으므로 (c) would drive가 정답이다.

어휘　give A a ride: A를 차로 태워 주다　catch (교통편) ~을 타다, 이용하다　take ~의 시간이 걸리다　about 약, 대략　get to ~로 가다　spare 여분의, 예비의

8.

정답　(a)

해석　미나는 지난달에 체스 세트를 구입했지만 두는 방법을 몰라서 사용해 본 적이 없다고 말했다. 내가 그녀라면, 체스의 기초와 기본 원리를 공부할 것이다.

해설　동사 study의 알맞은 형태를 고르는 문제이다. If절의 동사가 가정법 과거를 나타내는 과거시제(were)일 때, 주절의 동사는 「would/could/might + 동사원형」과 같은 형태가 되어야 알맞으므로 (a) would study가 정답이다.

어휘　tell A that: A에게 ~라고 말하다　how to 동사원형: ~하는 방법　basics 기초, 기본　fundamentals 기본 원리, 핵심 원칙

9.

정답　(d)

해석　용도가 많다는 점 외에도, 꿀은 상하지 않는 몇 가지 되지 않는 식품들 중의 하나이기도 하다. 이론적으로는, 내가 앞으로 200년을 더 살게 되더라도, 내가 태어나기 전에 엄마가 구입한 꿀을 여전히 먹을 수도 있을 것이다.

해설　동사 consume의 알맞은 형태를 고르는 문제이다. if절의 동사가 가정법 과거를 나타내는 과거시제(were)일 때, 주절의 동사는 「would/could/might + 동사원형」과 같은 형태가 되어야 알맞으므로 (d) could still consume이 정답이다.

어휘　besides ~ 외에도　spoil 상하다　theoretically 이론적으로는, 이론상　be to 동사원형: ~하게 되다, ~해야 하다, ~할 예정이다　consume ~을 먹다, 섭취하다

10.

정답　(d)

해석　향수 제조사 대표자 회의에서, 연설자들 중의 한 명이 텔레비전 광고가 향수 판매량을 상당히 촉진한다고 주장했다. 그는 향과 관련된 텔레비전 기술을 발명하게 된다면, 이 제품들이 훨씬 더 좋은 실적을 올릴 것이라고 농담 삼아 말했다.

해설　동사 perform의 알맞은 형태를 고르는 문제이다. if절의 동사가 가정법 과거를 나타내는 과거시제(were)일 때, if절과 연결되는 절의 동사는 「would/could/might + 동사원형」과 같은 형태가 되어야 알맞으므로 (d) would perform이 정답이다.

어휘　summit 대표자 회의, 정상 회의　perfume 향수　manufacturer 제조사　claim that ~라고 주장하다　advertising 광고　significantly 상당히, 많이　boost ~을 촉진하다, 증진하다　sales 판매량, 매출　joke that ~라고 농담 삼아 말하다　be to 동사원형: ~하게 되다, ~해야 하다, ~할 예정이다　invent ~을 발명하다　even (비교급 강조) 훨씬　perform 실적을 올리다, 성과를 내다

11.

정답　(a)

해석　사만다의 고양이가 막 새끼를 낳으려 하고 있다. 사만다가 그 새끼 고양이들을 모두 데리고 있을 수 없기 때문에, 그들 중 일부를 위해 미래의 집을 찾고 있다. 내가 고양이 털에 알레르기만 없어도, 한 마리 입양할 것이다.

해설　동사 adopt의 알맞은 형태를 고르는 문제이다. if절의 동사가 가정법 과거를 나타내는 과거시제(were)일 때, 주절의 동사는 「would/could/might + 동사원형」과 같은 형태가 되어야 알맞으므로 (a) would adopt가 정답이다.

어휘　be about to 동사원형: 막 ~하려 하다　give birth 새끼를 낳다, 출산하다　since ~하기 때문에, ~한 이후로　look for ~을 찾다　be allergic to ~에 알레르기가 있다　adopt ~을 입양하다

12.

정답　(b)

해석　태양계에 속한 목성과 토성, 그리고 기타 여러 행성에는 다수의 달이 있지만, 지구에는 오직 하나뿐이다. 지구가 또 다른 달을 갖게 된다면, 우리 하늘은 밤에 더 밝아질 것이다.

해설　be동사의 알맞은 형태를 고르는 문제이다. If절의 동사가 가정법 과거를 나타내는 과거시제(were)일 때, 주절의 동사는 「would/could/might + 동사원형」과 같은 형태가 되어야 알맞으므로 (b) would be brighter가 정답이다.

어휘　several 여럿의, 몇몇의　planet 행성　solar system 태양계　multiple 다수의, 많은　be to 동사원형: ~하게 되다, ~해야 하다, ~할 예정이다　gain ~을 얻다

기출 POINT 8 가정법 과거완료

연습문제

1. (b)	**2.** (d)	**3.** (a)	**4.** (b)
5. (c)	**6.** (c)	**7.** (b)	**8.** (d)

1.

정답 (b)

해석 내가 제시간에 이력서를 제출했더라면 나는 그 일을 얻을 수 있었을 것이다.

해설 동사 take의 알맞은 형태를 고르는 문제이다. If절의 동사가 had submitted와 같이 가정법 과거완료를 나타내는 「had p.p.」일 때, 주절의 동사는 「would/could/might + have p.p.」와 같은 형태가 되어야 알맞으므로 (b) could have taken이 정답이다.

어휘 submit 제출하다 résumé 이력서 on time 제시간에

2.

정답 (d)

해석 내가 그 책을 읽지 않았더라면, 그 영화의 결말이 나에게 놀라운 것이었을 것이다.

해설 동사 read의 알맞은 형태를 고르는 문제이다. 주절의 동사가 would have been과 같이 가정법 과거완료를 나타내는 「would have p.p.」일 때, if절의 동사는 「had p.p.」와 같은 형태가 되어야 알맞으므로 (d) hadn't read가 정답이다.

어휘 ending 결말, 끝 surprise 놀람, 놀라운 일

3.

정답 (a)

해석 해리는 더 열심히, 그리고 더 규칙적으로 훈련을 했더라면 그 토너먼트에서 우승했을지도 모른다.

해설 동사 win의 알맞은 형태를 고르는 문제이다. If절의 동사가 had trained와 같이 가정법 과거완료를 나타내는 「had p.p.」일 때, 주절의 동사는 「would/could/might + have p.p.」와 같은 형태가 되어야 알맞으므로 (a) might have won 이 정답이다.

어휘 tournament 토너먼트, (스포츠) 대회 train 훈련하다 harder 더 열심히 regularly 규칙적으로, 정기적으로

4.

정답 (b)

해석 어제 그렇게 비가 세차게 오지 않았더라면, 나는 완벽하고 아주 멋진 하루를 보냈을 것이다.

해설 동사 have의 알맞은 형태를 고르는 문제이다. If절의 동사가 hadn't rained와 같이 가정법 과거완료를 나타내는 「had p.p.」일 때, 주절의 동사는 「would/could/might + have p.p.」와 같은 형태가 되어야 알맞으므로 (b) would have had가 정답이다.

어휘 hard 세차게 perfect 완벽한 wonderful 아주 멋진

5.

정답 (c)

해석 제니가 비행기 표를 더 일찍 샀더라면, 그녀는 그렇게 많은 돈을 지불하지 않았을지도 모른다.

해설 동사 pay의 알맞은 형태를 고르는 문제이다. If절의 동사가 had bought와 같이 가정법 과거완료를 나타내는 「had p.p.」일 때, 주절의 동사는 「would/could/might + have p.p.」와 같은 형태가 되어야 알맞으므로 (c) might not have paid가 정답이다.

어휘 plane ticket 비행기 표 earlier 더 일찍 pay 지불하다

6.

정답 (c)

해석 샐리는 그녀의 절친이 그곳에서 결혼식을 하지 않았더라면 전쟁 박물관을 절대 방문하지 않았을 것이다.

해설 동사 have의 알맞은 형태를 고르는 문제이다. 주절의 동사가 would never have visited와 같이 가정법 과거완료를 나타내는 「would have p.p.」일 때, if절의 동사는 「had p.p.」와 같은 형태가 되어야 알맞으므로 (c) hadn't had가 정답이다.

어휘 visit 방문하다 war museum 전쟁 박물관 have a wedding 결혼식을 하다, 혼례를 치르다

7.

정답 (b)

해석 내가 나의 모든 돈을 어머니의 은행 계좌에 넣었더라면, 나는 가방을 사는 것에 그 돈을 쓰지 않았을 것이다.

해설 동사 spend의 알맞은 형태를 고르는 문제이다. If절의 동사가 had put과 같이 가정법 과거완료를 나타내는 「had p.p.」일 때, 주절의 동사는 「would/could/might + have p.p.」와 같은 형태가 되어야 알맞으므로 (b) would not have spent가 정답이다.

어휘 bank account 은행 계좌 purchase 구입하다, 구매하다 spend (시간, 돈 등을) 소비하다, 쓰다

8.

정답 (d)

해석 공항 주변의 교통이 얼마나 끔찍한지 알았더라면, 그는 더 일찍 사무실을 떠났을 것이다.

해설 동사 leave의 알맞은 형태를 고르는 문제이다. If절의 동사가 had known과 같이 가정법 과거완료를 나타내는 「had p.p.」일 때, 주절의 동사는 「would/could/might + have p.p.」와 같은 형태가 되어야 알맞으므로 (d) would have left가 정답이다.

실전 문제풀이

1. (d)	**2.** (a)	**3.** (b)	**4.** (b)	**5.** (a)	**6.** (b)
7. (c)	**8.** (d)	**9.** (d)	**10.** (d)	**11.** (b)	**12.** (c)

1.

정답 (d)

해석 제인은 몇몇 학우들이 '철학과 음식'이라고 부르는 아주 흥미로운 선택 과목을 수강하고 있다는 얘기를 듣고 놀라워했다. 그 과목이 제공되고 있었다는 사실을 알았다면, 그녀는 그들과 함께 그 수업에 등록했을 것이다.

해설 동사 enroll의 알맞은 형태를 고르는 문제이다. If절의 동사가 had known과 같이 가정법 과거완료를 나타내는 「had p.p.」일 때, 주절의 동사는 「would/could/might + have p.p.」와 같은 형태가 되어야 알맞으므로 (d) would have enrolled가 정답이다.

어휘 be surprised to 동사원형: ~해서 놀라워하다 take (수업 등) ~을 수강하다 intriguing 아주 흥미로운 elective 선택 과목 called A: A라고 부르는, A라는 이름의 offer ~을 제공하다 enroll in ~에 등록하다

2.

정답 (a)

해석 저스틴은 부정 출발로 인해 200미터 트랙 경기에서 실격 당했다. 그의 코치는 저스틴이 신호에 앞서 달리기 시작하지 않았다면, 그가 거쳤던 엄격한 훈련으로, 1위를 차지했을 것이라고 생각한다.

해설 동사 win의 알맞은 형태를 고르는 문제이다. if절의 동사가 hadn't started와 같이 가정법 과거완료를 나타내는 「had p.p.」일 때, 주절의 동사는 「would/could/might + have p.p.」와 같은 형태가 되어야 알맞으므로 (a) would have won이 정답이다.

어휘 disqualified 실격된 track event 트랙 경기 due to ~로 인해, ~ 때문에 rigorous 엄격한, 철저한 go through ~을 거치다

3.

정답 (b)

해석 어젯밤에, 에드워드는 독서 과제의 짧은 장 하나를 끝마치는 데 한 시간이나 걸렸다. 그가 공부 중에 온라인으로 채팅하는 것을 자제했다면, 그 장을 더 빨리 완료했을 것이다.

해설 동사 complete의 알맞은 형태를 고르는 문제이다. If절의 동사가 had refrained와 같이 가정법 과거완료를 나타내는 「had p.p.」일 때, 주절의 동사는 「would/could/might + have p.p.」와 같은 형태가 되어야 알맞으므로 (b) would have completed가 정답이다.

어휘 take ~의 시간이 걸리다 assign ~을 배정하다, 할당하다 refrain from -ing ~하는 것을 자제하다, 삼가다 while -ing ~하는 중에, ~하는 동안 complete ~을 완료하다

4.

정답 (b)

해석 여러 유명 인사들이 라이브 TV 프로그램에 출연한 동안 겪었던 의상 사고 때문에 비웃음거리가 되었다. 그들의 스타일리스트들이 의상에 대해 좀 더 세심했다면, 그 유명 인사들은 공개적으로 창피함을 당하는 일을 피할 수 있었을 것이다.

해설 동사 save의 알맞은 형태를 고르는 문제이다. If절의 동사가 had been과 같이 가정법 과거완료를 나타내는 「had p.p.」일 때, 주절의 동사는 「would/could/might + have p.p.」와 같은 형태가 되어야 알맞으므로 (b) could have saved가 정답이다.

어휘 celebrity 유명 인사 ridicule ~을 비웃다 wardrobe malfunction 의상 사고 suffer (좋지 않은 일) ~을 겪다, 당하다 meticulous 세심한, 꼼꼼한 outfit 의상, 옷 embarrassment 창피, 당혹, 난처함 save A from B: A가 B를 피하게 하다, 당하지 않게 하다

5.

정답 (a)

해석 찬사를 받고 있는 각본가 테일러 셰리던은 텍사스의 한 목장에서 불우하게 자랐다. 그는 자신의 가족이 1990년대에 있었던 힘든 경제 상황 속에서 가족 소유의 건물을 잃지 않았다면, 그곳에서 계속 살았을 거라고 말했다.

해설 동사 continue의 알맞은 형태를 고르는 문제이다. if절의 동사가 had not lost와 같이 가정법 과거완료를 나타내는 「had p.p.」일 때, if절과 연결되는 절의 동사는 「would/could/might + have p.p.」와 같은 형태가 되어야 알맞으므로 (a) would have continued가 정답이다.

어휘 acclaimed 찬사를 받는 screenwriter 각본가 grow up 자라다, 성장하다 underprivileged 불우한, 혜택 받지 못한 ranch 목장 property 건물, 부동산 economy 경제 continue -ing 계속 ~하다

6.

정답 (b)

해석 블레이크의 친구가 어젯밤에 그를 즉흥 파티에 초대하기 위해 전화했지만, 블레이크는 주의가 산만해져 그 전화를 무시했다. 그가 그 전화를 받기만 했어도, 그 모든 재미를 놓치지 않았을 것이다.

해설 동사 miss의 알맞은 형태를 고르는 문제이다. If절의 동사가 had answered와 같이 가정법 과거완료를 나타내는 「had p.p.」일 때, 주절의 동사는 「would/could/might + have p.p.」와 같은 형태가 되어야 알맞으므로 (b) would not have missed가 정답이다.

어휘 impromptu 즉흥적인, 즉석에서 하는 distracted 주의가 산만해진 ignore ~을 무시하다 miss ~을 놓치다, 지나치다

7.

정답 (c)

해석 십대였을 때, 라이언은 친구들에게 설득당해 공연 예술 동호회에 가입했다. 몇 년 만에, 그는 노래로 전국적인 돌풍을 일으키게 되었다. 그가 친구들의 말을 듣지 않았다면, 그렇게 인기 있는 사람이 되지 못했을 것이다.

해설 동사 become의 알맞은 형태를 고르는 문제이다. If절의 동사가 hadn't listened와 같이 가정법 과거완료를 나타내는 「had p.p.」일 때, 주절의 동사는 「would/could/might + have p.p.」와 같은 형태가 되어야 알맞으므로 (c) would not have become이 정답이다.

어휘   convince A to 동사원형: ~하도록 A를 설득하다   join ~에 가입하다, 합류하다   performing arts 공연 예술   sensation 돌풍(을 일으키는 존재)   popular 인기 있는   become 형용사: ~한 상태가 되다

8.

정답   (d)

해석   엘라는 비서로 고용되었다. 하지만, 최근에, 직무 설명에 포함되어 있지 않은 일을 많이 해 오고 있다. 자신의 상사가 그렇게 까다롭다는 걸 그녀가 알았다면, 그 일자리를 맡지 않았을 것이다.

해설   동사 take의 알맞은 형태를 고르는 문제이다. If절의 동사가 had known과 같이 가정법 과거완료를 나타내는 「had p.p.」일 때, 주절의 동사는 「would/could/might + have p.p.」와 같은 형태가 되어야 알맞으므로 (d) would not have taken이 정답이다.

어휘   hire ~을 고용하다   secretary 비서   lately 최근에   however 하지만, 그러나   job description 직무 설명   demanding 까다로운

9.

정답   (d)

해석   우리 사장님께서는 우리 사무실들을 재단장하기 위해 DM 건설 회사와 계약하신 것을 후회하고 계시는데, JS 리모델링 사가 동일한 서비스를 더 저렴한 가격에 제공하기 때문이다. 만일 사장님께서 더 일찍 그 경쟁사의 요금을 아셨다면, DM 건설회사를 고용하시지 않았을 것이다.

해설   동사 hire의 알맞은 형태를 고르는 문제이다. If절의 동사가 had learned와 같이 가정법 과거완료를 나타내는 「had p.p.」일 때, 주절의 동사는 「would/could/might + have p.p.」와 같은 형태가 되어야 알맞으므로 (d) would not have hired가 정답이다.

어휘   regret -ing ~한 것을 후회하다   contract ~와 계약하다   refurbish ~을 재단장하다   offer ~을 제공하다   competitor 경쟁사, 경쟁자   rate 요금, 비율, 속도, 등급   hire ~을 고용하다

10.

정답   (d)

해석   누군가가 즉각적인 금전적 이득을 약속하는 것으로 다단계 판매에 투자하도록 켄을 설득했다. 하지만, 그것은 사기였다. 켄이 그렇게 잘 믿는 사람이 아니었다면, 그 제안이 사실이라 하기엔 너무 좋은 조건이었다는 사실을 깨달았을 것이다.

해설   동사 realize의 알맞은 형태를 고르는 문제이다. If절의 동사가 hadn't been과 같이 가정법 과거완료를 나타내는 「had p.p.」일 때, 주절의 동사는 「would/could/might + have p.p.」와 같은 형태가 되어야 알맞으므로 (d) would have realized가 정답이다.

어휘   convince A to 동사원형: ~하도록 A를 설득하다   invest in ~에 투자하다   pyramid scheme 다단계 판매   by (방법) ~하는

것으로, ~해서   promise ~을 약속하다   immediate 즉각적인   financial 금전적인, 재정적인   gains 이득, 수익   however 하지만, 그러나   scam 사기   trusting (사람을) 잘 믿는   offer 제안   too good to be true 사실이라 하기엔 너무 좋은   realize that ~임을 깨닫다, 알게 되다

11.

정답   (b)

해석   내 담당 치과 의사 선생님은 사랑니 하나가 돋아 나오고 있어서 내 잇몸이 아픈 거라고 설명해 주셨다. 그녀는 그 치아가 더 빨리 제거되었어야 했다고 말씀하셨다. 내가 이 사실을 더 빨리 알았다면, 몇 개월 전에 뽑았을 것이다.

해설   동사 know의 알맞은 형태를 고르는 문제이다. If절이 포함된 가정법 문장에서, 주절의 동사가 would have had와 같은 「would/could/might + have p.p.」 형태일 때, If절의 동사는 가정법 과거완료를 나타내는 「had p.p.」가 되어야 알맞으므로 (b) had known 이 정답이다.

어휘   dentist 치과 의사   explain that ~라고 설명하다   gum 잇몸   ache 아프다   erupting 돋아나는   wisdom tooth 사랑니   should have p.p. ~했어야 했다   remove ~을 제거하다, 없애다   have A p.p.: A를 ~되게 하다   extract ~을 뽑다, 추출하다

12.

정답   (c)

해석   쉬리타르 칠랄은 가장 긴 손톱으로 세계 기록을 보유하고 있었다. 그의 왼손에 있는 손톱만 해도 총 909.6센티미터의 길이를 가지고 있었다. 칠랄의 손톱은 그가 2018년에 자르지 않았었다면 더 길어졌을 것이다.

해설   동사 cut의 알맞은 형태를 고르는 문제이다. if절이 포함된 가정법 문장에서, 주절의 동사가 would have been과 같은 「would/could/might + have p.p.」 형태일 때, if절의 동사는 가정법 과거완료를 나타내는 「had p.p.」가 되어야 알맞으므로 (c) had not cut이 정답이다.

어휘   hold ~을 보유하다, 유지하다   fingernail 손톱   alone (명사 뒤에서) ~ 하나만으로도

기출 POINT 9   기타 가정법

연습문제

1. (a)	2. (d)	3. (d)	4. (b)	5. (d)

1.

정답 (a)

해석 인터넷이 없다면, 소비자와 직접적으로 연결할 방법이 없을 것이다.

해설 be동사의 알맞은 형태를 고르는 문제이다. if절의 동사가 가정법 과거를 나타내는 과거시제(were)일 때, 주절의 동사는 「would/could/might + 동사원형」과 같은 형태가 되어야 알맞으므로 (a) would be가 정답이다.

어휘 go direct to ~로 직접 연결하다, ~에 직접 닿다 consumer 소비자

2.

정답 (d)

해석 당신의 도움이 없었다면, 나는 그 일을 제시간에 끝내지 못했을 것이다.

해설 동사 finish의 알맞은 형태를 고르는 문제이다. If절의 동사가 had not been과 같이 가정법 과거완료를 나타내는 「had p.p.」일 때, 주절의 동사는 「would/could/might + have p.p.」와 같은 형태가 되어야 알맞으므로 (d) wouldn't have finished가 정답이다.

어휘 help 도움 task 일, 업무 on time 제시간에

3.

정답 (d)

해석 3년 전에 내가 그 일을 받았더라면, 지금 나는 더 많은 돈을 받을 것이다.

해설 동사 get의 알맞은 형태를 고르는 문제이다. If절의 동사가 had taken과 같이 가정법 과거완료를 나타내는 「had p.p.」인 것에 반해, 주절에 현재시점을 나타내는 부사 now가 있으므로 주절은 현재 사실의 반대를 나타내는 가정법 과거로 쓰인 혼합 가정법 문장임을 알 수 있다. 따라서 주절의 동사는 가정법 과거의 주절로 「would/could/might + 동사원형」과 같은 형태가 되어야 알맞으므로 (d) would get이 정답이다.

어휘 take 받다, 취하다 job 일, 직장 get paid 돈을 받다, 봉급을 받다

4.

정답 (b)

해석 만약 내가 작년에 부동산 시장에 투자를 했더라면, 지금 나는 많은 수익을 벌 수 있을 것이다.

해설 동사 make의 알맞은 형태를 고르는 문제이다. If절의 동사가 had invested와 같이 가정법 과거완료를 나타내는 「had p.p.」인 것에 반해, 주절에 현재시점을 나타내는 부사 now가 있으므로 주절은 현재 사실의 반대를 나타내는 가정법 과거로 쓰인 혼합 가정법 문장임을 알 수 있다. 따라서 주절의 동사는 가정법 과거의 주절로 「would/could/might + 동사원형」과 같은 형태가 되어야 알맞으므로 (b) could make가 정답이다.

어휘 make profit 수익을 벌다, 이익을 얻다 invest 투자하다

property market 부동산 시장

5.

정답 (d)

해석 내가 일주일 전에 노트북 컴퓨터를 사지 않았더라면, 나는 지금 할인된 가격으로 살 수 있을 것이다.

해설 동사 get의 알맞은 형태를 고르는 문제이다. If절의 동사가 had not bought와 같이 가정법 과거완료를 나타내는 「had p.p.」인 것에 반해, 주절에 현재시점을 나타내는 부사 now가 있으므로 주절은 현재 사실의 반대를 나타내는 가정법 과거로 쓰인 혼합 가정법 문장임을 알 수 있다. 따라서 주절의 동사는 가정법 과거의 주절로 「would/could/might + 동사원형」과 같은 형태가 되어야 알맞으므로 (d) would get이 정답이다.

어휘 laptop computer 노트북 컴퓨터 discounted 할인된 price 가격

실전 문제풀이

1. (d)	2. (a)	3. (b)	4. (b)	5. (d)	6. (c)

1.

정답 (d)

해석 많은 기대를 받은 비디오 게임 <위자드 헌터 2>가 5월에 출시되었으며, 그 게임은 뒤섞인 논평을 받았다. 게임 내에 과도한 오류와 사소한 결함이 없다면, 그것은 평론가들과 게임 플레이어들에게 모두 더 높은 점수를 얻을 것이다.

해설 동사 earn의 알맞은 형태를 고르는 문제이다. if절의 동사가 가정법 과거를 나타내는 과거시제(were)일 때, 주절의 동사는 「would/could/might + 동사원형」과 같은 형태가 되어야 알맞으므로 (d) would earn이 정답이다.

어휘 much-anticipated 고대하던, 많은 기대를 받은 launch 출시하다, 발매하다 mixed 뒤섞인, 혼합된 review 논평, 평가 excessive 과도한, 지나친 bug (프로그램이나 게임 등의) 오류 glitch 사소한 결함 critic 평론가 earn 얻다

2.

정답 (a)

해석 허비의 어머니는 항상 그가 피아노를 연습하도록 격려하셨다. 그리고 그는 나아가서 세계적으로 유명한 음악가가 되었다. 만약 그의 어머니의 지지가 없었다면, 그는 그의 꿈을 이루지 못했을 것이다.

해설 동사 pursue의 알맞은 형태를 고르는 문제이다. If절의 동사가 had not been과 같이 가정법 과거완료를 나타내는 「had p.p.」일 때, 주절의 동사는 「would/could/might + have p.p.」와 같은 형태가 되어야 알맞으므로 (a) would not have pursued가 정답이다.

어휘 encourage A to 동사원형: A가 ~하도록 격려하다[장려하다] practice 연습하다 go on to 동사원형: 나아가 ~하게 되다 world-famous 세계적으로 유명한 musician 음악가

support 지지, 지원 pursue 추구하다, (꿈을) 이루다

3.

정답 (b)

해석 카일은 피츠버그에서 시카고로 그의 여동생과 그녀의 갓난아기를 방문하기 위해 9시간 이상 운전하고 있는 중이다. 만약 왕복 비행기 표가 좀 더 감당할 만한 가격이었다면, 그는 지금 길고 지루한 운전을 하며 시간을 보내지 않을 것이다.

해석 동사 spend의 알맞은 형태를 고르는 문제이다. If절의 동사가 had been과 같이 가정법 과거완료를 나타내는 「had p.p.」인 것에 반해, 주절에 현재시점을 나타내는 부사 now가 있으므로 주절은 현재 사실의 반대를 나타내는 가정법 과거로 쓰인 혼합 가정법 문장임을 알 수 있다. 따라서 주절의 동사는 가정법 과거의 주절로 「would/could/might + 동사원형」과 같은 형태가 되어야 알맞으므로 (b) wouldn't spend가 정답이다.

어휘 drive 운전하다 from A to B: A에서 B까지 round-trip 왕복의 affordable (가격이) 감당할 만한, 금전적 여유가 있는 spend (시간을) 보내다

4.

정답 (b)

해석 패티와 암릿은 그들의 집을 매매하려고 분투 중이다. 하지만 그건 그들의 잘못이다. 그들의 부동산 중개인은 그들이 더 합리적인 호가로 시작하기를 원했다. 만약 그들이 가격을 삭감했더라면, 그들은 지금 구매자를 만나 판매 계약을 완료할 것이다.

해설 동사 meet의 알맞은 형태를 고르는 문제이다. If절의 동사가 had cut와 같이 가정법 과거완료를 나타내는 「had p.p.」인 것에 반해, 주절에 현재시점을 나타내는 부사 now가 있으므로 주절은 현재 사실의 반대를 나타내는 가정법 과거로 쓰인 혼합 가정법 문장임을 알 수 있다. 따라서 주절의 동사는 가정법 과거의 주절로 「would/could/might + 동사원형」과 같은 형태가 되어야 알맞으므로 (b) would meet가 정답이다.

어휘 struggle to 동사원형: ~하려고 분투하다 fault 잘못 real estate agent 부동산 중개인 start with ~로 시작하다 reasonable 합리적인 asking price 호가, 팔려는 사람이 원하는 가격 cut down 삭감하다, 줄이다 buyer 구매자 complete 완료하다 sale contract 판매 계약

5.

정답 (d)

해석 제임스는 그의 노트북 컴퓨터가 매우 파괴적인 컴퓨터 바이러스에 감염된 이후에 그가 중요한 프로젝트에 관해 몇 주일 동안 작업량을 잃었다. 만약 그가 보안 소프트웨어의 업데이트를 유지했더라면, 지금쯤 그는 그 프로젝트를 거의 완료하였을 것이다.

해설 동사 finish의 알맞은 형태를 고르는 문제이다. If절의 동사가 had kept와 같이 가정법 과거완료를 나타내는 「had p.p.」인 것에 반해, 주절에 현재시점을 나타내는 부사 by now가 있으므로 주절은 현재 사실의 반대를 나타내는 가정법 과거로 쓰인 혼합 가정법 문장임을 알 수 있다. 따라서 주절의 동사는 가정법 과거의 주절로 「would/could/might + 동사원형」과 같은 형태가

되어야 알맞으므로 (d) would almost finish가 정답이다. 참고로 almost는 부사이므로 수식어구로 취급되어 동사의 형태에 영향을 주지 않는다.

어휘 lose 잃다 laptop 노트북 컴퓨터 get infected 감염되다 highly 매우, 아주 destructive 파괴적인 security 보안 up to date 최신의, 최신 업데이트 상태의 by now 지금쯤, 이제 almost 거의

6.

정답 (c)

해석 조는 그가 횡단보도에서 길을 건너는 동안 한 트럭이 적색등을 통과하여 빠르게 지나갈 때 그의 눈 앞의 그의 인생이 주마등처럼 스쳐갔다. 그가 조금만 더 빠르게 걸었더라면, 그는 지금 심각한 부상으로 인해 병원에 입원해 있을 것이다.

해설 be동사의 알맞은 형태를 고르는 문제이다. If절의 동사가 had walked와 같이 가정법 과거완료를 나타내는 「had p.p.」인 것에 반해, 주절에 현재시점을 나타내는 부사 now가 있으므로 주절은 현재 사실의 반대를 나타내는 가정법 과거로 쓰인 혼합 가정법 문장임을 알 수 있다. 따라서 주절의 동사는 가정법 과거의 주절로 「would/could/might + 동사원형」과 같은 형태가 되어야 알맞으므로 (c) would be가 정답이다.

어휘 flash 번쩍이다, 주마등처럼 지나가다 speed 빠르게 이동하다 through ~을 통과하여 cross (길을) 건너다 crosswalk 횡단보도 be in the hospital 병원에 입원하다 because of ~때문에, ~로 인해 injury 부상

기출 POINT 10 가정법의 도치

연습문제

1. (d)	2. (c)	3. (a)	4. (b)	5. (b)	6. (b)
7. (c)	8. (a)				

1.

정답 (d)

해석 만약 내가 3년전에 그 일자리를 받아들였더라면, 나는 지금 더 행복할 수 있을 것이다.

해설 be동사의 알맞은 형태를 고르는 문제이다. 빈칸 앞에 있는 Had I taken은 if가 생략된 if절의 도치구문으로, 원래 If I had taken이라는 형태임을 파악해야 한다. 또한 주절에 현재시점을 나타내는 부사 now가 있으므로 주절은 현재 사실의 반대를 나타내는 가정법 과거로 쓰인 혼합 가정법 문장임을 알 수 있다. 따라서 주절의 동사는 가정법 과거의 주절로 「would/could/might + 동사원형」과 같은 형태가 되어야 알맞으므로 (d) could be가 정답이다.

어휘 take 받아들이다, 취하다

2.

정답   (c)

해석   만약 내가 작년에 그 주식을 샀더라면 부자가 될 수 있었을 것이다.

해설   be동사의 알맞은 형태를 고르는 문제이다. 빈칸 뒤에 있는 had I bought는 if가 생략된 if절의 도치구문으로, 원래 If I had bought라는 형태임을 파악해야 한다. 따라서 If절의 동사가 가정법 과거완료를 나타내는 had p.p.(had bought)이므로 주절의 동사는 would/could/might have p.p와 같은 형태가 되어야 한다. 따라서 (c) could have been이 정답이다.

어휘   rich 부유한 stock 주식

3.

정답   (a)

해석   내가 대학을 다닐 때 공부를 열심히 했더라면, 나는 많은 장학금을 받았을 것이다.

해설   수동태 be granted의 알맞은 형태를 고르는 문제이다. 빈칸 앞에 있는 Had I studied는 if가 생략된 if절의 도치구문으로, 원래 If I had studied라는 형태임을 파악해야 한다. 따라서 If절의 동사가 가정법 과거완료를 나타내는 had p.p.(had studied)이므로 주절의 동사는 would/could/might have p.p와 같은 형태가 되어야 한다. 따라서 (a) would have been granted가 정답이다.

어휘   college 대학 scholarship 장학금 grant 수여하다, 주다

4.

정답   (b)

해석   만약 레이가 어젯밤 뉴스를 보았더라면, 그는 어제 무슨 일이 일어났는지 알았을 것이다.

해설   동사 know의 알맞은 형태를 고르는 문제이다. 빈칸 앞에 있는 Had Ray watched는 if가 생략된 if절의 도치구문으로, 원래 If Ray had watched라는 형태임을 파악해야 한다. 따라서 If절의 동사가 가정법 과거완료를 나타내는 had p.p.(had watched)이므로 주절의 동사는 would/could/might) have p.p.와 같은 형태가 되어야 한다. 따라서 (b) would have known이 정답이다.

5.

정답   (b)

해석   만약 제니가 좀더 일찍 비행기표를 샀더라면, 그녀는 지금 하와이에 있을지도 모른다.

해설   be동사의 알맞은 형태를 고르는 문제이다. 빈칸 앞에 있는 Had Jenny bought는 if가 생략된 if절의 도치구문으로, 원래 If Jenny had bought라는 형태임을 파악해야 한다. 또한 주절에 현재시점을 나타내는 부사 right now가 있으므로 주절은 현재 사실의 반대를 나타내는 가정법 과거로 쓰인 혼합 가정법 문장임을 알 수 있다. 따라서 주절의 동사는 가정법 과거의 주절로 「would/could/might + 동사원형」과 같은 형태가 되어야 알맞으므로 (b) might be가 정답이다.

6.

정답   (b)

해석   어제 네가 우리가 만나기로 동의한 곳에서 기다렸더라면, 우리는 아주 멋진 식사를 즐겼을 것이다.

해설   동사 enjoy의 알맞은 형태를 고르는 문제이다. 빈칸 앞에 있는 Had you waited는 if가 생략된 if절의 도치구문으로, 원래 If you had waited라는 형태임을 파악해야 한다. 따라서 If절의 동사가 가정법 과거완료를 나타내는 had p.p.(had waited)이므로 주절의 동사는 would/could/might have p.p와 같은 형태가 되어야 한다. 따라서 (b) would have enjoyed가 정답이다.

어휘   agree to 동사원형: ~하기로 동의하다 meal 식사

7.

정답   (c)

해석   알렉스가 오늘 아침 나에게 전화를 하지 않았더라면, 나는 제시간에 구직 면접에 참석할 수 없었을 것이다.

해설   동사 attend의 알맞은 형태를 고르는 문제이다. 빈칸 앞에 있는 Had Alex not called는 if가 생략된 if절의 도치구문으로, 원래 If Alex had not called라는 형태임을 파악해야 한다. 따라서 If절의 동사가 가정법 과거완료를 나타내는 had p.p.(had not called)이므로 주절의 동사는 would/could/might have p.p와 같은 형태가 되어야 한다. 따라서 (c) couldn't have attended가 정답이다.

어휘   job interview 구직 면접 on time 제시간에 attend 참석하다

8.

정답   (a)

해석   내가 그 식당에 예약을 했더라면, 우리는 어젯밤 바깥에서 40분 동안 기다리지 않았을 것이다.

해설   동사 wait의 알맞은 형태를 고르는 문제이다. 빈칸 앞에 있는 Had I made는 if가 생략된 if절의 도치구문으로, 원래 If I had made라는 형태임을 파악해야 한다. 따라서 If절의 동사가 가정법 과거완료를 나타내는 had p.p.(had made)이므로 주절의 동사는 would/could/might have p.p와 같은 형태가 되어야 한다. 따라서 (a) wouldn't have waited가 정답이다.

어휘   make a reservation 예약하다

실전 문제풀이

| 1. (a) | 2. (a) | 3. (a) | 4. (d) | 5. (c) | 6. (d) |
| 7. (c) | 8. (b) | 9. (c) | 10. (d) | 11. (d) | 12. (a) |

1.

정답 (a)

해석 페넬로페는 어제 테니스장에서 전 상사가 자신에게 다가왔을 때 놀랐다. 이들은 간단하면서도 어색한 이야기를 나눴다. 돌이켜 생각해 보면, 그녀가 그렇게 긴장하지 않았다면 더 나은 대화를 했을 것이다.

해설 동사 have의 알맞은 형태를 고르는 문제이다. 빈칸 뒤에 「had + 주어 + p.p.」의 어순으로 된 had she not been이 쓰여 있는데, 이는 가정법 과거완료 문장의 if절에서 if가 생략되고 had가 주어 앞으로 이동하면서 도치된 구조이다. 따라서, 빈칸에 가정법 과거완료 문장의 if절과 연결되는 절에 쓰이는 「would/could/might + have p.p.」와 같은 형태로 된 동사가 쓰여야 알맞으므로 (a) would have had가 정답이다.

어휘 former 전 ~의, 이전의 approach ~에게 다가가다, 다가오다 awkward 어색한 in retrospect 돌이켜 생각해 보면 nervous 긴장한, 초조한

2.

정답 (a)

해석 콜라를 아주 좋아하는 사람들이 한 소프트 드링크 제조사에서 자사의 새로운 "아보카도 맛 콜라"를 발표했을 때 혐오스러워했다. 이 사람들이 그 발표가 4월 1일에 있었다는 점을 알아차렸다면, 그 회사에서 장난을 치고 있었다는 사실을 깨달았을 것이다.

해설 동사 realize의 알맞은 형태를 고르는 문제이다. 빈칸 앞에 「Had + 주어 + p.p.」의 어순으로 된 Had they noticed로 시작되는 절이 쓰여 있는데, 이는 가정법 과거완료 문장의 If절에서 If가 생략되고 had가 주어 앞으로 이동하면서 도치된 구조이다. 따라서, 빈칸에 가정법 과거완료 문장의 If절과 연결되는 주절에 쓰이는 「would/could/might + have p.p.」와 같은 형태로 된 동사가 쓰여야 알맞으므로 (a) would have realized가 정답이다.

어휘 disgusted 혐오스러워하는, 역겨워하는 manufacturer 제조사 announce ~을 발표하다, 알리다 A-flavored: A의 맛이 나는 notice that ~임을 알아차리다, ~라는 점에 주목하다 play a joke 장난을 치다, 농담하다 realize that ~임을 깨닫다, 알게 되다

3.

정답 (a)

해석 리자는 고인이 된 배우 제임스 딘의 엄청난 팬이다. 그녀는 이 배우가 1955년에 비극적인 자동차 사고로 사망하지 않았다면 연기 경력에서 훨씬 더 훌륭한 일들을 이뤘을 것이라고 생각한다.

해설 동사 accomplish의 알맞은 형태를 고르는 문제이다. 빈칸 뒤에 「had + 주어 + p.p.」의 어순으로 된 had he not died로 시작되는 절이 쓰여 있는데, 이는 가정법 과거완료 문장의 if절에서 if가 생략되고 had가 주어 앞으로 이동하면서 도치된 구조이다. 따라서, 빈칸에 가정법 과거완료 문장의 if절과 연결되는 절에 쓰이는 「would/could/might + have p.p.」와 같은 형태로 된 동사가 쓰여야 알맞으므로 (a) would have accomplished가 정답이다.

어휘 huge 엄청난 the late 고인이 된, 고 ~ even (비교급 강조) 훨씬 tragic 비극적인 accomplish ~을 이루다, 성취하다

4.

정답 (d)

해석 에리카는 오늘 47번가에서 일어난 차 사고로 인한 교통 체증에 잡혀 직장에 늦었다. 차 사고가 없었다면, 그녀는 사무실에 제때 도착했을 것이다.

해설 동사 arrive의 알맞은 형태를 고르는 문제이다. 빈칸 앞에 「Had + 주어 + p.p.」의 어순으로 된 Had it not been으로 시작되는 절이 쓰여 있는데, 이는 가정법 과거완료 문장의 If절에서 If가 생략되고 had가 주어 앞으로 이동하면서 도치된 구조이다. it had not been for는 '~가 없었다면'이라는 의미로, without 가정법 과거완료와 동일하다. 가정법 과거완료를 나타내는 had p.p.(had not been)이므로 주절의 동사는 would/could/might have p.p와 같은 형태가 되어야 한다. 따라서 (d) would have arrived가 정답이다.

어휘 be late for ~에 늦다 be caught in traffic 교통 체증에 잡히다 due to ~로 인해 accident 사고 on time 제 시간에, 시간에 맞게, 정각에

5.

정답 (c)

해석 몇몇의 고위급 독일국방군 장교들이 1944년 7월 20일에 발키리 작전이라고 알려지게 된 작전에서 아돌프 히틀러의 암살을 시도했다. 그 쿠데타가 성공했더라면, 서부전선에서의 군사적 충돌은 더 빨리 끝났을 것이다.

해설 동사 end의 알맞은 형태를 고르는 문제이다. 빈칸 앞에 있는 Had the coup been successful은 if가 생략된 if절의 도치구문으로, 원래 If the coup had been successful이라는 형태임을 파악해야 한다. 따라서 If절의 동사가 가정법 과거완료를 나타내는 had p.p.(had been)이므로 주절의 동사는 would/could/might have p.p와 같은 형태가 되어야 한다. 따라서 (c) would have likely ended가 정답이다.

어휘 high-ranking 고위 계급의 Wehrmacht (나치) 독일 국방군 officer 장교 attempt to 동사원형: ~하려고 시도하다 assassinate 암살하다 operation (군사적인) 작전 coup 쿠데타, 군사 혁명 military 군대의, 군사적인 conflict 충돌, 갈등 front (전쟁의) 전선 likely 아마, 어쩌면

6.

정답 (d)

해석 암세포의 성장을 막을 가능성이 있는 강력한 신약이 "검사 불충분"을 이유로 FDA에 의해 출시가 무기한으로 연기되었다. FDA가 허가 요건에서 좀 더 관대했더라면, 수없이 많은 암 환자들이 치료받을 수 있었다.

해설 수동태 표현 be treated의 알맞은 형태를 고르는 문제이다. 빈칸 뒤에 있는 had the FDA been more lenient는 if가 생

락된 if절의 도치구문으로, 원래 if the FDA had been more lenient라는 형태임을 파악해야 한다. If절의 동사가 가정법 과거완료를 나타내는 had p.p.(had been)이므로 주절의 동사는 would/could/might have p.p와 같은 형태가 되어야 한다. 따라서 (d) could have been treated가 정답이다.

어휘 powerful 강력한 drug 약 prevent 방지하다, 막다 growth 성장 cancer 암 cell 세포 release 출시, 판매 postpone 연기하다 indefinitely 무기한으로, 무한하게 due to ~로 인해 claim 주장하다 insufficient 불충분한 testing 검사 countless 셀 수 없이 많은 lenient 관대한 requirement 요구조건 treat 치료하다

7.

정답 (c)

해석 2021년에, 게임스탑은 미국 주식 시작에 중대한 문제를 일으켰다. 만약 큰 무리의 사람들이 동시에 그것을 사기로 비밀리에 동의하지 않았더라면, 그것의 가치는 실제로 그러했던 대로 급등하지 않았을 것이다.

해설 동사 skyrocket의 알맞은 형태를 고르는 문제이다. 빈칸 앞에 있는 Had a large group of people not secretly agreed는 if가 생략된 if절의 도치구문으로, 원래 If a large group of people had not secretly agreed라는 형태임을 파악해야 한다. 따라서 If절의 동사가 가정법 과거완료를 나타내는 had p.p.(had agreed)이므로 주절의 동사는 would/could/might have p.p와 같은 형태가 되어야 한다. 따라서 (c) would not have skyrocketed가 정답이다.

어휘 cause 일으키다, 야기하다 major 중대한 upset 문제, 곤란 stock market 주식 시장 a large group 큰 규모의, 큰 무리의 secretly 비밀리에 agreed to 동사원형: ~하기로 동의하다 purchase 구매하다 at the same time 동시에 value 가치 skyrocket 급등하다

8.

정답 (b)

해석 캐롤은 오늘 있을 부서 교육 행사에 필요한 음식이 거의 두배 정도가 있다는 것을 깨달았다. 그녀가 두 번째 세션이 있을 것이라고 고지 받았더라면, 그녀는 음식 공급을 더 적게 주문했을 것이다.

해설 동사 place의 알맞은 형태를 고르는 문제이다. 빈칸 앞에 있는 Had she been informed는 if가 생략된 if절의 도치구문으로, 원래 If she had been informed라는 형태임을 파악해야 한다. 따라서 If절의 동사가 가정법 과거완료를 나타내는 had p.p.(had been)이므로 주절의 동사는 would/could/might have p.p와 같은 형태가 되어야 한다. 따라서 (b) would have placed가 정답이다.

어휘 realize 깨닫다, 알아차리다 nearly 거의 twice 두배의 department 부서 training 교육, 트레이닝, 훈련 event 행사 inform 알리다, 고지하다 place an order 주문하다 catering (파티나 행사 등의) 음식 공급

9.

정답 (c)

해석 앤디는 정기 점검을 위해 차량 정비소에 차를 가져갔을 때 그가 가지고 있던 쿠폰에 대해 잊고 있었다. 그가 그것을 기억했더라면, 그는 네 개의 타이어 전부를 하나의 가격으로 교체할 수 있었을 것이다!

해설 동사 replace의 알맞은 형태를 고르는 문제이다. 빈칸 앞에 있는 Had he remembered는 if가 생략된 if절의 도치구문으로, 원래 If he had remembered라는 형태임을 파악해야 한다. 따라서 If절의 동사가 가정법 과거완료를 나타내는 had p.p.(had remembered)이므로 주절의 동사는 would/could/might have p.p와 같은 형태가 되어야 한다. 따라서 (c) could have replaced가 정답이다.

어휘 regular maintenance (차, 기계 등의) 정기 점검, 정기적인 유지보수 replace 교체하다

10.

정답 (d)

해석 힐러리 클린턴은 2016년 미국 대통령 선거 일반 투표에서 상당한 차이로 이겼다. 만약 그녀가 선거인단 투표에서 또한 이겼더라면, 그녀는 미국 최초의 여성 대통령이 되었을 것이다.

해설 동사 become의 알맞은 형태를 고르는 문제이다. 빈칸 앞에 있는 Had she also won은 if가 생략된 if절의 도치구문으로, 원래 If she had also won이라는 형태임을 파악해야 한다. 따라서 If절의 동사가 가정법 과거완료를 나타내는 had p.p.(had won)이므로 주절의 동사는 would/could/might have p.p와 같은 형태가 되어야 한다. 따라서 (d) would have become이 정답이다.

어휘 popular vote 일반 투표 presidential election 대통령 선거 significant 상당한 margin 차이 electoral college vote 선거인단 투표 female 여성의 president 대통령

11.

정답 (d)

해석 새라는 오늘 아침에 있는 시험을 위해 벼락치기 공부를 하느라 밤을 지새웠지만 그녀는 알람 시계를 맞추는 것을 잊어버렸다. 만약 그녀의 사촌이 그녀에게 행운을 빌기 위해 전화를 하지 않았더라면, 그녀는 학교로 가는 버스를 놓쳤을 것이다!

해설 동사 miss의 알맞은 형태를 고르는 문제이다. 빈칸 앞에 있는 Had her cousin not called는 if가 생략된 if절의 도치구문으로, 원래 If her cousin had not called라는 형태임을 파악해야 한다. 따라서 If절의 동사가 가정법 과거완료를 나타내는 had p.p.(had not called)이므로 주절의 동사는 would/could/might have p.p와 같은 형태가 되어야 한다. 따라서 (d) would have missed가 정답이다.

어휘 stay up all night 밤을 지새우다 cram 벼락치기 공부를 하다 set an alarm 알람 시계를 맞추다 wish good luck 행운을 빌다 miss 놓치다

12.

정답 (a)

해석 | 루카스는 올해의 카운티 과학 박람회에 참가하고 싶어하지 않았다. 그의 선생님은 만약 풍력 발전용 터빈에 대한 그의 아이디어를 제출했다면, 그는 그 행사에서 최상위 상 중에 하나를 받았을 것이라고 말했다.

해설 | 동사 win의 알맞은 형태를 고르는 문제이다. 빈칸 앞에 있는 had he submitted는 if가 생략된 if절의 도치구문으로, 원래 If he had submitted라는 형태임을 파악해야 한다. 따라서 If절의 동사가 가정법 과거완료를 나타내는 had p.p.(had submitted)이므로 주절의 동사는 would/could/might have p.p와 같은 형태가 되어야 한다. 따라서 (a) would have won이 정답이다.

어휘 | participate in ~에 참가하다 fair 박람회 submit 제출하다 wind turbine 풍력 발전용 터빈 prize 상 event 행사

실전 CHECK-UP 2

1. (a)	2. (b)	3. (c)	4. (a)	5. (b)	6. (c)
7. (b)	8. (c)	9. (b)	10. (a)	11. (b)	12. (c)

1.

정답 | (a)

해석 | 유명한 루이스와 클라크 원정대의 가이드였던 새커거위아와 관련해 상반되는 이야기가 많이 존재한다. 내가 과거로 돌아가게 된다면, 새커거위아에 관한 직접적인 지식을 얻기 위해 그녀를 인터뷰할 것이다.

해설 | 동사 interview의 알맞은 형태를 고르는 문제이다. If절의 동사가 가정법 과거를 나타내는 과거시제(were)일 때, 주절의 동사는 「would/could/might + 동사원형」과 같은 형태가 되어야 알맞으므로 (a) would interview가 정답이다.

어휘 | There exist A: A가 존재하다, A가 있다 conflicting 상반되는, 모순되는 account 이야기 expedition 원정(대), 탐험(대) be to 동사원형: ~하게 되다, ~해야 하다, ~할 예정이다 gain ~을 얻다 firsthand 직접적인, 직접 얻은

2.

정답 | (b)

해석 | 제임스는 그 뮤지컬의 배역 하나를 제안 받았지만, 무대에서 공연하는 것이 긴장되었기 때문에 거절했다. 그가 연출자로부터 조금 더 격려를 받았다면, 아마 그 역할을 수락했을 것이다.

해설 | 동사 accept의 알맞은 형태를 고르는 문제이다. If절의 동사가 had received와 같이 가정법 과거완료를 나타내는 「had p.p.」일 때, 주절의 동사는 「would/could/might + have p.p.」와 같은 형태가 되어야 알맞으므로 (b) would have accepted가 정답이다.

어휘 | offer A B: A에게 B를 제안하다, 제공하다 reject ~을 거절하다, 거부하다 be nervous about ~에 대해 긴장하다 onstage 무대에서 receive ~을 받다 encouragement 격려(의 말) director 연출자, 감독 accept ~을 수락하다, 받아들이다

3.

정답 | (c)

해석 | 위험할 수도 있긴 하지만, 패트릭은 비가 내리는 동안 수영하는 것을 좋아한다. 어젯밤에 비가 내려서 그가 수영하러 갈 뻔하긴 했지만, 대신 늦게까지 일해야 했다.

해설 | 동사 go의 알맞은 형태를 고르는 문제이다. 빈칸 뒤에 위치한 but절에 과거시제 동사 had to work와 함께 어제 늦게까지 일해야 했다는 말이 쓰여 있어 빈칸이 속한 주절은 어젯밤에 실제로 수영하러 가지 않은 것에 대해 '수영하러 갈 뻔했다' 또는 '수영하러 갔을 것이다'와 같이 과거에 발생하지 않은 일에 대한 가정의 의미를 나타내야 자연스럽다. 따라서, '~할 뻔했다, ~했을 것이다'와 같은 의미를 나타낼 때 사용하는 would have p.p.의 형태인 (c) would have gone이 정답이다.

어휘 | while ~하는 동안, ~인 반면 had to 동사원형: ~해야 했다 instead 대신 would have p.p. ~했을 것이다

4.

정답 | (a)

해석 | 내가 기분이 언짢을 때마다 우리 강아지 스파키가 나를 위로하는 방식은 놀랍다. 항상 날 미소 짓게 만드는 귀여운 행동을 한다. 사람들이 강아지만큼 공감하기만 한다면, 세상이 조금 더 친절해질 것이다.

해설 | be동사의 알맞은 형태를 고르는 문제이다. If절의 동사가 가정법 과거를 나타내는 과거시제(were)일 때, 주절의 동사는 「would/could/might + 동사원형」과 같은 형태가 되어야 알맞으므로 (a) would be가 정답이다.

어휘 | comfort ~을 위로하다 whenever ~할 때마다, ~할 때는 언제든 upset 기분이 언짢은, 화가 난 make A 동사원형: A를 ~하게 만들다 as A as B: B만큼 A한 empathetic 공감하는 a little bit 조금, 약간

5.

정답 | (b)

해석 | 일부 전문가들은 세계 인구가 15년 후에 위기 수준에 이를 것이라고 생각한다. 인류가 또 다른 거주 가능한 행성을 발견하게 된다면, 난 지구의 인구 문제에서 벗어나기 위해 즉시 그곳으로 이주할 것 같다.

해설 | 동사 move의 알맞은 형태를 고르는 문제이다. If절의 동사가 가정법 과거를 나타내는 과거시제(were)일 때, 주절의 동사는 「would/could/might + 동사원형」과 같은 형태가 되어야 알맞으므로 (b) would move가 정답이다.

어휘 | expert 전문가 population 인구 reach ~에 이르다, 도달하다 crisis 위기 in 기간: ~ 후에 be to 동사원형: ~하게 되다, ~해야 하다, ~할 예정이다 discover ~을 발견하다 habitable 거주 가능한 planet 행성 immediately 즉시 escape ~에 벗어나다, 탈출하다

6.

정답 | (c)

해석 | 제롬은 오늘 헤이스팅스 전투에 관한 깜짝 쪽지 시험을 봤다. 다행히, 그는 항상 역사 수업 전에 할당된 독서 과제 내용을 살펴본다. 그가 그 특정 장의 내용을 그저 살펴보지 않았었다면, 쪽지 시험을 잘 보지 못했을 것이다.

해설 | 동사 do의 알맞은 형태를 고르는 문제이다. If절의 동사가 had looked와 같이 가정법 과거완료를 나타내는 「had p.p.」일 때, 주절의 동사는 「would/could/might + have p.p.」와 같은 형태가 되어야 알맞으므로 (c) would not have done well이 정답이다.

어휘 | take a quiz 쪽지 시험을 보다 review ~을 살펴보다, 검토하다 (= look over) assigned 할당된, 배정된 particular 특정한

7.

정답 | (b)

해석 | <사모트라케의 니케>는 승리의 여신 니케의 머리 없는 조각상이다. 머리가 없기 때문에, 관람객들은 보통 그 여신의 얼굴 표정을 궁금해한다. 그 조각품이 여전히 온전한 상태라면, 사람들이 이 세부 요소에 대해 궁금해할 필요가 없을 것이다.

해설 | 동사구 have to wonder의 알맞은 형태를 고르는 문제이다. If절의 동사가 가정법 과거를 나타내는 과거시제(were)일 때, 주절의 동사는 「would/could/might + 동사원형」과 같은 형태가 되어야 알맞으므로 (b) would not have to wonder가 정답이다.

어휘 | statue 조각상 goddess 여신 missing 없는, 사라진, 빠진 viewer 관람객, 보는 사람 be curious about ~을 궁금해하다 facial expression 얼굴 표정 sculpture 조각품 intact 온전한 detail 세부 요소 wonder 궁금해하다

8.

정답 | (c)

해석 | 한 TV 프로그램 참가자가 1백만 달러가 걸린 질문에 대답할 수 없었다. 그는 정답을 안다고 생각했지만, 마지막 순간에 당황했다. 그가 그저 자신의 직감을 따랐다면, 백만장자로 그 프로그램을 떠날 수 있었을 것이다.

해설 | 동사 leave의 알맞은 형태를 고르는 문제이다. If절의 동사가 had followed와 같이 가정법 과거완료를 나타내는 「had p.p.」일 때, 주절의 동사는 「would/could/might + have p.p.」와 같은 형태가 되어야 알맞으므로 (c) could have left가 정답이다.

어휘 | contestant (대회 등의) 참가자, 경쟁자 panic (동) 당황하다 instinct 직감, 본능 millionaire 백만장자 leave ~을 떠나다, ~에서 나가다

9.

정답 | (b)

해석 | 캘리포니아에서도, <디아 데 로스 무에르토스>, 즉 '죽은 자들의 날'을 기념하지만, 멕시코에서 하는 것보다 음식도 더 적고 장식물도 더 적다. 우리가 멕시코에서 살고 있다면, 분명 더 축제 같은 분위기로 이 휴일을 기념할 것이다.

해설 | 동사 celebrate의 알맞은 형태를 고르는 문제이다. If절의 동사가 가정법 과거를 나타내는 과거시제(lived)일 때, 주절의 동사는 「would/could/might + 동사원형」과 같은 형태가 되어야 알맞으므로 (b) would definitely celebrate이 정답이다.

어휘 | observe ~을 기념하다, 축하하다(= celebrate) decoration 장식(물) festive 축제 같은, 축제의 atmosphere 분위기 definitely 분명히, 확실히

10.

정답 | (a)

해석 | 조엘은 전에 반에서 계속 1등을 했다. 하지만, 비디오게임에 중독되어서 지금은 공부를 등한시하고 있다. 내가 조엘이라면, 이 중독 문제를 해결하기 위해 전문적인 도움을 구할 것이다.

해설 | 동사 seek의 알맞은 형태를 고르는 문제이다. If절의 동사가 가정법 과거를 나타내는 과거시제(were)일 때, 주절의 동사는 「would/could/might + 동사원형」과 같은 형태가 되어야 알맞으므로 (a) would seek이 정답이다.

어휘 | used to 동사원형: 전에 ~했다 consistently 지속적으로, 일관되게 however 하지만, 그러나 become 형용사: ~한 상태가 되다 addicted to ~에 중독된 neglect ~을 등한시하다, 게을리하다 address (동) (문제 등) ~을 해결하다, 다루다 addiction 중독 seek ~을 구하다, 찾다

11.

정답 | (b)

해석 | 더 와일드 웨이더스는 아주 중요한 수구 경기에서 졌는데, 소속 스타 선수가 식중독에 걸렸기 때문이었다. 그녀가 경기할 수 있었다면, 팀은 그 경기에서 이기고 결승전에 진출했을 것이다.

해설 | 동사 win의 알맞은 형태를 고르는 문제이다. If절의 동사가 had been과 같이 가정법 과거완료를 나타내는 「had p.p.」일 때, 주절의 동사는 「would/could/might + have p.p.」와 같은 형태가 되어야 알맞으므로 (b) would have won이 정답이다.

어휘 | crucial 아주 중요한 water polo 수구 food poisoning 식중독 be able to 동사원형: ~할 수 있다 advance to ~로 진출하다 finals 결승전

12.

정답 | (c)

해석 | 유니콘은 이마에 나선형 뿔이 달린 말같이 생긴 신화적 창조물이다. 유니콘이 실제로 있다면, 아무도 포획할 수 없을 텐데, 대단히 찾기 힘든 것으로 전해지기 때문이다.

해설 | be동사의 알맞은 형태를 고르는 문제이다. If절의 동사가 가정법 과거를 나타내는 과거시제(were)일 때, 주절의 동사는 「would/could/might + 동사원형」과 같은 형태가 되어야 알맞으므로 (c) would be able이 정답이다.

어휘 | mythical 신화적인 A-like: A 같은 creature 창조물 spiral 나선형의 horn 뿔 forehead 이마 capture ~을 포획하다 be said to 동사원형: ~하는 것으로 전해지다 extremely 대단히, 매우, 극도로 elusive 찾기 힘든 be able to 동사원형: ~할 수 있다

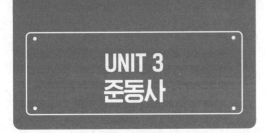

UNIT 3
준동사

기출 POINT 11 to부정사(1)

연습문제

1. (a)	2. (d)	3. (c)	4. (d)
5. (b)	6. (a)	7. (d)	8. (d)

1.

정답 (a)

해석 스미스 씨는 이번 주말에 딸의 생일 파티를 열어 줄 계획을 하고 있었다.

해설 동사 throw의 알맞은 형태를 고르는 문제이다. 빈칸 앞에 과거 진행시제로 쓰인 동사 plan은 to부정사를 목적어로 취하여 '~할 계획을 하다'라는 의미로 쓰이므로 (a) to throw가 정답이다.

어휘 plan 계획하다 throw a party 파티를 열다

2.

정답 (d)

해석 우리는 가까스로 제시간에 그 프로젝트를 마쳤다.

해설 동사 finish의 알맞은 형태를 고르는 문제이다. 빈칸 앞에 위치한 동사 manage는 to부정사를 목적어로 취하여 '가까스로 ~하다', '어떻게든 ~하다'라는 의미로 쓰이므로 (d) to finish가 정답이다.

어휘 manage to 동사원형: 어떻게든 ~하다, 가까스로 ~하다 on time 제시간에

3.

정답 (c)

해석 나의 신구 두 명은 올림픽 대회의 개회식에 가기를 정말로 원했다. 하지만 그들은 표를 사지 못했다.

해설 동사 go의 알맞은 형태를 고르는 문제이다. 빈칸 앞에 과거시제로 쓰인 동사 want는 to부정사를 목적어로 취하여 '~하기를 원하다', '~하고 싶어 하다'라는 의미로 쓰이므로 (c) to go가 정답이다.

어휘 opening ceremony 개회식 fail to 동사원형: ~하지 못하다, ~하는 데 실패하다

4.

정답 (d)

해석 한셀 호텔에서, 저희는 항상 저희 고객들에게 최고의 서비스와 숙박 시설을 제공하고자 노력합니다.

해설 동사 provide의 알맞은 형태를 고르는 문제이다. 빈칸 앞에 위치한 동사 strive는 to부정사를 목적어로 취하여 '~하고자 노력하다', '~하도록 분투하다'라는 의미로 쓰이므로 (d) to provide가 정답이다.

어휘 strive to 동사원형: ~하고자 노력하다, ~하려고 분투하다 accommodation 숙박 시설 customer 손님, 고객 provide 제공하다

5.

정답 (b)

해석 인사부장은 지원자들에게 그들의 이력서와 추천서를 제출할 것을 요구하였다.

해설 동사 submit의 알맞은 형태를 고르는 문제이다. 빈칸이 속한 문장의 동사 required는 「require + 목적어 + to do」의 구조로 쓰여 '~에게 …하도록 요구하다'와 같은 의미로 쓰인다. 따라서, 목적어 the applicants 뒤에 위치한 빈칸은 to부정사가 필요한 자리이므로 (b) to submit이 정답이다.

어휘 HR manager 인사부장 require 요구하다 applicant 지원자, 신청자 résumé 이력서 a letter of reference 추천서 submit 제출하다

6.

정답 (a)

해석 부장은 톰슨 씨가 이번 토요일에 판매 회의에 참석할 것으로 기대한다.

해설 동사 attend의 알맞은 형태를 고르는 문제이다. 빈칸이 속한 문장의 동사 expects는 「expect + 목적어 + to do」의 구조로 쓰여 '~가 …하기를 기대하다[예상하다]'와 같은 의미로 쓰인다. 따라서, 목적어 Mr. Thompson 뒤에 위치한 빈칸은 to부정사가 필요한 자리이므로 (a) to attend가 정답이다.

어휘 manager 부장, 매니저 expect 기대하다, 예상하다 sales conference 판매 회의 attend 참석하다

7.

정답 (d)

해석 그 신기술은 우리가 전기 사용량을 30%까지 줄일 수 있게 한다.

해설 동사 lower의 알맞은 형태를 고르는 문제이다. 빈칸이 속한 문장의 동사 enables는 「enable + 목적어 + to do」의 구조로 쓰여 '~가 …하도록 하다, ~에게 …하는 것을 가능하게 하다'와 같은 의미로 쓰인다. 따라서, 목적어 us 뒤에 위치한 빈칸은 to부정사가 필요한 자리이므로 (d) to lower가 정답이다.

어휘 technology 기술 enable 가능하게 하다 electricity 전기 use 사용(량) by ~까지 lower 줄이다, 낮추다

8.

정답 (d)

해석 나의 부모님은 거실에 어질러져 있는 것을 치우라고 나에게 말씀하셨다.

해설 동사 clean up의 알맞은 형태를 고르는 문제이다. 빈칸이 속한 문장의 동사 told는 「tell + 목적어 + to do」의 구조로 쓰여 '~에게 …하라고 말하다'와 같은 의미로 쓰인다. 따라서, 목적어 me 뒤에 위치한 빈칸은 to부정사가 필요한 자리이므로 (d) to clean up이 정답이다.

어휘 the mess 어질러져 있는 것, 지저분한 것 living room 거실 clean up 치우다, 청소하다

실전 문제풀이

1. (d)	2. (c)	3. (b)	4. (b)	5. (b)	6. (c)
7. (b)	8. (a)	9. (b)	10. (d)	11. (b)	12. (c)

1.

정답 (d)

해석 심리학적인 실험에서 둥글고 방울 같은 모양과 각이 져 있고 뾰족한 모양을 이용해 부바/키키 효과를 입증했다. 이 실험에서, 참가자들은 "부바"라는 단어를 둥근 모양과, 그리고 "키키"라는 단어를 삐죽한 모양과 연관 짓는 경향이 있었다.

해설 동사 associate의 알맞은 형태를 고르는 문제이다. 빈칸 앞에 과거시제로 쓰여 있는 동사 tend는 to부정사를 목적어로 취하므로 (d) to associate이 정답이다.

어휘 psychological 심리학적인 experiment 실험 demonstrate ~을 입증하다, 증명하다 bouba/kiki effect 부비/키키 효과(음성과 사물의 시각적 형태 관계에 대한 효과) rounded 둥근 blob 방울 angular 각이 진 spiky 뾰족한 participant 참가자 jagged 삐죽한 associate A with B: A를 B와 연관 짓다

2.

정답 (c)

해석 "금주가"는 알코올 음료를 마시는 것을 완전히 삼가는 사람들이다. 일부 금주가들이 개인적인 이유로 알코올 음료를 피하는 반면, 다른 이들은 문화 및 종교적인 관행뿐만 아니라 건강상의 우려 때문에 알코올 음료를 마시지 않기로 결정하기도 한다.

해설 동사 drink의 알맞은 형태를 고르는 문제이다. 빈칸 앞에 위치한 choose는 to부정사와 결합해 '~하기로 결정하다, 선택하다'라는 의미를 나타내므로 (c) to drink가 정답이다.

어휘 teetotaler 금주가 completely 완전히, 전적으로 abstain from -ing ~하는 것을 삼가다 beverage 음료 while ~인 반면 choose (not) to do ~하기로(하지 않기로) 결정하다, 선택하다 religious 종교적인 practice 관행, 관례 as well as ~뿐만 아니라 …도 concern 우려, 걱정

3.

정답 (b)

해석 영어는 15세기에서 18세기까지 일련의 발음 변화 과정을 거쳤다. 이 "대모음 추이"는 대부분의 중세 영어 모음의 소리가 입 안에서 더 높은 쪽에서, 그리고 더 먼 쪽에서 발음되도록 초래했다.

해설 수동태 be pronounced의 알맞은 형태를 고르는 문제이다. 빈칸이 속한 문장의 동사 caused는 「cause + 목적어 + to do」의 구조로 쓰여 '~에게 …하도록 초래하다, ~에게 …하게 만들다'와 같은 의미로 쓰인다. 따라서, 목적어 most Middle English vowel sounds 뒤에 위치한 빈칸은 to부정사가 필요한 자리이므로 (b) to be pronounced가 정답이다.

어휘 go through ~을 거치다, 겪다 a series of 일련의 pronunciation 발음 cause A to 동사원형: A에게 ~하도록 초래하다, A에게 ~하도록 만들다 vowel sound 모음 farther 더 멀리 pronounce ~을 발음하다

4.

정답 (b)

해석 허버트 스넬은 그랜트 대학교를 노인차별 혐의로 고소하는 중이다. 스넬 박사는 그가 30년 이상 영국 문학을 가르쳤던 그 대학이 그의 희망에 반대하여 강제로 그를 은퇴하게 하였다고 주장한다.

해설 동사 retire의 알맞은 형태를 고르는 문제이다. 빈칸이 속한 문장의 동사 forced는 「force + 목적어 + to do」의 구조로 쓰여 '~에게 …하도록 강요하다, 강제로 ~가 …하게 하다'와 같은 의미로 쓰인다. 따라서, 목적어 him 뒤에 위치한 빈칸은 to부정사가 필요한 자리이므로 (b) to retire가 정답이다.

어휘 sue 고소하다 alleged (명사 앞에서) ~의 혐의가 제기된, ~의 혐의의 ageism 노인 차별, 연령 차별주의 claim 주장하다 literature 문학 force A to 동사원형: A가 ~하도록 강요하다 against ~에 반대하여 wish 희망, 바람 retire 은퇴하다

5.

정답 (b)

해석 대니얼은 세 번째 운전 시험에서도 떨어진 것에 대해 부끄러워했다. 모든 게 잘 진행되고 있었지만, 강사가 교차로에서 그에게 좌회전을 하라 지시했을 때, 대니얼은 방향지시등을 켜는 것을 잊었고, 즉시 시험에서 떨어졌다.

해설 동사 turn의 알맞은 형태를 고르는 문제이다. 빈칸 앞에는 the instructor told him이 언급되어 있는데 이것은 「주어 + tell + 목적어」 어순이다. 동사 tell이 목적보어로 to부정사를 취하므로 정답은 to부정사인 (b) to turn이다.

어휘 be embarrassed about ~에 부끄러워하다 fail 실패하다, 시험에서 떨어지다 go well 잘 되다, 잘 진행되다 instructor 강사 intersection 교차로 forget to 동사원형: ~할 일을 잊다 signal 신호 immediately 즉시, 즉각적으로

6.

정답 (c)

해석 조쉬는 중견 광고회사에서의 광고 문안을 작성하는 일에 에너지를 모두 소진한 상태이다. 하지만, 그의 둘째 아이가 곧 나올 것이라서, 그는 미리 새로운 직장을 확보하지 않고서는 감히 직장을 그만 둘 엄두를 내지 않을 것이다.

해설 동사 quit의 알맞은 형태를 고르는 문제이다. 빈칸 앞에 위치한 동사 dare는 to부정사를 목적어로 취하여 '감히 ~할 엄두를 내다'라는 의미로 쓰이므로 (c) to quit가 정답이다.

어휘 burn out 에너지를 모두 소진한 copywriting 광고 문안 작성 mid-tier 중견급의 on the way 진행되어, ~도중에 dare 감히 ~할 엄두를 내다 secure 확보하다 quit (직장을) 그만두다

7.

정답 (b)

해석 러시아의 우크라이나 침략은 서구와 동구 사이의 냉전 긴장을 재점화시켰다. 비록 미국과 NATO가 우크라이나를 지지하지만, 그들은 러시아와 러시아의 핵무기에 직접적인 군사적 대립의 위험을 무릅쓸 형편이 안 된다.

해설 동사 risk의 알맞은 형태를 고르는 문제이다. 빈칸 앞에 위치한 동사 afford는 to부정사를 목적어로 취하여 '~할 여유[형편]이 되다'라는 의미로 쓰이므로 (b) to risk가 정답이다.

어휘 invasion 침략, 침입 reignite 재점화시키다 Cold War 냉전 tension 긴장 even though 비록 ~하지만 NATO 북대서양 조약 기구(North Atlantic Treaty Organization) support 지지하다, 후원하다 cannot afford to 동사원형: ~할 형편이 안 된다 direct 직접적인 military 군사적인 confrontation 대립, 대치 nuclear arsenal 핵무기 risk ~의 위험을 무릅쓰다

8.

정답 (a)

해석 많은 기업가들이 그들만의 최신 유형의 카페를 개업하는 꿈을 꾸지만, 그것은 위험한 사업 시도이다. 그런 붐비는 시장에서, 대형 프랜차이즈 회사들을 상대로 어떻게든 경쟁할 수 있는 현지 소유의 카페는 거의 없다.

해설 동사 compete의 알맞은 형태를 고르는 문제이다. 빈칸 앞에 위치한 동사 manage는 to부정사를 목적어로 취하여 '어떻게든 ~하다', '가까스로 ~하다'라는 의미로 쓰이므로 (a) to compete가 정답이다.

어휘 entrepreneur 기업가 dream of ~을 꿈꾸다 trendy 최신 유형의 risky 위험한 endeavor 시도, 노력 crowded 붐비는 few 거의 없는 locally owned 현지 소유의 manage to 동사원형: 어떻게든 ~하다, 가까스로 ~하다 against ~을 상대로 major franchise 대형 프랜차이즈 기업 compete 경쟁하다

9.

정답 (b)

해석 아이비는 그녀의 남편이 그녀의 새로운 머리 스타일에 대해 농담을 한 것에 아직 몹시 화가 나 있다. 심지어 그가 그녀를 위해 장미 한 다발을 집으로 가져온 후에도, 그녀는 그를 용서하는 것을 거절하였다.

해설 동사 forgive의 알맞은 형태를 고르는 문제이다. 빈칸 앞에 과거 시제로 쓰인 동사 refuse는 to부정사를 목적어로 취하여 '~하는 것을 거절하다'라는 의미로 쓰이므로 (b) to forgive가 정답이다.

어휘 furious 몹시 화가 난 make a joke 농담하다, 놀리다

bouquet 꽃다발 forgive 용서하다

10.

정답 (d)

해석 경기 후의 약물 테스트에서 사이클리스트인 클린턴 글래드웰이 경기 중 경기력 향상제를 복용한 것을 발견했다. 하지만, 글래드웰은 혐의를 부인했고 법원 심리에서 테스트 결과에 이의를 제기할 생각이다.

해설 동사 challenge의 알맞은 형태를 고르는 문제이다. 문맥상 challenge하는 것을 의도하다(intend)는 내용이므로, 빈칸 뒤에는 목적어가 들어가야 하며, 빈칸 앞에 있는 동사 intend는 to부정사를 목적어로 취하므로 (d) to challenge가 정답이다. 이때 to부정사는 아직 하지 않은 미래의 행위를 나타내므로 진행의 의미인 (a) to be challenging과 같이 「be + -ing」로 결합된 형태로 쓰이지 않는다.

어휘 post- 이후의 competition 경기, 시합 drug test 약물 검사 performance 운동 성과, 능력 enhancing 향상시키는 race 경주, 시합 deny 부인하다 accusation 혐의 intend to 동사원형: ~할 작정이다, ~하려고 생각하다 court hearing 법원 심리

11.

정답 (b)

해석 에반이 아침 내내 기침하고, 신음하고 재채기하는 것을 들은 후, 존스 씨는 점심 시간에 그에게 집에 가라고 강력히 권고하였다. 에반은 해야 할 일이 많다고 했지만, 존스 씨는 다른 직원들도 아프게 만들고 싶지 않았다.

해설 부사 just를 포함한 동사 go의 알맞은 형태를 고르는 문제이다. 빈칸 앞에는 Mr. Jones strongly advised him이 있어 「주어 + advise + 목적어」 다음의 목적격보어 자리이다. advise는 to부정사를 목적격보어로 취하는 동사이므로 정답은 to부정사인 (b) to just go이다.

어휘 listen to ~을 듣다 cough 기침하다 groan 신음하다 sneeze 재채기하다 all morning 오전 내내 strongly 강력하게 advise 조언하다, 충고하다 get sick 아프게 되다, 병이 나다

12.

정답 (c)

해석 포어맨 박사는 그의 최근 연구에서 윤리 규정을 위반했을지도 모른다. 그의 최근 연구에서 그는, 아이들이 아기 이불이나 가장 좋아하는 장난감과 같이 그들의 편안함을 주는 물건들을 지니고 있을 때 큰 소리로 겁을 주는 일이 필요했다. 몇몇 피험자들은 그 연구에서 잘 반응하지 않았다.

해설 동사 scare의 알맞은 형태를 고르는 문제이다. 빈칸 앞에는 His research required him이 언급되어 있는데, 이것은 「주어 + require + 목적어」의 어순이다. 문맥상 목적어인 Mr. Foreman이 아이들에게 겁을 준다(scare)는 내용이므로, 빈칸에는 require의 목적격보어가 위치해야 한다. require는 to부정사를 목적격보어로 취하므로 정답은 (c) to scare이다.

어휘 may have p.p. ~했을지도 모른다 breach 위반하다 ethical

윤리적인 code 규정, 법규 latest 최근의 experiment 실험 research 조사, 연구 require A to 동사원형: A가 ~하는 것을 요구하다 comfort 위안, 편안함 blanket 이불, 담요 subject 실험(연구) 참가자 scare 겁을 주다, 무섭게 하다

기출 POINT 12 to부정사(2)

연습문제

1. (a)	2. (d)	3. (d)	4. (b)
5. (c)	6. (a)	7. (c)	8. (a)

1.

정답 (a)

해석 사람들은 그 결과에 대해 듣고 매우 놀랐다.

해설 동사 hear의 알맞은 형태를 고르는 문제이다. 빈칸 앞에 위치한 수동태 be surprised는 to부정사와 결합해 '~해서 놀라다'라는 의미를 나타내므로 (a) to hear가 정답이다.

어휘 result 결과 hear about ~에 관해 듣다

2.

정답 (d)

해석 레이는 하룻밤 동안 단식할 것을 지시받았으며, 오직 물만 마시는 것을 허락 받았다.

해설 동사 fast의 알맞은 형태를 고르는 문제이다. 빈칸 앞에 위치한 수동태 be instructed는 to부정사와 결합해 '~하는 것을 지시 받다', '~하라고 교육받다'라는 의미를 나타내므로 (d) to fast가 정답이다.

어휘 be instructed 지시 받다, 교육 받다 overnight 하룻밤 동안 be allowed to 동사원형: ~하는 것을 허락 받다 fast 단식하다

3.

정답 (d)

해석 일정과 목표는 결과를 달성하기 위한 중요한 관리 목표들이다.

해설 동사 achieve의 알맞은 형태를 고르는 문제이다. 빈칸 앞의 명사 goals와 빈칸 뒤의 내용을 보면 문맥상 '결과를 달성하기 위한 목표'라는 의미가 되어야 한다. 따라서 빈칸에 들어갈 achieve는 명사 goals를 수식해야 하므로 to부정사의 형용사 용법으로 '~하기 위한'이라는 의미로 쓰여야 한다. 정답은 to부정사인 (d) to achieve이다.

TIP 선택지에 to부정사와 동명사가 있고 빈칸이 명사 뒤에 위치해 있을 경우 to부정사의 형용사적 용법으로 '~하기 위한' 또는 '~하는'으로 해석하여 문맥이 자연스러운지를 확인하고 to부정사를 정답으로 고른다. 명사 뒤에 동명사가 오는 경우는 거의 없다.

4.

정답 (b)

해석 국가의 군대에서 복무하다 숨진 사람들을 기억하는 것은 고귀한 일이다.

해설 동사 remember의 알맞은 형태를 고르는 문제이다. 빈칸 앞에 위치한 it is honorable에서 it이 가주어로 쓰이고 그 뒤에 be 동사와 형용사가 위치해 있으므로, 빈칸은 진주어로 쓰이는 to부정사가 쓰여서 '~하는 것은 (형용사)하다'라는 의미를 나타낸다. 따라서 정답은 to부정사인 (b) to remember이다.

어휘 honorable 고귀한, 명예로운 serve 복무하다 armed force 군대

5.

정답 (c)

해석 K-TOY 사는 아이들을 위한 신제품들을 출시할 계획을 발표하였다.

해설 동사 release의 알맞은 형태를 고르는 문제이다. 빈칸 앞의 명사 plans와 빈칸 뒤의 내용을 보면 문맥상 '신제품을 출시할 계획'이라는 의미가 되어야 한다. 따라서 빈칸에 들어갈 release는 명사 plans를 수식해야 하므로 to부정사의 형용사 용법으로 '~할'이라는 의미로 쓰여야 한다. 정답은 to부정사인 (c) to release이다.

어휘 announce 발표하다, 알리다 plan 계획 product 제품 release 출시하다

6.

정답 (a)

해석 제니는 병든 아버지와 함께 있도록 하루 일찍 집으로 가는 것을 허락 받았다.

해설 동사 go의 알맞은 형태를 고르는 문제이다. 빈칸 앞에 위치한 수동태 be allowed는 to부정사와 결합해 '~하는 것을 허락 받다', '~하는 것이 허용되다'라는 의미를 나타내므로 (a) to go가 정답이다.

어휘 early 일찍 ailing 병근, 약화된

7.

정답 (c)

해석 헨리는 아침에 일찍 그의 일을 시작하기 위해 항상 일찍 일어난다.

해설 동사 start의 알맞은 형태를 고르는 문제이다. 빈칸 앞에 위치한 in order는 to부정사와 함께 쓰여서 to부정사 부사적 용법의 목적의 의미인 '~하기 위해서'를 나타낸다. 따라서 정답은 (c) to start이다.

어휘 wake up 일어나다 in order to 동사원형: ~하기 위해 start 시작하다

8.

정답 (a)

해석 서로 싸우고 있는 아이들이 무슨 일을 겪고 있는지를 이해하는 것은 어른들에게는 어렵다.

해설 동사 understand의 알맞은 형태를 고르는 문제이다. 빈칸 앞에 위치한 it is difficult에서 it이 가주어로 쓰이고 그 뒤에 be동사와 형용사가 위치해 있으므로, 빈칸은 진주어로 쓰이는 to부정사가 쓰여서 '~하는 것은 (형용사)하다'라는 의미를 나타낸다. 따라서 정답은 to부정사인 (a) to understand이다. 빈칸 앞에 위치한 for adults는 「for + 목적격」으로 to부정사의 의미상 주어를 나타낸다. 여기서는 이해하는 것(to understand)의 행위 주체가 어른들(adults)이라는 것을 나타낸다.

어휘 difficult 어려운 adult 어른, 성인 children 아이들 in conflict 싸우고 있는 go through ~을 겪다

실전 문제풀이

1. (c)	**2.** (d)	**3.** (c)	**4.** (a)	**5.** (b)	**6.** (a)
7. (d)	**8.** (c)	**9.** (b)	**10.** (c)	**11.** (b)	**12.** (c)

1.

정답 (c)

해석 박수를 치는 일은 일반적으로 시 낭송 경연대회 진행 중에 금물이다. 관객이 한 시인을 마음에 들어 하면, 그 시인의 진행 흐름을 방해하지 않으면서 지지의 뜻을 나타내기 위해 보통은 손가락으로 딱딱 튕기는 소리만 낸다.

해설 동사 show의 알맞은 형태를 고르는 문제이다. 빈칸 이하 부분이 빈칸 앞에서 말하는 '손가락으로 딱딱 튕기는 소리를 내는 일'의 목적을 나타내야 알맞으므로 '~하기 위해'라는 의미로 목적을 말할 때 사용하는 to부정사 (c) to show가 정답이다.

어휘 applaud 박수를 치다 typically 일반적으로, 보통(= normally) discourage ~을 하지 못하게 하다, 단념시키다 poetry slam 시 낭송 경연대회 audience 관객, 청중 poet 시인 normally 보통, 일반적으로 snap one's fingers 손가락으로 딱딱 튕기는 소리를 내다 approval 지지, 승인, 찬성 without -ing ~하지 않고 disrupt ~을 방해하다, ~에 지장을 주다 flow 흐름

2.

정답 (d)

해석 사람들과 시간을 보내는 일을 아주 좋아하는 것 못지 않게, 브렌다는 오랜 대화 후에 피곤해 하는 내성적인 사람이기도 하다. 그녀는 종종 사회적 교류를 멈추고 쉴 때 뭔가 읽을 수 있도록 책을 한 권 가져간다.

해설 동사 read의 알맞은 형태를 고르는 문제이다. 대명사 something 뒤에 위치한 빈칸은 something을 뒤에서 수식할 to부정사가 필요한 자리이므로 (d) to read가 정답이다.

어휘 as much as ~하는 것 못지 않게, ~하는 만큼 introvert 내성적인 사람 get 형용사: ~한 상태가 되다 take a break 쉬다, 휴식하다 social interaction 사회적 교류, 사회적 상호 작용

3.

정답 (c)

해석 이슬람의 다섯 기둥 중 하나가 '하지'이다. 이는 그 종교 및 공동체에 대한 헌신을 보여주기 위해 모든 이슬람교도들에게 하도록 권장되는 메카 성지 순례이다.

해설 동사 make의 알맞은 형태를 고르는 문제이다. 빈칸 앞에 위치한 수동태 be encouraged는 to부정사와 결합해 '~하도록 권장되다'라는 의미를 나타내므로 (c) to make가 정답이다.

어휘 make a pilgrimage 성지 순례를 하다 be encouraged to 동사원형: ~하도록 권장되다 in order to 동사원형: ~하기 위해 commitment 헌신 religion 종교 community 공동체, 공동 사회

TIP 「be p.p.」 형태의 수동태 뒤에 빈칸이 위치한 경우 동명사를 목적어를 취하는 동사의 p.p.형이더라도 수동태 뒤에는 항상 to부정사가 쓰인다.

4.

정답 (a)

해석 당신은 출생 증명서 또는 세금 납부 기록과 같은 당신의 개인 문서를 찾을 수 있는 곳을 정확하게 알아야 합니다. 그것들이 언제 필요할지 당신은 절대 모릅니다. 그래서 당신이 잊지 않을 안전한 장소에 그러한 문서들을 보관하는 것이 현명합니다.

해설 동사 keep의 알맞은 형태를 고르는 문제이다. 빈칸 앞에 위치한 it is wise에서 it이 가주어로 쓰이고 그 뒤에 be동사와 형용사가 위치해 있으므로, 빈칸은 진주어로 쓰이는 to부정사가 쓰여서 '~하는 것은 (형용사)하다'라는 의미를 나타낸다. 따라서 정답은 to부정사인 (a) to keep이다.

어휘 exactly 정확하게 personal 개인적인, 사적인 document 문서 such as ~와 같은 birth certificate 출생 증명서 tax record 세금 납부 기록 wise 현명한 secure 안전한

5.

정답 (b)

해석 체스의 대가인 콘스탄틴 타바코브는 동시에 650명과 체스 게임을 한 것으로 새로운 세계 신기록을 세웠다. 그가 얼마나 체스를 잘 하든지 간에, 타바코브가 게임 하나하나에 동시에 집중할 수 있는 집중력이 없었다면, 그는 이 목표를 이루지 못했을 것이다.

해설 동사 focus의 알맞은 형태를 고르는 문제이다. 빈칸 앞의 명사 concentration과 빈칸 뒤의 내용을 보면 문맥상 '모든 경기에 동시에 집중하는[집중할 수 있는] 집중력'이라는 의미가 되어야 한다. 따라서 빈칸에 들어갈 focus는 명사 concentration을 수식해야 하므로 to부정사의 형용사 용법으로 '~하는'이라는 의미로 쓰여야 한다. 정답은 to부정사인 (b) to focus이다. to부정사의 형용사적 용법은 to be -ing 형태로 쓰이지 않는다.

어휘 set a record 기록을 세우다 simultaneous 동시에 일어나는 no matter how + 형용사/부사: 얼마나 ~하든지 간에 achieve 성취하다, 달성하다 concentration 집중력 match 경기, 시합 at the same time 동시에 focus 집중하다

6.

정답 (a)

해석 낸시는 일과 그녀의 저녁 수업 사이에 시간이 얼마 없었기 때문에 빠르게 저녁을 먹기 위해서 패스트푸드점으로 운전을 해서 갔다. 하지만 버거 킹덤에 도착하자마자, 그녀는 드라이브 스루의 줄이 도로까지 나와있는 것을 보았다.

해설 동사 get의 알맞은 형태를 고르는 문제이다. get a quick dinner는 '빠르게 저녁식사를 하다(먹다)'라는 의미이다. 문맥상 낸시가 패스트푸트 식당에 간 이유가 빠르게 저녁식사를 하기 위해서라는 것을 알 수 있다. 따라서 '~하기 위해서'라는 to부정사의 부사적 용법 중 목적의 의미를 나타내야 하므로 정답은 to부정사 (a) to get이다.

어휘 brief 짧은, 간략한 window of time 기간(시간) drive 운전하다 quick 빠른 reach 도달하다 upon -ing ~하자마자 drive-thru 차량 탑승 주문대 extended 연장된

7.

정답 (d)

해석 해리슨은 저번 달에 옐로우스톤을 하이킹하다가 친구가 떨어져서 팔이 부러졌을 때 무력함을 느꼈다. 그것과 같은 기분을 다시 느끼고 싶지 않았기에, 해리슨은 응급처치를 배우기 위하여 성인 교육반에 등록했다.

해설 동사 learn의 알맞은 형태를 고르는 문제이다. 빈칸 앞에 Harrison이 성인 교육반에 등록했다는 문장이 언급되어 있는데, 여기서 문맥상 first aid(응급조치)를 배우기 위해서 성인 교육반에 등록하였다는 내용이 되는 것이 자연스럽다. 따라서 빈칸에 들어갈 learn은 '~하기 위해서'라는 의미를 나타내기 위해 to learn으로 써여야 하므로 정답은 (d) to learn이다.

어휘 feel helpless 무력함을 느끼다 enroll in ~에 등록하다 first aid 응급처치

8.

정답 (c)

해석 51세인 벤 르콩트는 최초로 태평양을 건넌 사람이 되기 위한 여정을 시작했다. 6개월 간의 수영은 광장한 신체적 능력과 혼자서 긴 시간을 보낼 수 있는 정신적 인내심이 필요하다.

해설 동사 spend의 알맞은 형태를 고르는 문제이다. spend와 '혼자서 정말 많은 시간을 보낸다'는 빈칸 뒤의 내용을 빈칸 앞의 명사 the mental endurance (정신적 인내심)의 관계를 파악해보면 '혼자서 정말 많은 시간을 보낼 수 있는 정식적 인내심'이라는 형태가 되어야 문맥적으로 적절하다는 것을 알 수 있다. 따라서 spend so much time in solitude가 명사 the mental endurance를 '~할 수 있는'이라는 의미로 수식해야 하므로 spend는 to부정사 형태가 되어야 한다. 따라서 정답은 (c) to spend이다. 빈칸 뒤에 명사 목적어 so much time이 있으므로 수동태 형태인 (b) to be spent는 정답이 될 수 없다.

어휘 journey 여행, 여정 across 건너서 the Pacific Ocean 태평양 require 요구하다 amazing 놀라운 physical 신체적인 ability 능력 mental 정신적인 endurance 인내(심) in solitude 혼자서, 외롭게

9.

정답 (b)

해석 제니퍼 리긴스는 듀프리 케미컬이 호킹강으로 오염물을 버리는 것에 관한 그녀의 기사 덕분에 올해의 기자상을 수상했다. 그녀가 어려운 질문들로 듀프리의 중역들과 맞설 수 있는 결단력이 없다면, 그녀는 절대 기사를 쓸 수 없었을 것이다.

해설 동사 confront의 알맞은 형태를 고르는 문제이다. 명사 the determination은 어떤 일을 하는 의지를 나타내므로 confront는 명사 the determination을 '~할 수 있는'이라는 의미로 수식해야 하므로 confront는 to부정사 형태가 되어야 한다. 따라서 정답은 (b) to confront이다.

어휘 select 선택하다, 선정하다 journalist 기자 thanks to ~덕분에 article 기사 dispose of ~을 처분하다, 버리다 pollutant 오염물질 determination 결단력 executive 중역, 이사 confront 맞서다

10.

정답 (c)

해석 내 친구 로리는 미국팀이 탈락했음에도 불구하고 이번 여름의 월드컵에 집착한다. 그는 어떤 나라가 우승팀이 될 지 알아보기 위해서 모든 경기를 자세히 본다.

해설 동사 figure out의 알맞은 형태를 고르는 문제이다. 빈칸 앞에 있는 문장의 의미가 '그는 모든 경기를 자세히 본다'인데, figure out과 빈칸 뒤의 내용을 종합하면 '어느 나라가 우승팀이 될 지 알아보기 위해서 모든 경기를 자세히 본다'라는 의미로 figure out이 행동의 목적을 나타내는 것이 적절하다. 따라서 figure out은 to부정사 형태가 되어야 하므로 정답은 (c) to figure out이다.

어휘 be obsessed with ~에 집착하다 even though 비록 ~하지만 qualify 자격을 얻다 closely 자세히 likely 어쩌면, 아마 figure out 알아보다

11.

정답 (b)

해석 뉴욕주립대학에서 허셀의 친구들은 그가 구식 매너를 지녔다고 놀렸다. 하지만 그는 남부의 가정교육과 항상 나이든 남자, 여자를 각각 "선생님"과 "부인"이라 높여 부르도록 길러진 방식을 자랑스러워 한다.

해설 부사 always를 포함한 동사 address(호칭을 부르다)의 알맞은 형태를 고르는 문제이다. 빈칸 앞에는 be raised가 있으며, 나이 든 남자와 여자를 sir, madam으로 (호칭을) 부르는 것은 길러진 결과를 나타내므로 '~하도록'이라는 의미의 to부정사의 부사적 용법이 사용되어야 한다. 따라서 빈칸에는 to부정사인 (b) to always address가 정답이다.

어휘 tease 놀리다, 장난을 치다 old-fashioned 구식의, 오래된 manners 예의범절 be proud of ~을 자랑스러워 하다 upbringing 양육, 훈육 raise 양육하다, 기르다 respectively 각각 address 호칭을 부르다

12.

정답   (c)

해석   모든 수퍼 히어로들 중에서 틀림없이 가장 도덕적인 슈퍼맨은 그
        의 적을 죽이지 못하게 막는 도덕률을 지킨다. 하지만, 슈퍼맨에
        대한 만화와 영화에서는 자주 그가 악당의 목숨을 빼앗도록 강요
        받는 끔찍한 순간들이 묘사된다.

해설   동사 take의 알맞은 형태를 고르는 문제이다. 빈칸 앞에는
        is forced라는 동사 force의 수동태가 언급되어 있다. be
        forced는 to부정사와 함께 쓰여서 '~하도록 강요받다'라는 의
        미이므로 빈칸에는 to부정사인 (c) to take가 들어가야 한다.

어휘   arguably 거의 틀림없이 virtuous 도덕적인, 고결한
        champion 옹호하다, 지키다 moral code 도덕률 prevent
        A from -ing A가 ~하지 못하도록 막다 enemy 적 frequent
        자주 있는, 빈번한 depict 묘사하다 dire 끔찍한, 몹시 나쁜
        be forced to 동사원형: ~하도록 강요받다, 억지로 ~하다 life
        생명 villain 악당

기출 POINT 13 동명사

연습문제

| 1. (d) | 2. (b) | 3. (a) | 4. (a) |
| 5. (c) | 6. (b) | 7. (c) | 8. (a) |

1.

정답   (d)

해석   그 절차는 매번 동일한 지점의 사진을 찍는 것을 허용하였다.

해설   동사 take의 알맞은 형태를 고르는 문제이다. 빈칸 앞에 과거시
        제로 쓰인 동사 permit는 동명사를 목적어로 취해 '~하는 것을
        허락하다[허용하다]'라는 의미를 나타내므로 (d) taking이 정답
        이다.

어휘   procedure 절차, 방법 take photographs 사진을 찍다
        identical 동일한 spot 장소, 지점

2.

정답   (b)

해석   당신의 가족과 하와이에서 여생을 보내는 것을 상상해보세요.

해설   동사 spend의 알맞은 형태를 고르는 문제이다. 빈칸 앞에 위치
        한 동사 imagine은 동명사를 목적어로 취해 '~하는 것을 상상
        하다'라는 의미를 나타내므로 (b) spending이 정답이다.

어휘   imagine 상상하다 rest 나머지

3.

정답   (a)

해석   사람들은 일반적으로 큰 업무를 시작하는 것을 미루는 경향이 있
        는데, 그것은 그들이 그것을 하기에 준비가 되어 있지 않다고 생
        각하기 때문이다.

해설   동사 begin의 알맞은 형태를 고르는 문제이다. 빈칸 앞에 위치
        한 동사 postpone은 동명사를 목적어로 취해 '~하는 것을 미
        루다[연기하다]'라는 의미를 나타내므로 (a) beginning이 정답
        이다.

어휘   generally 일반적으로 tend to 동사원형: ~하는 경향이 있다
        task 업무, 과업 be ready for ~에 준비가 되다

4.

정답   (a)

해석   우리는 영화관에 가는 것을 논의했지만 결국 하루 종일 집에 머물
        렀다.

해설   동사 go의 알맞은 형태를 고르는 문제이다. 빈칸 앞에 과거시제
        로 쓰인 동사 discuss는 동명사를 목적어로 취해 '~하는 것을
        논의하다'라는 의미를 나타내므로 (a) going이 정답이다.

어휘   go to the cinema 영화관에 가다 in the end 결국 stay 머
        물다 all day 하루 종일

5.

정답   (c)

해석   그 법은 하루에 10시간 이상 개를 사슬에 묶어 키우는 것을 금지
        한다.

해설   동사 keep의 알맞은 형태를 고르는 문제이다. 빈칸 앞에 현재시
        제로 쓰인 동사 prohibit는 동명사를 목적어로 취해 '~하는 것을
        금지하다'라는 의미를 나타내므로 (c) keeping이 정답이다.

어휘   prohibit 금지하다 keep a dog 개를 키우다 on a chain 사
        슬로 묶어

6.

정답   (b)

해석   졸업반 학생들은 그들의 파트너와 함께 하루에 최소한 세 번 영어
        말하기를 연습해야 한다.

해설   동사 speak의 알맞은 형태를 고르는 문제이다. 빈칸 앞에 위치
        한 동사 practice는 동명사를 목적어로 취해 '~하는 것을 연습
        하다'라는 의미를 나타내므로 (b) speaking이 정답이다.

어휘   senior class 졸업반 at least 최소한

7.

정답   (c)

해석   나의 남동생은 항상 아침에 약을 먹는 것을 잊는다. 그래서 니기
        그를 위해 알람 시계를 맞췄다.

해설   동사 take의 알맞은 형태를 고르는 문제이다. 빈칸 앞에 현재시
        제로 쓰인 동사 forget은 to부정사와 동명사 모두 목적어로 취
        할 수 있는 동사이다. 과거에 했던 일을 잊었다는 내용일 경우 동
        명사를 쓰며, 할 일을 잊는다는 내용일 경우에는 to부정사를 목적
        어로 쓴다. 문맥상 아침에 약을 먹는 것을 잊는 것은 할 일을 잊
        는다는 내용이므로 빈칸에 들어갈 형태는 to부정사인 (c) to take
        이다.

어휘   take medicine 약을 먹다 set an alarm 알람 시계를 맞추다

8.

정답 (a)

해석 게일 씨는 도로에서 그의 차를 고쳐보려고 노력했지만, 견인 트럭을 불러야 했다.

해설 동사 fix의 알맞은 형태를 고르는 문제이다. 빈칸 앞에 과거 시제로 쓰인 동사 try는 to부정사와 동명사를 모두 목적어로 취할 수 있는 동사이다. '~하는 것을 노력하다', '~해보려고 하다'라는 의미일 경우에는 to부정사를 쓰며, '한번 해보다', '시험삼아 하다'라는 의미를 나타낼 경우에는 동명사를 목적어로 쓴다. 문맥상 게일 씨는 시험삼아 그의 차를 고치는 것이 아니라 실제로 고치기 위해 노력하였고 고칠 수 없어서 견인 트럭을 불렀다는 내용이므로 빈칸에 들어갈 형태는 to부정사인 (a) to fix이다.

어휘 road 길, 도로 had to 동사원형: ~해야 했다 tow truck 견인 트럭, 견인차

실전 문제풀이

1. (c)	2. (c)	3. (d)	4. (c)	5. (a)	6. (d)
7. (a)	8. (b)	9. (b)	10. (b)	11. (a)	12. (a)

1.

정답 (c)

해석 우디는 최근 라크로스와 범퍼카를 결합한 월리볼이라고 부르는 팀 스포츠에 관해 배웠다. 단 한 차례의 경기에 꽤 많은 비용이 들기는 하지만, 그는 지금 친구들과 함께 주기적으로 월리볼 경기하는 것을 즐기고 있다.

해설 동사 play의 알맞은 형태를 고르는 문제이다. 빈칸 앞에 현재시제로 쓰여 있는 동사 enjoy는 동명사를 목적어로 취하므로 (c) playing이 정답이다.

어휘 recently 최근 called A: A라고 부르는, A라는 이름의 combination 결합, 조합 even although 비록 ~이기는 하지만 quite 꽤, 상당히

2.

정답 (c)

해석 사람들은 운전 중에 전화기를 확인하는 일을 피해야 한다. 심지어 가장 경험이 많은 운전자들조차 도로에서 달리는 동안 모바일 기기를 사용하면 심각한 사고를 내는 위험에 처하게 된다.

해설 동사 get의 알맞은 형태를 고르는 문제이다. 빈칸 앞에 위치한 동사 risk는 동명사를 목적어로 취하므로 (c) getting이 정답이다.

어휘 avoid -ing ~하는 것을 피하다 while -ing ~하는 중에, ~하는 동안 experienced 경험이 많은 risk -ing ~하는 위험에 처하다 get into an accident 사고를 내다

3.

정답 (d)

해석 게일은 새 안경에 방수 기능이 있는 비싼 테를 선택했다. 그는 이 안경 테가 투자 가치가 있다고 생각한다. 그의 얼굴은 자주 땀에

젖는데, 기존의 안경은 콧날을 타고 계속 미끄러져 내렸다.

해설 동사 slide의 알맞은 형태를 고르는 문제이다. 빈칸 앞에 과거 시제로 쓰인 동사 keep은 동명사를 목적어로 취하므로 (d) sliding down이 정답이다.

어휘 water-resistant 방수의 worth 명사: ~할 만한 가치가 있는 get 형용사: ~한 상태가 되다 sweaty 땀에 젖은, 땀투성이의 the bridge of one's nose 콧날, 콧대 slide down ~을 타고 미끄러지다

4.

정답 (c)

해석 캐서린은 피구를 하다가 땀이 많이 났기 때문에 무릎 뒤에 발진이 생겼다. 학교 의사 선생님께서 감염되는 것을 방지할 수 있도록 그 부위를 긁는 것을 피하라고 권해 주셨다.

해설 동사 scratch의 알맞은 형태를 고르는 문제이다. 빈칸 앞에 원형으로 쓰여 있는 동사 avoid는 동명사를 목적어로 취하므로 (c) scratching이 정답이다.

어휘 develop (병 등) ~가 생기다 rash 발진, 뾰루지 due to ~로 인해, ~ 때문에 sweat (통) 땀이 나다 heavily (정도 등) 많이, 크게 dodgeball 피구 physician 의사 suggest that ~라고 권하다, 제안하다 avoid -ing ~하는 것을 피하다 prevent A from -ing: A가 ~하는 것을 방지하다, 막다 get p.p. ~된 상태가 되다 infect ~을 감염시키다 scratch ~을 긁다

5.

정답 (a)

해석 '흑인 역사의 달'이 해마다 2월에 아프리카계 미국인 공동체의 업적과 역사를 기리기 위해 기념된다. 이는 또한 편견이 미칠 수 있는 유해한 영향을 기억하는 일도 수반한다.

해설 동사 remember의 알맞은 형태를 고르는 문제이다. 빈칸 앞에 3인칭 단수 주어와 수 일치된 형태로 쓰여 있는 동사 involve는 동명사를 목적어로 취하므로 (a) remembering이 정답이다.

어휘 celebrate ~을 기념하다, 축하하다 commemorate ~을 기리다 achievement 업적 community 공동체, 지역 사회 involve ~을 수반하다, 포함하다 harmful 유해한 effect 영향, 결과 prejudice 편견, 선입견

6.

정답 (d)

해석 메리는 지난 한 주 동안 초과 근무를 하면서 겨우 생계를 유지할 만큼만 돈을 벌었다. 그녀는 최근에 너무 피곤했기 때문에 통근 중의 열차에서 잠이 들 수밖에 없다.

해설 동사 sleep의 알맞은 형태를 고르는 문제이다. 빈칸 앞에 위치한 can't help는 동명사를 목적어로 취해 '~할 수밖에 없다'라는 의미를 나타내므로 (d) sleeping이 정답이다.

어휘 work overtime 초과 근무를 하다 make ends meet 겨우 생계를 유지할 만큼 돈을 벌다 so A that B: 너무 A해서 B하다 can't help -ing ~할 수밖에 없다 commute (통) 통근

7.

정답   (a)

해석   지나는 다음달에 로마로 여행을 갈 것이다. 그리고 그녀는 그 곳의 문화를 할 수 있는 한 많이 경험하기를 원한다. 그녀는 그곳에 있는 동안 현지인들과 대화를 할 수 있도록 매일 이탈리아어를 말하는 것을 연습해오고 있는 중이다.

해설   동사 speak의 알맞은 형태를 고르는 문제이다. 빈칸 앞에 현재완료진행시제로 쓰인 동사 practice는 동명사를 목적어로 취해 '~하는 것을 연습하다'라는 의미를 나타내므로 (a) speaking이 정답이다.

어휘   travel 여행 가다   experience 경험하다   as much as ~ can 할 수 있는 한 많이   practice 연습하다   so that ~ can ~할 수 있도록   have a conversation with ~와 대화를 하다   local 현지인

8.

정답   (b)

해석   7번째로 헤어짐 이후로, 레이첼은 리차드와 절대 재결합하지 않겠다고 자신에게 다짐했다. 하지만, 그녀는 좋지 않은 하루를 보낼 때 여전히 그에게 전화하는 것을 참을 수 없다.

해설   동사 call의 알맞은 형태를 고르는 문제이다. 빈칸 앞에 위치한 동사 resist는 동명사를 목적어로 취해 '~하는 것을 참다[저항하다]'라는 의미를 나타내므로 (b) calling이 정답이다.

어휘   seventh 7번째의   break-up 헤어짐   swear 다짐하다, 맹세하다   get back together 재결합하다

9.

정답   (b)

해석   거대 인기 소셜 미디어 사이트인 플립사이드의 이사회는 샌프란시스코에 있는 본사에서 수요일에 모일 것이다. 이사회 임원들은 잠재적 구매자에게 플립사이드를 매각하는 것을 논의할 것이며, 그 구매자는 익명으로 남기로 택했다.

해설   동사 sell의 알맞은 형태를 고르는 문제이다. 빈칸 앞에 위치한 동사 discuss는 동명사를 목적어로 취해 '~하는 것을 논의하다'라는 의미를 나타내므로 (b) selling이 정답이다.

어휘   board of directors 이사회   massively 거대하게, 육중하게   popular 인기 있는   headquarters 본사   potential 잠재적인   buyer 구매자   choose to 동사원형: ~하기로 택하다   remain ~한 상태로 있다   anonymous 익명인

10.

정답   (b)

해석   도리스는 그의 아들과 며느리에게 그들의 세 살배기 아기 이든을 항상 돌봐 줄 수 시간이 될 것이라고 말했다. 그녀는 손자와 함께 시간을 보내는 것을 아주 좋아하며, 그 손자는 그녀의 자랑거리이자 기쁨이다.

해설   동사 spend의 알맞은 형태를 고르는 문제이다. 빈칸 앞에 현재시제로 쓰인 동사 adore은 동명사를 목적어로 취해 '~하는 것을 아주 좋아하다'라는 의미를 나타내므로 (b) spending이 정답

이다.

어휘   daughter-in-law 며느리   be available to 동사원형: ~할 수 있다, ~할 시간이 있다   babysit 아기를 돌보다   pride 자랑거리, 자부심   joy 기쁨

11.

정답   (a)

해석   시카고 시내에 있는 인기 있는 이탈리안 식당인 트라토리아 321의 매니저는 신입 종업원을 찾고 있다. 그곳에서 일하고 있었던 웨이터들은 식당에서 절도 행위를 하다 잡혔으며 신속하게 해고되었다.

해설   동사 steal의 알맞은 형태를 고르는 문제이다. 빈칸 앞에 과거시제로 쓰인 수동태 be caught 뒤에는 동명사가 위치하여 '~하다 잡히다', '~하는 것이 걸리다'라는 의미를 나타내므로 (a) stealing이 정답이다.

어휘   popular 인기있는   downtown 시내, 번화가   seek 찾다, 구하다   server (식당의) 종업원   be caught -ing ~하는 것이 걸리다, ~하다가 잡히다   swiftly 신속하게   fire 해고하다

12.

정답   (a)

해석   혈관이 작은 사람들은 다른 사람들보다 헌혈하는 것에 대해 비위가 약할 수 있다. 간호사는 찾기 어려운 혈관의 위치를 찾는 것에 어려움을 겪을지도 모르며, 다수의 주사 바늘 삽입과 불편함을 증가시키는 결과를 초래할 수 있다.

해설   동사 locate의 알맞은 형태를 고르는 문제이다. 빈칸 앞에 위치한 have difficulty는 동명사와 함께 쓰여서 '~하는 것에 어려움을 겪다'라는 의미를 나타내므로 (a) locating이 정답이다.

어휘   individual 개인, 사람   vein 혈관   squeamish 비위가 약한   donating blood 헌혈   nurse 간호사   hard-to-find 찾기 어려운   result in ~를 초래하다   multiple 다수의   needle (주사) 바늘   insertion 삽입   discomfort 불편   locate 위치를 찾다

실전 CHECK-UP 3

1. (a)	2. (c)	3. (b)	4. (b)	5. (d)	6. (a)
7. (c)	8. (d)	9. (d)	10. (b)	11. (d)	12. (c)
13. (a)	14. (d)	15. (a)	16. (d)	17. (b)	18. (d)
19. (a)	20. (b)	21. (a)	22. (b)	23. (a)	24. (d)

1.

정답   (a)

해석   갑자기 비가 내리기 시작했을 때 무어 씨는 켄싱턴 메트로 공원에서 가족과 함께 소풍을 즐기고 있었다. 이들은 음식이 비에 젖는 것을 막기 위해 신속히 짐을 꾸렸다.

해설   동사 keep의 알맞은 형태를 고르는 문제이다. 빈칸 이하 부분은 '음식이 비에 젖는 것을 막기 위해'와 같은 의미로 신속히 짐을 꾸린 목적을 나타내야 자연스러우므로 '~하기 위해'라는 뜻으로 목

적을 나타낼 때 사용하는 to부정사 (a) to keep이 정답이다.

어휘 suddenly 갑자기 quickly 신속히, 빠르게 pack up (짐 등을) 꾸리다 keep A from -ing: A가 ~하는 것을 막다

2.

정답 (c)

해석 클레이본 씨는 아들의 특이한 수면 습관을 관찰하기 위해 밤에 함께 있는다. 그는 종종 잠든 상태로 걸어 다니며, 방치된 상태로 있는 경우에는 계단 밑으로 굴러 떨어지는 위험에 처하기도 한다.

해설 동사 fall의 알맞은 형태를 고르는 문제이다. 빈칸 앞에 현재시제로 쓰여 있는 동사 risks는 동명사를 목적어로 취하므로 (c) falling이 정답이다.

어휘 monitor ⑧ ~을 관찰하다, 감시하다 unusual 특이한, 흔치 않은 risk -ing ~하는 위험에 처하다, ~하는 위험을 감수하다 left unattended 방치된 상태로 남겨진

3.

정답 (b)

해석 우리 단체의 진상 조사 위원회가 최근 근무 태만으로 비난을 받았다. 그래서 우리 회장님께서 현재 맡아서 진행하고 있는 업무들을 목록으로 만들어도 괜찮을지 그 위원회장님에게 물어보셨다.

해설 동사 list의 알맞은 형태를 고르는 문제이다. 빈칸 앞에 위치한 동사 mind는 동명사를 목적어로 취하므로 (b) listing이 정답이다.

어휘 fact-finding committee 진상 조사 위원회 organization 단체, 조직(체) be accused of ~로 비난을 받다 idle (사람) 태만한, 한가한, (기계 등) 사용되지 않는 thus 그래서, 따라서 ask A if: A에게 ~인지 묻다 task 업무, 일 currently 현재 work on ~을 맡아 일하다 list ~을 목록으로 만들다, 목록에 올리다

4.

정답 (b)

해석 어메이즈랜드에는 모든 사람을 흥분으로 들뜨게 만드는 특정한 마법이 있다. 그곳에 가면, 다시 아이가 된 것 같은 기분이 든다. 그 공원이 꽤 넓기 때문에 장거리를 걷는 것을 견디기만 하면 된다.

해설 동사 walk의 알맞은 형태를 고르는 문제이다. 빈칸 앞에 원형으로 쓰여 있는 동사 endure은 동명사를 목적어로 취하므로 (b) walking이 정답이다.

어휘 certain 특정한, 일정한 giddy 들뜬, 아찔한 excitement 흥분(감) endure ~을 견디다 quite 꽤, 상당히

5.

정답 (d)

해석 에반은 자신이 하고 있는 케톤 식이 요법이 저탄수화물 식사를 촉진하기 때문에 최근에 패스트리를 계속 피해 왔다. 그는 탄수화물 대신에 지방으로부터 에너지를 얻어야 하기 때문에, 현재 해산물 같이 대체로 케톤 친화적인 음식을 먹는다.

해설 동사 obtain의 알맞은 형태를 고르는 문제이다. 빈칸 앞에 위치한 needs는 to부정사와 결합해 '~해야 하다, ~할 필요가 있다'라는 의미를 나타내므로 (d) to obtain이 정답이다.

어휘 avoid ~을 피하다 ketogenic diet 케톤 식이 요법(탄수화물을 줄이고 지방을 주로 섭취하는 식단) promote ~을 촉진하다, 증진하다 low-carb 저탄수화물의 fat 지방 instead of ~ 대신 carbohydrate 탄수화물 A- friendly: A 친화적인 obtain ~을 얻다

6.

정답 (a)

해석 프레드는 여전히 대학에서 어느 학위 프로그램을 추구할지 확실치 않다. 불필요한 등록금을 지불하는 것을 피하기 위해, 그는 전공을 완전히 결정할 때까지 어떤 대학 지원서도 제출하는 것을 미뤄야 한다.

해설 동사 submit의 알맞은 형태를 고르는 문제이다. 빈칸 앞에 원형으로 쓰여 있는 동사 delay는 동명사를 목적어로 취하므로 (a) submitting이 정답이다.

어휘 degree 학위 pursue ~을 추구하다 avoid -ing ~하는 것을 피하다 unnecessary 불필요한 registration fee 등록금 delay -ing ~하는 것을 미루다 application 지원(서), 신청(서) absolutely 완전히, 전적으로 decide on ~을 결정하다 major 전공 submit ~을 제출하다

7.

정답 (c)

해석 캘리포니아에 있는 한 세븐일레븐 매장에서 클래식 음악을 크게 틀기 시작하면서, 계속 남아 있는 고객들이 구입 후에 나가도록 겁을 주었다. 그 점주들은 어슬렁거리는 것을 정말로 경멸하는 게 틀림없다.

해설 동사 loiter의 알맞은 형태를 고르는 문제이다. 빈칸 앞에 원형으로 쓰여 있는 동사 despise는 동명사를 목적어로 취하므로 (c) loitering이 정답이다.

어휘 intimidate ~을 겁주다, 협박하다 lingering (가지 않고) 계속 남아 있는 so that (목적) ~하도록 make a purchase 구입하다 owner 소유주 despise ~을 경멸하다 loiter 어슬렁거리다, 얼쩡대다

8.

정답 (d)

해석 작곡, 노래, 연출, 그리고 연기 외에도, 전설적인 음악가 프린스는 일련의 추가적인 능력을 지니고 있었던 것으로 전해졌다. 그의 친구 아미르 "퀘스트러브" 톰슨의 말에 따르면, 프린스는 롤러 스케이트 타는 것도 아주 좋아했다.

해설 동사 roller skate의 알맞은 형태를 고르는 문제이다. 빈칸 앞에 과거시제로 쓰여 있는 동사 adore는 동명사를 목적어로 취하므로 (d) roller skating이 정답이다.

어휘 besides ~ 외에도 directing 연출 legendary 전설적인 be said to 동사원형: ~하는 것으로 전해지다 additional 추가적인 according to ~에 따르면 adore -ing ~하는 것을 아주 좋

아하다 roller skate 롤러 스케이트를 타다

9.

정답   (d)

해석   찰스의 체육 특기생 장학금이 낙제 점수로 인해 학교 측에 의해 철회되었는데, 심지어 그의 코치조차 아무것도 할 수 없었다. 이 제, 그는 학업을 계속할 수 있도록 시간제 일자리에서 근무해야 한다.

해설   동사 work의 알맞은 형태를 고르는 문제이다. 빈칸 앞에 위치한 has는 to부정사와 결합해 '~해야 하다'라는 의미를 나타내므로 (d) to work가 정답이다.

어휘   athletic scholarship 체육 특기생 장학금 revoke ~을 철회하다, 취소하다 failing 낙제의 grade 점수, 학점 be able to 동사원형: ~할 수 있다 continue ~을 계속하다

10.

정답   (b)

해석   '데프니틀리 도프'는 귀가 잘 안 들리는 사람들이 힙합 음악을 "듣도록" 도움을 주는 단체이다. 라이브 공연을 이해할 수 있도록 수어를 활용함으로써, 이 단체는 청각 장애가 있는 팬들에게 완전한 음악적 경험을 제공할 수 있다.

해설   동사 work의 알맞은 형태를 고르는 문제이다. 빈칸 앞에 위치한 형용사 able은 to부정사와 결합해 '~할 수 있는'이라는 의미를 나타내므로 (b) to offer가 정답이다.

어휘   organization 단체, 기관 help A 동사원형: ~하도록 A를 돕다 hard of hearing 귀가 잘 안 들리는 by -ing ~함으로써, ~해서 sign language 수어 interpret ~을 이해하다 be able to 동사원형: ~할 수 있다 hearing loss 청각 장애, 청력 손실 complete 완전한 offer A B: A에게 B를 제공하다

11.

정답   (d)

해석   애니카는 전에 계속 소홀히 여겼던 만성 건강 질환을 더 잘 관리하기 시작했다. 실제로, 그녀는 심지어 잦은 의사 진료 예약에 필요한 시간을 내기 위해 일부 수업을 포기하는 것을 고려하기까지 했다.

해설   동사 drop의 알맞은 형태를 고르는 문제이다. 빈칸 앞에 과거시제로 쓰여 있는 동사 consider는 동명사를 목적어로 취해 '~하는 것을 고려하다'라는 의미를 나타내므로 (d) dropping이 정답이다.

어휘   take care of ~을 관리하다, 돌보다 chronic 만성의 condition 질환, 문제, 상태 previously 이전에, 과거에 neglect ~을 소홀히 하다, 무시하다 in fact 실제로, 사실 consider -ing ~하는 것을 고려하다 make time for ~할 시간을 내다 frequent 잦은, 빈번한 appointment 예약, 약속 drop (중도에) ~을 포기하다

12.

정답   (c)

해석   린지는 제이콥에게 몹시 화가 나 있다. 함께 세 달 동안 데이트를 해 온 끝에, 그는 갑자기 그녀를 만나는 것을 중단했다. 그녀는 자신이 어떻게 했길래, 아니면 무슨 말을 했길래 제이콥이 갑자기 그렇게 차가워진 건지 알지 못하고 있다.

해설   동사 see의 알맞은 형태를 고르는 문제이다. 빈칸 앞에 과거시제로 쓰여 있는 동사 stop은 동명사를 목적어로 취하므로 (c) seeing이 정답이다.

어휘   be furious with ~에게 몹시 화가 나다 suddenly 갑자기 become 형용사: ~한 상태가 되다

13.

정답   (a)

해석   하루는 오후에 있었던 공부 시간에, 엘라는 잭의 수학 실력이 향상된 것에 대해 놀라움을 표현했다. 어떻게 했는지 질문을 받았을 때 잭은 수학 고수인 가장 친한 친구에게서 과외를 받는다고 언급했다.

해설   동사 receive의 알맞은 형태를 고르는 문제이다. 빈칸 앞에 과거시제로 쓰여 있는 동사 mention은 동명사를 목적어로 취하므로 (a) receiving이 정답이다.

어휘   session (특정 활동을 하는) 시간 voice (통) ~을 표현하다, 나타내다 amazement 놀라움 improvement 향상, 개선 mention ~을 언급하다 tutorial 과외, 개인 교습 math 수학 whiz 고수, 명수 receive ~을 받다

14.

정답   (d)

해석   <1 대 100>은 2006년에 처음 방송된 미국의 게임 프로그램이다. 참가자가 일반 상식 관련 질문에 대답하면서 100명의 다른 이들을 상대로 경쟁하는 것이다. 해당 참가자가 이 게임에서 이기기 위해서는 최후의 1인으로 살아남아야 한다.

해설   동사 win의 알맞은 형태를 고르는 문제이다. 빈칸 이하 부분은 '이 게임에서 이기기 위해서는'과 같이 최후의 1인으로 살아남아야 하는 목적을 나타내야 알맞으므로 목적을 나타낼 때 사용하는 to부정사 (d) to win이 정답이다.

어휘   broadcast ~을 방송하다 contender (대회 등의) 참가자, 경쟁자 compete 경쟁하다 by -ing ~해서, ~함으로써 general knowledge 일반 상식

15.

정답   (a)

해석   탄수화물을 더 적게 먹는 것은 체지방을 줄이는 한 가지 방법이다. 따라서, 영양사들은 탄수화물의 주요 공급원을 건강에 더 좋은 대안으로 대체하도록 제안한다. 예를 들어, 콜리플라워 라이스가 흰쌀을 대체할 수 있다.

해설   동사 replace의 알맞은 형태를 고르는 문제이다. 빈칸 앞에 원형으로 쓰여 있는 동사 suggest는 동명사를 목적어로 취해 '~하도록 제안하다'라는 의미를 나타내므로 (a) replacing이 정답이다.

어휘   carbohydrates 탄수화물 way to 동사원형: ~하는 방법

body fat 체지방 therefore 따라서, 그러므로 dietician 영양사 suggest -ing ~하도록 제안하다 source 공급원, 원천 alternative 대안, 대체(품) A be substituted for B: A가 B를 대체하다 replace A with B: A를 B로 대체하다

16.

정답 (d)

해석 베티스 베이커리는 저조한 판매량으로 인해 자신들의 더 창의적인 제과제품을 단종해야 할지도 모른다. 그곳 직원들은 지금 베스트셀러가 될 잠재성을 지니고 있다고 생각하는 이 제품들을 홍보하기 위한 노력을 기울이고 있다.

해설 동사 promote의 알맞은 형태를 고르는 문제이다. 빈칸 앞에 위치한 명사 effort는 형용사적 용법으로 쓰인 to부정사의 수식을 받아서 '~하기 위한 노력'이라는 의미를 나타내므로 to부정사인 (d) to promote이 정답이다.

어휘 might have to 동사원형: ~해야 할지도 모르다 discontinue ~을 단종하다 creative 창의적인 baked goods 제과제품 due to ~로 인해, ~ 때문에 sales 판매(량), 매출 make an effort to 동사원형: ~하기 위한 노력을 기울이다 potential 잠재성 promote ~을 홍보하다

17.

정답 (b)

해석 공개 토론회 중에, 발표를 맡은 미술가가 어떻게 자신의 기술을 완벽하게 만드는지 질문을 받았다. 그녀는 한 번 선을 그리기 시작하면, 절대로 종이에서 펜을 떼지 않으면서 물체 하나를 그리는 연습을 주기적으로 한다고 설명했다.

해설 동사 draw의 알맞은 형태를 고르는 문제이다. 빈칸 앞에 3인칭 단수 주어와 수 일치된 형태로 쓰여 있는 동사 practice는 동명사를 목적어로 취하므로 (b) drawing이 정답이다.

어휘 open forum 공개 토론회 presenting 발표하는 perfect (동) ~을 완벽하게 하다 craft 기술, 기교 explain that ~라고 설명하다 regularly 주기적으로 practice -ing ~하는 연습을 하다 object 물체 lift A off B: B에서 A를 들어올리다 draw ~을 그리다

18.

정답 (d)

해석 리마 증후군은 납치범이 인질에 대해 동정심이 생기는 상태이다. 이는 납치범이 자신의 범죄 행위를 온전히 유지시키지 못하거나 피해자를 해치는 것을 좋아하지 않을 경우에 발생될 수 있다.

해설 동사 hurt의 알맞은 형태를 고르는 문제이다. 빈칸 앞에 위치한 dislike는 동명사를 목적어로 취해 '~하는 것을 좋아하지 않다'라는 의미를 나타내므로 (d) hurting이 정답이다.

어휘 syndrome 증후군 condition 상태, 조건, 질병 abductor 납치범, 유괴범 develop (병 등) ~가 생기다 sympathy 동정(심) toward ~에 대해, ~을 향해 hostage 인질 fully 온전히, 전적으로 support ~을 유지하다, 지속시키다 criminal 범죄의 behavior 행위, 행동 dislike -ing ~하는 것을 좋아하지 않다

19.

정답 (a)

해석 밤에 제대로 잠들지 못하신다면, 클래식 음악을 들어 보세요. 전문가들은 수면의 질을 향상시키는 데 도움이 될 수 있도록 자기 전에 최소 45분 동안 클래식 음악을 듣는 것을 권장합니다.

해설 동사 listen의 알맞은 형태를 고르는 문제이다. 빈칸 앞에 현재시제로 쓰여 있는 동사 recommend는 동명사를 목적어로 취하므로 (a) listening이 정답이다.

어휘 restless 제대로 잠들지 못하는, 가만 있지 못하는 expert 전문가 recommend -ing ~하라고 권하다, 추천하다 at least 최소한, 적어도 help 동사원형: ~하는 데 도움이 되다 improve ~을 향상시키다, 개선하다 quality 질, 품질

20.

정답 (b)

해석 요즘은, 고등학교를 졸업하는 학생들이 1년의 공백기를 갖는 것이 더 흔해졌다. 이들은 대학교에 등록하는 것을 1년 동안 미루고 학교 밖에서 삶을 탐구할 시간을 갖는다.

해설 동사 enroll의 알맞은 형태를 고르는 문제이다. 빈칸 앞에 원형으로 쓰여 있는 동사 postpone은 동명사를 목적어로 취해 '~하는 것을 미루다, 연기하다'라는 의미를 나타내므로 (b) enrolling이 정답이다.

어휘 graduate from ~을 졸업하다 take a gap year 1년간 공백기를 갖다 postpone -ing ~하는 것을 미루다, 연기하다 take time to 동사원형: ~할 시간을 갖다 explore ~을 탐구하다 enroll 등록하다

21.

정답 (a)

해석 의사소통과 기술, 그리고 예측 불가능한 서브가 배구 선수권 대회에서 우승하도록 팔콘스에 도움을 주었다. 경기가 끝나고, 그 선수들은 상대 팀이 존중 받지 못하는 느낌을 갖지 않도록 승리를 기념하는 것을 미뤘다.

해설 동사 celebrate의 알맞은 형태를 고르는 문제이다. 빈칸 앞에 과거시제로 쓰여 있는 동사 delay는 동명사를 목적어로 취해 '~하는 것을 미루다, 지연시키다'라는 의미를 나타내므로 (a) celebrating이 정답이다.

어휘 unpredictable 예측 불가능한 help A 동사원형: ~하도록 A를 돕다 delay -ing ~하는 것을 미루다, 지연시키다 so that (목적) ~하도록, (결과) 그래서, 그러므로 opposing 대립하는, 맞서는 disrespected 존중 받지 못한 celebrate ~을 기념하다, 축하하다

22.

정답 (b)

해석 뱅크스 씨는 이사회 회의가 순조롭게 진행되기를 바랐지만, 이사회 위원들이 논쟁하면서 서로 목소리를 높이기 시작했다. 뱅크스 씨는 토론이 너무 오래 계속되는 동안 머리를 식히기 위해 밖으로 나갔다.

해설 동사구 cool down의 알맞은 형태를 고르는 문제이다. 빈칸은
'머리를 식히기 위해'와 같은 의미로 뱅크스 씨가 밖으로 나간 목
적을 나타내야 알맞으므로 목적을 나타낼 때 사용하는 to부정사
(b) to cool down이 정답이다.

어휘 board 이사회, 이사진 go smoothly 순조롭게 진행되다
argue 논쟁하다, 말다툼하다 raise one's voice 목소리를 높이다
with one another 서로 while ~하는 동안, ~인 반면 debate
토론(회) drag on 너무 오래 계속되다, 질질 끌다 cool down
머리를 식히다, 진정되다

23.

정답 (a)

해석 마고는 자신의 팀이 대학 과학 박람회에서 1위에 올랐다는 이야기
를 들었다. 그 소식에 어안이 벙벙하여, 그녀는 그들이 정말로 그
권위 있는 상을 차지했는지 확인하기 위해 과학 학부 웹사이트에
초조한 마음으로 로그인했다.

해설 동사 check의 알맞은 형태를 고르는 문제이다. 빈칸 이하 부분
은 '정말로 그 권위 있는 상을 차지했는지 확인하기 위해'와 같이
학부 웹사이트에 초조한 마음으로 로그인한 목적을 나타내야 알
맞으므로 목적을 나타낼 때 사용하는 to부정사 (a) to check이
정답이다.

어휘 win first place 1위에 오르다 fair 박람회 stunned 어안이
벙벙한, 어리둥절한 nervously 초조하게, 조마조마하게 log
on to ~에 로그인하다 bag (통) ~을 차지하다 prestigious 권
위 있는 prize 상, 상품

24.

정답 (d)

해석 말콤 고등학교의 학생들은 대단히 파괴적인 토네이도가 그 지역
에 발생한 후에 재난 구호 활동을 돕기 위해 기금을 모으고 있다.
현금 또는 물자를 기부하기를 원하는 지역 주민들은 학교에 있는
힐스 씨에게 연락하면 된다.

해설 동사 donate의 알맞은 형태를 고르는 문제이다. 빈칸 앞에 있는
동사 care는 to부정사를 목적어로 취하여 '~하기를 원하다'라는
의미로 쓰이므로 (d) to donate이 정답이다.

어휘 raise a fund 기금을 모으다 disaster-relief efforts 재난
구호 활동 devastating 대단히 파괴적인, 엄청나게 충격적
인 strike (재난, 질병 등이) 발생하다, 덮치다 community
member 지역 주민 care to 동사원형: ~하기를 원하다
supply 물자, 공급품 contact ~에게 연락하다 donate 기부
하다

목적어 역할을 하는 that절의 동사는 동사원형만 사용하므로 동사원형인 (d) celebrate가 정답이다.

어휘　suggest 제안하다　colleague 동료　promotion 승진, 진급　celebrate 축하하다, 기념하다

기출 POINT 14 당위성을 나타내는 동사원형

연습문제

1. (b)	2. (c)	3. (d)	4. (b)	5. (c)
6. (d)	7. (b)	8. (a)	9. (b)	10. (c)

1.

정답　(b)

해석　존슨은 레이가 그녀를 위로하기 위해 꽃 한 송이를 선물로 줘야 한다고 주장하였다.

해설　동사 present의 알맞은 형태를 고르는 문제이다. 빈칸은 동사 pleaded의 목적어 역할을 하는 that절의 동사 자리인데, plead와 같이 주장/요구/명령/제안 등을 나타내는 동사의 목적어 역할을 하는 that절의 동사는 동사원형만 사용하므로 동사원형인 (b) present가 정답이다.

어휘　plead 주장하다, 애원하다　console 위로하다　present 선물로 주다

2.

정답　(c)

해석　그들은 기계와 관련된 문제 때문에 그들의 제품이 판매되어서는 안된다고 요청한다.

해설　수동태 be sold의 알맞은 형태를 고르는 문제이다. 빈칸은 동사 request의 목적어 역할을 하는 that절의 동사 자리인데, request와 같이 주장/요구/명령/제안 등을 나타내는 동사의 목적어 역할을 하는 that절의 동사는 동사원형만 사용하므로 수동태에서 be동사만 원형으로 쓴 (c) not be sold가 정답이다. 부정어 not은 be 앞에 위치하여 not be sold의 어순이 된다.

어휘　request 요청하다　product 제품　mechanical 기계와 관련된, 기계의　be sold 팔리다, 판매되다(sell 팔다)

3.

정답　(d)

해석　폴은 우리가 동료의 승진을 축하해야 한다고 제안하였다.

해설　동사 celebrate의 알맞은 형태를 고르는 문제이다. 빈칸은 동사 suggested의 목적어 역할을 하는 that절의 동사 자리인데, suggest와 같이 주장/요구/명령/제안 등을 나타내는 동사의

4.

정답　(b)

해석　위생국은 안전 기준이 개선되어야 한다고 요구하였다.

해설　수동태 be upgraded의 알맞은 형태를 고르는 문제이다. 빈칸은 동사 demanded의 목적어 역할을 하는 that절의 동사 자리인데, demand와 같이 주장/요구/명령/제안 등을 나타내는 동사의 목적어 역할을 하는 that절의 동사는 동사원형만 사용하므로 수동태에서 be동사만 원형으로 쓴 (b) be upgraded가 정답이다.

어휘　Health Department 위생국　demand 요구하다　safety standard 안전 기준　upgrade 개선하다

5.

정답　(c)

해석　그녀는 승진되기 위해서 열심히 일해야 하는 것이 결정적이다.

해설　동사 work의 알맞은 형태를 고르는 문제이다. 빈칸은 「It is ~ that절」 구조로 된 가주어/진주어 구문에서 진주어 역할을 하는 that절의 동사 자리인데, that 앞에 crucial과 같이 중요성/권고/필수/의무 등을 나타내는 형용사가 쓰이면 that절의 동사는 동사원형만 사용하므로 (c) work가 정답이다.

어휘　crucial 중대한, 결정적인　hard 열심히　get promoted 승진되다, 진급하다

6.

정답　(d)

해석　친척들이 졸업식에 참석하는 것은 관례적인 일이다.

해설　동사 attend의 알맞은 형태를 고르는 문제이다. 빈칸은 「It is ~ that절」 구조로 된 가주어/진주어 구문에서 진주어 역할을 하는 that절의 동사 자리인데, that 앞에 customary과 같이 중요성/권고/필수/의무 등을 나타내는 형용사가 쓰이면 that절의 동사는 동사원형만 사용하므로 (d) attend가 정답이다.

어휘　customary 관례적인, 습관적인　relative 친척　commencement ceremony 졸업식, 학위 수여식

7.

정답　(b)

해석　당신의 친구들에게 터놓고 솔직하게 말하는 것은 필수적이다.

해설　talk의 알맞은 형태를 고르는 문제이다. 빈칸은 「It is ~ that절」 구조로 된 가주어/진주어 구문에서 진주어 역할을 하는 that절의 동사 자리인데, that 앞에 essential과 같이 중요성/권고/필수/의무 등을 나타내는 형용사가 쓰이면 that절의 동사는 동사원형만 사용하므로 (b) talk가 정답이다.

어휘　essential 필수적인　openly 터놓고, 드러내 놓고　honestly 솔직하게

8.

정답 (a)

해석 우리는 모든 참석자가 정해진 시간보다 먼저 도착해야 한다고 권고한다.

해설 동사 arrive의 알맞은 형태를 고르는 문제이다. 빈칸은 동사 advise의 목적어 역할을 하는 that절의 동사 자리인데, advise와 같이 주장/요구/명령/제안 등을 나타내는 동사의 목적어 역할을 하는 that절의 동사는 동사원형만 사용하므로 동사원형인 (a) arrive가 정답이다.

어휘 advise 조언하다, 권고하다 attendee 참석자 ahead of ~보다 먼저 scheduled (일정상) 정해진 예정된

9.

정답 (b)

해석 전문가들은 이 위험한 상황에 적절한 조사가 이루어져야 하는 것이 필수적이라고 말한다.

해설 수동태 be held의 알맞은 형태를 고르는 문제이다. 빈칸은 「It is ~ that절」 구조로 된 가주어/진주어 구문에서 진주어 역할을 하는 that절의 동사 자리인데, that 앞에 vital과 같이 중요성/권고/필수/의무 등을 나타내는 형용사가 쓰이면 수동태에서 be 동사만 원형으로 쓴 (b) be held가 정답이다.

어휘 expert 전문가 vital 필수적인, 중요한 proper 적절한, 알맞은 investigation 조사, 수사 situation 상황 be held (회의, 조사 등이) 이루어지다

10.

정답 (c)

해석 아이들은 진정한 세계를 마주하기 위해 집을 떠나야 하는 것이 필수적이다.

해설 동사 leave의 알맞은 형태를 고르는 문제이다. 빈칸은 「It is ~ that절」 구조로 된 가주어/진주어 구문에서 진주어 역할을 하는 that절의 동사 자리인데, that 앞에 necessary과 같이 중요성/권고/필수/의무 등을 나타내는 형용사가 쓰이면 that절의 동사는 동사원형만 사용하므로 (c) leave가 정답이다.

어휘 necessary 필수적인, 필요한 children 아이들, 아동 face 마주하다

실전 문제풀이

1. (b)	2. (b)	3. (d)	4. (d)	5. (d)	6. (b)
7. (b)	8. (c)	9. (a)	10. (d)	11. (d)	12. (a)

1.

정답 (b)

해석 올리브는 치마 입는 것을 좋아하지 않는데, 보통 주머니가 없기 때문이다. 그게 바로 바지를 입을 수 있게 허용함으로써 여성 직원에 대한 엄격한 매장 복장 규정을 확대해야 한다고 그녀가 점장님께 제안하는 이유이다.

해설 동사 expand의 알맞은 형태를 고르는 문제이다. 빈칸은 동사 is proposing의 목적어 역할을 하는 that절의 동사 자리인데, propose와 같이 주장/요구/명령/제안 등을 나타내는 동사의 목적어 역할을 하는 that절의 동사는 동사원형만 사용하므로 동사원형인 (b) expand가 정답이다.

어휘 typically 보통, 일반적으로 propose that ~하도록 제안하다 strict 엄격한 dress code 복장 규정 by -ing ~함으로써 allow A to 동사원형: A에게 ~하도록 허용하다 expand ~을 확대하다, 확장하다

2.

정답 (b)

해석 모든 계약서 서명인은 반드시 그 모든 내용에 합의해야 하며, 여기에는 때때로 간과될 수 있는 가장 작은 세부 사항도 포함된다. 따라서 계약서에 서명하기 전에 모든 페이지를 꼼꼼하게 점검하는 것이 권장된다.

해설 inspect의 알맞은 형태를 고르는 문제이다. 빈칸은 「It is ~ that절」 구조로 된 가주어/진주어 구문에서 진주어 역할을 하는 that절의 동사 자리인데, that 앞에 recommended와 같이 중요성/권고/필수/의무 등을 나타내는 과거분사나 형용사가 쓰이면 that절의 동사는 동사원형만 사용하므로 (b) inspect가 정답이다.

어휘 signatory 서명인 contract 계약(서) agree to ~에 합의하다 content 내용(물) including ~을 포함함 tiny 아주 작은 details 세부 사항, 상세 정보 overlook ~을 간과하다 It is recommended that ~하는 것이 권장되다 therefore 따라서, 그러므로 thoroughly 꼼꼼하게, 철저하게 inspect ~을 점검하다

3.

정답 (d)

해석 타일러가 너무 많은 스포츠 활동에 참여하고 있기 때문의 학업 성적이 더 나빠지고 있다. 그의 코치들 중 한 명이 타일러에게 체육 특기생 장학금을 지킬 수 있도록 높은 학점 유지에 노력을 기울여야 한다고 조언했다.

해설 동사 work의 알맞은 형태를 고르는 문제이다. 빈칸은 동사 advised의 목적어 역할을 하는 that절의 동사 자리인데, advise와 같이 주장/요구/명령/제안 등을 나타내는 동사의 목적어 역할을 하는 that절의 동사는 동사원형만 사용하므로 동사원형인 (d) work이 정답이다.

어휘 academic performance 학업 성적 suffer 더 나빠지다, 악화되다 be involved in ~에 참여하다, 관여하다 advise that ~하라고 조언하다 maintain ~을 유지하다 grade 학점, 점수 hold on to ~을 지키다, 보유하다 athletic scholarship 체육 특기생 장학금 work on ~에 노력을 기울이다

4.

정답 (d)

해석 쇼핑몰 아트리움의 군중 속에서 소란이 막 일어나면서, 보안팀의 관심을 끌었다. 그 책임자가 안전과 질서가 회복될 때까지 주변에

최소 10명의 보안 직원들이 배치되어야 한다고 제안했다.

해설   수동태 be posted의 알맞은 형태를 고르는 문제이다. 빈칸은
       동사 has proposed의 목적어 역할을 하는 that절의 동사 자
       리인데, propose와 같이 주장/요구/명령/제안 등을 나타내는
       동사의 목적어 역할을 하는 that절의 동사는 동사원형만 사용하
       므로 수동태 동사원형인 (d) be posted가 정답이다.

어휘   commotion 소란, 소동 erupt (갑자기 터지듯) 일어나다, 발
       생되다 crowd 군중 atrium 아트리움(건물중앙 부분의 유리
       지붕으로 된 넓은 공간) draw the attention of ~의 관심을
       끌다, 주목을 끌다 security 보안(팀) propose that ~하도
       록 제안하다 at least 최소한, 적어도 in the vicinity 주변에
       order 질서 restore ~을 회복시키다 post ~을 배치하다

5.

정답   (d)

해석   미국의 높은 인플레이션은 일상 용품의 가격이 급등하면서 시장
       을 계속해서 사정없이 파괴하고 있다. 연방 준비 정부가 경제에
       추가적인 피해를 막기 위해 신속하게 행동을 취하는 것이 중대하
       다.

해설   동사 act의 알맞은 형태를 고르는 문제이다. 빈칸은 「It is ~
       that절」 구조로 된 가주어/진주어 구문에서 진주어 역할을 하는
       that절의 동사 자리인데, that 앞에 crucial과 같이 중요성/권
       고/필수/의무 등을 나타내는 형용사가 쓰이면 that절의 동사는
       동사원형만 사용하므로 (d) act가 정답이다.

어휘   inflation 인플레이션 wreak havoc on ~을 사정없이 파괴하
       다 everyday goods 일상용품, 생활필수품 skyrocket 급등
       하다 crucial 중대한, 결정적인 Federal Reserve 연방 준비
       은행 swiftly 신속하게 prevent 막다, 예방하다 further 더
       이상의, 추가의 harm 피해, 손해 economy 경제 act (문제
       해결을 위해) 행동을 취하다

6.

정답   (b)

해석   『빌리지 트렌드』의 편집장 투트 씨는 새로운 조수를 찾고 있다.
       투트 씨의 자세한 설명에 따르면, 조수는 패션, 현대 미술, 출판 저
       널리즘 전공의 학력을 가지고 있는 것이 바람직하다고 한다.

해설   동사 possess의 알맞은 형태를 고르는 문제이다. 빈칸은 「It is
       ~ that절」 구조로 된 가주어/진주어 구문에서 진주어 역할을 하
       는 that절의 동사 자리인데, that 앞에 desirable과 같이 중요
       성/권고/필수/의무 등을 나타내는 형용사가 쓰이면 that절의 동
       사는 동사원형만 사용하므로 (b) possess가 정답이다.

7.

정답   (b)

해석   매니저는 레이가 계약서에 서명한 날부터 7년간 다른 경쟁사들과
       일하지 않아야 한다고 규정한 비밀유지 협약에 서명해 달라고 요
       청했다.

해설   동사 work의 알맞은 형태를 고르는 문제이다. 빈칸은 동사의 목
       적어 역할을 하는 that절의 동사 자리인데, stipulate와 같이
       주장/요구/명령/제안 등을 나타내는 동사의 목적어 역할을 하는

that절의 동사는 동사원형만 사용하므로 부정문의 동사원형인
(b) not work가 정답이다.

어휘   sign 서명하다 confidentiality agreement 비밀 준수약정
       서 stipulate 규정하다, 명기하다 rival 상대편의, 라이벌의

8.

정답   (c)

해석   미국 정부는 관리가 제대로 되지 않고 노후화된 수천 개의 학교들
       에게 안전 기준을 개선할 것을 요구했다. 이것은 현재 비효율적인
       이전의 시스템을 변화시킬 것이다.

해설   수동태 be upgraded의 알맞은 형태를 고르는 문제이다.
       빈칸은 동사의 목적어 역할을 하는 that절의 동사 자리인데,
       demand와 같이 주장/요구/명령/제안 등을 나타내는 동사의
       목적어 역할을 하는 that절의 동사는 동사원형만 사용하므로 수
       동태 동사원형인 (c) be upgraded가 정답이다.

어휘   demand 요구하다 safety standard 안전 기준 poorly
       maintained 형편없이 관리된 aging 노화하는 prior 이전의
       inefficient 효율적이지 않은 upgrade 개선하다

9.

정답   (a)

해석   COVID-19로 인해 세계적인 행사가 취소되거나 연기되고 있는
       데, 이는 학생들이 학교에 다니지 않는 것을 나타낸다. 대신에, 그
       들은 집에서 공부하고 온라인 수업을 들어야 한다.

해설   동사 attend의 알맞은 형태를 고르는 문제이다. 빈칸은 동사의
       목적어 역할을 하는 that절의 동사 자리인데, suggest와 같이
       주장/요구/명령/제안 등을 나타내는 동사의 목적어 역할을 하는
       that절의 동사는 동사원형만 사용하므로 부정문의 동사원형인
       (a) not attend가 정답이다.

어휘   cancel 취소하다 postpone 연기하다 because of ~때문에
       attend 참석하다, ~에 다니다 instead 대신에

10.

정답   (d)

해석   '제니의 부엌'이라는 음식점을 방문하는 방문객들은 사람들에게
       그들의 아이들을 데려오지 말라고 요청할 권리가 있다, 따라서 우
       리 가족이 도착했을 때, 우리는 그 식당 대신 다른 식당에 가야만
       했다.

해설   동사 bring의 알맞은 형태를 고르는 문제이다. 빈칸은 동사의 목
       적어 역할을 하는 that절의 동사 자리인데, request와 같이 주
       장/요구/명령/제안 등을 나타내는 동사의 목적어 역할을 하는
       that절의 동사는 동사원형만 사용하므로 부정문의 동사원형인
       (d) not bring가 정답이다.

어휘   visitor 방문객 visit 방문하다 are entitled to 동사원형: ~할
       권리가[자격이] 있다 request 요청하다 instead 대신

11.

정답 (d)

해석 JN 기업은 최근 5년간 그들의 장부를 감사하지 않았고, 그 결과 증권거래위원회(SEC)에서 채무 불이행 투자자 신분이 되었다. 따라서 SEC는 그들이 즉시 연간 재무 보고서를 제출할 것을 촉구했다.

해설 동사 submit 알맞은 형태를 고르는 문제이다. 빈칸은 동사의 목적어 역할을 하는 that절의 동사 자리인데, urge와 같이 주장/요구/명령/제안 등을 나타내는 동사의 목적어 역할을 하는 that절의 동사는 동사원형만 사용하므로 동사원형에 부사가 함께 쓰인 (d) immediately submit가 정답이다.

어휘 fail to 동사원형: ~하지 않다, ~하지 못하다 audit 회계 감사하다 book (기업의) 장부 result in 그 결과 ~가 되다 delinquent 채무를 이행하지 않은 investor 투자자 status 신분, 지위, 상태 securities 증권 exchange 교환, 거래 commission 위원회 therefore 따라서, 그러므로 urge 촉구하다, 권고하다 annual 연간의, 해마다의 financial 재무의, 금융의 immediately 즉시 submit 제출하다

12.

정답 (a)

해석 적절한 토지 측량 장비가 없으면 토지 측량사는 정확한 데이터를 수집할 수 없으며 건설 프로젝트의 성공 가능성은 낮다. 따라서 토지 검사 중에 측량사가 적절한 도구와 장비를 가져오는 것은 필수적이다.

해설 동사 bring 알맞은 형태를 고르는 문제이다. 빈칸은 「It is ~ that절」 구조로 된 가주어/진주어 구문에서 진주어 역할을 하는 that절의 동사 자리인데, that 앞에 essential과 같이 중요성/권고/필수/의무 등을 나타내는 형용사가 쓰이면 that절의 동사는 동사원형만 사용하므로 (a) bring이 정답이다.

어휘 proper 적절한, 제대로 된 land survey 토지 측량 equipment 도구, 장비 land surveyor 토지 측량사 gather 모으다, 수집하다 accurate 정확한 construction 공사, 건설 success 성공 unlikely 가능성이 낮은, ~할 것 같지 않은 therefore 따라서, 그러므로 essential 필수적인 appropriate 적절한, 알맞은 tool 도구, 장비 apparatus 기구, 장치 inspection 검사

기출 POINT 15 조동사 must, should

연습문제

1. (c)	2. (a)	3. (b)	4. (b)
5. (a)	6. (b)	7. (d)	8. (b)

1.

정답 (c)

해석 안전을 보장하기 위해서, 사용 전에 설명서를 참고해야 합니다.

해설 문장의 의미에 어울리는 조동사를 고르는 문제이다. 빈칸 앞에 문장의 동사 refer의 목적으로 '안전을 보장하기 위해서'(to ensure safety)가 언급되어 있고, 사용 전에 설명서를 '참조해야 한다'와 같은 의미가 되어야 자연스러우므로 '~해야 하다'라는 뜻으로 의무를 나타낼 때 사용하는 (c) must가 정답이다.

어휘 ensure 보장하다 safety 안전 refer to ~을 참조하다 instructions 설명서, 지시사항 use 사용

2.

정답 (a)

해석 당신은 저녁 식사를 하기 전에 손을 씻어야 한다.

해설 문장의 의미에 어울리는 조동사를 고르는 문제이다. 빈칸이 속한 문장은 저녁 식사 전에 손을 씻어야 한다는 내용을 상대방에게 충고하는 내용이므로 '~해야 하다'라는 뜻으로 충고를 나타낼 때 사용하는 (a) should가 정답이다.

어휘 wash 씻다 dinner 저녁 식사

3.

정답 (b)

해석 그녀는 여러 언어를 말할 수 있기 때문에 똑똑한 것임에 틀림없다.

해설 문장의 의미에 어울리는 조동사를 고르는 문제이다. 빈칸이 속한 문장 뒤에 because 부사절에서 그녀가 많은 언어를 말할 수 있다고 말한 것을 근거로 그녀를 똑똑하다고 확신한다는 내용이 자연스러우므로 '~임에 틀림없다'라는 뜻으로 강한 확신을 나타낼 때 사용하는 (b) must가 정답이다.

어휘 smart 똑똑한, 영리한 language 언어

4.

정답 (b)

해석 제니가 모든 수업에서 F학점을 받기를 원치 않는다면, 그녀는 일찍 자고 컴퓨터 게임을 하며 보내는 시간을 줄여야 한다.

해설 문장의 의미에 어울리는 조동사를 고르는 문제이다. 앞선 문장에서 '모든 수업에서 F학점을 받기를 원치 않는다면'이라는 내용이 있으므로, 빈칸이 속한 문장은 F학점을 받지 않기 위해 제니에게 할 수 있는 충고에 해당하는 내용이다. 따라서 '일찍 자고 컴퓨터 게임을 하며 보내는 시간을 줄여야 한다'는 내용이 자연스러우므로 '~해야 하다'라는 뜻으로 충고를 나타낼 때 사용하는 (b) should가 정답이다.

어휘 unless 만약 ~않는다면 class 수업, 강의 early 일찍 reduce 줄이다

5.

정답 (a)

해석 음식에서 얻는 영양소의 이상적인 균형에 대한 많은 다른 이론들이 존재하지만, 대부분의 영양학자들이 동의한 한 이론은 사람들이 충분한 채소를 먹어야 한다는 것이다.

해설 | 문장의 의미에 어울리는 조동사를 고르는 문제이다. 앞선 문장에서 영양소의 이상적인 균형을 찾는 것에 대한 많은 이론이 존재한다는 내용이 언급되어 있고, 빈칸이 속한 문장은 많은 영양학자들이 동의한 한 이론은 사람들이 채소를 '많이 먹어야 한다'는 내용이다. 이는 이상적인 영양소를 균형을 위해 해야 하는 일을 충고하는 내용이므로 '~해야 하다'라는 뜻으로 충고를 나타낼 때 사용하는 (a) should가 정답이다.

어휘 | theory 이론 ideal 이상적인 balance 균형 nutrient 영양소, 영양분 exist 존재하다 nutritionist 영양학자, 영양사 agree on ~에 동의하다 plenty of 충분한 vegetable 채소

6.

정답 | (b)

해석 | 안전상의 이유로, 실수로 누군가가 발로 밟힐 경우에 대비하여 아이들을 위한 놀이방에 들어가기 전에 모든 사람은 신발을 벗어야 합니다.

해설 | 문장의 의미에 어울리는 조동사를 고르는 문제이다. 빈칸이 속한 문장 앞에 '안전상의 이유로'(For safety reasons)라고 행동의 목적이 언급되었고, 빈칸 뒤에 in case 부사절에서는 '누군가가 실수로 발로 밟힐 경우에 대비하여'라는 경우를 언급하였으므로 신발을 벗는 것을 안전을 위한 의무로 나타내어 '신발을 벗어야 한다'는 내용이 자연스러우므로 '~해야 한다'는 의미로 의무를 나타내는 (b) must가 정답이다.

어휘 | safety 안전 remove 제거하다, 없애다 enter 입장하다, 들어가다 playroom 놀이방 in case ~하는 경우에 대비하여 get stepped on ~을 발로 밟히다 by accident 실수로, 우연히

7.

정답 | (d)

해석 | <NFL 플레이 60>은 아이들을 좀 더 활동적으로 만들기 위한 프로그램으로 2007년에 출시되었다. NFL 선수들이 지역의 아이들과 함께 놀고, 그들이 운동을 한 후에 스트레칭을 하는 이유와 같은 것을 가르친다.

해설 | 문장의 의미에 어울리는 조동사를 고르는 문제이다. 앞선 문장에서 NFL 선수들이 아이들과 함께 놀고 교육을 한다는 내용이 언급되어 있고, 빈칸이 속한 문장은 교육(lesson)의 한 예시로 '운동 후에 스트레칭을 하는 이유'를 언급하였다. 문맥상 교육 내용이므로 '운동 후 스트레칭을 해야 하는 이유'라는 의미를 나타내는 것이 자연스러우므로 '~해야 하다'라는 의미로 의무 또는 충고를 나타내는 조동사 (d) should가 정답이다.

어휘 | launch 출시하다 active 활동적인 athlete 운동 선수 local 지역의, 현지의 teach a lesson 가르치다 stretch 스트레칭하다 workout 운동

8.

정답 | (b)

해석 | 고객과의 미팅이 끝난 후에 나는 점심식사를 위해 외출하려고 했다. 하지만, 나는 아직 내 핸드폰을 찾을 수가 없다. 내가 사무실 어딘가에 두었던 것이 틀림없다.

해설 | 문장의 의미에 어울리는 조동사를 고르는 문제이다. 앞선 문장

은 '핸드폰을 찾을 수 없다'는 내용이 언급되어 있고, 빈칸 뒤에 have p.p. 형태의 have laid가 있으므로 '사무실 어딘가에 두었던 것이 틀림없다'와 같은 의미가 되어야 자연스러우므로 have p.p. 동사와 함께 과거에 대한 확신(~했던 것이 틀림없다)을 나타내는 (b) must가 정답이다.

어휘 | client 고객, 의뢰인 be going to 동사원형: ~할 것이다 go out for ~을 위해 외출하다 lay ~을 두다 somewhere 어딘가에

실전 문제풀이

1. (a)	2. (c)	3. (b)	4. (c)	5. (b)	6. (b)
7. (d)	8. (b)	9. (c)	10. (b)	11. (a)	12. (b)

1.

정답 | (a)

해석 | 셀린이 지난 번에 폴을 만났을 땐 아주 창백하고 수척한 것처럼 보였다. 그가 어젯밤에 있었던 자신의 파티에서 훨씬 더 건강하고 더 활기 넘쳐 보였기 때문에 그 이후로 그는 의사와 상담하고 약을 먹었던 것이 틀림없다.

해설 | 문장의 의미에 어울리는 조동사를 고르는 문제이다. 빈칸이 속한 문장을 읽어 보면, '더 건강하고 더 활기 넘쳐 보였기 때문에 의사와 상담하고 약을 먹었던 것이 틀림없다'와 같은 의미가 되어야 자연스러우므로 have p.p. 동사와 함께 과거에 대한 확신(~했던 것이 틀림없다)을 나타내는 (a) must가 정답이다.

어휘 | look 형용사: ~한 것처럼 보이다, ~한 것 같다 extremely 아주, 대단히 pale 창백한 emaciated 수척한 consult ~와 상담하다 since then 그때 이후로 much (비교급 강조) 훨씬 must have p.p. ~한 것이 틀림없다 could have p.p. ~할 수 있었을 것이다 should have p.p. ~했어야 했다

2.

정답 | (c)

해석 | 할인 서비스는 정말로 고객을 충동적으로 쇼핑을 하도록 유인할 수 있다. 그것이 바로 정말로 할인 제품을 구입해야 하는지 아닌지를 스스로에게 여러 번 물어봐야 하는 이유이다. 그렇지 않으면, 구매한 것을 나중에 후회할 수도 있다.

해설 | 문장의 의미에 어울리는 조동사를 고르는 문제이다. 빈칸이 속한 why절은 충동적인 구매를 자제하기 않기 위해 해야 하는 일로서 '스스로에게 여러 번 물어봐야 한다'와 같은 의미가 되어야 자연스러우므로 '~해야 하다'라는 뜻으로 충고를 나타낼 때 사용하는 (c) should가 정답이다.

어휘 | entice ~을 끌어들이다, 유혹하다 impulsively 충동적으로 several 여럿의, 몇몇의 whether A or not: A인지 아닌지 otherwise 그렇지 않으면 regret -ing ~한 것을 후회하다

3.

정답 (b)

해석 연구에 따르면, 몰디브의 아름다운 섬들이 기후 변화로 인해 침식되고 있으며, 곧 사라질 수도 있는 것으로 나타났다. 이 낙원을 경험해보고 싶다면, 반드시 너무 늦기 전에 이 국가를 방문해야 한다.

해설 문장의 의미에 어울리는 조동사를 고르는 문제이다. 앞선 문장에 기후 변화로 인해 침식되고 있어서 곧 사라질 수도 있다는 말이 쓰여 있다. 따라서, '반드시 너무 늦기 전에 이 국가를 방문해야 한다'와 같은 의미가 되어야 가장 자연스러우므로 '반드시 ~해야 하다'라는 뜻으로 필요성이나 중요성 등을 나타낼 때 사용하는 (b) must가 정답이다.

어휘 research 연구, 조사 erode 침식되다 due to ~로 인해, ~때문에 climate change 기후 변화 disappear 사라지다 experience ~을 경험하다, 겪다 paradise 낙원, 천국

4.

정답 (c)

해석 학생증이 분실되거나 손상되었다면, 새로운 학생증 재발급을 신청하셔야 합니다. 당신의 사진을 가지고 오세요. 재발급은 약 10일이 걸린다는 점을 알아두시기 바랍니다. 그리고 당신은 새로운 학생증을 받기 위해 10일 후에 이 건물로 오셔야 합니다.

해설 문장의 의미에 어울리는 조동사를 고르는 문제이다. 앞선 문장에 학생증 재발급에 10일 정도 걸린다는 점이 언급되어 있고, 빈칸이 포함된 문장은 10일 후에 새로운 학생증을 받기 위해 이 건물로 오라는 내용이 언급되어 있다. 동작의 목적으로 '새로운 학생증을 받기 위해'(to get your new ID card)가 언급되어 있어 이 건물로 '와야 한다'라는 의미가 되는 것이 자연스러우므로 '~해야 한다'라는 의미로 의무, 당위성을 나타내는 (c) should가 정답이다.

어휘 student ID card 학생증 lose 분실하다 damage 손상시키다 apply for ~을 신청하다 reissue 재발급하다 be aware that ~을 인지하다, ~을 알다 report to ~로 출두하다, ~로 오다

5.

정답 (b)

해석 "가짜 뉴스"의 발생과 확인되지 않은 사실의 확산은 많은 사람들이 그것이 사실인지 아닌지를 알아차리는 것을 어렵게 만든다. 따라서 잘못된 정보를 피하기 위해서 믿을 만한 정보원으로부터의 기사와 뉴스만을 읽어야 한다.

해설 문장의 의미에 어울리는 조동사를 고르는 문제이다. 앞선 문장에 가짜 뉴스의 발생과 확인되지 않은 사실의 확산이 사람들로 하여금 그것이 사실인지 알아보기 어렵게 한다는 내용이 언급되어 있다. 빈칸이 포함된 문장에 동작의 목적으로 '잘못된 정보를 피하기 위해'(to avoid false information)가 언급되어 있어 믿을 만한 정보원의 기사와 뉴스를 '읽어야 한다'라는 의미가 되는 것이 자연스러우므로 '~해야 한다'라는 의미로 의무, 당위성을 나타내는 (b) should가 정답이다.

어휘 rise 발생 fake 허위의, 가짜의 proliferation 급증, 확산

unconfirmed 확인되지 않은 fact 사실 make it difficult for A to 동사원형: A가 ~하는 것을 어렵게 만들다 discern 알아차리다, 파악하다 whether A or not: A인지 아닌지 therefore 따라서, 그러므로 article (신문, 잡지의) 기사 credible 믿을 만한, 신뢰할 수 있는 source 원천, 정보원 avoid 피하다 false 잘못된

6.

정답 (b)

해석 만약 당신의 비올라를 최상의 상태로 유지하고 싶다면, 정기적으로 완료되어야 하는 몇가지 일이 있습니다. 예를 들어, 소리가 악화되지 않도록 하기 위해 줄은 3개월마다 바뀌어야 합니다.

해설 문장의 의미에 어울리는 조동사를 고르는 문제이다. 앞선 문장에 비올라를 최상의 상태로 유지하기 위해 몇가지 할 일이 있다는 내용이 언급되어 있다. 접속부사 for example이 있으므로 빈칸이 포함된 문장은 비올라를 최상의 상태로 유지하는 방법의 구체적인 예시가 언급된다. 동작의 목적으로 '소리가 악화되지 않도록 하기 위해'(in order that the sound does not deteriorate)가 언급되어 있어 3개월마다 줄이 '바뀌어야 한다'라는 의미가 되는 것이 자연스러우므로 '~해야 한다'라는 의미로 의무를 나타내는 (b) must가 정답이다.

어휘 optimum 최고의, 최적의 condition 상태 regularly 정기적으로, 규칙적으로 for example 예를 들어 string (현악기의) 줄, 현 every 복수기간명사: ~마다 in order that ~하기 위해서 deteriorate 악화되다, 더 나빠지다

7.

정답 (d)

해석 HD 파이낸셜스 사의 보안 시스템은 오후 9시에 자동으로 활성화된다. 만약 당신이 그 시간 이후에 사무실에 오면, 알람이 울리기 전에 보안 판에 있는 9자리 숫자의 코드를 입력해야 한다.

해설 문장의 의미에 어울리는 조동사를 고르는 문제이다. 앞선 문장에 오후 9시에 보안 시스템이 자동으로 활성화된다는 내용이 언급되어 있다. 그리고 빈칸이 포함된 문장은 9시 이후에 사무실에 오면 알람이 울리기 전에 코드를 입력한다는 내용인데, 코드를 입력하지 않으면 알람이 울린다는 의미이므로 코드를 '입력해야 한다'는 내용이 되는 것이 자연스러운 문맥이 된다. 따라서 '~해야 한다'라는 의미로 의무를 나타내는 (d) must가 정답이다.

어휘 security 보안 automatically 자동으로 get activated 활성화되다 enter 입력하다 digit 숫자 panel 판 go off (알람 등이) 울리다

8.

정답 (b)

해석 마리에타 초등학교 부모교사협회는 연례 빵 바자 행사를 도울 자원 봉사자를 구하고 있다. 도와 주는 것에 관심이 있는 사람은 누구든 9시에 테니스 공원으로 와야 한다.

해설 문장의 의미에 어울리는 조동사를 고르는 문제이다. 앞선 문장에 자원 봉사자를 구한다는 내용이 언급되어 있다. 그리고 빈칸이 포함된 문장에 자원 봉사에 관심이 있는 사람은 토요일 오전 9시에

테니스 공원으로 오라는 내용이 언급되어 있고 문맥상 자원 봉사를 하고자 하는 사람들에게 시간과 장소를 알려주는 것이므로 언급된 시간과 장소에 '와야 한다'라는 의미가 되는 것이 자연스러운 문맥이 된다. 따라서 '~해야 한다'라는 의미로 의무, 당위성을 나타내는 (b) should가 정답이다.

어휘   elementary school 초등학교   association 협회   seek 찾다 구하다   volunteer 자원 봉사자   annual 매년의, 연례의   bake sale 빵 바자, 기금 마련을 위한 빵을 파는 행사   interested in ~에 관심이 있는   help out 도와 주다

9.

정답   (c)

해석   건강한 생활방식에 전념하게 되어 들떠서, 카일은 그가 처음 체육관에 등록한 이후로 매일 체육관을 가고 있다. 하지만, 그의 트레이너는 그에게 모든 운동시간 사이에 그래도 하루는 휴식을 취해야 한다고 말했다.

해설   문장의 의미에 어울리는 조동사를 고르는 문제이다. 앞선 문장에 카일이 매일 체육관에 간다는 내용이 언급되어 있다. 그리고 빈칸이 포함된 문장은 문맥상 그의 트레이너가 카일에게 '하루는 휴식을 취해야 한다'고 충고를 하는 내용이므로 '~해야 한다'라는 의미로 충고, 의무를 나타내는 (c) should가 정답이다.

어휘   excited 신난, 흥분한, 들뜬   commit to A: A에 전념하다 healthy 건강한   join 가입하다, 등록하다   rest 휴식을 취하다, 쉬다   session (특정 활동을 위한) 시간, 기간

10.

정답   (b)

해석   심혈관 외과의사가 되는 것은 교육과 훈련으로 약 20년이 걸린다. 레지던트 과정이 끝난 후에도, 장차 외과의사가 되려는 의사는 완전한 자격을 갖추기 위해 연구직을 완료해야 한다.

해설   문장의 의미에 어울리는 조동사를 고르는 문제이다. 앞선 문장에 심혈관 외과의사가 되는 것은 약 20년이 걸린다는 내용이 언급되어 있다. 빈칸이 포함된 문장은 레지던트 프로그램 후에도 연구직을 완료한다는 내용인데, 동사 complete 동작의 목적으로 '완전한 자격을 갖추기 위해'(to become fully certified)가 언급되어 있어 연구직을 '완료해야 한다'는 의미가 되는 것이 자연스러우므로 '~해야 한다'라는 의미로 의무를 나타내는 (b) must가 정답이다.

어휘   cardiovascular 심혈관의   surgeon 외과의사   take + 시간: ~가 걸리다   nearly 거의   education 교육   training 훈련 residency program (의학의) 레지던트 과정   aspiring ~가 되려는   complete 완료하다   fellowship 연구직   certified 자격을 갖춘, 공인의

11.

정답   (a)

해석   빅토리아는 늦잠을 잤고, 지금 그녀는 시간에 맞춰 버스 정류장에 도착하기 위해 서두르고 있다. 그녀는 사무실로 가는 다음 버스를 잡아야 한다. 그렇지 않으면 또다시 회사에 늦을 것이다.

해설   문장의 의미에 어울리는 조동사를 고르는 문제이다. 앞선 문장에

빅토리아가 늦잠을 자서 서둘러 버스 정류장으로 간다는 내용이 언급되어 있다. 빈칸이 포함된 문장은 회사로 가는 다음 버스를 잡는다는 내용인데, 그 뒤에 '그렇지 않으면'이라는 의미의 접속사 or else로 시작하는 문장이 그녀가 또다시 지각할 것이라는 내용이 있다. 문맥상 지각하지 않기 위해서 다음 버스를 '잡아야 한다'는 의미가 되는 것이 자연스러우므로 '~해야 한다'라는 의미로 의무를 나타내는 (a) must가 정답이다.

어휘   oversleep 늦잠 자다   rush 서두르다, 급히 움직이다   in time 시간에 맞춰   or else 그렇지 않으면   be late for ~에 늦다

12.

정답   (b)

해석   누구나 5킬로미터는 달릴 수 있다. 하지만 적절히 훈련할 충분한 시간을 자신에게 주어야 한다. 우선, 처음 달리기를 시작하는 사람은 적절한 러닝화를 사서 30초 간격으로 가벼운 조깅과 함께 걷기로 시작해야 한다.

해설   문장의 의미에 어울리는 조동사를 고르는 문제이다. 5킬로미터를 달리기 위해서는 훈련할 시간이 필요하다는 내용이 언급되어 있다. 접속부사 first of all은 달리기 훈련에 필요한 것 중에서 처음으로 해야 하는 것을 언급하기 위해 쓰였는데, 문맥상 빈칸이 포함된 문장은 러닝화를 사고 30초의 가벼운 조깅을 하면서 걷는 것으로 시작해야 한다는 충고의 의미를 나타내는 것이 가장 자연스럽다. 따라서 '~해야 한다'라는 의미로 충고를 나타내는 (b) should가 정답이다.

어휘   properly 적절히   train 훈련하다   first of all 무엇보다도, 우선 adequate 적절한   start by ~로 시작하다   interval 간격, 중간 휴식 시간   light 가벼운

기출 POINT 16   조동사 can, could

연습문제

1. (c)	2. (d)	3. (b)	4. (c)	5. (d)	6. (a)

1.

정답   (c)

해석   안녕하세요, 그리고 몬터리 베이 수족관의 이번 투어에 오신 것을 환영합니다. 여러분에게 상기시켜드릴 말씀으로, 여러분은 저희 모바일 앱을 다운로드 받으시면 언제든지 가상 투어에도 또한 참가하실 수 있으며, 그 앱은 저희 웹사이트에서 이용 가능합니다.

해설   문장의 의미에 어울리는 조동사를 고르는 문제이다. 빈칸이 속한 문장은 투어 참가자들에게 모바일 앱의 가상 투어에도 참가할 수 있음을 알려주는 내용이므로, 투어 참가자들이 반드시 해야 하는 것이나, 예정된 일이 아니라 원하면 할 수 있는 가능성 또는 허락을 나타내는 의미이다. 따라서 '~할 수 있다'라는 뜻으로 가능성이나 허락을 나타내는 조동사 (c) can이 정답이다.

어휘   tour 투어, 관광   aquarium 수족관   reminder 상기시키는 것

participate in ~에 참가하다 virtual 가상의 any time 언제든지 available 이용 가능한

2.

정답 (d)

해석 저희 프리미엄 리워드 신용카드 발급이 승인된 것을 축하드립니다. 귀하의 신원 확인을 위해 아래의 번호를 불러주시면, 온라인이나 주요 소매 지점에서 구매하기 위해 이 카드의 사용을 시작하실 수 있습니다.

해설 문장의 의미에 어울리는 조동사를 고르는 문제이다. 앞선 문장에서 카드 발급 승인을 축하한다는 내용이 언급되어 있고, 빈칸이 속한 절에 once절은 조건을 나타내어 '아래의 번호를 불러 주면'이라는 내용이 언급되어 있다. 조건이 있는 경우 미래 시제인 경우가 많지만 문맥상 '~하면, ~할 것이다'라는 예정된 일이나 미래의 일을 나타내는 것이 아니라 카드 사용이 가능해진다는 내용이므로 '~할 수 있다'라는 의미로 가능, 능력을 나타내는 조동사 (d) can이 정답이다.

어휘 congratulations on ~에 대해 축하합니다 approve 승인하다 once 일단 ~하면 below 아래에 confirm 확인하다 identity 신원, 정체 make a purchase 구매하다 major 주요한, 일류의 retail 소매 location 지점

3.

정답 (b)

해석 오늘의 팟캐스트에서, 저희는 개인 차량의 유지 보수 비용에 어느 정도의 돈을 절약할 수 있는 몇 가지 쉬운 방법에 대해 이야기할 것입니다. 예를 들어, 여러분은 전면유리 와이퍼 유체나 부동액과 같은 것들을 정기적으로 확인하고 다시 채울 수 있습니다.

해설 문장의 의미에 어울리는 조동사를 고르는 문제이다. 앞선 문장에서 자동차 유지보수 비용을 절약할 수 있는 방법에 대해 소개한다는 내용이 언급되어 있고, 접속부사 for example이 있으므로 빈칸이 포함된 문장은 자동차 유지보수 비용의 절약 방법의 구체적인 예시가 언급된다. 문맥상 '정기적으로 확인하고 다시 채워넣을 수 있다'라는 의미로 방법 중 하나를 소개하는 것이므로 '~할 수 있다'라는 의미로 가능, 능력을 나타내는 조동사 (b) can이 정답이다. 자동차 보수유지 비용 절약의 방법 중 하나를 예시로 드는 내용이 반드시 해야 하는 의무가 아니므로 (c) must는 오답이다.

어휘 podcast 팟캐스트, 소셜 미디어를 통해 다양한 콘텐츠를 제공하는 서비스 save 절약하다 personal 개인의 vehicle 차량 maintenance 유지보수 expense 비용 regularly 정기적으로, 규칙적으로 refill 다시 채우다 windshield 자동차 전면유리 fluid 유체, 유동체 antifreeze 부동액

4.

정답 (c)

해석 부르즈 칼리파는 세계에서 가장 큰 건물이며, 지면에서 555미터 위에 있는 가장 높은 전망대를 가지고 있다. 맑은 날에, 방문객들은 페르시아만을 관통하여 이란을 볼 수 있다.

해설 문장의 의미에 어울리는 조동사를 고르는 문제이다. 앞선 문장에서 세계에서 가장 높은 빌딩인 부르즈 칼리파와 555미터 상공의 전망대에 대해 언급되어 있다. 빈칸이 포함된 문장은 맑은 날에 그 전망대에서 방문객들이 '페르시아만을 관통하여 이란을 볼 수 있다'라는 의미로 문맥상 전망대에서 할 수 있는 일을 나타내는 것이 자연스러우므로 '~할 수 있다'라는 의미로 가능, 능력을 나타내는 조동사 (c) can이 정답이다.

어휘 observation deck 전망대 above ~위에 the ground 땅, 지면 clear day 맑은 날 all the way across ~을 관통하여 gulf 만

5.

정답 (d)

해석 전 세계의 많은 국가들이 탄소 배출을 줄이기 위해 분투하고 있다. 몇몇 물류 전문가들은 미국이 국내 비행기 여행을 줄이기 위해 전국에 걸쳐 고속 철도를 도입함으로써 그렇게 할 수 있을 것이라고 말했다.

해설 문장의 의미에 어울리는 조동사를 고르는 문제이다. 앞선 문장에서 여러 나라들이 탄소 배출을 줄이기 위해 노력하고 있다는 내용이 언급되어 있고, 빈칸이 포함된 문장은 물류 전문가들이 미국이 전국에 고속 철도를 도입하여 '그렇게 한다'(do so)는 말을 했다는 내용이다. 여기서 do so는 reduce their carbon emissions를 의미하며, 빈칸이 속한 문장에서 동사가 say의 과거시제 said이므로, 목적어로 쓰인 that절도 시제 일치를 위해 과거시제가 되어야 한다. 따라서 물류 전문가들은 미국이 고속 철도 도입으로 탄소 배출을 줄일 수 있을 것이라고 말했다는 내용이 자연스러우므로 '~할 수 있다'라는 가능의 의미를 나타내는 조동사의 과거형 (d) could가 정답이다.

어휘 country 나라, 국가 struggle to 동사원형: ~하려고 분투하다, ~하기 위해 노력하다 reduce 줄이다 carbon 탄소 emission 배출 logistics 물류 expert 전문가 by -ing ~함으로써 across the country 전국에 걸쳐 domestic 국내의 air travel 비행기 여행, 항공 이동

6.

정답 (a)

해석 미셸은 VIP 비행기 탑승권을 가지고 있다. 그것은 그녀가 호텔 객실 업그레이드 쿠폰이나 스파 종일 치료를 포함하여 비행 마일리지 포인트를 어떻게 상품으로 교환하는지에 대한 길다란 선택사항 목록에서 고를 수 있다는 것을 의미한다.

해설 문장의 의미에 어울리는 조동사를 고르는 문제이다. 앞선 문장에서 미셸이 VIP 비행기 탑승권을 가지고 있다는 내용이 언급되어 있고, 빈칸이 포함된 문장에서 미셸은 '비행 마일리지 포인트를 상품권으로 바꿀 수 있는 목록에서 선택할 수 있다'라는 의미가 되는 것이 자연스러우므로 미셸이 VIP 탑승권으로 할 수 있는 것에 대한 내용을 나타내기 위해 '~할 수 있다'는 의미로 가능, 능력을 나타내는 조동사 (a) can이 정답이다.

어휘 air pass 비행기 탑승권 option 선택사항 redeem 현금[상품]으로 바꾸다 voucher 상품권, 쿠폰 full day 종일 treatment 치료, 처치

실전 문제풀이

1. (b)	2. (c)	3. (d)	4. (a)	5. (c)	6. (a)
7. (a)	8. (d)	9. (b)	10. (a)	11. (a)	12. (a)

1.

정답 (b)

해석 NASA는 장차 우주비행사가 되려는 사람들을 대상으로 하는 신장 제한 요건을 정해 놓았다. 이 자격 요건은 사람들이 오직 4피트 10.5인치보다 크고 6피트 5인치보다 작은 경우에만 우주비행사가 되도록 지원할 수 있다고 명시하고 있다.

해설 문장의 의미에 어울리는 조동사를 고르는 문제이다. 빈칸이 속한 that절은 '특정 자격 요건에 해당되는 경우에만 지원할 수 있다'와 같이 허락 또는 가능성을 나타내는 의미가 되어야 자연스러우므로 '~할 수 있다'를 뜻하는 (b) can이 정답이다.

어휘 establish ~을 설정하다, 확립하다 height 신장, 키, 높이 requirement 자격 요건 aspiring 장차 ~가 되려는 astronaut 우주비행사 state that (문서 등에) ~라고 명시하다, 쓰여 있다 apply 지원하다, 신청하다

2.

정답 (c)

해석 첨단 폭발물 방호복(ABS)은 병사들이 폭발물 처리 임무 중에 착용하는 전신 복장이다. 하지만, 장갑은 ABS와 함께 제공되지 않는다. 이는 착용자가 손을 제약 없이 사용할 수 있도록 보장해 준다.

해설 문장의 의미에 어울리는 조동사를 고르는 문제이다. 빈칸이 속한 that절은 문장 전체의 주어 This가 가리키는 것, 즉 장갑이 제공되지 않는다는 사실에 따라 방호복 착용자들이 장갑 없이 할 수 있는 행위를 나타내야 알맞으므로 '~할 수 있다'라는 뜻으로 가능성이나 능력 등을 나타내는 조동사 (c) can이 정답이다.

어휘 advanced 발전된, 진보된, 고급의 bomb 폭발물 full-body 전신의 outfit 복장, 옷 disposal 처리, 처분 however 하지만, 그러나 provide ~을 제공하다 ensure that ~임을 보장하다 without ~ 없이 restriction 제약, 제한

3.

정답 (d)

해석 2000년에, 제니퍼 로페즈의 베르사체 정글 드레스가 대중의 관심을 불러일으켰다. 그 결과로 나타난 이 의류에 대한 온라인 검색량 증가로 인해, 구글은 사람들이 이 옷을 더 쉽게 찾을 수 있도록 '구글 이미지' 검색 기능을 만들었다.

해설 문장의 의미에 어울리는 조동사를 고르는 문제이다. 빈칸이 속한 문장을 읽어 보면, '구글은 사람들이 이 옷을 더 쉽게 찾을 수 있도록 구글 이미지 검색 기능을 만들었다'와 같은 의미가 되어야 가장 자연스러우므로 '~할 수 있었다'라는 뜻으로 과거의 가능성이나 능력 등을 나타내는 조동사 (d) could가 정답이다.

어휘 stir interest 관심을 불러일으키다 due to ~로 인해, ~ 때문에 resulting 결과로 나타나는 increase in ~의 증가 garment 의류, 옷 create ~을 만들어 내다 outfit 옷, 복장

4.

정답 (a)

해석 사이먼은 왜 지난 한 달 동안 대부분 샐러드를 먹었는데도 체중이 줄지 않았는지 궁금해했다. 그의 담당 영양사는 샐러드가 고칼로리 드레싱에 적셔져 있는 경우에 여전히 살찌게 만들 수 있다고 설명했다.

해설 문장의 의미에 어울리는 조동사를 고르는 문제이다. 빈칸이 속한 문장은 '샐러드가 고칼로리 드레싱에 적셔져 있는 경우에 여전히 살찌게 만들 수 있다'와 같은 의미를 되어야 가장 자연스러우므로 '~할 수 있다'라는 뜻으로 가능성 등을 나타낼 때 사용하는 (a) can이 정답이다.

어휘 previous 이전의, 과거의 lose weight 체중을 줄이다, 살을 빼다 dietician 영양사 explain that ~라고 설명하다 fattening 살찌게 만드는 be doused in ~에 적셔져 있다

5.

정답 (c)

해석 견인차가 더스틴의 자동차를 가까운 정비소로 가져가기 위해 더스틴의 집에 방금 도착했다. 더스틴은 오일을 혼자서 교체할 수 있다고 생각했지만, 그는 그 단순한 절차를 너무 심하게 망쳐 버려서 이제 엔진은 시동도 걸리지 않을 것이다.

해설 문장의 의미에 어울리는 조동사를 고르는 문제이다. 앞서 문장에서 견인차가 더스틴의 차를 견인하기 위해 도착했다는 내용이 언급되어 있고, 빈칸이 속한 문장에서 동사가 think의 과거시제 thought이므로, 목적어로 쓰인 that절도 시제 일치를 위해 과거시제가 되어야 한다. 문맥상 더스틴이 혼자서 오일을 교체할 수 있다고 생각했다는 내용이므로, '~할 수 있었다'의 의미를 나타내는 과거시제 조동사 (c) could가 정답이다.

어휘 tow truck 견인차, 견인 트럭 nearby 근처의, 인근의 auto shop 자동차 정비소 mess up 망치다, 엉망으로 만들다 procedure 절차 badly 심하게, 몹시 start 시동을 걸다

6.

정답 (a)

해석 마침내 나이가 자신을 따라 잡았다는 것을 받아들이면서, 제럴드는 역도 선수로서의 수 십년의 성공적인 경력에서 은퇴하였다. 그는 전세계에서 대회를 치뤘으며, 그는 전성기에 400킬로그램 이상의 데리프트로 들 수 있었다.

해설 문장의 의미에 어울리는 조동사를 고르는 문제이다. 앞서 문장에서 제럴드가 오랜 역도 선수생활에서 은퇴한다는 내용이 언급되어 있으므로, 빈칸이 속한 문장에서 언급된 '그의 전성기'(his prime)는 문맥상 과거시점의 일임을 알 수 있다. 따라서 빈칸에 들어갈 조동사는 과거시제이며, 문맥상 그가 400킬로그램 이상의 중량을 데드리프트할 수 있었다는 능력을 나타내는 내용이므로 '~할 수 있었다'는 의미의 조동사 (a) could가 정답이다.

어휘 age 나이, 연령 finally 마침내 catch up to ~을 따라 잡다 retire 은퇴하다 decade 10년 career 경력 power lifter 역도 선수, 파워리프트 선수 compete 대회를 치루다, 대회에

참가하다 all around the world 전세계에서 prime 전성기
deadlift 데드리프트하다, 기계를 쓰지 않고 중량을 들어올리는
운동 over 이상의, ~가 넘는

7.

정답 (a)

해석 카리스마 있는 나의 사촌 배리는 파티와 다른 사교 행사에서 항상
대 인기인이다. 장소나 사람들에 상관없이, 그는 매력과 자신감을
물씬 풍기면서 어떤 주제에 관해서든 누군가와 이야기를 할 수 있
다.

해설 문장의 의미에 어울리는 조동사를 고르는 문제이다. 앞서 문장에
서 사촌 배리가 파티 같은 곳에서 인기가 많은 사람임을 언급하였
고, 빈칸이 속한 문장에서 매력과 자신감을 풍기면서 어떤 주제로
든 사람들과 이야기를 나눈다는 내용이 언급되었다. 앞선 문장에
동사가 현재시제 동사 is가 쓰였으므로, 빈칸이 속한 문장도 현재
시제임을 알 수 있으며, 문맥상 배리가 사람들과 어떤 주제로든
모든 사람들과 이야기를 나눌 수 있다는 능력을 나타내는 것이므
로 '~할 수 있다'라는 의미의 조동사 (a) can이 정답이다.

어휘 charismatic 카리스마가 있는 cousin 사촌 hit 대 인기인
social event 사교 모임, 사교 행사 no matter ~에 상관없이
setting 장소, 환경 crowd 사람들 topic 화제, 주제 exude
물씬 풍기다, 줄줄 흐르다 charm 매력 confidence 자신감

8.

정답 (d)

해석 더닝-크루거 효과는 인지 편향으로, 높은 성과를 내는 사람들이
자신의 능력을 과소평가하는 경향을 의미한다. 또한, 연구원들은
낮은 성과를 내는 사람들이 그들의 능력을 과대평가하는 반대의
효과도 포함시킨다. 이것은 좋지 않은 결정을 초래할 수 있다.

해설 문장의 의미에 어울리는 조동사를 고르는 문제이다. 빈칸 앞의 내
용은 자신의 능력을 과소평가하거나, 과대평가하는 현상에 대해
언급하고 있으며, 빈칸이 포함된 문장은 이것이 좋지 않은 결정
을 초래할 수 있다는 가능성을 나타내는 것이 자연스러우므로 (d)
can이 정답이다.

어휘 Dunning-Kruger effect 더닝 크루거 효과 cognitive 인지
의 bias 편향 performer 수행자 tend to ~하는 경향이 있다
underestimate 과소 평가하다 skill 능력 include 포함시키
다 opposite 반대의 effect 효과 overestimate 과대평가하
다 ability 능력 lead to ~을 초래하다 decision 결정

9.

정답 (b)

해석 모든 사람이 우유와 치즈에서 발견되는 당분인 젖당을 분해하거
나 소화시킬 수 있는 것은 아니다. 젖당을 먹지 못하는 사람들은
위장 문제에 대한 위험을 무릅쓰지 않고 두유와 아몬드 우유와 같
은 대체 우유 제품을 먹을 수 있다.

해설 문장의 의미에 어울리는 조동사를 고르는 문제이다. 앞서 문장에
서 젖당을 소화하지 못하는 사람들에 대해 언급하였고, 빈칸이 포
함된 문장은 젖당을 먹지 못하는 사람들이 다른 대체품을 먹는다
는 내용이다. 문맥상 우유 대체품을 먹는다는 것은 반드시 해야

하는 의무가 아니라 젖당을 소화를 시키지 못하는 사람들이 선택
할 수 있는 가능성에 해당하므로, '~할 수 있다'라는 의미로 가능
성을 나타내는 조동사 (b) can이 정답이다.

어휘 not everyone 모든 사람이 ~것은 아니다 break down (물
질을) 분해하다 digest 소화시키다 lactose 젖당 sugar 당분
intolerant ~을 못 먹는, ~에 대한 과민증이 있는 alternative
대체의, 대안의 product 제품 soy 콩 almond 아몬드 risk
위험을 무릅쓰다 stomach 위, 복부, 배

10.

정답 (a)

해석 전세계적인 유행병 때문에, 로렌스 대학 병원은 엄격한 방문권 정
책을 시행하고 있다. 환자가 수술에서 회복하고 있는 동안 한번에
오직 1명의 직계가족만이 방문할 수 있다.

해설 문장의 의미에 어울리는 조동사를 고르는 문제이다. 앞서 문장에
서 로렌스 대학 병원에서 엄격한 방문권 정책을 시행하고 있다는
내용이 언급되었고, 빈칸이 포함된 문장에서는 한 번에 한 명
만 환자를 방문한다는 내용이 언급되어 있다. 여기서 가족이 방문
하고 싶을 경우에, 오직 직계가족 한 명만 방문할 수 있다는 허락
의 의미이므로 쓰여 '방문할 수 있다'라는 의미가 자연스러우므로
'~할 수 있다'의 의미로 허락을 나타내는 조동사 (a) can이 정답이
다. 여기서 직계 가족 한 명만 방문하는 것은 가족이 방문할 경
우에만 해당하며, 환자가 회복하는 동안 모든 경우에 반드시 직계
가족 한 명이 방문해야 하는 의무가 아니기 때문에 (c) must는
오답이다.

어휘 pandemic 전세계적인 유행병, 팬데믹 enforce 실시하다,
시행하다 strict 엄격한 visitation 방문권 policy 정책
immediate family member 직계 가족 at a time 한번에
patient 환자 recover 회복하다 surgery 수술

11.

정답 (a)

해석 태양열로 움직이는 항공기인 썬지퍼3는 공학 기술의 경이로운 업
적이다. 심지어 시제품으로서도, 그것은 26일 동안 착륙하지 않고
끊임없이 날 수 있었다. 그리고 현재의 모델들은 훨씬 더 인상적
이다.

해설 문장의 의미에 어울리는 조동사를 고르는 문제이다. 빈칸 앞
에 언급된 prototype과 빈칸 뒤의 문장에 언급된 current
models가 서로 대비되고 있는 것을 확인한다. prototype은
실제 제품이 정식으로 출시하기 전에 시험용으로 만든 시제품이
며, current models는 현재 출시되어 판매 중인 제품 모델을
말한다. 따라서 빈칸이 포함된 문장은 시제품에 관한 내용이므로
과거시제가 되어야 하며, 시제품일 때 '착륙하지 않고 26일 동안
날 수 있었다'는 내용으로 시제품의 성능, 즉 능력에 대해 언급하
므로 '~할 수 있었다'는 의미의 조동사 (a) could가 정답이다.

어휘 solar-powered 태양열로 움직이는 aircraft 항공기 marvel
경이(로운 업적) engineering 공학 기술 prototype 원형, 시
제품 straight 연달아서, 끊임없이 without -ing ~하지 않고
land 착륙하다 current 현재의 impressive 인상적인

12.

정답 (a)

해석 <불러>는 가상 화폐에 적합한 흥미진진한 투자 신규 앱이다. <불러>는 추가 비용 없이 한 곳에서 다른 곳으로 자산을 매끄럽게 옮기는 것을 가능하게 하면서 다른 거래 플랫폼들 전체에 걸쳐 당신의 모든 투자를 추적할 수 있다.

해설 문장의 의미에 어울리는 조동사를 고르는 문제이다. 앞선 문장에서 <불러>라는 가상 화폐 투자 앱에 대해 언급하였고, 빈칸이 포함된 문장은 <불러> 앱의 기능에 대해 설명하고 있다. '추가 비용 없이 자산을 옮기면서 다른 거래 플랫폼에 있는 모든 투자금을 추적할 수 있다'는 내용으로 해당 앱의 기능, 즉 능력에 대해 언급하므로 '~할 수 있다'는 의미의 조동사 **(a) can**이 정답이다.

어휘 exciting 흥미진진한, 신나는 investment 투자 perfect for ~에 완벽한, ~에 적합한 virtual 가상의 currency 화폐, 통화 track 추적하다 across 전체에 걸쳐 trading platform 거래 플랫폼 allow A to 동사원형: A가 ~하는 것을 허락하다, A가 ~하는 것을 가능하게 하다 seamlessly 매끄럽게, 균일하게 transfer 옮기다, 이전하다 asset 자산, 재산 from one to the other 한 곳에서 다른 곳으로 extra 추가의, 여분의 cost 비용

기출 POINT 17 조동사 will, would

연습문제

1. (c)   **2.** (b)   **3.** (b)   **4.** (d)   **5.** (a)   **6.** (a)

1.

정답 (c)

해석 켈리는 유기 화학 박사 학위 공부를 하기로 결심하였다. 그녀는 이미 관련 지원 양식을 작성하였고, 오늘 출근하는 길에 우체국에 들러 지원 양식을 발송할 것이다.

해설 문장의 의미에 어울리는 조동사를 고르는 문제이다. 앞선 문장에서 켈리가 유기 화학 박사 학위를 하기로 결정했다는 내용과 이미 지원서류를 모두 작성했다는 내용이 언급되어 있다. 그리고 빈칸이 포함된 문장에서 그것들을 오늘 출근하는 길에 우체국에 들러 발송한다는 할 일을 나열한 것이므로 부사 today를 보고 '우체국에 들른다'(stop by the post office)는 미래의 일임을 알 수 있다. 따라서 미래에 발생될 일을 나타낼 때 사용하는 **(c) will**이 정답이다.

어휘 be determined to 동사원형: ~하기로 결심하다 pursue 추구하다, (학위 공부를) 하다 phD 박사 학위 (Doctor of Philosophy) organic 유기의 chemistry 화학 fill out (서류 양식을) 작성하다 relevant 관련 있는 application 지원, 신청 form (문서) 서류, 양식 stop by ~에 들르다 post office 우체국 on the way to ~로 가는 중에 send out 발송하다

2.

정답 (b)

해석 올해의 <배틀 오브 밴드>는 41개의 아티스트 그룹을 특별히 포함할 것입니다. 그것은 지난 해의 28개에서 상당한 증가입니다. 그래서 우리는 등록된 모든 밴드들을 위해 훨씬 더 큰 장소가 필요할 것입니다.

해설 문장의 의미에 어울리는 조동사를 고르는 문제이다. 빈칸 앞에 위치한 문장의 주어인 '올해의 <배틀 오브 밴드>'에서 This year 이 언급되어 있고, 빈칸 뒤의 '우리는 훨씬 더 큰 장소가 필요할 것이다'(we're going to need a much larger venue)라는 문장에서 미래에 일어날 일을 언급하는 것을 알 수 있으므로 빈칸에 들어갈 조동사는 미래의 의미를 나타내야 한다. 따라서 '~할 것이다'라는 의미로 미래에 일어날 일을 나타내는 조동사 **(b) will**이 정답이다.

어휘 feature 특별히 포함하다, 특징으로 삼다 artist 예술가 considerable 상당한 increase 증가 be going to 동사원형: ~할 것이다 much 비교급: 훨씬 더 ~한 venue (행사) 장소 registered 등록된

3.

정답 (b)

해석 주목해주세요, 승객 여러분. 저희 비행기는 약 10분 후에 디트로이트에 도착할 것입니다. 여러분의 좌석과 트레이를 완전히 수직 위치로 돌려놔 주시고, 모든 전자 기기의 전원을 꺼 주시기 바랍니다.

해설 문장의 의미에 어울리는 조동사를 고르는 문제이다. 빈칸 앞에 위치한 문장에 '약 10분 후에'(in about 10 minutes)라는 미래 시점을 나타내는 전치사구가 있으므로 빈칸에 들어갈 조동사와 함께 be landing이 미래시제가 되어야 한다는 것을 알 수 있다. 따라서 미래시제를 나타내는 조동사 **(b) will**이 정답이다.

어휘 attention 주목, 주목해주세요 passenger 승객 plane 비행기 land 착륙하다 about 약 return 돌려놓다 seat 좌석 tray 기내 좌석에 달린 식사용 쟁반 upright 수직의, 똑바른 position 위치 shut down 전원을 끄다 electronic device 전자 기기

4.

정답 (d)

해석 제이크는 그의 아내에게 그녀의 생일에 그녀를 고급 식당에 데려가겠다고 약속했다. 하지만 그의 상사는 그가 그날 야근을 하기를 원한다. 이제 그는 어느 것을 해야 할지 결정해야 한다!

해설 문장의 의미에 어울리는 조동사를 고르는 문제이다. 빈칸이 속한 that절 앞에 과거시제 promised가 있으므로 that절의 시제 또한 과거임을 알 수 있다. 문맥상 제이크가 '그의 아내를 그녀의 생일에 고급 식당에 데려가겠다'고 약속한 것이 과거시점에 일어난 일이므로 '~할 것이다'라는 의미의 조동사 will의 과거형 **(d) would**가 정답이다.

어휘 promise 약속하다 take A out to: A를 ~로 데려가다 fancy restaurant 고급 식당 decide 결정하다

5.

정답 (a)

해석 마누엘은 컴퓨터 프로그래머로 일하지만, 그의 인생의 진정한 열정은 그림이다. 그는 현재의 직장을 그만두고 그의 꿈을 풀타임으로 추구할 수 있도록 언젠가 그의 작품이 인기가 많아지기를 바란다.

해설 문장의 의미에 어울리는 조동사를 고르는 문제이다. 빈칸이 속한 that절 앞에 있는 동사 hopes는 미래 지향적인 동사로, '앞으로 ~하기를 바라다[희망하다]'라는 의미를 나타낸다. 따라서 hope의 목적어로 쓰인 that절의 시제는 미래시제가 되는 것이 자연스러우므로 동사 '~할 것이다'라는 의미의 조동사 (a) will이 정답이다.

어휘 true 진정한 passion 열정 painting 그림, 회화 hope 바라다, 희망하다 someday 언젠가 artwork 예술작품 popular 인기 있는 so that A can A가 ~할 수 있도록 quit 그만두다, 종료하다 current 현재의 pursue 추구하다, 뒤쫓다 full-time 정규직의, 풀타임의

6.

정답 (a)

해석 2020년 1월 6일에 도널드 트럼프는 그의 지지자들 무리에게 그가 국회의사당 건물까지 따라 갈 것이라고 말했다. 하지만, 그는 그 연설을 하고 난 직후에 호위를 받으며 백악관으로 돌아갔다.

해설 문장의 의미에 어울리는 조동사를 고르는 문제이다. 빈칸 앞에 과거시점을 나타내는 전치사구 On January 6th, 2020이 언급되어 있으므로 과거시점에 관한 내용임을 알 수 있으며, 또한 빈칸이 속한 that절 앞에 과거시제 told가 있으므로 that절의 시제가 과거임을 알 수 있다. 문맥상 도널드 트럼프가 '그들을 국회의사당 건물까지 따라 갈 것이다'고 말한 것이 과거시점에 일어난 일이므로 '~할 것이다'라는 의미의 조동사 will의 과거형 (a) would가 정답이다.

어휘 a group of 한 무리의, 단체의 supporter 지지자 follow 따라가다 Capitol 미국 국회의사당 escort 호위하다 the White House 백악관 right after 직후에 give a speech 연설하다

실전 문제풀이

1. (c)	2. (d)	3. (d)	4. (c)	5. (c)	6. (d)
7. (b)	8. (a)	9. (a)	10. (b)	11. (d)	12. (c)

1.

정답 (c)

해석 오늘은 랜달의 출근 첫 날이다. 그는 현재 인사 파일 보관용 양식들을 작성하고 있다. 이따가, 그는 W-4 양식을 작성 완료할 텐데, 그래야 고용주가 그의 급여에서 얼마나 많은 세금을 공제할지 결정할 수 있다.

해설 문장의 의미에 어울리는 조동사를 고르는 문제이다. 빈칸 앞에 위치한 문장에 현재진행시제 동사(is filling)와 함께 현재 인사 파

일용 양식들을 작성하고 있음을 나타내는 말이 쓰여 있다. 따라서, 빈칸 앞에 위치한 Later가 미래 시점이라는 것을 알 수 있으므로 단순히 미래에 발생될 일을 나타낼 때 사용하는 (c) will이 정답이다.

어휘 fill out ~을 작성하다 form 양식, 서식 personnel 인사(부) complete ~을 완료하다 employer 고용주 determine ~을 결정하다 withhold ~을 공제하다, 주지 않고 두다 paycheck 급여 (수표)

2.

정답 (d)

해석 NBA 규정집에 따르면, 선수들은 드리블을 끝낸 후에 "같은 발로 연속해서 코트 바닥을 디딜 수 없다." 유능한 심판이 이를 보게 되면, 그 심판은 일반적으로 "트래블링" 반칙을 선언할 것이다.

해설 문장의 의미에 어울리는 조동사를 고르는 문제이다. 빈칸이 속한 문장은 '심판이 일반적으로 "트래블링" 반칙을 선언한다'와 같이 규정집에 따라 항상 판정하는 결과를 말하는 의미가 되어야 자연스럽다. 따라서 '~하다, ~하는 법이다' 등의 뜻으로 필연적인 결과나 반복 행위, 특성 등을 나타낼 때 사용하는 (d) will이 정답이다.

어휘 according to ~에 따르면 rulebook 규정집 consecutively 연속해서 competent 유능한 referee 심판 violation 반칙, 위반

3.

정답 (d)

해석 한국 전쟁 이후, 사람들은 전쟁과 가뭄으로 인해 쌀 부족에 시달렸다. 한국 정부는 옥수수를 대량으로 재배하고 가난한 사람들을 위해 분배하는 것이 확실히 해결책이 될 것이라고 생각했다.

해설 문장의 의미에 어울리는 조동사를 고르는 문제이다. 빈칸이 포함된 문장은 한국 정부가 가난한 사람들에게 옥수수를 분배하는 것 자체가 확실한(for sure) 해결책이 될 것이라는 내용이다. for sure를 근거로 빈칸에 들어갈 조동사는 '~할 것이다'라는 의미를 나타내는 것이 자연스럽다. 그런데 빈칸이 포함된 문장 앞에 있는 주절의 동사 thought가 과거시제이므로 that절에 속한 동사도 과거시제가 되어야 한다. 따라서 '~할 것이다'라는 의미의 조동사 will의 과거형 (d) would가 정답이다.

어휘 suffer 시달리다, 겪다 shortage 부족 due to ~로 인해 drought 가뭄 government 정부 grow 재배하다 corn 옥수수 massively 대량으로, 대규모로 distribute 나누어 주다, 배분하다 the poor 빈곤층, 가난한 사람들(= poor people) solution 해결책 for sure 확실히

4.

정답 (c)

해석 최근 시의 변두리에 있는 지역인 글러버 하이츠에서 아파트 가격이 급등하였다. 새로운 지하철 노선이 올해 말에 그곳에서 열릴 것이며, 많은 통근하는 사람들에게 그곳을 이상적인 장소로 만들 것이다.

해설 문장의 의미에 어울리는 조동사를 고르는 문제이다. 빈칸이 속한 문장에 later this year과 같이 미래 시점을 나타내는 표현이 있

으므로 문맥상 '새로운 지하철 노선이 올해 말에 그 곳에 열릴 것이다'라는 의미가 되어야 자연스럽다. 따라서 '~할 것이다'라는 의미로 미래를 나타내는 조동사 (c) will이 정답이다.

어휘 recently 최근에 skyrocket 급등하다 neighborhood 지역, 인근 outskirt 변두리, 교외 subway line 지하철 노선 ideal 이상적인 spot 장소, 지점 commuter 통근하는 사람

5.

정답 (c)

해석 영화 촬영소가 다른 국가에서 관객에게 관심을 더 잘 끌기 위해 영화의 내용을 바꾸는 것이 드문 일은 아니다. 예를 들어, 곧 개봉하는 액션 영화는 중국에서의 개봉을 위해 베이징을 배경으로 하는 추가 장면들이 포함될 것이다.

해설 문장의 의미에 어울리는 조동사를 고르는 문제이다. 빈칸이 속한 문장에 '다가오는', '곧 있을'이라는 의미로 미래 지향적인 내용을 나타내는 upcoming이 쓰여 문맥상 '곧 개봉할 액션 영화는 추가 장면을 포함할 것이다'라는 의미가 되어야 자연스럽다. 따라서 '~할 것이다'라는 의미로 미래를 나타내는 조동사 (c) will이 정답이다.

어휘 uncommon 흔치 않은, 드문 film studio 영화 촬영소 content 내용 appeal 관심을 끌다 audience 관객 for instance 예를 들어 upcoming 다가오는, 곧 있을 include 포함하다 additional 추가의, 추가적인 scene 장면 set 배경을 설정하다 release (영화의) 개봉, 출시

6.

정답 (d)

해석 로렌스 가족은 오자크스의 호숫가에 있는 집의 매매가 마무리 되기 전에 마지막으로 그 집으로 갔다. 그 가족은 아이들이 자랄 때 여름 휴가를 그곳에서 보내곤 했다.

해설 문장의 의미에 어울리는 조동사를 고르는 문제이다. 빈칸이 속한 문장 뒤에 when 부사절에 동사의 시제가 과거진행시제 were growing up이므로 빈칸 뒤에 있는 동사 spend는 과거시제가 되어야 한다는 것을 알 수 있다. 문맥상 '아이들이 자랄 때 여름 휴가를 호숫가의 집에서 보내곤 했다'라는 의미가 되어야 자연스럽다. 따라서 '~하곤 했다'라는 과거의 불규칙적인 습관을 나타내는 조동사 (d) would가 정답이다.

어휘 lake house 호숫가에 있는 집 one last time 마지막으로 sale 판매 finalize 마무리 짓다, 완결하다 spend (시간을) 보내다 grow up 자라다, 성장하다

7.

정답 (b)

해석 브라이언이 그의 헤어진 여자친구 스테이시를 그와 그녀가 서로 알고 있는 친구의 생일 파티에서 보았을 때 그의 마음은 다시 망가졌다. 그녀는 그 파티에 가지 않을 것이라고 말했지만, 그녀는 그래도 어쨌든 나타났다.

해설 문장의 의미에 어울리는 조동사를 고르는 문제이다. 빈칸이 속한 that절 앞에 과거완료시제 had told가 있으므로 that절의 시제 또한 과거임을 알 수 있다. 문맥상 그녀가 '그 파티에 가지 않

겠다'고 말한 것이 과거시점에 일어난 일이므로 '~할 것이다'라는 의미의 조동사 will의 과거형 (b) would가 정답이다.

어휘 heart 마음 break 망가지다 all over again 다시 ex-girlfriend 헤어진 여자친구, 전 여자친구 mutual 상호의, 서로의 still 그래도, 여전히 show up 나타나다 anyway 어쨌든

8.

정답 (a)

해석 육류 산업에 관한 다큐멘터리를 보고 나서, 에이미는 그녀의 육류 기반의 식단에 대해 상충되는 기분을 느꼈다. 그 결과, 그녀는 축산물 제품을 완전히 피할 수 있는지를 보기 위해 다음 달에 채식 식단을 따를 것이다.

해설 문장의 의미에 어울리는 조동사를 고르는 문제이다. 빈칸이 속한 문장에 next month와 같이 미래 시점을 나타내는 표현이 있으므로 문맥상 '다음 달에 채식 식단을 따를 것이다'라는 의미가 되어야 자연스럽다. 따라서 '~할 것이다'라는 의미로 미래를 나타내는 조동사 (a) will이 정답이다.

어휘 documentary 다큐멘터리 meat 고기, 육류 industry 산업 conflicted 갈등을 겪는, 상충되는 based 기반의 diet 식단 as a result 결과적으로, 그 결과 follow 따르다, 지키다 vegan 채식의 if ~인지 completely 완전히 avoid 피하다 animal-produced 축산물의 goods 제품, 상품

9.

정답 (a)

해석 우상적인 문구인 "너에게 포스가 함께 하길 기원한다"에 대한 기발한 말재간인 5월 4일은 '스타워즈의 날'로 기념된다. 다음 주에 있는 그 날, 팬들은 <스타워즈> 영화 시리즈 중 그들이 가장 좋아하는 영화를 재관람할 것이다.

해설 문장의 의미에 어울리는 조동사를 고르는 문제이다. 빈칸이 속한 문장 앞에 next week와 같이 미래 시점을 나타내는 표현이 있으므로 문맥상 '다음 주에 있는 그 날에 팬들은 <스타워즈> 영화 시리즈에서 그들이 가장 좋아하는 영화를 재관람할 것이다'라는 의미가 되어야 자연스럽다. 따라서 '~할 것이다'라는 의미로 미래를 나타내는 조동사 (a) will이 정답이다.

어휘 clever 기발한, 영리한 pun 말재간, 말장난 iconic 상징적인, 우상의 phrase 문구, 관용구 May + 주어 + 동사원형: ~하기를 기원하다(도치구문) celebrate 기념하다, 축하하다 rewatch 다시 시청하다, 재관람하다 saga 영웅 전설, 일련의 모험, (문맥상 영화 <스타워즈> 시리즈를 지칭)

10.

정답 (b)

해석 에리카는 그녀의 고향에 있는 놀이공원인 그랜드 파크가 영구적으로 폐장되었다는 소식을 듣고 슬펐다. 그녀와 그녀의 친구들은 10대였을 때 그 공원에서 여름 방학 중 매일 시간을 보내곤 했다.

해설 문장의 의미에 어울리는 조동사를 고르는 문제이다. 빈칸이 속한 문장 뒤에 when 부사절에서 동사의 시제가 과거진행시제 were teenagers이므로 빈칸 뒤에 있는 동사 spend는 과거 시제가 되어야 한다는 것을 알 수 있다. 문맥상 '그들이 10대였을

때 여름 방학 중 매일 그 공원에서 시간을 보내곤 했다'는 의미가 되어야 자연스럽다. 따라서 '~하곤 했다'라는 과거의 불규칙적인 습관을 나타내는 조동사 (b) would가 정답이다.

어휘 amusement park 놀이공원 hometown 고향 permanently 영원히, 영구적으로 spend (시간을) 보내다 summer break 여름 방학 teenager 10대

11.

정답 (d)

해석 프라이스 씨의 1학년 학생들은 그들의 선생님을 사랑하며 그녀를 마치 두번째 어머니처럼 본다. 그들은 출산 휴가를 가기 위해 학년 중반에 그녀가 떠날 것이라는 알게 되면 비통해 할 것이다.

해설 문장의 의미에 어울리는 조동사를 고르는 문제이다. 앞선 문장에 1학년 학생들이 그들의 선생님인 프라이스 씨를 두번째 어머니로 본다는 내용이 언급되어 있고, 빈칸이 속한 문장은 프라이스 씨가 출산 휴가를 가기 위해 학년 중반에 떠날 것이라는 내용으로 1학년 학생들이 이 사실에 대해 알게 되면 비통해 할 것이라는 것을 알 수 있다. 문맥상 학생들이 프라이스 씨가 떠날 것이라는 것을 아직 모르고, 그것을 알게 되는 것이 미래의 일이기 때문에 be heartbroken의 시제는 미래가 되어야 한다. 따라서 '~할 것이다'라는 의미로 미래를 나타내는 조동사 (d) will이 정답이다.

어휘 first-grade 1학년의 like 마치 ~처럼 second 두번째의 heartbroken 비통해 하는

12.

정답 (c)

해석 팝스타 밸러리 폭스는 매니토바에 있는 작은 마을 출신이었다. 하지만 그녀는 그녀가 명성과 부를 가질 운명이라는 것을 항상 알고 있었다. 10대였을 때, 그녀는 항상 마을 주위의 사람들에게 언젠가 자신을 TV에서 볼 것이라고 말했다.

해설 문장의 의미에 어울리는 조동사를 고르는 문제이다. 빈칸이 속한 that절 앞에 과거시제 told가 있으므로 that절의 시제 또한 과거임을 알 수 있다. 문맥상 '그들이 언젠가 그녀를 TV에서 볼 것이다'고 말한 것이 과거시점에 일어난 일이므로 '~할 것이다'라는 의미의 조동사 will의 과거형 (c) would가 정답이다.

어휘 come from ~에서 오다, ~ 출신이다 be destined for ~을 가질 운명이다 teenager 10대 someday 언젠가는

기출 POINT 18 조동사 may, might

연습문제

1. (c)	2. (d)	3. (d)

1.

정답 (c)

해석 실버 호텔은 실내 수영장과 온수 욕조 시설로 유명하다. 그 시설들이 너무 붐비는 것을 막기 위해, 호텔에 현재 숙박 중인 각 고객은 수영장으로 단 한 사람만 초대하는 것이 허용된다.

해설 문장의 의미에 어울리는 조동사를 고르는 문제이다. 빈칸이 포함된 문장에서 '수영장과 온수 욕조 시설이 너무 붐비는 것을 막기 위해서 호텔 숙박객은 단 한 사람만 추가로 수영장에 초대한다'는 내용이 언급되어 있다. 반드시 한 사람을 초대해야 하는 것이 아니라 투숙객이 원할 경우 한 명까지만 초대를 허용한다는 문맥이므로 빈칸에는 '~해도 좋다', '~할 수 있다'라는 의미의 조동사가 필요하다. 따라서 허락의 의미를 나타내는 조동사 (c) may가 정답이다.

어휘 be known for ~로 알려져 있다 indoor pool 실내 수영장 hot tub 온수 욕조 facility 시설 keep A from -ing: A가 ~하지 않도록 막다 crowded 붐비는, 사람들로 가득한 currently 현재 invite 초대하다 additional 추가의

2.

정답 (d)

해석 빌리의 부모님은 이번 토요일에 그를 처음으로 프로 야구 경기에 데리고 갈 것이다. 그들은 그에게 야구 글러브를 가지고 가라고 말했는데, 만약 운이 좋으면, 파울볼을 잡을 기회를 얻을지도 모르기 때문이다.

해설 문장의 의미에 어울리는 조동사를 고르는 문제이다. 앞선 문장에서 빌리의 부모님이 빌리를 처음 야구 경기장으로 데려 갈 것이라는 내용과 야구 글러브를 가지고 가라고 말했다는 언급되어 있다. 빈칸이 포함된 because 부사절에서는 그가 운이 좋으면 파울볼을 잡을 기회를 얻는다는 내용이 언급되어 있는데, '운이 좋으면'(if he's lucky)라는 불확실한 조건이 언급되어 있고, 또한 파울볼을 잡는 일이 반드시 일어날 일이 아닌 불확실한 일이므로 '파울볼을 잡을 기회를 얻을지도 모른다'라는 의미가 되는 것이 가장 자연스러우므로 '~할지도 모른다'는 추측의 조동사 (d) might가 정답이다.

어휘 bring A to B: A를 B로 데려가다 professional baseball game 프로 야구 경기 baseball mitt 야구 글러브 lucky 운이 좋은 get a chance to 동사원형: ~할 기회를 가지다

3.

정답 (d)

해서 우주의 다른 곳에 지성을 가진 생명체이 존재 가능성이 때때로 학자들에 의해 논의된다. 비록 그곳에 지각이 있는 다른 생명체가 있을지는 몰라도, 아직 우리는 그들의 존재에 대한 증거를 가지고 있지 않다.

해설 문장의 의미에 어울리는 조동사를 고르는 문제이다. 앞선 문장에서 우주에 지성이 있는 생명체의 존재 가능성이 논의된다는 내용이 언급되었다. 그리고 빈칸이 속한 문장 뒤에 지각이 있는 다른 생명체가 있다는 증거가 없다는 내용이 언급되어 있으므로, 지각이 있는 다른 생명체가 있다는 내용은 추측에 의한 주장에 해당한다. 따라서 although 부사절에서 '지각이 있는 다른 생명체가

있을지도 모르지만'이라는 의미가 가장 자연스러우므로 추측의 조동사 (d) may가 정답이다.

어휘 possible 가능성이 있는, 가능한 presence 존재 intelligent 지능의, 지성의 life 생명 elsewhere 다른 곳에서 universe 우주 sometimes 가끔, 때때로 discuss 논의하다 scholar 학자 although 비록 ~지만 out there 그곳에 sentient 지각이 있는 life form 생물 형태, 생명체 evidence 증거 existence 존재 as of yet 아직

실전 문제풀이

1. (d)	2. (c)	3. (b)	4. (b)	5. (d)	6. (b)
7. (c)	8. (a)	9. (b)	10. (c)	11. (a)	12. (a)

1.

정답 (d)

해석 대부분의 화산은 분출 가능성이 나타나기 전에 경고 신호를 보낸다. 여기에는 가스 배출물, 지면 팽창, 그리고 해당 화산 주변의 작은 지진이 포함된다. 어느 것이든 이러한 신호들의 존재는 화산이 곧 분출하게 될지도 모른다는 것을 의미한다.

해설 문장의 의미에 어울리는 조동사를 고르는 문제이다. 빈칸이 속한 문장을 읽어 보면, '어느 것이든 이러한 신호들의 존재는 화산이 곧 분출하게 될지도 모른다는 것을 의미한다'와 같이 자연 재해에 관련된 불확실한 추측의 의미가 되어야 가장 자연스러우므로 '~할지도 모르다, ~할 수도 있다'와 같은 뜻으로 쓰이는 (d) might가 정답이다.

어휘 volcano 화산 produce ~을 만들어내다 warning 경고, 주의 eruption 분출 include ~을 포함하다 emission 배출(물), 방출(물) swelling 팽창 earthquake 지진 presence 존재, 있음 mean that ~임을 의미하다

2.

정답 (c)

해석 "유령 진동 증후군"은 휴대전화 사용자가 기기가 진동하는 것을 인지했을 때, 실제로는 휴대전화가 전혀 진동하지 않은 것을 지칭한다. 심리학자들은 이 증후군이 핸드폰을 과도하게 사용했기 때문일 것이라고 추측한다.

해설 문장의 의미에 어울리는 조동사를 고르는 문제이다. 빈칸이 포함된 문장에서 주절의 동사 speculate는 '추측하다'라는 의미로 불확실한 추측을 나타내는 동사이므로, 목적어로 쓰인 that절의 동사 또한 이와 같은 맥락으로 불확실한 추측을 나타내어 '이 증후군이 핸드폰의 과도한 사용에 의해 야기될지도 모른다'는 의미가 되는 것이 자연스럽다. 따라서 '~지도 모른다'라는 불확실한 추측의 조동사 (c) might가 정답이다.

어휘 phantom vibration syndrome 유령 진동 증후군(전화나 문자가 오지 않았는데 휴대전화 벨소리가 들리거나 진동을 느낀 것 같이 착각하는 현상) refer to ~를 지칭하다, ~을 언급하다 perceive 인지하다 device 장치, 기기 in fat 사실 vibrate 진동하다 at all 전혀 psychologist 심리학자 speculate 추측하다 syndrome 증후군 overuse 과도한 사용

3.

정답 (b)

해석 금성은 태양과 달 다음으로 하늘에서 가장 밝은 행성이다. 금성은 태양과의 근접성과 반사 구름 덕분에 매우 밝기 때문에 금성이 낮에 보일 지도 모른다.

해설 문장의 의미에 어울리는 조동사를 고르는 문제이다. 자연적인 현상을 언급할 때 일반적으로 추측이나 가능성의 표현이 자연스럽다. '금성이 너무 밝기 때문에 낮에 보일지도 모른다'는 추측의 의미를 나타내는 것이 자연스럽기 때문에 (b) might가 정답이다. 미래에 발생하는 예정된 일이나 반드시 발생하는 일이 아니기 때문에 조동사 will이나 should는 이 문장에서 쓰일 수 없다.

어휘 Venus 금성 the brightest 가장 밝은 planet 행성 proximity 근접성 reflective 반사하는 cloud 구름 during ~동안

4.

정답 (b)

해석 대부분의 사람들은 그들이 하는 일이 결코 완전히 자동화될 수 없다고 생각하지만, 산업 혁명은 많은 일자리를 쓸모없게 만들었다. 자율주행 자동차 제조업체들은 트럭 운전사들이 기술력에 밀려 그들의 일자리를 잃을 수 있는 다음 집단이 될 지도 모른다는 것을 암시한다.

해설 문장의 의미에 어울리는 조동사를 고르는 문제이다. 빈칸이 포함된 문장의 본동사 hint의 의미는 '암시하다', '힌트를 주다'라는 의미이며 일반적으로 추측의 표현과 자주 쓰인다. '자율주행 자동차 제조업체가 암시한 바로 '트럭 운전자들이 기술에 일자리를 잃게 될 다음 집단이 될 것이다'라는 추측의 의미로 해석되는 것이 자연스러우므로 '~지도 모른다'는 추측의 조동사 (b) may가 정답이다.

어휘 fully 완전히 automated 자동화된 industrial revolution 산업 혁명 obsolete 쓸모없는 self-driving automobile 자율주행 자동차 hint 넌지시 알려주다 manufacturer 제조업체 trucker 트럭 운전수 position 일자리, 직무 technology 기술

5.

정답 (d)

해석 UN에 의해 발표된 새로운 보고서는 지구 온난화가 전문가들이 이전에 예상했던 것보다 더 빠르게 증가하고 있다고 주장한다. 이러한 새로운 예상을 기반으로, 전세계의 평균 기온은 2026년까지 1.5도 증가할지도 모른다.

해설 문장의 의미에 어울리는 조동사를 고르는 문제이다. 빈칸이 속한 문장 앞에 '이러한 새로운 예상을 기반으로'라는 빈칸이 속한 문장의 내용이 예상을 기반으로 한 추정의 내용이라는 것을 확인할 수 있다. 문맥상 확신할 수 있는 근거가 부족하고 앞으로 일어날 자연적인 현상에 대한 추측을 하는 내용이므로 '~지도 모른다'는 의미를 나타내는 조동사 (d) may가 정답이다.

어휘 report 보고서 release 발표하다, 공개하다 claim 주장하다 global warming 지구 온난화 expert 전문가 previously 이전에 anticipate 예상하다 based on ~에 기반하여 projection 예상, 추정 global 전세계의, 지구의 average

평균의 temperature 기온, 온도 degree (단위) 도, 정도
Celsius 섭씨

6.

정답 (b)

해석 최근 식당 유행에 대응하여, 잭슨 바비큐는 메뉴에 몇 가지 종류의 와인을 추가하였다. 게다가, 손님들은 소액의 코르키지 요금을 지불한다면 자신의 와인병을 식당으로 가져올 수 있다.

해설 문장의 의미에 어울리는 조동사를 고르는 문제이다. 빈칸이 속한 문장 뒤에 if 조건 부사절을 보면, '코르키지 요금을 지불하면'이라는 내용이 언급되어 있는데, '요금을 지불하면 식당으로 와인병을 가져올 수 있다'는 의미가 되는 것이 가장 자연스러우므로 '~해도 좋다', '~할 수 있다'는 허락의 의미를 나타내는 조동사 (b) may가 정답이다.

어휘 in response to ~에 대한 응답으로, ~에 대한 반응으로 recent 최근의 dining 식사 trend 유행, 경향 add 추가하다, 더하다 variety 종류, 품종 in addition 게다가 bottle 병 pay 지불하다 corkage fee 코르키지 요금 (다른 곳에서 산 와인을 식당 등에서 마실 때 술잔을 제공받고 내는 요금)

7.

정답 (c)

해석 톰은 회사로 출근하는 끝없는 통근 시간 동안 고속도로에서의 교통 체증에 싫증이 났다. 그는 막힌 교통 혼잡 중에 지그재그로 나아갈 수 있도록 오토바이를 살지도 모른다. 하지만 그는 여전히 그럴 생각만 하고 있는 중이다.

해설 문장의 의미에 어울리는 조동사를 고르는 문제이다. 앞선 문장에서 톰이 출근길 교통 체증에 싫증이 났다는 내용이 언급되어 있으며, 빈칸이 속한 문장은 그가 오토바이를 사서 혼잡한 도로를 지그재그로 나아갈 수 있을 거라는 내용이다. 그 뒤의 문장은 아직 오토바이를 산 것이 아니라 그럴 생각만 여전히 하고 있다는 내용이 언급되어 있다. 문맥상 그가 아직 오토바이를 사는 것에 대해 여전히 생각을 하고 있다는 것으로 보아 오토바이를 사는 것은 의무나 예정의 개념이 아닌 '~할지도 모른다'라는 불확실한 추측의 의미의 조동사가 필요하다는 것을 알 수 있다. 따라서 추측의 조동사 (c) may가 정답이다.

어휘 be fed up with ~에 싫증나다 congestion 혼잡, 교통 체증 highway 고속도로 endless 끝없는 commute 통근 motorcycle 오토바이, 이륜차 weave in and out 지그재그로 나아가다

8.

정답 (a)

해석 미국의 국립 공원 시스템의 가장 중요한 부분인 옐로우스톤 국립 공원은 또한 거대한 초화산 현장이기도 하다. 몇몇 전문가는 그것이 곧 다시 분출해 모든 인류를 없애 버릴지도 모른다고 의심한다.

해설 문장의 의미에 어울리는 조동사를 고르는 문제이다. 빈칸이 속한 문장 앞에 '불확실한 것에 대해 의심하다'라는 의미의 동사 suspect가 언급되어 있고, suspect의 목적어인 that절은 앞서 언급된 초화산의 분출에 관한 자연재해에 대한 내용이므로 '~

지도 모른다'라는 의미가 되는 것이 자연스러우므로 불확실한 추측을 나타내는 조동사 (a) might가 정답이다.

어휘 national park 국립 공원 crown jewel 가장 중요한 부분 site 장소, 현장 massive 거대한 supervolcano 초화산 expert 전문가 suspect 의심하다 erupt 분출하다 wipe out 완전히 파괴하다, 없애 버리다 humanity 인류, 인간

9.

정답 (b)

해석 미디어 스트리밍 서비스는 너무 제한하지 않으면서 그들의 고객들이 비밀번호를 공유하는 것을 막는 방법을 알아내지 못했다. 대부분의 서비스 계약에 따라, 구독자는 동시에 최대 5대의 기기에 그들의 계정을 이용할 수 있다.

해설 문장의 의미에 어울리는 조동사를 고르는 문제이다. 빈칸이 속한 문장을 읽어 보면, '대부분의 서비스 계약에 따라, 구독자는 동시에 최대 5대까지 그들의 계정을 사용할 수 있다'는 내용인데, 최대 5개 기기까지 사용해야 한다는 의무나 충고가 아니라 계약에 따라서 5대까지 사용하는 것이 허용된다는 의미이다. 따라서 '~해도 좋다', '~할 수 있다'는 허락의 의미를 나타내는 조동사 (b) may가 정답이다.

어휘 media streaming service 미디어 스트리밍 서비스, 음악 또는 영상을 데이터 통신을 통하여 재생하는 서비스 have yet to + 동사원형: 아직 하지 못했다 figure out 알아내다, 밝히다 prevent A from -ing: A가 ~하는 것을 막다[예방하다] share 공유하다, 나누다 without -ing ~하지 않고 restrictive 제한하는 under an agreement 합의 하에, 계약에 따라 subscriber 구독자 account 계정 up to 최대 ~까지 device 기기, 장치 simultaneously 동시에

10.

정답 (c)

해석 닐레이는 <광기의 산맥>을 극장에서 너무 보고 싶어 기다릴 수가 없다. 하지만 그는 혼자 가고 싶어 하지 않는다. 그는 그의 여자친구에게 그 영화를 함께 보자고 요청할지도 모르지만, 그녀는 보통 공포 영화를 즐기지 않는다.

해설 문장의 의미에 어울리는 조동사를 고르는 문제이다. 앞선 문장에서 닐레이는 극장에서 영화를 몹시 보고 싶어하는데, 혼자 보러 가는 것은 원하지 않는다는 내용이 언급되어 있다. 빈칸이 포함된 문장은 그가 여자친구에 함께 보러 가자고 요청한다는 내용인데, 그 뒤의 문장에서 그의 여자친구가 보통 공포 영화를 즐기지 않는다는 내용이 언급되어 있다. 이를 통해 닐레이는 자신이 보고 싶어하는 영화를 여자친구가 좋아하지 않을 것이라는 점을 알고 있기 때문에 여자친구에게 함께 보자는 요청을 반드시 할 것으로 생각하기 어렵다. 따라서 닐레이는 여자친구에게 요청할 수도 있지만, 그러지 않을 수도 있다는 의미가 문맥에 어울리므로 불확실한 추측을 나타내는 조동사 (c) might가 정답이다.

어휘 mountains 산맥 madness 광기, 광란 theater 극장 by oneself 혼자서 horror movie 공포 영화

11.

정답 (a)

해석 스카이폭스 항공사는 놀랍게도 기내 휴대용 수화물에 관한 관대한 정책을 가지고 있다. 정책 조항에 따르면, 승객들은 하나의 기내 휴대용 가방과 더불어 지갑이나 배낭과 같은 두 개의 개인 물품을 가지고 타도 된다.

해설 문장의 의미에 어울리는 조동사를 고르는 문제이다. 앞선 문장에서 항공사의 기대 휴대용 가방에 관한 정책이 관대하다는 내용이 언급되어 있고, 빈칸이 포함된 문장은 해당 정책의 내용을 구체적으로 설명하고 있다. 문맥상 하나의 휴대용 가방과 두 개의 개인 물품을 기내에 들고 탑승할 수 있다는 내용인데, 이는 반드시 준수해야 하는 정책이 아니라, 항공사의 정책상 승객들에게 허용하는 내용이므로, '~해도 좋다', '~할 수 있다'라는 의미가 자연스럽다. 따라서 허락의 의미를 나타내는 조동사 (a) may가 정답이다.

어휘 airlines 항공사 surprisingly 놀랍게도 generous 관대한, 후한 policy 정책 concerning ~에 관한 carry-on baggage 기내 휴대용 수하물 terms 조건, 정책 조항 passenger 승객 personal 개인의 item 물품, 물건 purse 지갑 backpack 배낭, 가방

12.

정답 (a)

해석 클라라는 여전히 다가오는 스페인 여행 계획을 마무리 짓고 있다. 그녀는 마드리드와 바르셀로나에서 대부분의 시간을 보내기를 원하지만, 그녀의 기분이 어떤지에 따라 그라나다에 며칠을 보낼지도 모른다.

해설 문장의 의미에 어울리는 조동사를 고르는 문제이다. 앞선 문장에서 클라라가 스페인 여행 계획을 하고 있는 중이라는 내용과 대부분의 시간을 마드리드와 바르셀로나에서 보낼 것이라는 내용이 언급되어 있다. 빈칸이 포함된 문장은 마드리드와 바르셀로나가 아닌 그라나다에 며칠을 보낸다는 내용인데, 그녀의 기분에 따라 **(depending on how she feels)** 달려 있다는 내용이 언급되어 있다. 따라서 그라나다에서 시간을 보내는 것은 발생할 수도 있고 아닐 수도 있는 불확실한 내용이므로 '~지도 모른다'는 의미의 조동사 (a) might가 정답이다.

어휘 still 아직도, 여전히 finalize 마무리 짓다, 완결하다 plan 계획 upcoming 다가오는, 곧 있을 spend (시간을) 보내다 depending on ~에 따라, ~에 달려 있는

실전 CHECK-UP 4

1. (a)	2. (c)	3. (d)	4. (b)	5. (d)	6. (a)
7. (d)	8. (d)	9. (a)	10. (a)	11. (b)	12. (c)
13. (b)	14. (b)	15. (b)	16. (c)	17. (b)	18. (c)
19. (a)	20. (c)	21. (b)	22. (d)	23. (b)	24. (b)

1.

정답 (a)

해석 쿠퍼 홀딩의 후원 담당 부서는 작년 3분기 재무 보고서에서 일부

모순되는 부분을 찾았다. 이해 충돌을 피하기 위해, 그곳 비서가 현재 외부 위탁 회계사에게 그 문서를 종합 데이터베이스와 대조 검토하도록 요청하고 있다.

해설 동사 cross-check의 알맞은 형태를 고르는 문제이다. 빈칸은 동사 is requesting의 목적어 역할을 하는 that절의 동사 자리인데, request와 같이 주장/요구/명령/제안 등을 나타내는 동사의 목적어 역할을 하는 that절의 동사는 동사원형만 사용하므로 동사원형인 (a) cross-check이 정답이다.

어휘 inconsistency 모순, 불일치 quarter 분기 financial 재무의, 재정의 avoid ~을 피하다 conflicts of interest 이해 충돌 request that ~하도록 요청하다 outsourced 외부에 위탁한 accountant 회계사 cross-check ~을 대조 검토하다

2.

정답 (c)

해석 개미는 추운 기온에서 무기력한 상태가 되기 때문에, 개미의 몸은 더 느리게 움직이는 경향이 있다. 이것이 바로 개미가 겨울에 대비해 따뜻한 계절에 걸쳐 먹이는 모으는 게 아주 중요한 이유이다.

해설 동사 gather의 알맞은 형태를 고르는 문제이다. 빈칸은 「it is ~ that절」 구조로 된 가주어/진주어 구문에서 진주어 역할을 하는 that절의 동사 자리인데, that 앞에 crucial과 같이 중요성/권고/필수/의무 등을 나타내는 형용사가 쓰이면 that절의 동사에 동사원형만 사용하므로 (c) gather가 정답이다.

어휘 lethargic 무기력한, 활발하지 못한 tend to 동사원형: ~하는 경향이 있다 crucial 아주 중요한, 중대한 throughout ~ 동안에 걸쳐 in preparation for ~에 대비해 gather ~을 모으다

3.

정답 (d)

해석 관절에 요산 결정이 쌓이게 되면 통풍이 생겨 극심한 통증을 겪도록 초래할 수 있다. 전문가들은 통풍 발생 정도를 낮출 수 있도록 많은 물을 마시라고 조언한다.

해설 동사 drink의 알맞은 형태를 고르는 문제이다. 빈칸은 동사 advise의 목적어 역할을 하는 that절의 동사 자리인데, advise와 같이 주장/요구/명령/제안 등을 나타내는 동사의 목적어 역할을 하는 that절의 동사는 동사원형만 사용하므로 동사원형인 (d) drink가 정답이다.

어휘 buildup 쌓임, 축적 uric acid 요산 joint 관절 cause A to 동사원형: A에게 ~하도록 초래하다 develop (병 등) ~가 생기다 gout (팔이나 다리의 관절에 생기는) 통풍 severe 극심한 lower ⑤ ~을 낮추다 incidence 발생 정도

4.

정답 (b)

해석 대부분의 스마트폰 회사들이 자사의 기기 화면에 유리를 사용하기 때문에, 제품이 파손되기 쉬운 상태가 된다. 이로 인해, 자신의 전화기를 보호하고 싶은 사람은 누구든 돌발적인 손상을 피하기 위해 화면 보호용품에 투자해야 한다.

해설 문장의 의미에 어울리는 조동사를 고르는 문제이다. 빈칸이 속한

문장은 '전화기의 돌발적인 손상을 피하기 위해 화면 보호용품에 투자해야 한다'와 같은 의미를 나타내야 가장 자연스러우므로 '~해야 하다'라는 뜻으로 충고 등을 말할 때 사용하는 (b) should가 정답이다.

어휘 device 기기, 장치 make A 형용사: A를 ~한 상태로 만들다 fragile 파손되기 쉬운, 취약한 invest in ~에 투자하다 avoid ~을 피하다 accidental 돌발적인, 우연한 damage 손상, 피해

5.
정답 (d)

해석 사라는 소속 직원 빌과 관련해 수많은 불만을 들어왔고, 자신의 레스토랑에서 해고하는 것을 고려하고 있다. 그녀는 빌에게 계속 종업원으로 일하고 싶으면, 반드시 손님들에게 더 공손해야 한다고 말했다.

해설 문장의 의미에 어울리는 조동사를 고르는 문제이다. 빈칸 앞뒤 부분을 읽어 보면, '계속 종업원으로 일하고 싶으면, 반드시 손님들에게 더 공손해야 한다'와 같은 의미가 되어야 가장 자연스러우므로 '~해야 하다'라는 뜻으로 의무나 중요성 등을 나타낼 때 사용하는 (d) must가 정답이다.

어휘 receive ~을 받다, 얻다 numerous 수많은, 다수의 complaint 불만, 불평 consider -ing ~하는 것을 고려하다 fire ~을 해고하다 tell A that: A에게 ~라고 말하다 continue -ing 계속 ~하다 server 종업원 courteous 공손한 towards ~에게, ~을 향해

6.
정답 (a)

해석 1949년에, 마오쩌둥은 장제스 군대의 몰락 후에 중화 인민 공화국의 수립을 이끌었다. 이 공화국을 안정적으로 유지하기 위해, 마오는 시민들에게 각자의 부를 국가에 기부해야 한다고 주장했다.

해설 동사 contribute의 알맞은 형태를 고르는 문제이다. 빈칸은 동사 insisted의 목적어 역할을 하는 that절의 동사 자리인데, insist와 같이 주장/요구/명령/제안 등을 나타내는 동사의 목적어 역할을 하는 that절의 동사는 동사원형만 사용하므로 동사원형인 (a) contribute이 정답이다.

어휘 lead ~을 이끌다 establishment 수립, 확립 fall 몰락, 함락, 하락 keep A 형용사: A를 ~한 상태로 유지하다 republic 공화국 stable 안정적인 insist that ~하라고 주장하다 wealth 부 state 국가 contribute ~을 기부하다

7.
정답 (d)

해석 기후 변화에 맞서기 위해, 뉴질랜드의 1차 산업부는 2028년까지 10억 그루의 나무를 심는 프로젝트에 착수했다. 정부는 모든 뉴질랜드 국민들에게 이 목표를 달성하기 위한 노력에 동참하도록 요청하고 있다.

해설 동사 participate의 알맞은 형태를 고르는 문제이다. 빈칸은 동사 is requesting의 목적어 역할을 하는 that절의 동사 자리인데, request와 같이 주장/요구/명령/제안 등을 나타내는 동사의 목적어 역할을 하는 that절의 동사는 동사원형만 사용하므로 동사원형인 (d) participate이 정답이다.

어휘 fight ~에 맞서다 ministry (정부의) 부처 primary industries 1차 산업 launch ~에 착수하다, ~을 시작하다 plant ~을 심다 request that ~하도록 요청하다 effort 노력 meet (조건 등) ~을 충족하다 participate in ~에 참여하다

8.
정답 (d)

해석 불규칙적인 회계 관행으로 인해 엔론 주식회사는 어쩔 수 없이 2001년에 파산 신청을 해야 했다. 공개적으로 창피를 당하는 것을 피하기 위해, 엔론의 경영진은 언론에 의한 인터뷰가 진행되지 않도록 요청했다.

해설 수동태 be interviewed의 알맞은 형태를 고르는 문제이다. 빈칸은 동사 asked의 목적어 역할을 하는 that절의 동사 자리인데, ask와 같이 주장/요구/명령/제안 등을 나타내는 동사의 목적어 역할을 하는 that절의 동사는 동사원형만 사용한다. 또한, 부정을 나타낼 경우에는 동사원형 앞에 not만 추가하므로 수동태 동사원형 앞에 not이 추가된 어순으로 된 (d) not be interviewed가 정답이다.

어휘 irregular 불규칙적인 accounting 회계 practice 관행, 관례 A force B to do: A로 인해 B가 어쩔 수 없이 ~하다, A가 B에게 강제로 ~하게 하다 file for bankruptcy 파산 신청을 하다 avoid -ing ~하는 것을 피하다 publicly 공개적으로 embarrassed 창피한, 당황한, 곤란한 ask that ~하도록 요청하다 the press 언론

9.
정답 (a)

해석 시장 분석가들은 주식 가치가 시간이 지난 후에 다시 오를 것이라고 하며 사람들을 안심시켰다. 하지만 현재의 경기 불황 동안 너무 많은 돈을 잃은 후 단순히 빠지기로 결정한 투자자들이 많이 있다.

해설 문장의 의미에 어울리는 조동사를 고르는 문제이다. 빈칸이 포함된 문장에 '이윽고', '시간이 지난 후에'라는 의미의 in time이라는 표현이 쓰인 것을 보고 문맥상 주식의 가치가 오르는 것이 미래의 일임을 알 수 있다. 따라서 미래에 발생될 일을 나타낼 때 사용하는 (a) will이 정답이다.

어휘 analyst 분석가 reassure 안심시키다 the public 대중, 사람들 stock 주식 value 가치 go back up 다시 오르다 in time 이윽고, 시간이 지난 후에 investor 투자자 simply 단순히 back out 빠지다, 철회하나, 취소하나 current 현재의 recession 불경기, 불황

10.
정답 (a)

해석 오늘날의 칠레에서 몇몇의 신비한 유물들이 최근에 발견되었다. 몇몇 교수들은 그것들이 한때 그곳에 살았던 원주민들에 의해서 행해진 어떤 종류의 종교 의식에 사용되었을지도 모른다는 이론을 제시하였다.

해설 　문장의 의미에 어울리는 조동사를 고르는 문제이다. 앞선 문장에서 신비한 유물이 최근에 칠레에서 발견되었다는 내용이 언급되었다. 그리고 빈칸이 속한 문장에서 몇몇 교수들이 그 유물들은 종교의식에 사용되었다는 이론을 제시하였다는 내용이 언급되어 있는데, 이론을 제시하였다는 것은 확실한 사실이 아니라는 의미이며, 또한 빈칸 뒤에 have p.p. 형태의 동사가 있는 것으로 보아 해당 문장의 내용이 과거에 대한 추측을 나타내는 문장임을 알 수 있다. 따라서 '~했을지도 모른다'라는 과거에 대한 추측을 나타내는 조동사 may have p.p.가 사용된 것으로 볼 수 있기 때문에 정답은 (a) may이다.

어휘 　mysterious 신비한, 불가사의한　artifact 유물　recently 최근에　uncover 발견하다, 알아내다　archaeological 고고학적인, 고고학의　site 현장, 장소　present-day 오늘날의　professor 교수　theorize 이론을 제시하다　some sort of 어떤 종류의, 일종의　religious 종교적인　ritual 의식　perform 수행하다　native 원주민　once 한때, 옛날에

11.

정답 　(b)

해석 　매일 50~100가닥의 머리카락이 빠지는 것은 정상이다. 하지만, 한 사람에게서 빠진 만큼 동일한 비율로 머리가 다시 자라는 것이 중요하다. 그렇지 않으면, 탈모가 불가피하게 발생하게 될 것이다.

해설 　동사 regrow의 알맞은 형태를 고르는 문제이다. 빈칸은 「it is ~ that절」 구조로 된 가주어/진주어 구문에서 진주어 역할을 하는 that절의 동사 자리인데, that 앞에 important와 같이 중요성/권고/필수/의무 등을 나타내는 형용사나 과거분사가 쓰이면 that절의 동사에 동사원형만 사용하므로 (b) regrow가 정답이다.

어휘 　normal 정상인, 일반적인, 보통인　strand (머리카락, 실 등의) 가닥　however 하지만, 그러나　rate 비율, 속도, 요금, 등급　otherwise 그렇지 않으면　hair thinning 탈모　inevitably 불가피하게　occur 발생하다, 일어나다　regrow ~을 다시 자라게 하다

12.

정답 　(c)

해석 　공원, 특히 농구장 근처와 원형극장 바깥 쪽으로 낙서가 계속해서 나타나고 있다. 공공기물 파손자들이 그 이상의 피해를 입히지 못하도록 하기 위해서 이 지역에 보안 카메라가 설치되는 것이 필요하다.

해설 　수동태 be installed의 알맞은 형태를 고르는 문제이다. 빈칸은 it ~ that 구조로 된 가주어/진주어 구문에서 진주어인 that절의 동사 자리인데, it's necessary that과 같이 주장/요구/명령/제안을 나타내는 형용사 보어와 함께 쓰이는 that절의 동사는 동사원형만 사용한다. 따라서 수동태에서 be동사만 원형으로 쓴 (c) be installed가 정답이다.

어휘 　graffiti 담벼락 낙서, 그래피티　appear 나타나다　amphitheater 원형극장　security camera 보안 카메라　prevent A from -ing A가 ~하지 못하도록 막다　vandal 공공기물 파손자　cause damage 손해(피해)를 입히다　further 그 이상의

13.

정답 　(b)

해석 　노인들은 취약한 뼈를 특징으로 하는 질병인 골다공증이 생길 위험성이 높다. 이것이 바로 50세가 넘는 사람들이 뼈 건강을 유지하기 위해 반드시 충분한 칼슘을 섭취해야 하는 이유이다.

해설 　문장의 의미에 어울리는 조동사를 고르는 문제이다. 빈칸이 속한 why절은 '50세가 넘는 사람들이 뼈 건강을 유지하기 위해 반드시 충분한 칼슘을 섭취해야 한다'와 같은 의미를 나타내야 가장 자연스러우므로 '~해야 하다'라는 뜻으로 충고 등을 말할 때 사용하는 (b) should가 정답이다.

어휘 　the elderly 노인들　at a high risk of -ing ~할 위험성이 높은　develop (질병 등) ~가 생기다　osteoporosis 골다공증　disease 질병　characterized by ~을 특징으로 하는　brittle 취약한, 잘 부러지는　ensure 반드시 ~하도록 하다, ~을 보장하다　adequate 충분한　intake 섭취　maintain ~을 유지하다

14.

정답 　(b)

해석 　상급생들이 곧 졸업하게 되면서, 우드리지 고등학교 농구팀은 새 선수들을 모집했다. 새로운 선수들이 반드시 이 팀의 높은 기준을 충족할 수 있도록 하려면, 이들이 강도 높은 훈련 과정을 거치는 것이 아주 중요하다.

해설 　동사 undergo의 알맞은 형태를 고르는 문제이다. 빈칸은 「it is ~ that절」 구조로 된 가주어/진주어 구문에서 진주어 역할을 하는 that절의 동사 자리인데, that 앞에 crucial과 같이 중요성/권고/필수/의무 등을 나타내는 형용사나 과거분사가 쓰이면 that절에 동사원형만 사용하므로 (b) undergo가 정답이다.

어휘 　with A -ing: A가 ~하면서, A가 ~하는 채로　graduate 졸업하다　recruit ~을 모집하다　ensure (that) 반드시 ~하도록 하다, ~임을 보장하다　meet (조건 등) ~을 충족하다　crucial 아주 중요한　intense 강도 높은, 격렬한　undergo ~을 거치다, 겪다

15.

정답 　(b)

해석 　프랜버그 시는 운전하지 않고 있을 때 사람들이 있는 데서 오토바이 운전자가 헬멧을 착용하는 것을 법으로 금지하고 있다. 이 법은 또한 공공 장소에서 용이한 식별을 위해 오토바이 운전자에게 얼굴 마스크와 같이 얼굴에 착용하는 다른 덮개도 벗도록 요구한다.

해설 　동사 remove의 알맞은 형태를 고르는 문제이다. 빈칸은 동사 requires의 목적어 역할을 하는 that절의 동사 자리인데, require와 같이 주장/요구/명령/제안 등을 나타내는 동사의 목적어 역할을 하는 that절의 동사는 동사원형만 사용하므로 (b) remove가 정답이다.

어휘 　prohibit A from -ing: A가 ~하지 못하게 금지하다　in public 사람들이 있는 데서　when (not) -ing: ~할 때(하지 않을 때)　require that ~하도록 요구하다　facial 얼굴의　covering 덮개　identification 식별　remove ~을 벗다, 제거하다, 없애다

16.

정답 (c)

해석 테츠오는 동남아시아의 국가들과 그 문화에 많은 관심을 가지고 있다. 그래서 그는 지난 여름에 대만으로 여행을 갔다. 올해, 그는 베트남을 방문할지도 모른다. 하지만 그는 아직 그 어떤 여행 예약도 하지 않았다.

해설 문장의 의미에 어울리는 조동사를 고르는 문제이다. 빈칸이 포함된 문장은 올해 베트남을 방문한다는 내용이 언급되어 있고, 빈칸 뒤의 문장은 아직 그 어떤 여행 예약을 하지 않았다는 내용이 언급되어 있다. 여행 예약을 하지 않았으므로 베트남으로 여행을 가는 것은 미래에 할 일이나 반드시 해야 할 예정된 일이 아니기 때문에 불확실한 추측의 조동사가 필요하다. 따라서 '~할지도 모른다'라는 의미로 불확실한 추측을 나타내는 조동사 (c) might가 정답이다.

어휘 be interested in ~에 관심이 있다 take a trip to ~로 여행을 가다 have yet to 동사원형: 아직 ~하지 못했다 make a reservation 예약하다

17.

정답 (b)

해석 인기있는 1인칭 슈팅게임 <오버워치>의 서버가 연장된 점검보수로 인해 오늘 새벽 이후로 다운되어 있다. 블리자드 엔터테인먼트의 직원은 안달하는 게임 플레이어들에게 정오까지는 작업이 끝날 것이라고 약속했다.

해설 빈칸에 들어갈 적절한 조동사를 찾는 문제이다. 주어인 A representative가 "작업이 정오까지 완료될 것"이라고 말한 내용이 that절로 전달될 때 주절의 동사인 promised와 시제가 일치되어야 한다. 따라서 '~할 것이다'라는 의미의 조동사 will의 과거형 (b) would가 정답이다.

어휘 server (컴퓨터 네트워크용) 서버 popular 인기 있는, 대중적인 first-person 1인칭의 be down (컴퓨터나 서버 등이) 작동이 되지 않다, 다운되다 extended 연장된 maintenance 관리, 점검 보수 representative 직원, 대리인 promise A that A에게 ~라고 약속하다 impatient 참을성 없는, 안달하는 complete 완료시키다

18.

정답 (c)

해석 바하마는 국내 총생산에 있어 관광에 크게 의존한다. 하지만, 규제되지 않은 관광 산업이 이 나라의 천연 자원을 오염시키고 있다. 따라서, 바하마 정부가 관광 산업과 환경 보호의 균형을 잡기 위한 조치를 시행하는 것이 필수적이다.

해설 동사 implement의 알맞은 형태를 고르는 문제이다. 빈칸은 「it is ~ that절」 구조로 된 가주어/진주어 구문에서 진주어 역할을 하는 that절의 동사 자리인데, that 앞에 vital과 같이 중요성/권고/필수/의무 등을 나타내는 형용사나 과거분사가 쓰이면 that절의 동사에 동사원형만 사용하므로 (c) implement가 정답이다.

어휘 rely on ~에 의존하다 heavily (정도 등) 크게, 많이 gross domestic product 국내 총생산 however 하지만, 그러나 uncontrolled 규제되지 않은 tourism 관광 산업 pollute ~을 오염시키다 resources 자원 therefore 따라서, 그러므로 vital 필수적인 measures 조치 balance A with B: A와 B의 균형을 잡다 implement ~을 시행하다

19.

정답 (a)

해석 해마다 오염 부작용으로 인한 수백만 명의 조기 사망이 발생하고 있다. 국제 보건 단체들은 그에 따라 일반인들에게 모든 종류의 오염을 심각한 건강 문제로 인식하도록 촉구하고 있다.

해설 동사 recognize의 알맞은 형태를 고르는 문제이다. 빈칸은 동사 are urging의 목적어 역할을 하는 that절의 동사 자리인데, urge와 같이 주장/요구/명령/제안 등을 나타내는 동사의 목적어 역할을 하는 that절의 동사는 동사원형만 사용하므로 (a) recognize가 정답이다.

어휘 premature 조기의, 너무 이른 occur 발생하다, 일어나다 ill effects 부작용 pollution 오염 organization 단체, 기관 therefore 따라서, 그러므로 urge that ~하도록 촉구하다 the public 일반인들 form 종류, 유형 recognize ~을 인식하다, 인정하다

20.

정답 (c)

해석 많은 사람들은 침을 뱉는 것이 무례하다고 생각하지만, 아프리카의 마사이족은 그렇지 않다. 마사이족은 다른 부족 구성원들과 악수를 하기 전에 자신의 손바닥에 침을 뱉는 것으로 존중을 나타내야 한다.

해설 동사 show의 알맞은 형태를 고르는 문제이다. 빈칸은 「It is ~ that절」 구조로 된 가주어/진주어 구문에서 진주어 역할을 하는 that절의 동사 자리인데, that 앞에 expected와 같이 중요성/권고/필수/의무 등을 나타내는 형용사나 과거분사가 쓰이면 that절의 동사에 동사원형만 사용하므로 (c) show가 정답이다.

어휘 while ~이기는 하지만, ~하는 동안 spit 침을 뱉다 impolite 무례한 tribe 부족 It is expected that (기대되는 일로서) ~해야 하다, ~하도록 요구되다 respect 존중, 존경 by (방법) ~하는 것으로, ~함으로써 palm 손바닥 shake hands 악수하다

21.

정답 (b)

해석 엠마는 중요한 회의 중에 아들 벤이 두 번이나 전화했을 때 정말로 짜증이 났다. 지금은, 불필요한 방해를 피하기 위해, 자신에게 문자 메시지를 먼저 보내 전화해도 되는지 물어보라고 벤에게 말한다.

해설 문장의 의미에 어울리는 조동사를 고르는 문제이다. 빈칸이 속한 문장을 읽어 보면, '자신에게 문자 메시지를 먼저 보내 전화해도 되는지 물어보라고 벤에게 말한다'와 같은 의미가 되어야 가장 자연스러우므로 '~해도 된다, ~해도 좋다'라는 의미로 허락 등을 나타낼 때 사용하는 (b) can이 정답이다.

어휘 annoyed 짜증이 난 avoid ~을 피하다 unnecessary 불필요한 disturbance 방해, 지장 tell A to do: A에게 ~라고

말하다 text ⑧ 문자 메시지를 보내다 ask if ~인지 묻다

22.

정답 (d)

해석 요즘 나오는 스마트폰은 리튬-이온 배터리를 쓴다. 이 배터리는 수명이 길고 유지 관리를 거의 필요로 하지 않는다. 그럼에도 불구하고, 과열되는 것을 막기 위해 배터리가 완충된 경우에 사용자가 전화기의 플러그를 뽑아 놓는 것이 가장 좋다.

해설 동사 unplug의 알맞은 형태를 고르는 문제이다. 빈칸은 「it is ~ that절」 구조로 된 가주어/진주어 구문에서 진주어 역할을 하는 that절의 동사 자리인데, that 앞에 best와 같이 중요성/권고/필수/의무 등을 나타내는 형용사나 과거분사가 쓰이면 that절의 동사로 동사원형만 사용하므로 (d) unplug가 정답이다.

어휘 require ~을 필요로 하다 maintenance 유지 관리 nonetheless 그럼에도 불구하고 it is best that ~하는 것이 가장 좋다 keep A from -ing: A가 ~하는 것을 막다, A가 ~하지 않게 하다 overheat 과열되다 unplug ~의 플러그를 뽑다

23.

정답 (b)

해석 어류 남획은 수중 생태계에 심각하고 되돌릴 수 없는 결과를 가져올 수 있지만, 해산물은 사람들의 식량의 중요한 원천이다. 우리는 어종을 멸종시키지 않고도 우리가 해산물을 먹을 수 있도록 하는 완벽한 균형을 찾아야 한다.

해설 문장의 의미에 어울리는 조동사를 고르는 문제이다. 앞선 문장에 남획이 수중 생태계에 심각하고 돌이킬 수 없는 결과를 가져올 것이며, 해산물은 사람들에게 중요한 식량원이라는 내용이 언급되어 있다. 빈칸이 포함된 문장은 수중 생물종을 멸종시키지 않으면서 우리가 해산물을 먹을 수 있는 완벽한 균형을 찾는다는 내용이 언급되어 있는데, 그 완벽한 균형을 찾지 않으면 어종이 멸종되어 또는 인간은 해산물을 식량원으로 사용할 수 없게 될 것이기 때문에, 완벽한 균형을 찾는 것은 의무적인 일이라는 것을 추측할 수 있다. 따라서 '~해야 한다'라는 의미로 의무를 나타내는 (b) must가 정답이다.

어휘 overfishing (어류) 남획 irreversible 되돌릴 수 없는 consequence 결과 aquatic 수상의, 수생의 ecosystem 생태계 seafood 해산물 source 원천, 근원 balance 균형 allow A to 동사원형: A가 ~하는 것을 허용하다, A가 ~하게 하다 without -ing ~하지 않고 cause A to 동사원형: A가 ~하는 것을 야기하다, A가 ~하도록 하다 go extinct 멸종되다

24.

정답 (b)

해석 신디는 어제 축구 경기 중에 심한 발목 염좌를 겪었다. 그녀의 의사는 완전히 회복하기 위해서 수술이 필요할지도 모른다고 말했고, 이번 시즌에 더 이상 경기를 하는 것은 불가능할 것이라고 말했다.

해설 문장의 의미에 어울리는 조동사를 고르는 문제이다. 앞선 문장에서 신디가 축구 경기 중에 발목을 접질렸다는 내용이 언급되어 있고, 빈칸이 포함된 문장에서 의사가 신디에게 수술이 필요하다고

말했다는 내용이 언급되어 있다. 빈칸 뒤의 동사가 '수술을 한다'가 아닌 '수술이 필요하다'라는 의미이기 때문에 '수술이 필요해야 한다'와 같이 의무나 강한 충고의 의미의 조동사가 있을 경우 문맥이 어색해 지므로 불확실한 추측으로 '수술이 필요할지도 모른다'라는 의미를 나타내는 것이 가장 자연스럽다. 따라서 불확실한 추측을 나타내는 조동사 (b) might가 정답이다.

어휘 suffer 겪다, 고통받다 ankle 발목 sprain 염좌, 접지름 surgery 수술 fully 완전히 recover 회복하다 out of the question 불가능한

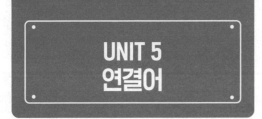

UNIT 5
연결어

기출 POINT 19 전치사

연습문제

| 1. (d) | 2. (c) | 3. (b) | 4. (d) |

1.

정답 (d)

해석 한국의 거북선은 해군 역사에서 단 하나의 가장 위대한 발전 중에 하나로 여겨진다. 거북선 덕분에, 한국은 16세기 말 침략하는 일본 함대를 엄청난 수적 열세에도 불구하고 무찌를 수 있었다.

해설 빈칸 뒤에 being vastly outnumbered라는 동명사구가 위치해 있으므로 빈칸에는 전치사가 들어가야 한다. 문맥상 빈칸 앞에는 일본 함대를 무찔렀다는 내용과, 비난 뒤에는 수적으로 엄청나게 열세였다는 논리상 상반된 내용이 있으므로 '엄청난 수적 열세에도 불구하고 침략하는 일본 함대를 무찌를 수 있었다'라는 의미가 되는 것이 가장 자연스럽다. 따라서 '~에도 불구하고'라는 의미의 전치사 (d) despite가 정답이다.

어휘 turtle ship 거북선 be considered (as) ~로 여겨지다 single 단 하나의 advancement 발전, 진보 naval 해군의 military 군사의, 군사적인 thanks to ~덕분에 be able to 동사원형: ~할 수 있다 defeat 물리치다, 이기다 invade 침략하다, 침입하다 fleet 함대, 선단 late ~말 vastly 대단히, 엄청나게 outnumber ~보다 수가 더 많다, 수적으로 우세하다 on the other hand 한편, 반면에 however 하지만, 그러나 moreover 더욱이, 게다가 despite ~에도 불구하고

2.

정답 (c)

해석 대다수의 기후 전문가들은 꾸준하게 상승하는 지구의 온도는 주로 화석 연료 연소와 삼림 벌채와 같은 인간의 활동으로 인한 것이라는 점에 동의한다. 하지만, 몇몇 전세계의 지도자들은 기후 변화의 속도를 늦추고자 하는 조치를 취하는 것을 주저하고 있다.

해설 빈칸 뒤에 human actions라는 명사구가 위치해 있으므로 빈칸에는 전치사가 들어가야 한다. 문맥상 빈칸 앞에 위치한 주어 steadily rising global temperatures(꾸준하게 상승하는 지구의 온도)가 결과이고 빈칸 뒤에 위치한 human actions(인간의 활동)가 원인에 해당하므로, '인간의 활동으로 인해'라는 의미가 되는 것이 자연스럽다. 따라서 '~로 인해'라는 의미로 원인을 나타내는 전치사 (c) due to가 정답이다.

어휘 the majority of 대다수의 climate 기후 expert 전문가 steadily 꾸준하게 rising 오르는, 상승하는 global 전세계의, 지구의 temperature 기온, 온도 primarily 주로 action 행동 such as ~와 같은 burn 태우다 fossil fuel 화석 연료 deforestation 삼림 벌채 however 하지만, 그러나 leader 지도자 be hesitant to 동사원형: ~하기를 주저하다, ~하기를 망설이다 take action 조치를 취하다 slow (속도를) 늦추다 in accordance with ~에 따라서 in spite of ~에도 불구하고 due to ~로 인해, ~ 때문에 along with ~에 덧붙여, ~와 함께

3.

정답 (b)

해석 사람들이 건강을 유지하기 위해 규칙적으로 운동하는 것은 중요하다. 칼로리를 연소하는 한 가지 쉬운 방법은 기회가 있을 때마다 엘리베이터 대신 계단을 오르는 것이다.

해설 빈칸 뒤에 명사 the elevator가 위치해 있으므로 빈칸에는 전치사가 위치해야 한다. 빈칸 앞에 운동을 하는 쉬운 방법 중 하나로 '계단을 오르는 것'이 언급되어 있고 그 뒤에 '엘리베이터'가 언급되어 있으므로 문맥상 '엘리베이터 대신 계단을 오르는 것'이라는 의미가 되는 것이 자연스럽다. 따라서 '~대신에'라는 의미를 가진 전치사 (b) instead of가 정답이다.

어휘 get exercise 운동하다 on a regular basis 정기적으로, 규칙적으로 in order to 동사원형: ~하기 위해서 stay healthy 건강을 유지하다 take stairs 계단을 오르다 whenever ~할 때마다, 언제 ~하든 상관없이

4.

정답 (d)

해석 뉴올리언스 시는 항상 해수면 아래에 있었던 것은 아니다. 그 도시는 토양으로부터 물을 퍼올리는 것과 강을 막는 것 때문에 서서히 가라앉고 있다.

해설 빈칸 뒤에 pumping water out from the ground and blocking the river라는 and로 연결된 두개의 동명사구가 위치해 있으므로 빈칸에는 전치사가 들어가야 한다. 문맥상 '토양으로부터 물을 퍼올리는 것과 강을 막는 것'이 빈칸 앞에 언급된 '그 도시가 서서히 가라앉고 있다'라는 내용의 원인에 해당하므로 '~ 때문에'라는 의미로 원인을 나타내는 전치사 (d) because of가 정답이다.

어휘 below ~아래에 sea level 해수면 gradually 서서히, 점진적으로 sink 가라앉다 pump out ~을 퍼올리다 ground 토양, 지면 block 막다 river 강

실전 문제풀이

| 1. (c) | 2. (c) | 3. (b) | 4. (d) | 5. (a) | 6. (a) |
| 7. (a) | 8. (b) | 9. (a) | 10. (b) | 11. (c) | 12. (b) |

1.

정답 (c)

해석 | 선진국의 사람들은 영양가 있는 음식을 쉽게 접할 수 있기 때문에 거의 식이 결핍을 겪지 않는다. 하지만, 사람들은 그들이 먹지 않는 음식에 의해 심각하게 영향을 받을 수 있다. 예를 들어, 비타민 D, B12, 구리, 셀레늄이 낮으면 눈이 멀 수 있다.

해설 | 빈칸 뒤에 easy access to nutritious food라는 명사구가 위치해 있으므로 빈칸에는 전치사가 들어가야 한다. 문맥상 '영양가 있는 음식을 쉽게 접할 수 있다'는 선진국에서 식이 결핍이 거의 없는 원인이나 이유가 되기 때문에 전치사 중 '~때문에'라는 의미의 (c) because of가 적절하다. 따라서 정답은 (c) because of이다.

어휘 | developed country 선진국 rarely 거의 ~않다 dietary deficiency 식이 결핍 easy access 쉬운 접근 nutritious food 영양가 넘치는 음식 affect 영향을 주다 seriously 심각하게 vitamin D 비타민 D copper 구리 selenium 셀레늄 be blinded 눈이 멀게 되다 despite ~에도 불구하고 instead of ~대신에 because of ~때문에 nevertheless 그럼에도 불구하고

2.

정답 | (c)

해석 | 지구 온난화가 매우 심각하다고 생각하는 사람들은 이제 거의 없다. 지구 온난화가 지구에 미치는 영향을 보여주는 수년간의 연구에도 불구하고, 49%만이 현재 기후 변화를 매우 심각한 문제로 생각하고 있으며, 이는 세계 금융 위기의 시작 때 보다 훨씬 적다.

해설 | 빈칸 뒤에 years of studies라는 명사구가 위치해 있으므로 빈칸에는 전치사가 들어가야 한다. 빈칸 앞의 문장은 지구 온난화를 심각하다고 생각하는 사람이 적다는 내용이며, 빈칸이 포함된 명사는 지구 온난화의 영향을 보여주는 수년 간의 연구를 언급하고 있다. 두 내용이 서로 상반되므로 문맥상 '수많은 연구결과에도 불구하고 현재 기후변화를 심각하게 받아들이는 사람들의 비율이 적다고 해석하는 것이 자연스럽다. 따라서 전치사 중 '~에도 불구하고'라는 의미의 (c) Despite가 정답이다.

어휘 | consider 여기다 global warming 지구 온난화 serious 심각한 impact 영향, 효과 planet 행성 climate change 기후변화 issue 문제 far + 비교급: 훨씬 더 ~ fewer 더 적은 worldwide 전세계적인 financial crisis 경제의 위기 since ~이후로, ~때문에 due to ~로 인하여 despite ~에도 불구하고 in case of ~의 경우에 대비하여

3.

정답 | (b)

해석 | 셔플 보드와 비슷한 겨울 스포츠인 컬링은 2018 평창 올림픽의 뜻밖의 인기 종목이었다. 비교적 잘 알려지지 않은 종목임에도 불구하고, 컬링은 다른 많은 종목들 중 가장 높은 시청률을 보였다.

해설 | 빈칸 뒤에 being a relatively unknown sport라는 동명사구가 위치해 있으므로 빈칸에는 전치사가 들어가야 한다. 문맥상 '상대적으로 알려지지 않은 스포츠이다'라는 내용과 '컬링이 높은 시청률을 보였다'는 서로 상반된 내용이므로, 전치사 중 '~임에도 불구하고'라는 의미의 (b) Despite가 적절하다. 따라서 정답은 (b)이다.

어휘 | similar to ~와 비슷한 surprise 뜻밖의, 놀라운 fan-favorite 팬들이 가장 좋아하는 relatively 상대적으로 unknown 알려지지 않은 television ratings 시청률 among ~중에서 instead of ~대신에 although 비록 ~하지만 because of ~때문에

4.

정답 | (d)

해석 | 흡연과 폐암의 연관성은 전형적인 예이다. 결정적인 증거가 없다는 담배업계의 주장에도 불구하고, 증거가 축적되면서 결국 담배를 끊은 지 한참이 지났는데도 수년 간의 흡연이 암을 유발한다는 사실을 부인할 수 없게 됐다.

해설 | 빈칸 뒤에 tobacco industry's claim이라는 명사구가 위치해 있으므로 빈칸에는 전치사가 들어가야 한다. 문맥상 '결정적인 증거가 없다는 담배업계의 주장'과 '증거의 축적이 결국 수년 간의 흡연이 암을 유발한다는 것을 부인하는 것을 불가능하게 만들었다'는 내용은 서로 상반된 내용이므로, 전치사 중 '~임에도 불구하고'라는 의미의 (d) In spite of가 적절하다. 따라서 정답은 (d)이다.

어휘 | link 관련, 연관성 smoking 흡연 lung 폐 cancer 암 classic 전형적인 example 예, 사례 tobacco 담배 industry 업계, 산업 claim 주장 decisive 결정적인 proof 증거 accumulation 축적 evidence 증거 eventually 결국, 마침내 impossible 불가능한 deny 부인하다 cause 유발하다 quit 그만 두다 due to ~로 인하여 owing to ~때문에 instead of ~대신에 In spite of ~에도 불구하고

5.

정답 | (a)

해석 | 지난 달, 제니는 여동생의 졸업식을 위해 파리에 갔다. 그녀는 현대 미술과 건축을 공부하는데 3년을 보냈다. 졸업식이 끝난 후, 그녀와 그녀의 여동생 제인은 악천후에도 불구하고 아름다운 풍경을 즐겼다.

해설 | 빈칸 뒤에 inclement weather이라는 명사구가 위치해 있으므로 빈칸에는 전치사가 들어가야 한다. 문맥상 '악천후'라는 단어와 '아름다움을 즐겼다'는 서로 논리적으로 상반된 내용이므로, 전치사 중 '~임에도 불구하고'라는 의미의 (a) despite가 정답이다.

어휘 | graduation ceremony 졸업식 commencement ceremony 졸업식 scenery 풍경, 경치 inclement weather 악천후 despite ~에도 불구하고 due to ~로 인하여 in case of ~의 경우에 대비하여 instead of ~대신에

6.

정답 | (a)

해석 | 동토대 생물군계는 비교적 고도가 균일하고 대부분 식물이 없다. 그러나 이러한 척박한 모습에도 불구하고, 실제로 그 지역이 서식처인 많은 다양한 종들이 있다.

해설 | 빈칸 뒤에 this barren appearance이라는 명사구가 위치해 있으므로 빈칸에는 전치사가 들어가야 한다. 문맥상 '이러한 척박한 모습'이라는 명사와 그 뒤의 문장의 내용 '다양한 생물이 산다'

는 상반된 내용이므로, 전치사 중 '~임에도 불구하고'라는 의미의 **(a) Despite**가 정답이다.

어휘 Tundra biomes 동토대 생물군계 relatively 상대적으로 even 고른 elevation 고도 devoid of ~이 없는 varied 다양한 species 종 despite ~에도 불구하고 due to ~로 인하여 instead 대신에 like ~와 같이

7.

정답 (a)

해석 동부 해안의 농구 팬들은 어젯밤 랩터스를 상대로 한 경기에서 마지막 몇 분동안 긴급 날씨 최신 정보가 방송되었을 때 그 경기의 극적인 결말을 놓쳤다.

해설 빈칸 뒤에 the game's final minutes라는 명사구가 위치해 있으므로 빈칸에는 전치사가 들어가야 한다. 문맥상 빈칸 앞에 missed the dramatic conclusion of the Raptors game이라고 하여 '랩터스 경기의 극적인 결말을 놓쳤다'라고 언급되어 있고 빈칸이 포함된 when 절에서 '긴급 날씨 최신 정보가 방송되었을 때'라고 시간을 나타내는 내용이 언급되었다. 따라서 빈칸 뒤에 언급된 the game's final minutes가 시간을 나타내므로 문맥상 '경기의 마지막 몇 분 동안'이라는 의미로 시간 또는 기간을 나타내는 전치사가 필요하다. 그래서 '~동안'이라는 의미의 전치사 **(a) during**이 정답이다.

어휘 miss 놓치다 dramatic 극적인 conclusion 결말, 결론 against ~를 상대로, ~와 대결하여 emergency 긴급, 비상 broadcast 방송하다

8.

정답 (b)

해석 리카르도는 국내 최고의 학교 중 한 곳에서의 전기 공학 석사 학위를 가지고 있다. 하지만 그는 여전히 직장을 구하려고 분투하고 있는 중이다. 기업들은 그의 업무 경험 부족 때문에 그를 채용하는 것을 주저한다.

해설 빈칸 뒤에 his lack of work experience라는 명사구가 위치해 있으므로 빈칸에는 전치사가 들어가야 한다. 문맥상 '그의 업무 경험 부족(his lack of work experience)'이 기업들이 그를 채용하는 것을 주저하는 원인에 해당하므로, '~때문에'라는 의미로 원인을 나타내는 전치사 **(b) because of**가 정답이다.

어휘 master's degree 석사 학위 electrical engineering 전기 공학 struggle to 동사원형: ~하려고 분투하다, ~하기 위해 노력하다 find a job 직장을 구하다 be hesitant to 동사원형: ~하는 것을 주저하다, ~하는 것을 망설이다 hire 고용하다 lack of ~의 부족 work experience 업무 경험

9.

정답 (a)

해석 찬사를 받고 있는 뉴욕 주 버팔로 출신의 펑크 밴드 로드킬은 전하는 바에 따르면 최신 앨범을 완료했다고 한다. 하지만, 그들은 팬데믹으로 인해 라이브로 연주를 할 수 없다. 그래서 그들은 전국적인 순회 공연으로 지원 공연할 수 있을 때까지 앨범을 발매하지 않을 것이다.

해설 빈칸 뒤에 the pandemic이라는 명사가 있으므로 빈칸에는 전치사가 들어가야 한다. '팬데믹'(the pandemic)은 빈칸 뒤의 내용의 원인으로 보고 '팬데믹으로 인해 그들이 라이브로 연주할 수 없다'라는 의미가 되는 것이 자연스러우므로 원인의 전치사 **(a) due to**가 정답이다.

어휘 acclaimed 찬사를 받고 있는, 호평을 받는 reportedly 전하는 바에 따르면 latest 최신의 live 라이브의, 실황 공연의 pandemic 팬데믹, 전세계적 유행병 release 출시하다, 발매하다 support 지원 공연을 하다 nationwide 전국적인 tour 순회 공연

10.

정답 (b)

해석 강력한 민중 운동 덕분에 콘스턴스 브레이어는 재임 중인 상원의원 마이클 잭슨을 이겼다. 선거 이전에, 브레이어 씨는 데이튼의 지역사회조직가였다.

해설 빈칸 뒤에 the election이라는 명사가 위치해 있으므로 빈칸에는 전치사가 들어가야 한다. 앞선 문장에서 '콘스턴스 브레이어가 임기 중인 상원의원 마이클 잭슨을 이겼다'는 내용을 보고 브레이어 씨가 선거를 통해 상원의원이 되었음을 알 수 있다. 빈칸 뒤의 문장에서는 과거시제로 브레이어 씨가 지역사회조직가였다는 내용이 있으므로, '선거 이전에, 브레이어 씨는 지역사회조직가였다'는 의미가 되는 것이 자연스러우므로 '~전에'라는 의미의 전치사 **(b) Prior to**가 정답이다.

어휘 thanks to ~덕분에 grassroot 민중의, 민초의 campaign 캠페인, 운동, 활동 defeat 패배시키다, 이기다 incumbent 재임 중인 senator 상원의원 election 선거 community organizer 지역사회조직가 despite ~에도 불구하고 prior to ~이전에 because of ~때문에 following ~후에

11.

정답 (c)

해석 스태커 경기장은 7월 4일에 모든 팬들과 그 휴일을 기념할 수 있도록 항상 그 날 홈경기를 가진다. 매년, 야구 경기 후에 라이브 콘서트와 불꽃놀이 쇼가 있다.

해설 빈칸 위에 the baseball game이라는 명사가 있으므로 빈칸에는 전치사가 들어가야 한다. 빈칸 앞의 문장에서 '매년 라이브 콘서트와 불꽃놀이 쇼가 있다'는 내용이 언급되어 있으며 빈칸 뒤에는 '야구 경기'가 언급되어 있는데, 라이브 콘서트와 불꽃놀이 쇼가 앞선 문장에서 언급된 '그 휴일을 기념하는'(celebrate the holiday) 것에 해당하므로 야구 경기 후에 라이브 콘서트와 불꽃놀이 쇼가 진행된다는 내용임을 알 수 있다. 따라서 '~후에'라는 의미의 전치사 **(c) following**이 정답이다.

어휘 home game 홈 게임, 팀의 근거지에서 하는 경기 so that A can A가 할 수 있도록 firework 불꽃놀이 instead of ~대신에 since ~이후로, ~때문에 following ~후에 because of ~때문에

12.

정답 (b)

해석 하커 파이낸셜의 대부분의 직원들은 지난 달에 있었던 회사 스키 여행에 불만족스러웠다. 그래서 그들은 내년에는 다른 것을 할 것이다. 소문에 따르면, 그 목적지는 콜로라도에 있는 스키 리조트 대신에 라스베가스가 될 것이라고 한다.

해설 빈칸 뒤에 a ski resort라는 명사가 있으므로 빈칸에는 전치사가 들어가야 한다. 빈칸이 속한 문장은 '소문에 따르면, 목적지가 라스베가스가 될 것이다'라는 내용이며, 빈칸 뒤에 언급된 '콜로라도에 있는 스키 리조트'는 첫 문장에서 언급된 직원들이 불만족했다는 지난 달의 스키 여행 때 갔던 리조트임을 유추할 수 있다. '내년에는 다른 것을 할 것'(they'll do something different next year)이라고 언급한 것을 보고 라스베가스가 바로 do something different에 관련된 것임을 알 수 있다. 문맥상 '콜로라도에 있는 스키 리조트 대신에'라는 의미가 되는 것이 자연스러우므로 '~대신에'라는 의미의 전치사 (b) instead of가 정답이다.

어휘 most of 대부분의 employee 직원 be unhappy with ~에 불만족하다 according to ~에 따르면 rumor 소문 destination (여행 등의) 목적지, 도착지 prior to ~이전에 instead of ~대신에 because of ~때문에 besides ~외에, 게다가

기출 POINT 20 접속사

연습문제

| 1. (b) | 2. (d) | 3. (c) | 4. (a) | 5. (c) |

1.

정답 (b)

해석 피닉스, 아리조나와 같은 곳에 극심한 복사열이 내리쬐는 동안, 모든 비행기는 이륙하지 못한다. 이것은 공기가 높은 온도에서 밀도가 낮아져서, 날개 아래에 이륙하기 위한 충분한 양력이 발생될 수 없기 때문이다.

해설 빈칸 뒤에 「주어 + 동사」로 이루어진 절이 이어지고 있으므로 빈칸에는 접속사가 필요하다. 문맥상 빈칸 앞에 언급된 This가 '극심한 복사열이 있는 동안은 모든 비행기가 이륙하지 못한다'는 내용을 가리키는 것을 알 수 있다. 빈칸 뒤의 절은 비행기가 이륙하지 못하는 이유를 구체적으로 설명하고 있으므로 빈칸에는 원인이나 이유를 나타내는 접속사가 필요하다. 따라서 정답은 '~때문에'라는 의미의 접속사 (b) because가 정답이다.

어휘 during ~동안 extreme 극심한, 극도의 heat wave 열파, 복사열 be grounded 이륙하지 못하다 dense 밀집한, 밀도가 높은 temperature 온도, 기온 lift 양력(비행기가 비행할 때 밑에서 위로 작용하는 압력) generate 발생시키다, 만들어내다 wing 날개 take off 이륙하다 as if 마치 ~처럼 because ~때문에 although 비록 ~지만 so that ~하도록, ~하기 위해서

2.

정답 (d)

해석 플로리다는 인기 있는 관광 명소이지만, 여름과 가을 중에 종종 허리케인의 타격을 받는다. 허리케인이 발생할 경우에, 여행객들은 대피처를 찾고 그 태풍이 지나갈 때까지 그곳에 남아 있는 것이 권장된다.

해설 빈칸 뒤에 「주어 + 동사」로 이루어진 절이 이어지고 있으므로 빈칸에는 접속사가 필요하다. 빈칸 앞 문장은 '허리케인이 발생하면 대피처를 찾고 그곳에 남아 있으라'는 내용이며, 빈칸 뒤의 문장은 '그 태풍이 지나간다'는 내용이다. 문맥상 '태풍이 지나갈 때까지 대피처에 남아있는 것'이 자연스러우므로 '~할 때까지'라는 의미의 접속사 (d) until이 정답이다.

어휘 popular 인기 많은 tourist destination 관광 명소 hit 치다, 타격하다 in case of ~의 경우에 traveler 여행객 be advised to 동사원형: ~하는 것이 권장된다 seek 찾다, 구하다 shelter 대피처, 피신처 remain 남다 pass 지나가다 as soon as ~하자마자 prior to ~이전에 within ~이내에 until ~할 때까지

3.

정답 (c)

해석 현재 전세계의 사용량을 기반으로, 세계는 21세기 말이 되기 전에 석유 공급을 모두 고갈시킬 것으로 추정된다. 이는 다른 에너지 해결책이 발견되지 않으면 전세계적인 위기를 초래할 것이다.

해설 빈칸 뒤에 「주어 + 동사」로 이루어진 절이 이어지고 있으므로 빈칸에는 접속사가 필요하다. 빈칸 앞에 언급된 This가 '석유가 21세기 말이 되기 전에 전세계에서 다 써버릴 것'이라는 내용이며, 빈칸 앞 문장은 '그것이 전세계적인 위기를 초래할 것'이라는 내용이다. 빈칸이 들어갈 문장의 내용은 '다른 에너지 해결책이 발견된다'라는 의미이다. 문맥상 전세계적인 위기와 다른 에너지 해결책이 발견된다는 내용은 서로 상반되는 내용이므로 이러한 내용을 연결할 수 있는 접속사가 필요하다. 따라서 '만약 ~않다면'이라는 의미로 부정의 의미를 포함하고 있는 조건 부사절 접속사 (c) unless가 정답이다.

어휘 based on ~을 기반으로 current 현재의 global 전세계의 usage 사용량 it is estimated that ~라고 추정된다 exhaust 고갈시키다, 다 써 버리다 supply 공급 the end of ~말 century 세기 lead to ~로 이어지다, ~을 초래하다 worldwide 전세계적인 crisis 위기 solution 해결책

4.

정답 (a)

해석 공인 시험을 칠 때, 2번 연필을 사용하여 답안지를 채워야 합니다. 사용하고 있는 연필이 부러지고 이용 가능한 연필 깎이가 없는 경우에 대비하여 저희는 다수의 연필을 가져가는 것을 권고합니다.

해설 빈칸 뒤에 「주어 + 동사」로 이루어진 절이 이어지고 있으므로 빈칸에는 접속사가 필요하다. 문맥상 '다수의 연필을 가지고 가는 것을 권고한다'는 내용은 '사용하던 연필이 부러지고 연필 깎이가 없는' 경우에 대한 대비책에 해당하므로 '~의 경우에 대비하여'라는 의미의 접속사 (a) in case가 정답이다.

어휘   take a test 시험을 치다 official 공식의, 공인의 fill in ~을 채우다 answer sheet 답안지 advise 권고하다, 충고하다 multiple 여러 개의 break 부러지다, 고장이 나다 pencil sharpener 연필 깎기 available 이용가능한

5.

정답   (c)

해석   <사무실 공간>이나 <바보 정부>와 같은 몇몇의 상당한 저예산 영화가 비록 박스오피스에서 대흥행작은 아니었지만, 현재 현대 컬트 영화의 명작으로 여겨진다. 몇몇 사람들은 그 영화의 유머가 시간이 지나면서 더욱 의미가 생긴다고 말한다.

해설   빈칸 뒤에 「주어 + 동사」로 이루어진 절이 이어지고 있으므로 빈칸에는 접속사가 필요하다. 빈칸 앞의 내용은 앞서 언급된 두 영화가 '현대 컬트 영화의 명작으로 여겨진다'는 내용이며, 빈칸이 포함된 문장은 '박스오피스에서 대흥행작은 아니었다'는 내용이다. 두 문장의 의미가 서로 상반되어 있으므로 보기 중에서 '비록 ~지만'이라는 의미로 상반된 내용을 연결하는 양보 부사절 접속사 (c) although가 정답이다.

어휘   fairly 상당히, 꽤 low-budget 저예산의 film 영화 idiocracy 바보 정부 (idiot(바보)과 -cracy(정부, 통치)의 합성어) currently 현재 be considered ~라고 여겨지다 modern 현대의 cult 컬트 영화 classic 명작, 고전 작품 big hit 대흥행작 humor 유머 relevant 의의가 있는, 의미가 있는 over time 시간이 지나면서

실전 문제풀이

1. (b)	2. (c)	3. (d)	4. (a)	5. (b)	6. (b)
7. (a)	8. (c)	9. (c)	10. (a)	11. (a)	12. (b)

1.

정답   (b)

해석   리엄은 엄마에게 친구 집으로 건너가 자게 해달라고 계속 졸랐다. 처음에 든 의구심에도 불구하고, 결국 그녀는 그가 내일 오후 9시 통금 시간 전에 집으로 돌아와야 한다는 조건으로 가도록 허락해 주었다.

해설   문장의 의미에 어울리는 접속사를 고르는 문제이다. 접속사 유형은 해석을 통해 문맥을 파악해야 하는데, 빈칸 앞뒤 부분을 읽어 보면, '내일 오후 9시 통금 시간 전에 집으로 돌아와야 한다는 조건으로 가도록 허락해 주었다'와 같은 의미가 되어야 가장 자연스러우므로 '~한다는 조건으로'를 뜻하는 (b) provided that이 정답이다.

어휘   keep -ing 계속 ~하다 beg A to do: A에게 ~해달라고 조르다 let A do: A에게 ~하게 하다 despite ~에도 불구하고 initial 처음의 reservations 의구심, 의혹 allow A to 동사원형: A에게 ~하도록 허락하다 unless ~가 아니라면, ~하지 않는다면 provided that ~한다는 조건으로, ~한다면 in case ~하는 경우에 (대비해)

2.

정답   (c)

해석   조셉은 다른 거대 기업들이 전자 상거래를 지배하고 있을 당시에 전자 상거래 기업 왕국을 설립했다. 그는 원상 회복의 전형이다. 비록 그 일이 처음에는 불가능해 보였지만, 그는 끈기 있게 버티면서 최고의 자리까지 싸우며 나아갔다.

해설   문장의 의미에 어울리는 접속사를 고르는 문제이다. 빈칸 이하 부분을 읽어 보면, '비록 그 일이 처음에는 불가능해 보였지만, 끈기 있게 버티면서 최고의 자리까지 싸우며 나아갔다'와 같은 의미가 되어야 자연스러우므로 '비록 ~이기는 하지만'을 뜻하는 (c) Although가 정답이다.

어휘   found ~을 설립하다 empire 기업 왕국 industry giant 대기업 dominate ~을 지배하다 embodiment 전형, 화신 resilience 회복(력), 탄력(성) task 일, 업무 initially 처음에는 seem 형용사: ~하게 보이다, ~한 것 같다 persevere 끈기 있게 버티다 fight one's way 싸우며 나아가다 unless ~하지 않는다면, ~가 아니라면 as soon as ~하자마자 although 비록 ~이기는 하지만 as if 마치 ~한 것처럼

3.

정답   (d)

해석   연예계의 만연한 성폭력을 사회에 폭로한 #미투 운동은 미국에서 전 세계의 다른 나라로 퍼졌다. 일부의 피해자들에게는 숙원인 정의가 실행되었지만, 아직 성 평등의 전반적인 목표를 위해서는 가야할 길이 멀다.

해설   빈칸 뒤에 「주어 + 동사」로 이루어진 절이 이어지고 있으므로 빈칸에는 접속사가 필요하다. 문맥상 빈칸 앞의 내용이 '정의가 실현된다'이고 빈칸 뒤의 내용이 '여전히 갈 길이 멀다'는 내용이므로 역접의 접속사가 필요하다. 보기 중에서 역접의 접속사는 '그러나'라는 의미의 (d) yet이다.

어휘   movement (사회적) 운동 expose 노출시키다, 폭로하다 rampant 걷잡을 수 없는, 만연하는 abuse 학대, 폭행 entertainment industry 연예계 spread 퍼지다 long-sought 오랫동안 구해온, 숙원인 justice 정의 serve (목적을) 채우다, 만족시키다, 구실을 하다 victim 피해자 path 길, 경로 ahead 앞에 toward ~을 향하는 overall 전반적인 goal 목표 gender 성(性) equality 평등 instead 대신에 so 그래서 whenever ~할 때 마다

4.

정답   (a)

해석   미국에서 총기난사가 점점 자주 일어나는데, 미국 특유의 이 문제에는 해결책이 없는 것처럼 보인다. 많은 사람들은 낙담하였고, 정치인들과 영향력 있는 로비스트들이 더 강력한 총기규제 법규에 해서 생각해보는 것조차 거부하는 한, 아무것도 바뀌지 않을 것이라 믿는다.

해설   빈칸 뒤에 「주어 + 동사」로 이루어진 절이 이어지고 있으므로 빈칸에는 접속사가 필요하다. 문맥상 빈칸 뒤에 '정치인과 영향력 있는 로비스트들이 더 엄격한 총기 법규 도입을 고려하는 것조차 거부한다'는 내용과 빈칸 앞에 '많은 사람들이 낙담하였고 아무것도 바뀌지 않을 것이라고 믿는다'는 내용을 보면, 정치인과 로비스트들이 '거절하는 한' 아무것도 바뀌지 않을 것이라는 문맥적

연결을 파악할 수 있다. 따라서 '~하는 한'이라는 의미의 접속사 (a) as long as가 정답이다.

어휘 mass 대규모, 집단 shooting 총격 frequent 흔한, 빈번한 solution 해결책 uniquely 유일하게, 유례없이 citizen 시민 disheartened 낙담한 politician 정치인 lobbyist 로비스트, 의안 통과 운동자 refuse to 동사원형: ~하기를 거절하다 introduce 도입하다 strict 엄격한 gun law 총기 규제 법규 until ~할 때까지 before ~전에 unless ~하지 않는다면

5.

정답 (b)

해석 폴린은 그녀의 가장 친한 친구에게 금요일 밤 그녀의 생일 파티에 초대받았다. 그녀는 정말 가고 싶었지만 다음날 아침 중요한 시험을 봐야 했기 때문에 초대를 거절했다. 만약 그녀가 그 시험을 볼 필요가 없었더라면, 그녀는 가장 친한 친구를 방문했을 것이다.

해설 빈칸 앞에 「주어 + 동사」로 이루어진 절이 이어지고 있으므로 빈칸에는 접속사가 필요하다. 문맥상 빈칸 앞에 '그녀는 정말 가고 싶었지만 거절했다'는 내용과 빈칸 뒤에 '다음날 중요한 시험을 봐야했다'는 내용을 보면 시험이 원인이 되어 결국 거절하게 된다는 원인과 결과 관계라는 것을 알 수 있다.. 따라서 '~때문에'라는 의미의 접속사 (b) because가 정답이다.

어휘 be invited by ~에게 초대받다 turn down 거절하다 invitation 초대장 had to 동사원형: ~해야 했다 visit 방문하다 until ~할 때까지 because ~때문에 while ~하는 동안, 반면에 so 그래서

6.

정답 (b)

해석 만약 여러분이 여러분의 피부를 관리하고 싶다면, 피부는 매우 진지하게 관리되어야 하며, 조심하는 것이 좋다. 보다 젊고 건강한 피부를 갖기 위해서는 충분한 물을 마시고 5분 동안이라도 외출할 때마다 자외선 차단제를 발라야 한다. 또한, 11시 전에 자는 것은 여러분의 피부를 재생하는데 도움을 줄 수 있다.

해설 빈칸 앞에 「주어 + 동사」로 이루어진 절이 이어지고 있으므로 빈칸에는 접속사가 필요하다. 빈칸 뒤에 '5분만이라도 밖에 나간다'는 내용이 언급되어 있고, 빈칸 앞에 '젊고 건강한 피부를 갖기 원한다면 충분한 물을 마시고 선크림을 바르라'는 내용이 언급되어 있다. 문맥상 바깥에 나갈 때마다 선크림을 바르라는 내용이 되도록 '~할 때 마다'로 연결하는 것이 자연스러우므로 접속사 (b) whenever 이 정답이다.

어휘 take care of ~를 돌보다, ~을 관리하다 skin 피부 seriously 심각하게, 진지하게 cautious 조심하는 in order to 동사원형: ~하기 위해 healthy 건강한 apply 바르다 sunscreen 선크림 regenerate 재생하다 while ~하는 동안, 반면에 whenever ~할 때마다 unless 만약 ~않다면 after ~한 후에

7.

정답 (a)

해석 도쿄에서 1년 동안 유학을 한 후로, 미카엘라는 극심한 향수병을 앓았으며, 마침내 집에 가게 되어 매우 기뻤다. 공항에서 그녀를

기다리고 있는 부모님을 보자마자, 그녀는 기쁨의 눈물을 흘리기 시작했다.

해설 빈칸 뒤에 「주어 + 동사」로 이루어진 절이 이어지고 있으므로 빈칸에는 접속사가 필요하다. 앞선 문장에 미카엘라가 향수병을 앓다가 1년만에 집으로 가게 되었다는 내용이 언급되어 있으므로, 문맥상 '공항에서 그녀를 기다리고 있는 부모님을 보았다'는 내용과 '그녀가 기쁨의 눈물을 흘리기 시작했다'는 내용은 문맥상 시간적 순서대로 곧바로 이어지는 행위로 연결하는 것이 자연스럽다. 따라서 '~하자마자'라는 의미의 시간 부사절 접속사 (a) As soon as가 정답이다.

어휘 study abroad 해외로 유학 가다 terribly 몹시, 극심하게 homesick 향수병을 앓는 finally 마침내, 결국 wait for ~를 기다리다 airport 공항 cry tears 눈물을 흘리다 as soon as ~하자마자 until ~할 때까지 so that ~하도록, ~하기 위해서 while ~하는 동안, 반면에

8.

정답 (c)

해석 D. P. 도우 베이커리는 팁튼 하이츠 지역에서 가장 신선한 빵과 페이스트리를 판매한다. 첫 손님이 도착할 때 오븐에서 구워진 제과들이 여전히 따뜻하도록 제빵사는 새벽 3시에 하루를 시작한다.

해설 빈칸 뒤에 「주어 + 동사」로 이루어진 절이 이어지고 있으므로 빈칸에는 접속사가 필요하다. 문맥상 '제빵사들이 새벽 3시에 하루를 시작한다'는 내용은 '첫 손님들이 도착했을 때 오븐에서 구워진 제과들이 여전히 따뜻하다'는 결과를 위한 목적에 해당한다. 즉 첫 손님이 도착해서 빵이 여전히 따뜻하도록 제빵사가 아주 이른 시간인 새벽 3시에 빵을 만들기 시작한다는 내용임을 유추할 수 있다. 따라서 '~하도록', '~하기 위해서'라는 의미로 목적을 나타내는 접속사 (c) so that이 정답이다.

어휘 bakery 제과점, 빵집 sell 판매하다 fresh 신선한 bread 빵 pastry 페이스트리, 여러 겹의 얇은 층을 가진 빵 또는 파이 baker 제빵사 baked good 오븐에 구워진 제품, 제과 even if 심지어 ~하더라도 in case ~한 경우에 대비하여 so that ~하도록, ~하기 위해서 since ~이후로, ~때문에

9.

정답 (c)

해석 자연의 7대 불가사의 중에 하나인 그레이트 배리어 리프는 여섯 번째 대량 표백 사고를 겪었으며, 산호초의 91퍼센트가 그 영향을 받았다. 산호초는 생태계를 구하기 위한 극단적인 조치가 취해지지 않으면 절대 회복하지 못할지도 모른다.

해설 빈칸 뒤에 「주어 + 동사」로 이루어진 절이 이어지고 있으므로 빈칸에는 접속사가 필요하다. 빈칸 앞에 있는 주절이 '산호초가 회복하지 못할 지도 모른다'는 내용이며, 빈칸 뒤에 '생태계를 구하기 위해 급격한 조치가 취해진다'는 내용이 언급되어 있어 두 문장의 내용이 서로 문맥상 상반된다는 것을 알 수 있다. 따라서 '만약 ~ 않다면'이라는 뜻으로 부정의 의미가 포함된 조건 부사절 접속사 (c) unless가 정답이다.

어휘 Great Barrier Reef 그레이트 배리어 리프, 대보초(호주 동북 해안에 있는 세계에서 가장 큰 산호초 군락) wonder 불가사의,

경이 natural 자연의 suffer 겪다, 고통받다 mass 대량의, 대규모의 bleaching 표백 event 사건, 사고 (coral) reef 산호초 affected 영향을 받은 coral 산호초 recover 회복하다 drastic 극단적인, 급격한 action 조치, 행동 save 구하다, 아끼다 ecosystem 생태계 once 일단 ~하면 although 비록 ~지만 unless 만약 ~않다면 while ~하는 동안, 반면

10.

정답 (a)

해석 혜원은 일류 미국 대학교의 대학원 과정에 합격하였다. 그녀의 학생 비자가 미국 대사관에 의해 승인되기만 하면, 그녀는 비행기 표를 구매하고 아파트를 찾아보기 시작할 것이다.

해설 빈칸 뒤에 「주어 + 동사」로 이루어진 절이 이어지고 있으므로 빈칸에는 접속사가 필요하다. 앞선 문장에서 '혜원이 미국의 대학교에서 대학원 과정에 합격했다'는 내용이 언급되어 있다. 빈칸 뒤의 부사절의 내용은 '미국 대사관에서 학생 비자가 승인된다'는 것이며, 그 뒤에 위치한 주절의 내용은 '비행기 표를 구매하고 아파트를 찾아보기 시작할 것이다'라는 내용으로, 문맥상 대사관의 비자가 승인된다는 조건이 이루어져야 미국으로 갈 비행기 표를 구매할 것이기 때문에 '일단 ~하면'이라는 의미로 조건을 나타내는 부사절 접속사 (a) Once가 정답이다.

어휘 be accepted into ~에 합격하다 graduate program 대학원 과정 prestigious 일류의, 명망 있는 visa 비자, 사증 approve 승인하다 embassy 대사관 purchase 구매하다 look for ~을 찾아보다 once 일단 ~하면 until ~할 때까지 even if 심지어 ~하더라도 unless 만약 ~않다면

11.

정답 (a)

해석 팬데믹으로 인한 공급 부족은 거의 모든 주요 산업에 영향을 끼치고 있다. 예를 들어, 중고차의 가격이 상승하고 있는데, 중국에서 새로운 차량이 현재 제조되고 있지 않기 때문이다.

해설 빈칸 뒤에 「주어 + 동사」로 이루어진 절이 이어지고 있으므로 빈칸에는 접속사가 필요하다. 빈칸 앞에 있는 주절은 '중고차의 가격이 오른다'는 내용이고, 빈칸 뒤의 절은 '중국에서 현재 새로운 차량이 제조되고 있지 않다'는 내용이다. 이 두 절은 각각 결과와 원인의 보는 것이 자연스럽기 때문에 '~때문에'라는 의미로 원인을 나타내는 부사절 접속사 (a) because가 정답이다.

어휘 supply 공급 shortage 부족 result from ~이 원인이다, ~로 인한 결과이다 pandemic 팬데믹, 전세계적인 유행병 affect 영향을 끼치다 nearly 거의 major 주요한, 중대한 industry 산업 for example 예를 들이 price 가격 used car 중고차 rise 상승하다, 오르다 vehicle 차량 currently 현재 manufacture 제조하다 because ~때문에 before ~전에 although 비록 ~지만 until ~할 때까지

12.

정답 (b)

해석 스포츠계에서 가장 큰 행사 중 하나인 FIFA 월드컵은 비록 1942년과 1946년에는 2차세계대전으로 인해 그 어떤 경기도 열리지 않았지만 1930년부터 계속해서 4년마다 개최되어 왔다.

해설 빈칸 뒤에 「주어 + 동사」로 이루어진 절이 이어지고 있으므로 빈칸에는 접속사가 필요하다. 문맥상 피파 월드컵이 4년마다 개최되어왔다는 내용과, 빈칸 뒤에 나오는 1942년과 1946년에 경기가 열리지 않았다는 내용이 서로 상반된다는 것을 알 수 있다. 따라서 '(비록)~하지만'이라는 양보의 의미를 가진 접속사 (b) although가 정답이다.

어휘 occur 발생하다, (대회가) 개최되다 tournament 토너먼트 be held 열리다 due to ~로 인해 until ~할 때까지 so 그래서 after ~후에

기출 POINT 21 접속부사

연습문제

1. (d)	2. (b)	3. (a)	4. (b)	5. (c)	6. (a)

1.

정답 (d)

해석 모든 식물들이 공통적으로 가지고 있는 한 가지는 광합성을 수행할 수 있다는 것이다. 하지만, 파리지옥풀과 같은 몇몇 식물들은 또한 영양분의 대체 원천으로 먹이를 덫으로 잡고 먹을 수 있다.

해설 빈칸 뒤에 콤마(,)가 이어진 다음 「주어 + 동사」의 어순으로 새로운 문장이 시작되기 때문에 빈칸에는 접속부사가 들어가야 한다. 그래서 앞뒤 문장들의 의미 관계를 확인해야 한다. 빈칸 앞 문장은 모든 식물들이 광합성을 한다는 공통점이 있다는 내용이며, 빈칸 뒤의 문장은 광합성의 대안으로 먹이를 잡아먹는 식물에 대한 내용이다. 두 문장이 서로 상반된 의미 관계를 나타내고 있으므로 보기 중에 '하지만'이라는 의미로 역접이나 대조를 나타낼 때 사용하는 (d) However가 정답이다.

어휘 plant 식물 have in common 공통점이 있다, 공통적으로 가지다 be capable of ~를 할 수 있다, ~의 능력이 있다 perform 수행하다 photosynthesis 광합성 like ~와 같은 Venus flytrap 파리지옥풀 trap 가두다, 덫으로 잡다 consume 먹다, 섭취하다 prey 먹이 alternate 대체의, 대안의 source 원천, 근원 nutrition 영양분 similarly 유사하게 likewise 마찬가지로 therefore 따라서, 그러므로 however 그러나, 하지만

2.

정답 (b)

해석 그 무엇도 그것이 속한 범주를 기반으로만 단독으로 판단되어서는 안 된다. 예를 들어, 새가 날지 못한다고 해서 그것을 무력하게 만든다는 것은 아니다. 펭귄은 믿을 수 없을 정도로 민첩하게 수영을 잘하며, 타조는 아주 대단히 빠르게 달릴 수 있다.

해설 빈칸 뒤에 콤마(,)가 이어진 다음 「주어 + 동사」의 어순으로 새로운 문장이 시작되기 때문에 빈칸에는 접속부사가 들어가야 한다. 그래서 앞뒤 문장들의 의미 관계를 확인해야 한다. 빈칸 앞 문장은 범주를 기반으로만 판단해서는 안 된다는 내용이며, 빈칸 뒤

의 문장은 새가 날지 못한다고 해서 그것이 무력하게 만드는 게 아니며, 펭귄과 타조의 예를 들고 있다. 이렇게 주장이나 전제 문장이 제시된 뒤에, 구체적인 예시가 제시되는 문장에는 '예를 들어'라는 의미의 접속부사가 필요하다. 따라서 정답은 (b) For example이다.

어휘   judge 판단하다   solely 단독으로, 오로지   based on ~을 기반으로   category 카테고리, 범주   helpless 무력한, 속수무책인   incredibly 믿을 수 없을 정도로, 엄청나게   agile 날렵한, 민첩한   ostrich 타조   extremely 극도로, 아주 대단히   in spite of ~에도 불구하고   for example 예를 들어   as far as ~와 같은 먼 거리까지, ~하는 한   in order to ~하기 위해서

3.

정답   (a)

해석   보험 보상 담당자는 사고 이후에 계기판 카메라 영상을 검토하였다. 그 영상은 사실 운전자가 그 사고에 대한 책임이 없다는 것과 모든 피해 비용은 보험 회사에 의해 보장되어야 한다는 것을 드러냈다.

해설   빈칸의 위치가 문장 중간에 콤마(,)로 삽입되어 있으므로 빈칸에는 접속부사가 들어가야 한다. 빈칸 앞에는 보험 보상 담당자가 자동차의 계기판 카메라 영상을 검토했다는 내용이 언급되어 있으며, 빈칸이 포함된 문장은 운전자가 사고에 책임이 없다는 사실이 드러났다는 내용이 언급되어 있다. 빈칸이 포함된 문장은 카메라 영상을 보고 난 후 드러난 구체적인 사실을 나타내므로 '실제로, 사실' 등의 의미로 구체적인 사실을 덧붙일 때 사용하는 (a) in fact가 정답이다.

어휘   insurance claims agent 보험 보상 담당자   review 검토하다   dashboard 계기판   footage 장면, 영상   accident 사고   reveal 드러내다, 밝히다   driver 운전자   be responsible for ~에 대한 책임이 있다   damage 피해, 손해   expense 비용   cover (보험으로) 보장하다, (비용을) 충당하다   insurance 보험   in fact 사실   despite ~에도 불구하고   as much 그 정도, 그만큼 많이   in order to ~하기 위해서

4.

정답   (b)

해석   칼라는 그녀의 아버지의 생일에 무슨 선물을 사야할 지 확신하지 못한다. 그녀는 그가 고급 손목시계를 좋아한다는 것을 알지만, 다른 한편으로, 그녀는 그가 사람들이 자신에게 많은 돈을 쓰는 것을 좋아하지 않는다는 것도 알고 있다.

해설   빈칸 뒤에 콤마(,)가 이어진 다음 「주어 + 동사」의 어순으로 새로운 문장이 시작되기 때문에 빈칸에는 접속부사가 들어가야 한다. 그래서 앞뒤 문장들의 의미 관계를 확인해야 한다. 빈칸 앞 문장은 칼라는 아버지가 고급 손목시계를 좋아한다는 내용이며, 빈칸 뒤의 문장은 그녀의 아버지가 사람들이 자신에게 많은 돈을 쓰는 것을 좋아하지 않는다는 내용이므로 서로 상반된 의미 관계를 나타내고 있다. 따라서 보기 중에 '다른 한편으로', '반면에' 라는 의미로 대조를 나타낼 때 사용하는 (b) On the other hand가 정답이다.

어휘   sure 확신하는   gift 선물   fancy 고급의, 값비싼   watch 손목시계   spend (돈을) 쓰다, 소비하다   as well as ~뿐만 아니라   on

the other hand 다른 한편으로, 반면에   in order to ~하기 위하여   in spite of ~에도 불구하고

5.

정답   (c)

해석   아만다의 변호사는 그의 의뢰인이 그 어떤 범죄에도 유죄가 아니라고 주장하였다. 또한, 그는 아만다에 의한 범법행위에 대한 확실한 증거가 없으므로, 소송은 기각되어야 한다고 진술하였다.

해설   빈칸 뒤에 콤마(,)가 이어진 다음 「주어 + 동사」의 어순으로 새로운 문장이 시작되기 때문에 빈칸에는 접속부사가 들어가야 한다. 그래서 앞뒤 문장들의 의미 관계를 확인해야 한다. 빈칸 앞의 문장은 아만다가 유죄가 아니라는 내용이며, 빈칸 뒤의 문장은 아만다가 범법행위를 했다는 확실한 증거가 없기 때문에 소송은 기각되어야 한다는 내용이다. 빈칸 뒤의 문장이 아만다가 유죄가 아니라는 내용에 대한 부연 설명과 추가 정보를 제공하므로 (c) Also가 정답이다.

어휘   lawyer 변호사   argue 주장하다   client 의뢰인   guilty of ~에 대해 유죄인   crime 범죄   state 진술하다   since ~때문에, ~이므로   solid 확실한, 믿을 수 있는   evidence 증거   wrongdoing 범법 행위, 부정 행위   lawsuit 소송   throw out of court (소송을) 기각하다   however 하지만   whichever 어느 것이든   also 또한   anywhere 어디에든

6.

정답   (a)

해석   복어는 몇몇 아시아 문화권에서 별미로 여겨진다. 하지만 그 물고기는 극도로 치명적인 독 주머니를 가지고 있으며, 따라서, 세계의 다른 지역의 대부분의 요리사에 따르면 식용으로 안전하지 않다고 여겨진다.

해설   빈칸에 알맞은 접속부사를 고르는 문제이므로 앞뒤 문장들의 의미 관계를 확인해야 한다. 빈칸 앞에는 여러 아시아 문화권에서 별미로 여겨진다고 언급되어 있으며, 빈칸이 포함된 문장은 복어가 치명적인 독주머니를 가지고 있다는 내용이 있다. 별미로 사람들이 먹는다는 내용과 치명적인 독주머니를 가지고 있다는 내용은 문맥상 역접 또는 대조를 이루는 관계이므로 선택지 중에서 역접이나 대조를 나타내는 접속부사 (a) However가 정답이다.

어휘   pufferfish 복어   be considered ~로 여겨지다   delicacy 별미, 진미   several 몇몇의   however 하지만   contain 포함하다   extremely 극도로, 아주 대단히   deadly 치명적인   poison sac 주머니   unsafe 안전하지 않은   according to ~에 따르면   therefore 그러므로, 따라서   hereby 이에 의하여, 이로써   otherwise 그렇지 않으면   likewise 마찬가지로

실전 문제풀이

1. (b)	2. (a)	3. (a)	4. (d)	5. (b)	6. (a)
7. (c)	8. (a)	9. (d)	10. (b)	11. (d)	12. (a)

1.

정답   (b)

해석   비록 유사하기는 하지만, "고독"과 "외로움"은 그 의미가 같지 않
　　　다. 고독은 스스로를 고립시키는 행위이다. 반면에, 외로움은 사
　　　람이 혼자 있거나 무리 내에 속해 있을 때 느낄 수 있는 슬픈 상태
　　　이다.

해설   빈칸에 알맞은 접속부사를 고르는 문제이므로 앞뒤 문장들의 의
　　　미 관계를 확인해야 한다. 빈칸 앞에 유사해 보이지만 서로 다
　　　른 의미를 지니는(do not have the same meaning) '고
　　　독'과 '외로움'의 차이를 설명하는 말이 각각 쓰여 있어 대조적인
　　　의미 관계임을 알 수 있으므로 '반면에, 한편' 등의 의미로 대조를
　　　나타낼 때 사용하는 (b) On the other hand가 정답이다.

어휘   although 비록 ~이기는 하지만 similar 유사한, 비슷한
　　　isolate ~을 고립시키다 state 상태 regardless 상관없이 on
　　　the other hand 반면에, 한편 furthermore 더욱이, 게다가
　　　at the same time 동시에

2.

정답   (a)

해석   <파이널 판타지>는 역사상 가장 영향력이 큰 롤플레잉 게임
　　　(RPG) 시리즈 중의 하나로 널리 인정 받고 있다. 실제로, 이 프
　　　랜차이즈는 현재 이용되고 있는 기본적인 RPG 요소들의 많은
　　　것을 처음 도입한 공을 인정받아 왔다.

해설   빈칸에 알맞은 접속부사를 고르는 문제이므로 앞뒤 문장들의 의
　　　미 관계를 확인해야 한다. 빈칸 앞에는 역사상 가장 영향력이 큰
　　　롤플레잉 게임 시리즈 중의 하나로 널리 인정 받고 있다는 내용이
　　　언급되어 있고, 빈칸 뒤에는 그 게임이 현재 이용되고 있는 기본
　　　적인 RPG 요소들의 많은 것을 도입한 공을 인정 받고 있다는 내
　　　용이 언급되어 있다. 이는 널리 인정 받고 있는 이유와 관련된 구
　　　체적인 사실을 전달하는 흐름에 해당되므로 '실제로, 사실은' 등
　　　의 의미로 구체적인 사실을 덧붙일 때 사용하는 (a) In fact가 정
　　　답이다.

어휘   be widely recognized 널리 인정 받다 influential 영향력
　　　있는 of all time 역사상 be credited with ~에 대한 공을 인
　　　정 받다 introduce ~을 도입하다, 소개하다 fundamental
　　　기본적인, 근본적인 element 요소 in fact 실제로, 사실은 to
　　　conclude 결론적으로 (말하자면) however 하지만, 그러나
　　　therefore 따라서, 그러므로

3.

정답   (a)

해석   새로운 고속철도가 근처에 있는 오클랜드 하이츠 아파트의 소음
　　　공해 수준을 더 높였다. 기차들은 매일, 하루 종일 큰 소리를 내며
　　　그 건물들을 지나간다. 따라서, 대부분의 세입자들은 임대 계약을
　　　취소하거나, 임대료를 낮추려고 노력하고 있다.

해설   빈칸 앞에 한 문장이 있고, 빈칸 뒤에 콤마(,)가 이어진 다음 「주
　　　어 + 동사」의 어순으로 새로운 문장이 시작되기 때문에 빈칸에
　　　는 접속부사가 들어가야 한다. 그래서 앞뒤 문장들의 의미 관계를
　　　확인해야 한다. 빈칸 앞의 문장은 기차가 시끄럽게 아파트 건물
　　　을 지나친다는 내용이며, 빈칸 뒤의 문장은 세입자들이 계약을 취
　　　소하거나 임대료를 낮추려고 한다는 내용이므로 앞 문장의 내용
　　　에 대한 결과에 해당한다. 따라서 결과를 나타내는 접속부사 (a)

Therefore가 정답이다.

어휘   high-speed 고속의 increase 증가시키다, 높이다 noise
　　　pollution 소음 공해 loudly 시끄럽게, 큰 소리를 내며 pass
　　　by 지나가다, 지나치다 tenant 세입자 lease 임대 계약 rent 임
　　　대료 furthermore 더욱이 however 그러나 otherwise 그렇
　　　지 않으면

4.

정답   (d)

해석   올해 휴가를 위해, 우리 가족은 호숫가에 있는 집을 일주일간 빌
　　　리려고 한다. 그것이 해변가에 가는 것보다 비용이 훨씬 싸고, 단
　　　몇 시간 운전해서 갈 수 있는 거리이다. 게다가, 나의 언니는 임신
　　　7개월차여서 오래 여행하면 안된다.

해설   빈칸 앞에 한 문장이 있고, 빈칸 뒤에 콤마(,)가 이어진 다음 「주
　　　어 + 동사」의 어순으로 새로운 문장이 시작되기 때문에 빈칸에
　　　는 접속부사가 들어가야 한다. 그래서 앞뒤 문장들의 의미 관계
　　　를 확인해야 한다. 빈칸 앞의 내용은 싸고 거리가 가깝다는 장점
　　　을 언급하였다. 빈칸 뒤의 내용은 언니가 임신 7개월차이기 때문
　　　에 멀리 여행하면 안된다는 것이므로, 빈칸 앞 뒤의 내용이 모두
　　　가까운 호숫가의 집으로 휴가를 가는 것에 대한 장점을 언급하
　　　고 있다. 따라서 부연 설명과 추가 정보를 제공할 때 사용하는 (d)
　　　Besides가 정답이다.

어휘   rent 대여하다 lake 호수 much + 비교급 훨씬 더~ cheap
　　　싼, 저렴한 beach 해변(가) pregnant 임신한 however 하
　　　지만 namely 즉, 다시 말해 consequently 그 결과, 따라서

5.

정답   (b)

해석   커다란 지도에서 100명의 플레이어들이 살아남기 위해 경쟁하는
　　　새로운 "배틀 로얄" 장르 비디오 게임이 게임업계를 휩쓸고 있다.
　　　예를 들어, 인기있는 게임 <포트나이트>는 1억 2천 500만 명이
　　　넘는 플레이어를 자랑하고 수십억 달러의 수익을 벌어들였다.

해설   빈칸 앞에 한 문장이 있고, 빈칸 뒤에 콤마(,)가 이어진 다음 「주
　　　어 + 동사」의 어순으로 새로운 문장이 시작되기 때문에 빈칸에
　　　는 접속부사가 들어가야 한다. 그래서 앞뒤 문장들의 의미 관계를
　　　확인해야 한다. 의미상 '새로운 배틀 로얄 장르의 비디오 게임이
　　　이 업계를 휩쓸었다'는 내용이 언급되고 그 중에 한 게임을 하나
　　　의 예시로 들었으므로 빈칸에는 '예를 들어'라는 의미의 (b) For
　　　example이 들어가야 한다. 따라서 정답은 (b)이다.

어휘   battle royal 대혼전, 사투 genre 장르 feature 특징으로
　　　하다 compete 경쟁하다 survival 생존 take + 목적어 +
　　　by storm ~의 혼을 빼놓다, ~을 점령하다 boast 자랑하다
　　　profit 이익, 수익 namely 즉, 다시 말해 so far 지금까지 in
　　　summary 요약하자면

6.

정답   (a)

해석   제다 타워는 사우디아라비아의 제다에 세워지고 있으며 세계의
　　　첫 번째 1킬로미터 높이의 빌딩이 될 예정이다. 지금까지 공사는
　　　63층까지만 완료가 되었고, 완공 일자는 정해지지 않았다.

해설	빈칸 앞에 한 문장이 있고, 빈칸 뒤에 콤마(,)가 이어진 다음 「주어 + 동사」의 어순으로 새로운 문장이 시작되기 때문에 빈칸에는 접속부사가 들어가야 한다. 그래서 앞뒤 문장들의 의미 관계를 확인해야 한다. 빈칸 앞의 문장에서 Jeddah Tower가 세계 최초의 1 킬로미터 높이의 건물이 될 예정이라고 언급되어 있으므로 아직 건설중임을 알 수 있다. 빈칸 뒤의 문장에서는 공사가 63층까지 밖에 완료되지 않았다고 한 것은 공사의 진척을 알려주는 의도이므로 빈칸에는 '지금까지', '이 시점까지'라는 의미의 접속부사 (a) So far가 들어가야 한다.
어휘	be planned to + 동사원형: ~할 예정이다, ~할 계획이다 construction 공사 completion 완료, 완성 set 정하다 at last 마침내 in summary 요약하자면 for example 예를 들어

7.

정답 (c)

해석 미국의 투표율은 선진국 중 가장 낮다. 사실, 투표 연령대의 인구의 겨우 56퍼센트가 2016 대통령 선거에 투표했다.

해설 빈칸 앞에 한 문장이 있고, 빈칸 뒤에 콤마(,)가 이어진 다음 「주어 + 동사」의 어순으로 새로운 문장이 시작되기 때문에 빈칸에는 접속부사가 들어가야 한다. 그래서 앞뒤 문장들의 의미 관계를 확인해야 한다. 빈칸 뒤의 내용은 '미국의 투표율이 선진국 중에 가장 낮다'는 빈칸 앞 문장의 내용을 좀 더 구체화시켜서 투표율 수치를 언급하고 있다. 따라서 빈칸에는 부연 설명이나 추가 설명을 나타내는 접속부사 (c) In fact가 들어가야 한다.

어휘 voter 투표자 turnout 투표자 수 developed country 선진국 voting age 투표 연령 population 인구 cast ballots 투표하다 presidential election 대통령 선거

8.

정답 (a)

해석 Rock & Roll UK 밴드는 1990년대에 결성된 영국의 록 밴드이다. 메인 보컬 2명을 포함해 7명의 멤버가 있었고, 이 그룹은 거의 10년 동안 음악계를 지배했다. 그럼에도 불구하고, 수많은 내부 문제들로 인해 밴드는 해체되었다.

해설 빈칸 앞에 한 문장이 있고, 빈칸 뒤에 콤마(,)가 이어진 다음 「주어 + 동사」의 어순으로 새로운 문장이 시작되므로 빈칸에는 접속부사가 들어가야 한다. 빈칸 앞의 문장에서 그 그룹이 음악계를 장악했다는 긍정적인 내용이 언급되지만 빈칸 뒤 문장에서는 내부의 문제로 밴드가 해체되었다는 부정적 내용을 언급하고 있기 때문에 양보의 접속부사인 (a) Nevertheless가 정답이다.

어휘 form 형성하다 including ~을 포함하여 main vocal 메인 보컬 music scene 음악계 nearly 거의 decade 10년 numerous 수많은 internal 내부의 cause 유발하다 break 해체하다 nevertheless 그럼에도 불구하고 besides 게다가 therefore 따라서, 그러므로 for example 예를 들어

9.

정답 (d)

해석 <내셔널 그래픽>은 코스타리카의 코르코바도 국립공원을 "지구에서 가장 생물적으로 다양한 장소"라고 불렀다. 실제로, 이곳은 140종의 포유류, 370종의 조류, 그리고 10,000종 이상 곤충 종의 서식지이다.

해설 빈칸 앞에 한 문장이 있고, 빈칸 뒤에 콤마(,)가 이어진 다음 「주어 + 동사」의 어순으로 새로운 문장이 시작되기 때문에 빈칸에는 접속부사가 들어가야 한다. 그래서 앞뒤 문장들의 의미 관계를 확인해야 한다. 빈칸 앞문장은 Corcovado National Park가 지구에서 가장 생물학적으로 다양한 장소라고 부른다고 했으며, 빈칸 뒤에는 얼마나 많은 생물종이 있는지 구체적인 수치를 밝히고 있다. 즉, 부연 설명 및 추가 정보에 대한 내용이므로 빈칸에는 '사실은'이라는 의미의 접속부사 (d) In fact가 들어가야 한다.

어휘 national park 국립공원 biologically 생물학적으로 diverse 다양한 home 서식지, 거주지 mammal 포유류 insect 곤충 species (생물학적) 종(種) besides 게다가 in summary 요약하면 in addition 게다가

10.

정답 (b)

해석 노동자들이 더 높은 임금을 요구하기 시작할 때가 되었는지도 모른다. 최신의 재무 보고서는 올해 인플레이션이 5퍼센트 이상 증가하였다는 것을 보여준다. 한편, 실업률은 2퍼센트 이상 감소하였다.

해설 빈칸 앞에 한 문장이 있고, 빈칸 뒤에 콤마(,)가 이어진 다음 「주어 + 동사」의 어순으로 새로운 문장이 시작되기 때문에 빈칸에는 접속부사가 들어가야 한다. 그래서 앞뒤 문장들의 의미 관계를 확인해야 한다. 빈칸 앞문장은 인플레이션이 5퍼센트 이상 증가하였다는 내용이 언급되어 있고, 빈칸 뒤의 문장에는 실업률이 2퍼센트 감소했다는 내용이 언급되어 있다. 이 두 문장의 내용이 올해라는 같은 시간대에 발생하는 것이므로 보기 중에서 '한편', '그러는 동안에'라는 의미를 나타내는 접속부사 (b) Meanwhile이 정답이다.

어휘 demand 요구하다 wage 임금, 급여 latest 최신의 financial 재무의, 금융의 report 보고서 indicate 나타내다, 보여주다 inflation 인플레이션, 통화 팽창 unemployment rate 실업률 decrease 감소하다 more than ~이상

11.

정답 (d)

해석 필립은 석사 학위를 마치고 난 뒤 공부로부터 벗어나 휴식을 취하고 싶어한다. 그는 그 시간을 돈을 벌고 실무 경험을 얻는 것으로 사용할 것이다. 반면에, 긴 휴식이 그가 박사 학위 과정을 지원할 때 좋아 보이지 않을지도 모른다.

해설 빈칸 앞에 한 문장이 있고, 빈칸 뒤에 콤마(,)가 이어진 다음 「주어 + 동사」의 어순으로 새로운 문장이 시작되기 때문에 빈칸에는 접속부사가 들어가야 한다. 그래서 앞뒤 문장들의 의미 관계를 확인해야 한다. 빈칸 앞문장은 필립이 석사 학위를 마치고 공부를 벗어나 휴식을 취하며 실무 경험을 쌓고 돈을 벌고자 한다는 내용이며, 빈칸 뒤의 내용은 긴 휴식은 박사 학위 과정을 지원할 때 좋지 않게 보일 수 있다는 내용이 언급되어 있다. 이 두 문장의 내용이 서로 대조적이므로 보기 중에서 '반면에'라는 의미로 대조를 나타내는 접속부사 (d) On the other hand가 정답이다.

어휘 take a break 휴식을 취하다 master's degree 석사 학

위 earn money 돈을 벌다 work experience 업무 경험 lengthy 긴 apply 지원하다, 신청하다 doctoral program 박사 학위 과정 otherwise 그렇지 않으면 in conclusion 마지막으로, 결론적으로 as a result 그 결과 on the other hand 반면에

12.

정답 (a)

해석 두 명의 룸메이트가 갑자기 이사를 나간 후로, 샐리는 새로운 룸메이트를 찾는 것에 필사적이다. 그렇지 않으면, 그녀는 혼자서 뉴욕시의 과도한 집세를 감당할 수 없을 것이다.

해설 빈칸 앞에 한 문장이 있고, 빈칸 뒤에 콤마(,)가 이어진 다음 「주어 + 동사」의 어순으로 새로운 문장이 시작되기 때문에 빈칸에는 접속부사가 들어가야 한다. 그래서 앞뒤 문장들의 의미 관계를 확인해야 한다. 빈칸 앞문장은 샐리의 룸메이트가 이사를 나가서 샐리가 새로운 룸메이트를 찾는데 필사적이라는 내용이 언급되어 있고, 빈칸 뒤의 문장은 그녀가 과도한 집세를 혼자서 감당할 수 없을 것이라는 내용이 언급되어 있다. 문맥상 샐리가 룸메이트를 찾고 있는데, 만약 찾지 못한다면 샐리가 집세를 모두 내야 하므로 혼자서 감당할 수 없을 것이라는 것을 알 수 있다. 따라서 보기 중에서 '그렇지 않으면'이라는 의미의 접속부사 (a) Otherwise가 정답이다. 두 문장의 내용이 차이점을 언급하는 대조의 관계가 아니므로 (c) In contrast는 오답이다.

어휘 suddenly 갑자기 move out 이사를 나가다 be desperate to + 동사원형: ~하는 것에 필사적이다 be able to + 동사원형: ~할 수 있다 afford (금전적으로) 감당하다 exorbitant 과도한, 지나친 rent 집세, 임차료 on one's own 혼자서 otherwise 그렇지 않으면 for example 예를 들어 in contrast 대조적으로, 그에 반해서 besides 게다가, ~외에

실전 CHECK-UP 5

1. (c)	2. (c)	3. (a)	4. (d)	5. (c)	6. (b)
7. (a)	8. (d)	9. (a)	10. (c)	11. (c)	12. (b)
13. (a)	14. (c)	15. (d)	16. (a)	17. (d)	18. (b)
19. (b)	20. (a)	21. (a)	22. (d)	23. (a)	24. (b)

1.

정답 (c)

해석 <영원한 마릴린>은 26피트 높이의 마릴린 먼로 조각상이다. 이 조각품은 세찬 바람이 불어 그녀의 치마를 위로 들어올리는 동안 휘날리는 하얀 드레스를 아래로 누르는 먼로의 상징적인 이미지를 재창조한 것이다.

해설 문장의 의미에 어울리는 접속사를 고르는 문제이다. 빈칸 앞뒤 부분을 읽어 보면, '바람이 불어 그녀의 치마를 위로 들어올리는 동안 풍성해진 하얀 드레스를 아래로 누르는'과 같은 의미가 되어야 가장 자연스러우므로 '~하는 동안' 등을 뜻하는 (c) while이 정답이다.

어휘 statue 조각상 sculpture 조각품 re-creation 재창조(한 것) iconic 상징적인 flowing (옷, 머리 등이) 바람에 휘날리는 gust 세찬 바람 blow ~을 불어서 날리다 upward 위로 once 일단 ~하는 대로, ~하자마자 until ~할 때까지 while ~하는 동안, ~인 반면 hence 이런 이유로

2.

정답 (c)

해석 69년 동안, 소련은 대단히 중앙 집권화된 정부와 경제를 누렸다. 1991년에 완전히 붕괴되기 전에는, 전 세계에서 몇몇 가장 중요한 기술적, 사회적, 군사적 업적을 자랑했다.

해설 문장의 의미에 어울리는 전치사를 고르는 문제이다. 소련 시절을 설명하려면 '1991년에 완전히 붕괴되기 전에는, 전 세계에서 몇몇 가장 중요한 기술적, 사회적, 군사적 업적을 자랑했다'와 같은 의미가 되어야 가장 자연스러우므로 '~ 전에'를 뜻하는 (c) Before 이 정답이다.

어휘 highly 대단히, 매우 centralized 중앙 집권화된 economy 경제 total 완전한, 전적인 collapse 붕괴 boast ~을 자랑하다 significant 중요한 achievement 업적, 성과, 달성 due to ~로 인해, ~ 때문에 since ~ 이후로 before ~ 전에 in case of ~의 경우에

3.

정답 (a)

해석 조직 재생은 줄기 세포 치료에서 가장 중요한 응용 기술들 중의 하나로 여겨진다. 실제로, 그 절차가 알츠하이머 병이나 파킨슨 병 같은 퇴행성 뇌 질병 치료를 위해 테스트되고 있다.

해설 빈칸에 알맞은 접속부사를 고르는 문제이므로 앞뒤 문장들의 의미 관계를 확인해야 한다. 빈칸 앞에는 조직 재생이 줄기 세포 치료에서 가장 중요한 응용 기술들 중의 하나로 여겨진다는 말이, 빈칸 뒤에는 그 절차가 퇴행성 뇌 질병 치료를 위해 테스트되고 있다는 말이 각각 쓰여 있다. 가장 중요한 응용 기술들 중의 하나로 여겨진다는 점과 관련된 구체적인 사실을 전달하는 흐름에 해당되므로 '실제로, 사실은' 등의 의미로 구체적 사실을 덧붙일 때 사용하는 (a) In fact가 정답이다.

어휘 tissue (세포 등의) 조직 regeneration 재생, 회생 be considered A: A로 여겨지다 significant 중요한, 상당한 application 응용, 적용 stem cell 줄기 세포 therapy 치료 procedure 절차 treat ~을 치료하다 degenerative 퇴행성의 disease 질병 To summarize 요컨대, 요약하자면 however 하지만, 그러나 nevertheless 그럼에도 불구하고

4.

정답 (d)

해석 손목시계 광고는 흔히 바늘이 10시 10분으로 설정되어 있어, 시계가 매력적으로 보이게 하면서 "미소 짓는" 얼굴처럼 보이게 한다. 게다가, 이러한 바늘 배치는 시계 제조사의 브랜드와 로고가 명확히 보이는 상태로 유지될 수 있게 해 준다.

해설 빈칸에 알맞은 접속부사를 고르는 문제이므로 앞뒤 문장들의 의미 관계를 확인해야 한다. 빈칸 앞뒤로 손목시계 광고의 특정 바늘 배치가 지니는 장점들이 각각 쓰여 있다. 이는 유사 정보를 추가하는 흐름에 해당되므로 '게다가, 더욱이'라는 의미로 추가 정

보를 말할 때 사용하는 **(d) Moreover**가 정답이다.

어휘   advertisement 광고   have A p.p.: A를 ~게 하다   hand 시계 바늘   appealing 매력적인   look 모습, 외관, 스타일   placement 배치   allow A to 동사원형: A에게 ~할 수 있게 해 주다   remain ~한 상태로 유지되다, 계속 남아 있다   otherwise 그렇지 않으면   instead 대신   moreover 게다가, 더욱이   however 하지만, 그러나

5.

정답   (c)

해석   아동 도서 『그래서 탱고 가족은 셋이야』는 함께 새끼 한 마리를 키우는 수컷 펭귄 두 마리에 관한 실제 이야기를 바탕으로 한다. 초기에 약간 반발을 샀음에도 불구하고, 이 책은 많은 비평가 상과 극찬을 받았다.

해설   문장의 의미에 어울리는 전치사를 고르는 문제이다. 빈칸 뒤에 위치한 동명사구(receiving some initial backlash)를 목적어로 취할 전치사가 빈칸에 필요하며, '초기에 약간 반발을 샀음에도 불구하고, 많은 상과 극찬을 받았다'와 같은 상반되는 의미가 되어야 가장 자연스러우므로 '~에도 불구하고'를 뜻하는 전치사 **(c) Despite**이 정답이다.

어휘   be based on ~을 바탕으로 하다, 기반으로 하다   raise ~을 키우다, 기르다   chick (조류의) 새끼   receive ~을 받다   initial 초기의, 처음의   backlash 반발   earn ~을 받다, 얻다   critical 비평가의, 비판적인   accolade 극찬   as if 마치 ~한 것처럼   despite ~에도 불구하고   rather than ~가 아니라, ~대신

6.

정답   (b)

해석   많은 사람들이 고안압증과 녹내장을 혼동한다. 둘 모두 높은 안압과 관련되어 있기는 하지만, 녹내장은 시신경 손상을 초래한다. 이와 대조적으로, 고안압증은 시신경 손상을 초래하지 않지만, 녹내장으로 진행될 수 있다.

해설   빈칸에 알맞은 접속부사를 고르는 문제이므로 앞뒤 문장들의 의미 관계를 확인해야 한다. 빈칸 앞뒤 부분이 각각 녹내장과 고안압증이 다른 이유를 말하는 대조적인 흐름에 해당되므로 '대조적으로'라는 뜻으로 쓰이는 **(b) By contrast**가 정답이다.

어휘   confuse A with B: A를 B와 혼동하다   ocular hypertension 고안압증   glaucoma 녹내장   involve ~와 관련되다, ~을 수반하다   pressure 압력   cause ~을 초래하다, 야기하다   optic nerve 시신경   damage 손상, 피해   progress to ~로 진행되다, 진척되다   therefore 따라서, 그러므로   by contrast 대조적으로   moreover 더욱이, 게다가   in the same way 같은 방법으로, 마찬가지로

7.

정답   (a)

해석   이곳 주변의 날씨는 예측할 수 없기 때문에, 항상 가방에 우산을 휴대하는 것이 좋습니다. 오늘 오후에 비가 내릴 경우에 대비해, 지금 어서 이 우산을 챙겨 가시기 바랍니다.

해설   문장의 의미에 어울리는 접속사를 고르는 문제이다. 빈칸 이하 부분을 읽어 보면, '오늘 오후에 비가 내릴 경우에 대비해, 우산을 챙겨 가시기 바랍니다'와 같은 의미가 되어야 자연스러우므로 '~할 경우에 (대비해)'라는 뜻으로 쓰이는 **(a) In case**가 정답이다.

어휘   unpredictable 예측할 수 없는   carry ~을 휴대하다, 갖고 다니다   go ahead and 동사원형: 어서 ~하세요   in case ~할 경우에 (대비해)   given that ~임을 고려하면   as long as ~하는 한, ~하기만 하면   even though 비록 ~이기는 하지만

8.

정답   (d)

해석   리틀크릭 경기장은 원래 4월 10일에 보수 공사가 예정되어 있었지만, 그들은 이제 5월 20일에 시작할 것이다. 왜냐하면 리틀크릭 야구팀이 플레이오프에 진출했기 때문이다.

해설   빈칸 뒤에 콤마(,)가 없으므로 빈칸에 들어갈 알맞은 접속사를 고르는 문제이다. 앞뒤 문장의 의미를 확인해 보면, 빈칸 앞에는 리틀크릭 경기장이 보수 공사가 4월 20일에 예정되어 있다는 내용이며, 빈칸 뒤에는 리틀크릭 야구팀이 플레이오프에 진출하였기 때문에 보수 공사를 5월 20일에 시작할 것이라는 내용이 언급되어 있다. 앞뒤 문장이 서로 다른 보수 공사 예정 날짜를 언급하여 두 문장의 관계가 역접에 해당하므로 '그러나', '하지만'이라는 의미를 가진 접속사 **(d) but**이 정답이다.

어휘   renovation 보수, 개조   stadium 경기장   originally 원래, 본래   be supposed to 동사원형: ~하기로 되어 예정되다   playoff 플레이오프(야구 리그에서 시즌별 각 우승팀이 모여 최종 우승팀을 가리는 결정전)

9.

정답   (a)

해석   전설에 따르면, 로마의 트레비 분수에 1페니 동전을 던지는 사람은 누구든 가까운 미래에 로마로 다시 돌아올 것으로 기대해도 된다. 하지만, 동전은 그 분수를 등지고 던져야 한다.

해설   빈칸에 알맞은 접속부사를 고르는 문제이므로 앞뒤 문장들의 의미 관계를 확인해야 한다. 빈칸 앞에는 동전을 던지면 로마로 다시 돌아올 것으로 기대해도 된다는 말이, 빈칸 뒤에는 분수를 등지고 동전을 던져야 한다는 말이 각각 쓰여 있다. 이는 동전을 던지는 것에 대한 추가적인 부연 설명에 해당한다. 따라서, 선택지 중에서 '하지만, 그러나'라는 의미로 부연설명을 나타낼 때 사용하는 **(a) However**가 정답이다.

어휘   according to ~에 따르면   legend 전설   expect to do ~할 것으로 기대하다, 예상하다   fling ~을 던지다   with one's back to ~을 등지고, 등진 채로   however 하지만, 그러나   for example 예를 들어   otherwise 그렇지 않으면   by contrast 대조적으로

10.

정답 (c)

해석 디즈니 VIP 투어를 예약하는 사람들은 디즈니랜드에서 긴 줄을 건너뛸 수 있다. 7시간 길이의 투어에 수천 달러의 비용이 든다는 점을 감안하면, 비록 비싸기는 하지만, 많은 손님들이 자신들의 시간을 최대한 활용하기 위해 더 비싼 값을 지불하기로 결정한다.

해설 문장의 의미에 어울리는 접속사를 고르는 문제이다. 빈칸 이하 부분을 읽어 보면, '7시간 길이의 투어에 수천 달러의 비용이 든다는 점을 감안하면, 비록 비싸기는 하지만'과 같은 의미가 되어야 가장 자연스러우므로 '비록 ~이기는 하지만'을 뜻하는 (c) Although가 정답이다.

어휘 those who ~하는 사람들 book ~을 예약하다 skip ~을 건너뛰다 given ~라는 점을 감안하면, ~임을 고려하면 choose to 동사원형: ~하기로 결정하다, 선택하다 maximize ~을 최대한 활용하다, 극대화하다 unless ~가 아니라면, ~하지 않는다면 rather than ~가 아니라, ~ 대신 although 비록 ~이기는 하지만 whereas ~인 반면

11.

정답 (c)

해석 위니의 부모님께서는 전에 위니가 혼자 여행하는 것을 금지하셨다. 하지만, 이제 위니가 18살이 되었으므로, 자신의 행방에 관해 계속 알리기만 하면 혼자 여행 가도록 허락하신다.

해설 문장의 의미에 어울리는 접속사를 고르는 문제이다. 빈칸이 속한 문장을 읽어 보면, '자신의 행방에 관해 계속 알리기만 하면 혼자 여행 가도록 허락하신다'와 같은 조건의 의미가 되어야 가장 자연스러우므로 '~하기만 하면, ~하는 한'을 뜻하는 (c) as long as가 정답이다.

어휘 used to 동사원형: 전에 ~했다 forbid A from -ing: A가 ~하는 것을 금지하다 on one's own 혼자, 단독으로 however 하지만, 그러나 now that 이제 ~이므로 allow A to 동사원형: A에게 ~하도록 허락하다, ~할 수 있게 해 주다 keep A 형용사: A를 계속 ~한 상태로 유지하다 whereabouts 행방, 소재 though 비록 ~이기는 하지만 until (지속) ~할 때까지 as long as ~하기만 하면, ~하는 한 so that (목적) ~하도록, (결과) 그래서, 그러므로

12.

정답 (b)

해석 톰은 자신의 마라톤 경기 결과에 굉장히 실망했는데, 그 경기에서 그는 완주하는 데 6시간 이상 걸렸다. 경주 이전에 휴식도 많이 취하고 밥도 잘 먹었음에도 불구하고, 그는 경쟁력 있는 속도를 유지할 만큼의 체력을 가지고 있지 않았다.

해설 빈칸 뒤에 주어와 동사가 아닌 eating well이라는 동명사구와 getting plenty of rest라는 동명사구가 and로 연결되어 있고, 그리고 prior to the race라는 전치사구만 위치해 있으므로 빈칸에는 접속사가 아닌 전치사가 위치해야 한다. 빈칸 뒤의 내용은 '경주 전에 잘 먹고 충분한 휴식을 취했음'이며, 주절의 내용은 '경쟁적인 속도를 유지시킬 체력을 가지고 있지 않았다'이다. 두 개의 내용이 서로 상반된 개념을 나타내고 있으므로 빈칸에는 '~에도 불구하고'라는 의미의 (b) Despite가 들어가야 한

다.

어휘 incredibly 굉장히, 엄청나게 be disappointed with ~에 실망하다 performance 실적, 성과 marathon 마라톤 complete 완료하다 eat well 잘 먹다 plenty of 충분한 rest 휴식 prior to ~이전에 stamina 체력 maintain 유지하다 competitive 경쟁적인, 경쟁력 있는 pace 속도 instead of ~대신에 although 비록 ~하지만 because of ~ 때문에

13.

정답 (a)

해석 지구온난화와 함께, 플라스틱 오염도 우리의 해양 환경에 주된 위협이 되었다. 과학자들은 즉각적인 조치가 취해져야 한다고 강력히 촉구하고 있다. 그렇지 않으면, 바다의 미세 플라스틱 축적이 해양 먹이 사슬의 핵심 연결 고리를 파괴하면서 엄청난 결과를 초래할 것이다.

해설 문장 사이의 의미 관계를 나타내는 접속부사 문제이다. 빈칸 앞에는 과학자들이 즉각적인 조치가 취해져야 한다고 강력히 권고한다는 내용이 언급되었으며, 빈칸 뒤에는 미세 플라스틱의 축적이 해양 생물의 먹이 사슬을 파괴할 것이라는 내용이 이어진다. 이 내용은 빈칸 앞의 문장의 내용대로 되지 않으면 일어날 결과에 대한 설명이므로, 빈칸에 들어갈 알맞은 접속부사는 '그렇지 않으면'이라는 의미로 반대 상황에 따른 결과를 설명하는 (a) Otherwise이다.

어휘 alongside ~의 옆에, ~와 함께 global warming 지구온난화 pollution 오염 major 주요한 threat 위협 environment 환경 urge 강력히 권고하다 immediate 즉각적인 amassment 축적 microplastic 미세 플라스틱 vital 필수적인 ink 연결, 관계 marine 바다의, 해양의 food chain 먹이 사슬 ead to ~을 초래하다, ~으로 이어지다 widespread 광범위한 consequence 결과 alternately 번갈아, 교대로 as such 말하자면, 이를 테면 besides 게다가, ~ 외에

14.

정답 (c)

해석 오하이오의 교사들이 근무 조건이 개선될 때까지 교실로 돌아가길 거부하며 파업을 하였다. 이제 주정부는 선생님들의 임금을 증가한 생활비에 맞게 인상해주거나, 또는 학교의 학기를 일찍 끝내고 기약 없는 협상을 계속해야 한다.

해설 문장 사이의 의미 관계를 나타내는 접속사 문제이다. 문장 앞의 내용은 교사들이 파업을 하고 있기 때문에 주정부가 교사들의 임금을 인상시켜야 한다는 내용이고, 뒤의 내용에는 학기를 일찍 종료하고 협상을 무기한으로 계속한다는 내용이다. 두 가지 모두 파업의 해결책이 될 수 있지만, 주정부는 둘 중 한가지를 선택해야 한다. 또한 상관접속사 either A or B에 쓰이는 either가 must 뒤에 위치해 있기 때문에, '또는'이라는 의미의 등위접속사 (c) or가 정답이다.

어휘 go on strike 파업하다 refuse to동사원형: ~하는 것을 거절하다 work condition 근무 조건 improve 개선되다 state government 주정부 raise 인상시키다, 올리다 salary 급여, 임금 match ~에 맞추다, 일치시키다 cost of living 생활 비

용 school year 학년도 negotiation 협상 indefinitely 기한 없이, 무기한으로

15.

정답 (d)

해석 트리스탄 공원에서 올해의 그랜드 잼 페스티벌이 열리고 있다. 그 행사장에서 음식을 구할 수는 없지만, 첫 입장 시에 받은 손목 밴드를 계속 착용하고 있는 한, 참가자들은 자유롭게 음식을 먹으러 나갔다가 나중에 돌아올 수 있다.

해설 문장 사이의 의미 관계를 나타내는 접속사 문제이다. 빈칸 앞 문장의 문장은 참가자들은 언제든지 음식을 먹으로 나갔다가 돌아올 수 있다는 내용이고, 빈칸 뒤의 내용은 처음 입장 시에 받은 손목 밴드를 착용하고 있다는 내용이다. 즉 돌아올 수 있는 조건을 나타내므로 빈칸에는 시간이나 조건 부사절 접속사가 와야 한다. 따라서 정답은 '~하는 한'이라는 의미의 조건 부사절 접속사 (d) as long as이다. (b) unless도 조건 접속사이지만, 부정적 의미의 가정을 나타내므로 정답이 될 수 없다.

어휘 be held (행사가) 열리다, 개최되다 available 이용 가능한, 구입 가능한 attendee 참가자, 참석자 be free to 동사원형: 자유롭게 ~할 수 있다, 언제든 ~할 수 있다 wear 입다, 착용하다 wristband 손목 밴드 attain 획득하다, 얻다 entry 입장 instead 대신에 unless ~하지 않는다면

16.

정답 (a)

해석 확대되고 있는 미국과의 무역 전쟁에 대한 일환으로, 중국은 아몬드와 아보카도에 대한 새로운 관세를 도입하였다. 그 결과, 캘리포니아의 농부들은 새로운 구매자를 찾아야 하거나 심각한 재정적 손실을 겪을 지도 모른다.

해설 문장 사이의 의미 관계를 나타내는 접속부사 문제이다. 빈칸 앞 문장에서는 미국과의 악화되는 무역으로 중국이 아몬드와 아보카도에 새로운 관세를 도입한다는 내용이고, 빈칸 뒤의 문장은 캘리포니아의 농부들이 새로운 구매자를 찾거나 심각한 재정적 손실을 겪을지도 모른다는 내용이다. 빈칸 뒤의 문장은 will likely라는 표현을 사용하여 앞 문장의 결과에 대한 추측을 나타내고 있으므로, 빈칸에는 '그 결과'라는 의미의 (a) As a result가 가장 적절하다.

어휘 as part of ~의 일환으로 escalating (갈등, 전쟁이) 고조되는, 확대되는 trade 무역 introduce 도입하다 tariff 관세 likely 아마, 어쩌면 be forced to 동사원형: ~하는 것을 강요받다, 억지로 ~하다 suffer (안 좋은 일을) 겪다 severe 심각한, 극심한 financial 금전적인, 금융의 loss 손실

17.

정답 (d)

해석 버팔로 그릴의 유명한 라바 윙 대회는 손님이 아주 매운 15개의 치킨 윙을 10분 내에 먹어야 하는 것인데, 총책임자에 의해 중지되었다. 지난 토요일에, 한 손님이 급하게 13개의 윙을 먹고 난 후에 심각하게 아프게 되었다.

해설 문장 사이의 의미 관계를 나타내는 접속사 문제이다. 빈칸 앞에는 한 손님이 심각한 병에 걸렸다는 내용이고, 그 뒤에는 13개의 치킨 윙을 급하게 먹었다는 내용이 언급되어 있다. 문제의 첫 문장에서 '10분 내에 치킨 윙 15개를 먹는 대회가 중단되었다'는 내용을 참고하면, 대회가 중단된 이유가 한 고객이 13개의 윙을 먹고 난 후 병에 걸렸기 때문이라는 것을 유추할 수 있다. 따라서 빈칸에는 '~후에'라는 의미의 접속사 (d) after가 정답이다.

어휘 popular 인기 있는 challenge 도전 attempt to 동사원형: ~하려고 시도하다 extremely 아주, 지극히 spicy 매운 suspend 중단하다 head manager 총책임자 seriously ill 심각한 병에 걸린, 중병의 quickly 빠르게 consume 섭취하다 during ~동안에 before ~전에

18.

정답 (b)

해석 브렉시트는 영국이 유럽연합을 탈퇴하려는 계획인데, 이것이 이미 영국에 재정적 피해를 입히고 있다. 예를 들어, 영국은행총재는 그것이 투표 이후로 영국의 각 가정에 900파운드의 손실을 초래했다고 발표했다.

해설 문장 사이의 의미 관계를 나타내는 접속부사 문제이다. 빈칸 앞에는 Brexit가 이미 국가(영국)에 금전적인 피해를 주고 있다는 내용이 언급되어 있고, 빈칸 뒤의 내용은 각 가정에 900 파운드의 비용을 들게 하였다고 말하며 구체적인 금전 피해액이 언급되어 있다. 따라서 빈칸에는 구체적인 예시를 들 때 사용하는 (b) For example이 들어가야 한다.

어휘 Brexit 브렉시트, 영국의 유럽연합 탈퇴 United Kingdom 영국 European Union 유럽연합 take a toll on ~에 피해를 입히다 financial 금전적인, 금융의 governor 총재, 총독 announce 발표하다 cost + 목적어 + 금액: ~로 하여금 ~의 비용을 들게 하다 each 각각 vote 투표 consequently 그 결과, 따라서 even though 비록 ~지만 on the other hand 다른 한편

19.

정답 (b)

해석 나는 뉴욕시의 로스쿨에 다니도록 해주는 그 제안을 거절했다. 나는 내 직업에 만족하고 있었고, 나의 여자친구를 떠나고 싶지 않았다. 게다가, 그것을 위해 엄청난 학자금 대출을 받아야 할 수도 있었다.

해설 문장 사이의 의미 관계를 나타내는 접속부사 문제이다. 첫 문장에서 로스쿨에 다닐 수 있는 제안을 거절하였다는 내용이 언급되어 있다. 그리고 빈칸 앞 문장에는 그 제안을 거절한 이유로 직업에 만족하고 있다는 것과 여자친구를 떠나고 싶지 않다는 내용이 언급되어 있다. 그리고 빈칸 뒤의 문장에는 학자금 대출을 받아야 할 수도 있었다는 가정법 과거완료의 주절에 해당하는 내용이 언급되어 있는데, 이 문장도 앞서 언급된 제안을 거절한 이유에 해당한다. 따라서 빈칸에 들어갈 접속부사는 추가 정보를 제시하는 '게다가'라는 의미의 (b) Besides이다. 참고로, 문맥상 마지막 문장 뒤에는 'If I had accepted the offer'(내가 그 제안을 수락했더라면)라는 가정법 과거완료의 if절이 생략되어 있다.

어휘 turn down (제안을) 거절하다 offer 제안 attend ~에 다니다

be content with ~에 만족하다 take out (서비스를) 받다
student loan 학자금 대출 massive 거대한, 엄청난 thus 따
라서, 그러므로 namely 즉, 다시 말해

20.

정답 (a)

해석 매년, 팜플로나에서 열리는 '황소 달리기' 대회에서 50에서 100명
사이의 사람들이 부상을 당하며, 1910년 이후로 15명의 사망 사고
를 기록하였다. 그럼에도 불구하고, 매년 약 20,000명의 사람들
이 황소들을 상대로 자신들의 속도와 운을 시험한다.

해설 문장 사이의 의미 관계를 나타내는 접속부사 문제이다. 빈칸 앞
의 문장은 Running of the Bulls라는 대회 중에 50~100명이
부상을 당하고 1910년 이후로 15명이 사망하였다는 내용이고, 빈
칸 뒤의 문장은 매년 2만명에 가까운 사람들이 이 행사에 참석한
다는 내용이다. 따라서 빈칸에는 '그럼에도 불구하고'라는 의미의
(a) Nevertheless가 적합하다.

어휘 injure 부상을 입다 record 기록하다 nearly 거의 test 시험
하다 against ~에 맞서, ~와 비교하여 accordingly 그에 따
라서 similarly 유사하게 rather 오히려, 꽤, 상당히

21.

정답 (a)

해석 제프는 마을의 의용 소방대원이다. 응급 상황이 발생할 경우에,
그는 휴대폰을 항상 켜두어야 하며, 그가 소방서에서 전화가 올
때마다 즉시 받아야 한다.

해설 빈칸 뒤에 명사 emergency가 위치해 있으므로 빈칸에는 전치
사가 들어가야 한다. 보기에서 (b) Wherever는 절을 이끄는 접
속사이며, (c) However는 접속사 또는 접속부사로 사용되므로
오답이다. 그리고 (d) in order to는 뒤에 동사원형이 필요하므
로 명사 앞 자리인 빈칸에 사용될 수 없다. 따라서 전치사구인 (a)
In case of가 정답이다.

어휘 volunteer firefighter 의용 소방대원 emergency 응급 상
황, 비상 사태 be required to 동사원형: ~하는 것이 요구된다,
~해야 한다 keep A on: A의 전원을 켜두다 at all times 항상
immediately 즉시 whenever ~할 때마다, 언제 ~하든 상관
없이 fire station 소방서 wherever 어떤 곳이든, 어디에서 ~
하든지

22.

정답 (d)

해석 가끔 매장에서 판매되는 같은 종류의 것들과 다르게 보이는 농작
물이 있다. 몇몇 단체들은 푸드 뱅크와 쉼터에 나누어 주기 위해
이러한 "판매할 수 없는" 과일과 채소를 수집한다. 그렇지 않으면,
그것들은 폐기될 것이다.

해설 빈칸 뒤에 콤마(,)가 있으므로 문장 사이의 의미 관계를 나타내는
접속부사 문제이다. 빈칸 앞의 문장은 판매할 수 없는 과일과 채
소를 몇몇 단체에서 푸드 뱅크와 쉼터에 나누어 주기 위해서 수
집한다는 내용이 언급되어 있다. 빈칸 뒤의 문장은 그 과일과 채
소들이 폐기될 것이라고 언급되어 있는데, 가정법에서 '~할 텐데,
~할 것이다'라는 의미로 쓰이는 조동사 would가 쓰여 있으며,

앞문장의 내용과 상반된다는 것을 알 수 있다. 따라서 '그렇지 않
으면'이라는 의미로 반대 가정의 의미를 나타내는 접속부사 (d)
Otherwise가 정답이다.

어휘 occasionally 가끔, 때때로 produce 농작물 different
from ~와 다른 kind 종류 organization 단체, 기구
collect 모으다, 수집하다 unsellable 판매할 수 없는 fruit
과일 vegetable 채소 distribute 나누어 주다, 유통시키다
food bank 푸드 뱅크(빈곤층에게 무료로 음식을 제공하는 곳)
shelter 보호소, 쉼터 discard 버리다, 폐기하다 regardless
개의치 않고 likewise 마찬가지로

23.

정답 (a)

해석 닉과 마사의 친구들은 그들의 관계가 점점 더 불평등해지는 것에
대해 걱정한다. 모두가 함께 있을 때, 닉은 항상 얘기하고 있는 주
제가 무엇이든지 간에 그것에 관하여 강력하게 자신의 의견을 주
장하고, 반면에 마사는 자신이 실제로 어떻게 생각하는지에 상관
없이 그저 그의 말에 동조한다.

해설 문장 사이의 의미 관계를 나타내는 접속사 문제이다. 빈칸 앞의
문장은 논의되고 있는 주제가 무엇이든 간에 Nick은 항상 자신
의 의견을 강하게 주장한다는 내용이다. 그리고 빈칸 뒤의 문장
은 Martha가 자신의 생각과는 상관없이 Nick에게 동의한다고
한다. Nick이 주장하는 행위와 Martha가 무조건 동의하는 행
위가 서로 상반되므로 '반면에'라는 의미를 나타내는 종속접속사
(a) while이 빈칸에 들어가는 것이 적절하다. 접속부사는 부사이
기 때문에 문장 앞에 쓸 경우 뒤에 항상 콤마(,)를 써야 한다. 그래
서 접속부사인 (d) however는 오답이다.

어휘 be concerned that ~ ~을 걱정하다, 염려하다 relationship
(대인) 관계 unequal 불평등한 assert 강하게 주장하다
whatever 어떤 ~이든지 discuss 논의하다 agree with ~의
의견에 동의하다 no matter how 어떻게/얼마나 ~하든지 간에
상관없이

24.

정답 (b)

해석 지난 건강 검진에서 케빈의 의사는 케빈이 체중을 좀 줄이는 것이
필요하다고 말했다. 그래서, 그는 디저트를 먹는 것을 멈추고 매
일 운동을 하기 시작했다. 그 결과, 그는 지난 달 동안 5킬로그램
을 감량하였다!

해설 빈칸 뒤에 콤마(,)가 있으므로 문장 사이의 의미 관계를 나타내
는 접속부사 문제이다. 빈칸 앞문장의 내용은 디저트를 먹지 않고
매일 운동했다는 내용이 언급되어 있고, 빈칸 뒤에는 지난 달 동
안 5킬로그램을 감량했다는 내용이 언급되어 있다. 두 문장은 원
인과 결과의 의미 관계가 형성되므로 빈칸에는 결과를 나타내는
접속부사가 필요하다. 따라서 '그 결과'라는 의미의 접속부사 (b)
As a result가 정답이다.

어휘 health checkup 건강 검진 lose weight 체중을 줄이다
dessert 디저트, 후식 over ~동안 past 지난 in order to ~
하기 위해서 instead of ~대신에 as much as ~만큼 많이

UNIT 6
관계사

기출 POINT 22 관계대명사

연습문제

1. (d) **2.** (c) **3.** (b) **4.** (a) **5.** (a) **6.** (c)

1.

정답 (d)

해석 모차르트는 짧은 기간에 엄청난 음악을 작곡할 수 있는 비정상적인 재능을 부여 받은 영재였다.

해설 빈칸에 알맞은 관계사절을 고르는 문제이다. 사람 명사 a prodigy를 뒤에서 수식할 관계사절을 골라야 하므로 사람 명사를 수식할 수 있는 who 또는 that이 이끄는 관계사절 중에서 하나를 골라야 한다. 또한, 「who + 불완전한 절」 또는 「that + 불완전한 절」의 구조가 되어야 하므로 이 두 가지 중 하나에 해당되는 (d) that was abnormally gifted가 정답이다. (c)는 who 뒤에 주어와 동사가 모두 갖춰진 완전한 절이 있어 비문법적인 관계사절이므로 오답이다.

어휘 prodigy 영재 ability 능력 compose 작곡하다 incredible 엄청난, 믿을 수 없는 musical composition 음악, 악곡 period 기간 abnormally 비정상적으로 gifted 재능이 있는

TIP 관계대명사 유형의 문제에서 빈칸 앞에 콤마(,)가 없다면 who 또는 which로 시작하는 관계대명사절과 that으로 시작하는 관계대명사절이 모두 선택지에 나오는 경우가 많다. 이때, 관계대명사 뒤에는 항상 주어나 목적어가 없는 불완전한 절이 이어진다는 것을 이용하여 오답을 소거해야 한다.

2.

정답 (c)

해석 전국으로 빠르게 퍼질 수 있는 전염병이 많이 있다.

해설 빈칸에 알맞은 관계사절을 고르는 문제이다. 빈칸 앞에 위치한 명사구 many contagious diseases를 뒤에서 수식할 관계사절을 골라야 한다. many contagious diseases가 사람이 아니므로 which 또는 that이 이끄는 관계사절 중에서 하나를 골라야 한다. 또한, 「which + 불완전한 절」 또는 「that + 불완전한 절」의 구조가 되어야 하므로 이 두 가지 중 하나에 해당되는 (c) that can rapidly spread가 정답이다. (a)는 which 뒤에 주어와 동사가 모두 갖춰진 완전한 절이 있어 비문법적인 관계사절이므로 오답이다.

어휘 contagious 전염되는, 전염성의 disease 질병 throughout 전체에 걸쳐 nation 국가, 나라 rapidly 빠르게 spread 퍼지다

3.

정답 (b)

해석 식사를 절대 거르지 않도록 하세요. 그게 두통을 유발할 수 있어요.

해설 빈칸에 알맞은 관계사절을 고르는 문제이다. 빈칸 앞에 위치한 명사 any meals를 뒤에서 설명할 관계사절을 골라야 한다. any meals가 사람이 아니므로 which 또는 that이 이끄는 관계사절 중에서 하나를 골라야 하는데, 빈칸 앞에 콤마(,)가 있으므로 that으로 시작하는 선택지를 소거해야 한다. 따라서 「which + 불완전한 절」의 구조가 되어야 하므로 이에 해당되는 (b) which can trigger headaches가 정답이다.

어휘 make sure 반드시 ~하도록 하다, 확실하게 하다 skip 넘기다, 거르다 meal 식사, 끼니 trigger 유발하다, 촉발시키다 headache 두통

4.

정답 (a)

해석 리콴유는 싱가포르의 정치인이었는데, 그는 1959년에서 1990년까지 싱가포르의 초대 총리를 역임했다.

해설 빈칸에 알맞은 관계사절을 고르는 문제이다. 빈칸 앞에 위치한 명사 a Singaporean statesman을 뒤에서 설명할 관계사절을 골라야 한다. statesman이 사람 명사이므로 who 또는 that이 이끄는 관계사절 중에서 하나를 골라야 하는데, 빈칸 앞에 콤마(,)가 있으므로 that으로 시작하는 선택지를 소거해야 한다. 따라서 「who + 불완전한 절」의 구조가 되어야 하므로 이에 해당되는 (a) who served as the first prime minister가 정답이다.

어휘 Singaporean 싱가포르의 statesman (경험 많고 존경받는) 정치인 from A to B: A에서 B까지 serve as ~로 재직하다 prime minister 총리

5.

정답 (a)

해석 오늘 아침에 공원에서 걷고 있을 때, 나는 어제 병원에서 나의 혈압을 체크하였던 간호사를 보았다.

해설 빈칸에 알맞은 관계사절을 고르는 문제이다. 빈칸 앞에 위치한 명사 the nurse는 사람 명사이므로 who 또는 that이 이끄는 관계사절 중에서 하나를 골라야 한다. 「which + 불완전한 절」 또는 「that + 불완전한 절」의 구조가 되어야 하는데, that으로 시작하는 (d)는 that 뒤에 주어와 동사, 목적어가 모두 갖춰져 있으므로 오답이다. 따라서 정답은 (a)이다.

어휘 nurse 간호사 clinic (전문 분야) 병원, 병동

6.

정답 (c)

해석 한때 무명이었던 작곡가를 전세계적으로 유명하게 만들어 준 그

노래는 밀리언 셀러가 되었다.

해설 빈칸에 알맞은 관계사절을 고르는 문제이다. 빈칸 앞에 위치한 명사 The song을 뒤에서 설명할 관계사절을 골라야 한다. The song이 사람 명사가 아니므로 which 또는 that이 이끄는 관계사절 중에서 하나를 골라야 하는데, 빈칸 앞에 콤마(,)가 있으므로 that으로 시작하는 보기를 소거해야 한다. 따라서 「which + 불완전한 절」의 구조가 되어야 하므로 이에 해당되는 **(c) which made the once unknown composer world-famous**가 정답이다.

어휘 million seller 백만 개가 팔린 음반(도서) make A 형용사: A를 ~하게 만들다 once 한때 unknown 무명의, 알려지지 않은 composer 작곡가 world-famous 세계적으로 유명한

실전 문제풀이

1. (d)	2. (a)	3. (a)	4. (c)	5. (a)	6. (d)
7. (a)	8. (c)	9. (b)	10. (b)	11. (b)	12. (d)

1.

정답 (d)

해석 '하카'는 뉴질랜드의 마오리족 사람들이 추는 자세 댄스이다. 이 댄스는, 힘찬 몸짓과 기합으로 구성되는데, 전통적으로 마오리족의 적들을 위협하고 스스로 사기를 드높이기 위한 함성으로서 실시되었다.

해설 빈칸에 알맞은 관계사절을 고르는 문제이다. 추상 명사 dance를 뒤에서 수식할 관계대명사절을 골라야 하므로 추상 명사를 수식할 수 있으면서 콤마와 함께 삽입되는 구조에 쓰일 수 있는 which가 이끄는 **(d) which consists of forceful gestures and shouts**가 정답이다.

어휘 posture 자세 traditionally 전통적으로 perform ~을 실시하다, 실행하다 war cry 구호, 함성 intimidate ~을 위협하다 opponent 적, 상대 boost ~을 드높이다, 증진하다 morale 사기, 의욕 consist of ~로 구성되다 forceful 힘찬, 힘있는

2.

정답 (a)

해석 엑스선은 사람의 신체 이미지를 촬영하는 데 이용될 수 있는 전자기 방사선의 한 종류이다. 광선이 단단한 물체를 통과해 지날 때 그림자를 드리운다는 것을 관찰한 후에 이를 발견한 사람은 윌리엄 뢴트게이었다.

해설 빈칸에 알맞은 관계사절을 고르는 문제이다. 사람 명사 William Roentgen를 뒤에서 수식할 관계사절을 골라야 하므로 사람 명사를 수식할 수 있는 who 또는 that이 이끄는 관계사절 중에서 하나를 골라야 한다. 또한, 「who + 불완전한 절」 또는 「that + 불완전한 절」의 구조가 되어야 하므로 이 두 가지 중 하나에 해당되는 **(a) who discovered this**가 정답이다.

어휘 form 종류, 형태 electromagnetic radiation 전자기 방사선 take an image 이미지를 촬영하다 observe ~을 관찰하다 ray 광선, 빛살 cast a shadow 그림자를 드리우다 pass through ~을 통과해 지나다 solid 단단한, 고체의 object 물

체 discover ~을 발견하다

3.

정답 (a)

해석 세계적으로 수백만 명의 사람들이 2018년 5월 19일 해리 왕자와 메건 마클의 결혼식을 시청하였다. 이제 석세스의 공작 부인이 된 마클은, 미국의 유명한 텔레비전 여배우였다. 그래서 그 결혼식은 미국에서 평소보다 더 많은 관심을 불러 일으켰다.

해설 빈칸에 알맞은 관계사절을 고르는 문제이다. 빈칸에 쓰일 관계사절은 콤마 앞에 언급된 Markle에 대한 부연 설명이어야 한다. 선행사인 Markle이 사람이므로 사람 선행사에 쓰이는 관계대명사 who가 쓰인 **(a)**가 정답이다. that은 콤마(,) 뒤에 쓸 수 없으므로 오답이며, 관계부사 where은 선행사가 장소 명사이어야 하고 뒤에 완전한 문장이 이어져야 하므로 **(d)**도 오답이다.

어휘 millions of 수백만의 tune in (라디오, 텔레비전을)청취하다, 시청하다 royal 왕족의 actress 여배우 generate 발생시키다 interest 관심 more ~ than usual 평소보다 더 많은 duchess 공작 부인

4.

정답 (c)

해석 톤힐 교수의 역사 강의는 1914년 6월 28일에 일어난 프란츠 페르디난드 대공의 암살 사건에 관한 것이었다. 그는 이것이 20세기에 일어난 가장 중요한 순간이라고 주장했다. 왜냐하면 그것이 제1차세계대전을 초래한 사건이었기 때문이다.

해설 빈칸에 알맞은 관계사절을 고르는 문제이다. 빈칸에 쓰일 관계사절은 빈칸 앞에 언급된 the event에 대한 부연 설명이어야 한다. 따라서 선행사가 사물일 경우에 쓰는 관계대명사 which나 that으로 시작하는 관계사절이 정답인데, 선택지 중에는 which로 시작하는 것이 없으므로 **(c)**가 정답이다. 관계부사 when은 선행사가 시간 명사일 때 사용 가능하기 때문에 **(a)**는 오답이며, what은 선행사가 포함되어 있는 관계대명사이기 때문에 what 앞에는 선행사가 쓰일 수 없어서 **(b)**도 오답이다. the event가 장소명사로 쓰일 수 있기 때문에 관계부사 where가 쓰일 수 있지만, 관계부사절에서 선행사는 부사의 역할을 해야 하는데 **(d)**는 of 뒤에 목적어가 없는 불완전한 절이 이어져 있으므로 오답이 된다.

어휘 professor 교수 lecture 강의 assassination 암살 archduke 대공, 왕자 argue 주장하다 single (최상급 앞에서) 가장, 유일한 lead to ~을 초래하다, ~로 이어지다

5.

정답 (a)

해석 나는 이 새로운 일자리를 얻는 것에 대해 큰 기대를 가졌다. 하지만 그건 면접 전의 일이었다. 인사 담당자는 여름 동안 해외에서 일할 수 있는 직원이 필요하다고 말했고, 나는 그렇게 오랫동안 가족을 떠날 수 있다고 생각하지 않는다.

해설 빈칸에 알맞은 관계사절을 고르는 문제이다. 빈칸에 쓰일 관계사절은 빈칸 앞에 언급된 an employee에 대한 부연 설명이어야 한다. 따라서 선행사가 사람일 경우에 쓰는 관계대명사 who가

쓰인 (a)가 정답이다. 관계부사 when은 선행사가 시간 명사일 경우에 사용하며, 또한 뒤에 완전한 문장이어야 하므로 (c)는 오답이다. 관계부사 where는 선행사가 장소 명사일 경우에 쓸 수 있으며, where 뒤에는 완전한 문장이 이어져야 하므로 (d)도 오답이다.

어휘 have high hopes 큰 기대를 가지다 HR manager 인사 담당자 employee 직원 abroad 해외로, 해외에서

6.

정답 (d)

해석 브라이언 후커는 놀라울 정도로 사실적인 초상화를 빠르게 제작하여 지역 예술계에서 이름을 날리고 있다. 그가 단 6분 만에 그린 최근 초상화는 3만 달러 이상에 팔렸다.

해설 빈칸에 알맞은 관계사절을 고르는 문제이다. 빈칸에 쓰일 관계사절은 빈칸 앞에 언급된 portrait에 대한 부연 설명이어야 한다. 따라서 선행사가 사물일 경우에 쓰는 관계대명사 which나 that으로 시작하는 관계사절이 정답인데, that으로 시작하는 (b)는 주어와 동사가 모두 갖춰져 있어서 오답으로 소거되므로 보기 중에는 which로 시작하는 (d) which he painted in only six minutes가 정답이다.

어휘 local 지역의 act scene 예술계 stunningly 놀랍게도 realistic 현실적인, 사실적인 portrait 초상화

7.

정답 (a)

해석 개별적인 관심을 주는 것 외에도, 가정교사는 학생들이 당황하지 않고 질문을 하도록 격려하는 것을 도울 수 있다. 따라서, 수업을 이해하는 데 어려움을 겪는 학생들은 개인 교습을 구하는 것이 권장된다.

해설 빈칸에 알맞은 관계사절을 고르는 문제이다. 빈칸에 쓰일 관계사절은 빈칸 앞에 언급된 students에 대한 부연 설명이어야 한다. 따라서 선행사가 사람일 경우에 쓰는 관계대명사 who나 that으로 시작하는 관계사절이 정답인데, that이 이끄는 관계사절 (b)는 that 뒤에 주어, 동사, 목적어가 모두 갖춰진 완전한 절이므로 오답이다. 따라서 (a) who have a hard time understanding이 정답이다.

어휘 aside from ~외에도 individual attention 개별적인 관심 tutor 개인 지도교사 embarrassed 당황스러운 be encouraged to 동사원형: ~하는 것이 권장되다 seek 구하다 tutoring 개인 교습 hard time -ing 하는 데 어려움을 겪다

8.

정답 (c)

해석 아인 랜드는 정치적 혁명 때문에 미국으로 이주한 후, 그녀는 1930년대 중반 브로드웨이에서 연극을 제작했다. 처음에는 성공하지 못한 두 편의 초기 소설을 발표한 후에, 그녀는 소설 『파운틴헤드』로 명성을 얻었다.

해설 빈칸에 알맞은 관계사절을 고르는 문제이다. 빈칸에 쓰일 관계사절은 빈칸 앞에 언급된 novels에 대한 부연 설명이어야 한다. 따라서 선행사가 사물명사일 경우에 쓰는 관계대명사 which

나 that으로 시작하는 관계사절이 정답인데, which로 시작하는 (b)는 which 뒤에 주어와 동사, 보어가 모두 갖춰진 완전한 절이 이어지므로 오답이다. 따라서 (c) that were initially unsuccessful이 정답이다.

어휘 because of ~때문에 political 정치적인 revolution 혁명 have A p.p.: A가 ~되게 하다, A를 ~하다 produce 제작하다, 만들다 achieve 성취하다 fame 명성 novel 소설 fountainhead 근원 initially 초기에 unsuccessful 성공적이지 못한

9.

정답 (b)

해석 스테파니 L. 크월렉은 케블라를 발명한 것으로 알려진 폴란드계 미국인 화학자이다. 그녀는 미국의 가장 재능 있는 발명가와 혁신가를 표창하는 M.I.T 평생공로상을 포함하여 많은 상을 받았다.

해설 빈칸에 알맞은 관계사절을 고르는 문제이다. 빈칸에 쓰일 관계사절은 빈칸 앞에 언급된 Award에 대한 부연 설명이어야 한다. 따라서 선행사가 사물일 경우에 쓰는 관계대명사 which나 that으로 시작하는 관계사절이 정답인데, 빈칸 앞에 콤마가 있는 경우 that은 쓸 수 없으므로 보기 중에 관계대명사 which와 불완전절로 이루어진 (b) which recognizes the nation's most talented inventors가 정답이다.

어휘 chemist 화학자 be known for ~로 알려지다, ~로 유명하다 invent 발명하다 receive 받다 award 상 including ~을 포함하여 talented 재능 있는 inventor 발명가 innovator 혁신가

10.

정답 (b)

해석 등산은 많은 힘과 광범위한 훈련을 필요로 하는 신체 활동이다. 그 때문에 경험이 부족한 등반가들이 가파르거나 어려운 산길을 오르기 전에 제대로 훈련해야 한다.

해설 빈칸에 알맞은 관계사절을 고르는 문제이다. 빈칸에 쓰일 관계사절은 빈칸 앞에 언급된 physical activity에 대한 부연 설명이어야 한다. 따라서 선행사가 사물 명사일 경우에 쓰는 관계대명사 which나 that으로 시작하는 관계사절이 정답인데, which로 시작하는 (a)는 주어와 동사, 목적어가 모두 갖추어진 완전한 절이 이어지므로 오답이다. 따라서 (b) that requires a great deal of strength and extensive training이 정답이다.

어휘 climbing 등산 physical activity 신체 활동 that's why 그것이 ~하는 이유이다 inexperienced 경험이 없는 properly 적절히 attempt 시도하다 scale 오르다 steep 가파른 trail 오솔길, 산길 require 필요로 하다, 요구하다 a great deal of 많은 양의 strength 힘 extensive 광범위한 training 훈련

11.

정답 (b)

해석 7월 말에 65세가 되는 폴 앨버트 앵카는 캐나다의 가수이자 작사가이며, 배우이다. 그는 여러 차례 주노상 후보에 오른 적이 있다. 게다가, 그는 1980년에 캐나다 음악 명예의 전당에 헌액되었다.

해설 | 빈칸에 알맞은 관계사절을 고르는 문제이다. 빈칸에 쓰일 관계사절은 빈칸 앞에 언급된 Paul Albert Anka에 대한 부연 설명이어야 한다. 선행사가 사람 명사일 경우에 관계대명사 who나 that으로 시작하는 관계사절이 쓰이는데, 빈칸 앞에 콤마가 있는 경우 관계대명사 that은 쓸 수 없으므로 (d)는 오답이다. 따라서 (b) who turns 65가 정답이다.

어휘 | at the end of ~의 말에 singer 가수 writer 작사가 actor 배우 be nominated 후보에 오르다 besides 게다가 be inducted into ~에 헌액되다 Hall of Fame 명예의 전당

12.

정답 | (d)

해석 | 코끼리는 예민한 코와 어떤 포유동물보다 더 많은 후각 수용기를 가지고 있다. 그들은 또한 몇 마일 떨어진 곳의 음식 냄새를 맡을 수 있다. 코끼리의 코는 그것의 크기, 유연성, 그리고 힘에 있어서 명확히 눈에 띈다.

해설 | 빈칸에 알맞은 관계사절을 고르는 문제이다. 빈칸에 쓰일 관계사절은 빈칸 앞에 언급된 food에 대한 부연 설명이어야 한다. 따라서 선행사가 사물 명사일 경우에 관계대명사 which나 that으로 시작하는 관계사절이 쓰이는데, which가 이끄는 (a)는 주어와 동사, 보어가 모두 갖추어진 완전한 절이 이어지므로 오답이다. 따라서 (d) that is several miles away이 정답이다.

어휘 | elephant 코끼리 smell receptor 후각 수용기 mammal 포유류 sniff 냄새를 맡다, 킁킁거리다 trunk 코끼리 코 stand out 눈에 띄다, 두드러지다 size 크기 flexibility 유연성 strength 힘 be away 떨어져 있다

기출 POINT 23 관계부사

실전 문제풀이

| 1. (d) | 2. (d) | 3. (a) | 4. (b) |

1.

정답 | (d)

해석 | 제이크는 1997년 이후로 그가 태어난 곳인 부산을 떠난 적이 없다.

해설 | 빈칸에 알맞은 관계사절을 고르는 문제이다. 빈칸에 쓰일 관계사절은 선행사 Busan에 대한 부연 설명이어야 한다. 선행사가 사람이 아니므로 which가 들어간 (a)가 적절하지만, 관계대명사인 which는 그 뒤에 불완전한 절이 이어져야 하므로 (a)는 오답이다. 선행사가 Busan이라는 지명이므로 장소 관계부사 where을 써서 그 뒤에는 완전한 절이 위치하여 Busan을 관계부사절로 수식할 수 있다. 문맥상 그가 태어났던 곳이 부산이라는 의미가 성립되므로 (d) where he was born이 정답이다.

어휘 | leave 떠나다 since ~이래로 be born 태어나다

2.

정답 | (d)

해석 | 툰드라 생물군계는 혹독한 환경이 식물과 동물 모두 생존하기 어렵게 만드는 춥고 나무가 없는 평원이다.

해설 | 빈칸에 알맞은 관계사절을 고르는 문제이다. 빈칸에 쓰일 관계사절은 선행사 a cold and treeless plain에 대한 부연 설명이어야 한다. 선행사가 사람이 아니므로 which가 들어간 (b)가 적절하지만, 관계대명사인 which는 그 뒤에 불완전한 절이 이어져야 하므로 (b)는 오답이다. 선행사에 plain이라는 단어가 포함된 것으로 보아 장소를 가리키는 명사로 볼 수 있다. 문맥상 혹독한 환경이 식물과 동물 모두 생존하기 어렵게 만드는 장소로 춥고 나무 없는 평원이라는 의미가 성립하므로, 장소 관계부사 where 뒤에 harsh conditions가 주어, make는 동사, it이 목적어, hard가 목적격보어로 완전한 절이 갖추어져 있는 (d) where harsh conditions make it hard가 정답이다.

어휘 | tundra 툰드라, 동토대 biome (특정 환경 내의) 생물군계 harsh 혹독한 conditions 환경, 상황 treeless 나무가 없는 plain 평원 plant 식물 A and B alike: A와 B 둘 다 똑같이 survive 생존하다 살아남다

3.

정답 | (a)

해석 | 암호화폐 중 하나인 베스트코인의 가치가 역대 최고 정점을 쳤던 지난 11월 이후로 50% 하락하였다.

해설 | 빈칸에 알맞은 관계사절을 고르는 문제이다. 빈칸에 쓰일 관계사절은 콤마 앞에 언급된 선행사 last November에 대한 부연 설명이어야 한다. 선행사가 사람이 아니므로 that이 들어간 (b)가 적절하지만, 관계대명사 that 뒤에 불완전한 절이 이어져야 하므로 (b)는 오답이다. 선행사가 last November라는 시간을 나타내는 명사이기 때문에 시간 관계부사 when을 써서 그 뒤에 완전한 절이 위치할 수 있으며, 문맥상 그 암호화폐의 가치가 역대 최고 정점에 이르렀던 때가 지난 11월이라는 의미가 성립되므로 (a) when it hit its all-time peak이 정답이다.

어휘 | value 가치 cryptocurrency 암호화폐 drop 하락하다 since ~이후로 hit a peak 절정에 이르다, 최고점을 치다 all-time 역대의, 역사상

4.

정답 | (b)

해석 | 향수가 부채질한 포켓몬빵 열풍이 전국을 휩쓸었다. 며칠 전에는, 간절히 원하는 소비자들은 탐나는 페이스트리 몇 개가 아직 발견될 수 있는 시골의 외딴 편의점으로 떼를 지어 몰려갔다.

해설 | 빈칸에 알맞은 관계사절을 고르는 문제이다. 빈칸에 쓰일 관계사절은 선행사 a rural, out-of-the-way convenience store에 대한 부연 설명이어야 한다. 선행사가 사람이 아니므로 which나 that이 들어간 (c)와 (d)가 적절하지만, 관계대명사인 which와 that는 그 뒤에 불완전한 절이 이어져야 하므로 (c)와 (d)는 오답이다. 선행사가 store이라는 장소 명사이므로 장소 관계부사 where을 쓰고 그 뒤에 완전한 절이 위치하여 store를 관계부사절로 수식할 수 있다. 문맥상 사람들이 탐내는

몇 개의 페이스트리를 여전히 찾을 수 있는 장소가 시골의 외딴 편의점이라는 의미가 성립되므로 (b) where a few coveted pastries could still be found가 정답이다.

어휘 nostalgia 향수 -fueled 부추겨진, ~이 연료가 된 craze 열풍, 일시적 대유행 sweep 휩쓸다 nation 국가, 전국 the other day 며칠 전에, 일전에 desperate 필사적인, 간절히 원하는 swarm 떼를 지어 가다 rural 시골의 out-of-the-way 산간벽지의, 외딴 convenience store 편의점 coveted 사람들이 탐내는 pastry 페이스트리, 얇은 층으로 겹겹이 펴서 만든 빵 또는 파이

실전 문제풀이

1. (a) **2.** (c) **3.** (b) **4.** (c) **5.** (b) **6.** (d)

1.

정답 (a)

해석 마이클 잭슨의 <스릴러>는 역사상 전 세계에서 가장 많이 판매된 앨범으로서, 세계적으로 적어도 6천 6백만 장의 공인 앨범이 판매되었다. 잭슨은 아마 처음 발매되었던 1982년 당시엔 이 앨범의 장기적인 성공을 예상하지 못했을 것이다.

해설 시점 명사 1982를 뒤에서 수식할 관계사절을 골라야 하므로 시점 표현을 수식할 수 있는 when 또는 that이 이끄는 관계사절 중에서 하나를 골라야 한다. 또한, 「when + 완전한 절」 또는 「that + 불완전한 절」의 구조가 되어 하므로 이 두 가지 중 하나에 해당되는 (a) when it was first released가 정답이다.

어휘 of all time 역사상 at least 적어도, 최소한 certified 공인된, 인증된 worldwide 전 세계적인 anticipate ~을 예상하다, 기대하다 long-term 장기적인 release ~을 발매하다, 출시하다, 개봉하다

2.

정답 (c)

해석 몬티스 씨와 그녀의 가족은 올 여름에 튀르키예를 방문할 계획을 세우고 있다. 이들은 이미 많은 목적지를 염두에 두고 있다. 그녀의 딸은 열기구를 타면서 아름다운 풍경을 내려다볼 수 있는 카파도키아에 가는 것에 가장 들떠 있다.

해설 장소 명사 Cappadocia를 뒤에서 수식할 관계사절을 골라야 하므로 장소 명사를 수식할 수 있으면서 콤마와 함께 삽입되는 구조에 쓰일 수 있는 where 또는 which가 이끄는 관계사절 중에서 하나를 골라야 하다. 또한, 「where + 완전한 절」 또는 「which + 불완전한 절」의 구조가 되어 하므로 이 두 가지 중 하나에 해당되는 (c) where one can look down at a beautiful landscape이 정답이다.

어휘 plan to 동사원형: ~할 계획이다 have A in mind: A를 염두에 두다, 명심하다 destination 목적지, 도착지 hot air balloon 열기구 look down at ~을 내려다보다 landscape 풍경

3.

정답 (b)

해석 예술과 지역사회에서 하나의 실험으로 선전되는 "버닝맨"은 화려하면서 기이한 여름 축제이다. 매년, 소란스러운 난봉꾼들이 위험을 무릅쓰고 블랙락 사막으로 들어가는데, 그곳에서 1주일 기간의 축제가 열린다. 그리고 그들은 거대한 조각품과 고동치는 일렉트로닉 음악으로 반(反)문화를 기린다.

해설 빈칸에 알맞은 관계사절을 고르는 문제이다. 빈칸에 쓰일 관계사절은 콤마 앞에 언급된 선행사 the Black Rock Desert에 대한 부연 설명이어야 한다. 선행사가 사물이므로 which가 들어간 (c)가 적절하지만, 관계대명사인 which는 그 뒤에 불완전한 절이 이어져야 하므로 (c)는 오답이다. 선행사가 Desert라는 단어가 포함된 것으로 보아 특정 장소를 가리키는 것으로 볼 수 있다. 그러므로 장소 명사에 쓰일 수 있는 관계부사 where가 쓰인 (b)가 정답이다.

어휘 tout 광고하다, 선전하다 experiment 실험 spectacular 화려한, 장관을 이루는 bizarre 기이한, 특이한 reveler 흥청망청 노는 사람, 소란스러운 난봉꾼 venture into (위험을 무릅쓰고) ~으로 들어가다 desert 사막 celebrate 기리다, 찬양하다 counter-culture 반(反)문화 giant 거대한 sculpture 조각품 pulsing 고동치는

4.

정답 (c)

해석 2002년 슬로베니아에서 열린 트리글라프 트로피에서 한국의 유명 피겨스케이팅 선수 김연아가 처음으로 국제 대회에 출전했고, 이 첫 출전 대회에서 금메달을 획득했다. 12세의 나이에, 그녀는 시니어부에서 우승했고, 전 세계에서 그 타이틀을 획득한 최연소 스케이트 선수가 되었다.

해설 빈칸에 알맞은 관계사절을 고르는 문제이다. 빈칸에 쓰일 관계사절은 콤마 앞에 언급된 선행사 Slovenia에 대한 부연 설명이어야 한다. 선행사가 장소를 가리키는 사물 명사이므로 which가 들어간 (a)가 적절하지만, 관계대명사인 which는 그 뒤에 불완전한 절이 이어져야 하므로 (a)는 오답이다. 선행사가 특정 장소를 가리키므로 선행사를 관계부사 where와 완전한 절로 수식할 수 있는 (c)가 정답이다.

어휘 figure skater 피규어 스케이트 선수 compete 경쟁하다 internationally 국제적으로 novice 첫 출전, 초심자 competition 대회 win 얻다, 획득하다 senior (스포츠) 성인부

5.

정답 (b)

해석 파커는 몇 주동안 그의 여자친구에 할 완벽한 청혼을 계획하느라 보냈다. 로맨틱한 저녁 식사 후에, 그는 그들이 처음으로 데이트를 했던 아이스크림 가게에서 그 질문을 불쑥 내놓을 것이다.

해설 빈칸에 알맞은 관계사절을 고르는 문제이다. 빈칸에 쓰일 관계사절은 콤마 앞에 언급된 선행사 the ice cream shop에 대한 부연 설명이어야 한다. 선행사가 사람이 아니므로 which가 들어간 (c)가 적절하지만, 관계대명사인 which는 그 뒤에 불완전한 절이 이어져야 하므로 (c)는 오답이다. 선행사가 shop이라는 단

어가 포함된 것으로 보아 특정 장소를 가리키는 것으로 볼 수 있다. 장소 관계부사 where 뒤에는 완전한 절이 위치할 수 있으며, 문맥상 그들이 처음으로 데이트를 했던 곳이 아이스크림 가게라는 의미가 성립되므로 (b) where they had their first date 가 정답이다.

어휘   spend 시간 -ing ~하느라 (시간을) 보내다 plan 계획하다
       proposal 청혼 romantic 로맨틱한, 낭만적인 pop 불쑥 내놓다

6.

정답   (d)

해석   더글라스는 팬데믹의 통행금지령이 마침내 해제된 후에 도쿄의 신나는 야간 유흥생활로 돌아갈 준비가 되었다고 생각했다. 하지만, 클럽에서 잠들어 버린 후로, 그는 해가 뜰 때까지 파티를 할 수 있었던 시절은 지나갔다는 것을 깨달았다.

해설   빈칸에 알맞은 관계사절을 고르는 문제이다. 빈칸에 쓰일 관계사절은 콤마 앞에 언급된 선행사 the times에 대한 부연 설명이어야 한다. 선행사가 사람이 아니므로 which가 들어간 (c)가 적절하지만, 관계대명사 which 뒤에 불완전한 절이 이어져야 하므로 (c)는 오답이다. 선행사가 the times이라는 시간을 나타내는 명사이기 때문에 시간 관계부사 when을 써서 그 뒤에 완전한 절이 위치할 수 있으며, 문맥상 그가 해가 뜰 때까지 파티를 할 수 있었던 시절이라는 의미가 성립되므로 (d) when he could party until sunrise가 정답이다.

어휘   be ready to 동사원형: ~할 준비가 되다 get back to ~로 돌아가다 wild 신나는, 아주 좋은 nightlife 야간에 할 수 있는 유흥 pandemic 팬데믹, 전세계적인 유행병 curfew 통행금지령 finally 마침내, 결국 lift 해체하다 however 하지만 realize 깨닫다, 알아차리다 gone (시간이) 지난, 끝난 party 파티를 하다

실전 CHECK-UP 6

1. (d)	2. (c)	3. (b)	4. (d)	5. (a)	6. (b)
7. (a)	8. (d)	9. (a)	10. (d)	11. (b)	12. (b)
13. (d)	14. (b)	15. (a)	16. (b)	17. (a)	18. (d)
19. (a)	20. (b)	21. (a)	22. (b)	23. (a)	24. (b)

1.

정답   (d)

해석   알프레드가 슬롯 머신 앞에 그저 앉아 있었을 때 근처에서 소란이 벌어지는 소리를 들었다. 한 여성이 마침 자신의 80번째 생일을 기념하고 있었는데, 대박을 터뜨린 것이었다. 알프레드에겐 안타깝게도, 운이 그만큼 좋지 않았기 때문에, 빈손으로 집에 돌아갔다.

해설   빈칸에 알맞은 관계사절을 고르는 문제이다. 사람 명사 A woman을 뒤에서 수식할 관계대명사절을 골라야 하므로 사람 명사를 수식할 수 있으면서 콤마와 함께 삽입되는 구조에 쓰일 수 있는 who가 이끄는 관계사절 (d) who happened to be

celebrating her eightieth birthday가 정답이다.

어휘   commotion 소란 nearby 근처에 win the jackpot 대박을 터뜨리다, 거액의 상금을 받다 unfortunately 안타깝게도, 아쉽게도 happen to do 마침 ~하다, 우연히 ~하다 celebrate ~을 기념하다, 축하하다

2.

정답   (c)

해석   나이가 들수록 주름이 점점 더 눈에 띄게 된다. 이는 피부를 매끈하고 부드럽게 유지해주는 단백질 콜라겐의 생성이 나이가 들수록 둔화되기 때문이다. 피부를 젊어 보이게 유지하려면, 콜라겐이 풍부한 보충제를 섭취하면 된다.

해설   빈칸에 알맞은 관계사절을 고르는 문제이다. 사물 명사 protein collagen을 뒤에서 수식할 관계대명사절을 골라야 하므로 사물 명사를 수식할 수 있으면서 콤마와 함께 삽입되는 구조에 쓰일 수 있는 which가 이끄는 관계사절 (c) which keeps the skin smooth and soft가 정답이다.

어휘   get 형용사: ~한 상태가 되다 increasingly 점점 더 visible 눈에 보이는 protein 단백질 slow down 둔화되다 keep A -ing: A를 계속 ~하게 유지하다 supplement 보충제 rich in ~가 풍부한

3.

정답   (b)

해석   불에 타는 건물에 갇혀 있고 연기가 압도적일 경우에, 젖은 타월로 코를 덮으세요. 그런 다음, 숨을 쉴 수 있는 공기가 있는 바닥에 반드시 밀착한 상태로 기어서, 벗어날 수 있도록 하십시오.

해설   빈칸에 알맞은 관계사절을 고르는 문제이다. 사물 명사 floor를 뒤에서 수식할 관계사절을 골라야 하므로 사물 명사를 수식할 수 있으면서 콤마와 함께 삽입되는 구조에 쓰일 수 있는 where 또는 which가 이끄는 관계사절 중에서 하나를 골라야 한다. 또한, 「where + 완전한 절」 또는 「which + 불완전한 절」의 구조가 되어 하므로 이 두 가지 중 하나에 해당되는 (b) where there is breathable air가 정답이다.

어휘   be stuck in ~에 갇혀 있다 overwhelming 압도적인 damp 젖은, 축축한 make sure to do 반드시 ~하도록 하다, ~하는 것을 확실히 하다 crawl 기어가다 close to ~와 가까이 allow A to 동사원형: A에게 ~할 수 있게 해주다, ~하도록 허용하다 breathable 숨을 쉴 수 있는

4.

정답   (d)

해석   명예 훈장은 미국에서 최고의 군사 훈장에 해당된다. 이 훈장은 3,500명이 넘는 사람들을 대상으로 수여되어 왔으며, 단 한 명의 여성, 즉 메리 에드워즈 워커 박사에게 남북 전쟁 중의 소중한 공헌에 대해 수여된 바 있다.

해설   빈칸에 알맞은 관계사절을 고르는 문제이다. 사물 명사 medal을 뒤에서 수식할 관계대명사절을 골라야 하므로 사물 명사를 수식할 수 있으면서 콤마와 함께 삽입되는 구조에 쓰일 수 있는 which가 이끄는 관계사절 (d) which has been bestowed upon more than 3,500 people이 정답이다.

어휘 | Medal of Honor 명예 훈장 decoration 훈장 award A to B: A를 B에게 수여하다, 주다(= bestow A upon B) valuable 소중한, 가치 있는 contribution 공헌, 기여

5.

정답 | (a)

해석 | 이탈리아에 있는 파비아 시빅 타워의 붕괴 사고가 1990년에 피사의 사탑에 대한 일시적인 폐쇄로 이어졌다. 폐쇄된 이 탑은, 마찬가지로 이탈리아에 위치해 있는데, 2001년에 안정을 되찾고 대중에게 다시 개방되었다.

해설 | 빈칸에 알맞은 관계사절을 고르는 문제이다. 사물 명사 tower를 뒤에서 수식할 관계대명사절을 골라야 하므로 사물 명사를 수식할 수 있으면서 콤마와 함께 삽입되는 구조에 쓰일 수 있는 which가 이끄는 관계사절 (a) which is also located in Italy가 정답이다.

어휘 | collapse 붕괴 lead to ~로 이어지다 temporary 일시적인, 임시의 closure 폐쇄, 닫음 restabilize ~을 다시 안정화시키다 reopen 다시 문을 열다 the public 일반인들 be located in ~에 위치해 있다

6.

정답 | (b)

해석 | 많은 올림픽 출전 선수들이 올림픽 경기의 공식 상징을 몸에 문신으로 새긴다. 이 상징은, 다섯 개의 서로 맞물려 있는 고리로 구성되어 있으며, 아메리카와 아시아, 아프리카, 유럽, 그리고 호주 등 다섯 개의 참가 대륙을 상징한다.

해설 | 빈칸에 알맞은 관계사절을 고르는 문제이다. 사물 명사 symbol을 뒤에서 수식할 관계대명사절을 골라야 하므로 사물 명사를 수식할 수 있으면서 콤마와 함께 삽입되는 구조에 쓰일 수 있는 which가 이끄는 관계사절 (b) which consists of five interlocking rings가 정답이다.

어휘 | athlete 운동 선수 have A p.p.: A를 ~되게 하다 official 공식적인, 정식의 tattoo ~을 문신으로 새기다 represent ~을 상징하다, 대표하다 participating 참가하는 continent 대륙 consist of ~로 구성되다 interlocking 서로 맞물려 있는

7.

정답 | (a)

해석 | 모나와 그녀의 여동생은 암스테르담의 여러 다른 관광 장소를 방문하고 싶어 한다. 자신들의 시간을 최대한 활용하기 위해, 이들은 따로 다니기로 결정했다. 점심 시간에, 이들은 함께 아침 식사를 했던 곳과 같은 카페에서 만날 것이다.

해설 | 빈칸에 알맞은 관계사절을 고르는 문제이다. 장소 명사 café를 뒤에서 수식할 관계사절을 골라야 하므로 장소 명사를 수식할 수 있는 where, that 또는 which가 이끄는 관계사절 중에서 하나를 골라야 한다. 또한, 「where + 완전한 절」 또는 「that/which + 불완전한 절」의 구조가 되어 하므로 이 두 가지 중 하나에 해당되는 (a) where they had their breakfast가 정답이다.

어휘 | spot 장소, 자리, 지점 make the most of ~을 최대한 활용하다 decide to 동사원형: ~하기로 결정하다 split up 따로 다니다, 흩어지다

8.

정답 | (d)

해석 | 브라질의 한 축구 선수가 다른 어떤 선수보다 가장 많은 월드컵 우승 기록을 보유하고 있다. 대중적으로 펠레라고 더 잘 알려진, 에드손 아란테스 두 나시멘토는 1958년과 1962년, 그리고 1970년에 FIFA 월드컵에서 우승했다.

해설 | 빈칸에 알맞은 관계사절을 고르는 문제이다. 사람 명사 Edson Arantes do Nascimento를 뒤에서 수식할 관계사절을 골라야 하므로 사람 명사를 수식할 수 있으면서 콤마와 함께 삽입되는 구조에 어울리는 who가 이끄는 관계사절 (d) who is more popularly known as Pelé가 정답이다.

어휘 | hold ~을 보유하다, 유지하다 be known as ~라고 알려지다 popularly 대중적으로, 일반적으로

9.

정답 | (a)

해석 | 일부 초보 변호사들은 재판 경험을 얻는 것이 힘들다고 불평한다. 대형 법률 회사에서 일하는 신입 변호사들은 이 소중한 경험을 얻을 기회가 거의 없는데, 흔히 재판까지 좀처럼 가지 않는 민사 사건을 배정받기 때문이다.

해설 | 빈칸에 알맞은 관계사절을 고르는 문제이다. 사람 명사 attorneys를 뒤에서 수식할 관계사절을 골라야 하므로 사람 명사를 수식할 수 있는 who가 이끄는 (a) who work in big law firms가 정답이다.

어휘 | novice 초보(자) complain that ~라고 불평하다, 불만을 제기하다 trial 재판 attorney 변호사 opportunity to 동사원형: ~할 수 있는 기회 gain ~을 얻다 valuable 소중한 assign A B: A에게 B를 배정하다, 할당하다 civil case 민사 사건 rarely 좀처럼 ~ 않다 law firm 법률 회사

10.

정답 | (d)

해석 | 『U.S. 뉴스 앤 월드 리포트』가 최고의 봄철 여행지에 관한 기사를 하나 실었다. 애리조나 주에 위치한 그랜드 캐니언이 1위 자리를 따냈다. 날씨가 허락한다면, 관광객들은 그곳에서 하루 종일 숨이 멎을 듯한 전망을 즐길 수 있다.

해설 | 장소 명사 Grand Canyon을 뒤에서 수식할 관계사절을 골라야 하므로 장소 명사를 수식할 수 있으면서 콤마와 함께 삽입되는 구조에 쓰일 수 있는 where 또는 which가 이끄는 관계사절 중에서 하나를 골라야 한다. 또한, 「where + 완전한 절」 또는 「which + 불완전한 절」의 구조가 되어 하므로 이 두 가지 중 하나에 해당되는 (d) which is located in the state of Arizona가 정답이다.

어휘 | publish (기사 등) ~을 싣다, 출간하다 destination 여행지, 목적지 earn ~을 얻다 A allow B to do: A가 B에게 ~할 수 있게 해 주다, A로 인해 B가 ~할 수 있다 breathtaking 숨이 멎을 듯한 view 전망, 경관 be located in ~에 위치해 있다

11.

정답 (b)

해석 에이브러험 링컨의 게티스버그 연설은 미국 역사상 가장 유명한 연설 중 하나이다. 그것은 1863년 11월 19일에 펜실베니아 주 게티스버그에 있는 국립군인묘지 개관식에서 연설되었는데, 그곳은 4개월 전에 전세를 결정짓는 전투가 벌어졌던 곳이다.

해설 빈칸에 알맞은 관계사절을 고르는 문제이다. 빈칸은 바로 앞에 언급된 Gettysburg, Pennsylvania에 대한 부연 설명이어야 한다. 선행사가 사람이 아니므로 which나 that이 들어간 (c)와 (d)가 적절하지만, 관계대명사인 which와 that은 그 뒤에 불완전한 절이 이어져야 하므로 (c)와 (d)는 오답이다. Gettysburg가 지명이므로 장소 관계부사 where 뒤에 완전한 절이 쓰일 수 있다. 문맥상 4개월 전에 전세를 결정짓는 전투가 벌어졌던 장소가 Gettysburg라는 의미가 성립하므로 정답은 (b) where a definitive battle had ben fought four months earlier이다.

어휘 address 연설 speech 연설 deliver (연설을) 하다 dedication 개관, 개관식 cemetery 공동 묘지 definitive 최종적인, 결정적인 battle 전투

12.

정답 (b)

해석 써클빌 주민은 이번 주말에 가장 인기가 좋은 지역 피자 가게를 잃은 것으로 인해 크게 동요하고 있다. 버티스 파이스는 20년도 더 전에 개업하였는데, 지난 금요일 밤에 기름에 붙은 불이 걷잡을 수 없이 번지면서 모두 불타버렸다. 다행히도 그 화재에서 다친 사람은 아무도 없었다.

해설 빈칸에 알맞은 관계사절을 고르는 문제이다. 빈칸은 콤마(,) 앞에 있는 Bertie's Pies에 대한 부연 설명이 들어가야 한다. 문맥상 Bertie's Pies는 앞 문장에서 언급된 a favorite local pizza shop인 것을 알 수 있다. 즉, 선행사가 사물이므로 사물 선행사를 수식하는 관계대명사 which가 쓰인 (b)가 정답이다. (b)에서는 주어가 없는 불완전한 문장이 이어져 있으므로 which가 주격관계대명사로 쓰였다는 것을 알 수 있다. Bertie's Pies가 장소 명사이기 때문에 관계부사 where도 쓰일 수 있지만, 관계부사 뒤에는 완전한 절이 이어져야 하는데 보기 중에 where가 쓰인 (a)는 where 뒤에 주어가 없는 불완전한 절이 이어져서 오답이다.

어휘 community 주민, (마을) 공동체 reel 크게 동요하다, 휘청거리다 loss 분실, 손실 favorite 가장 좋아하는, 인기가 좋은 burn down (화재로) 다 타버리다, 소실되다 grease 기름, 그리스 out of control 겉잡을 수 없이, 통제할 수 없이 luckily 다행히 harm 해를 끼치다, 해치다 blaze 대형 화재 decade 10년

13.

정답 (d)

해석 <쥬라기 월드: 도미니언>은 열대 지방의 섬에서 미친듯이 날뛰는 거대 파충류에 관한 인기 영화 시리즈의 최신 작품이다. 크리스 프랫과 브라이스 댈라스 하워드가 그 영화에서 주인공으로 출연하는데, 그들은 가능한 많은 사람을 – 그리고 공룡도 – 구하기 위해 다시 한번 팀을 이룬다.

해설 빈칸에 알맞은 관계사절을 고르는 문제이다. 빈칸은 콤마(,) 앞에 있는 두 사람 Chris Pratt and Bryce Dallas Howard에 대한 부연 설명이 들어가야 한다. 앞에 있는 명사는 사람 이름이므로 사람이 선행사일 때 쓰이는 관계대명사 who가 쓰인 (d)가 정답이다. that은 계속적 용법으로 쓸 수 없어서 콤마(,) 뒤에 쓸 수 없으므로 (b)는 오답이다.

어휘 latest 최신의 popular 인기있는 series (영화, 텔리비전의) 시리즈물 giant 거대한 reptile 파충류 run amok 미친듯이 날뛰다 tropical 열대의, 열대지방의 team up 팀을 이루다, 협력하다 dinosaur 공룡 star (드라마, 영화에서) 주연으로 출연하다

14.

정답 (b)

해석 대중적인 의견은 아닐지도 모르지만, 나 자신은 호라이즌 비스토에서의 식사에 감명받지 못했다. 나를 담당한 웨이터는 메뉴에 대해 아무것도 말하지 못했으며, 그 식당에서 가장 유명한 요리는 매진이었다. 내가 그것을 주문하려고 했을 때는 6시 밖에 되지 않았다.

해설 빈칸에 알맞은 관계사절을 고르는 문제이다. 빈칸은 콤마(,) 앞에 있는 the dish에 대한 부연 설명이 들어가야 한다. 따라서 사물 선행사를 수식하는 관계대명사 which나 that이 쓰인 (b)가 정답이다. 소유격 관계대명사 whose는 '그 요리의 식당'이라는 어색한 의미가 되므로 (a)는 오답이다.

어휘 popular 인기있는, 대중적인 opinion 의견 for one 자신은 be impressed with ~에 감명 받다 meal 식사 server (식당에서) 서빙 담당자, 웨이터 dish 요리 sold out 매진된, 다 팔린 be known for ~로 유명한, ~로 알려진

15.

정답 (a)

해석 미국에서의 휴가의 다양함은 현대 미국을 정의하는 문화적 다양성을 반영한다. 예를 들어, 신코 데 마요(Cinco de Mayo)는 1862년 멕시코군의 승리를 기념하는 것인데, 그것이 지금은 멕시코-아메리칸 문화의 기념일이 되었고, 미국 전역에서 인기가 있다.

해설 빈칸에 알맞은 관계사절을 고르는 문제이다. 빈칸은 콤마(,) 앞에 있는 Cinco de Mayo에 대한 부연 설명이 들어가야 한다. 따라서 사물 선행사를 수식하는 관계대명사 which가 쓰인 (a)가 정답이다. that은 계속적 용법으로 쓸 수 없어서 콤마(,) 뒤에 쓸 수 없으므로 (b)는 오답이다. Cinco de Mayo가 휴가 기간을 나타내므로, 시간 명사가 선행사일 때 쓰는 관계부사 when이 쓰일 수 있지만 관계부사 뒤에는 완전한 절이 이어져야 하므로 (c)도 오답이다.

어휘 range 다양함, 범위 reflect 반영하다 cultural 문화의, 문화적인 diversity 다양성 define 정의하다 contemporary 현대의, 동시대의 for instance 예를 들면 celebration 기념일 across 전체에 걸쳐 commemorate 기념하다 victory 승리

16.

정답   (a)

해석   매출을 증가시키기 위해, 워튼 전자의 최고경영인은 또 다른 인센티브 프로그램이 이번 분기 말까지 운영될 것이라고 발표하였다. 이 프로그램에 따르면, 가장 많은 전자제품을 판매하는 직원은 모든 비용이 지불된 바마하행 유람선 2인용 티켓을 받을 것이다.

해설   빈칸에 알맞은 관계사절을 고르는 문제이다. 빈칸은 앞에 있는 명사 the employee 수식하는 관계사절이어야 한다. the employee는 사람 명사이므로, 선행사가 사람일 때 쓰는 관계대명사 who가 쓰인 (a)가 정답이다.

어휘   increase 증가시키다 sales 매출, 영업 announce 발표하다 incentive 인센티브, 우대 정책 run 운영하다 quarter 분기(4개월 단위) according to ~에 따르면, ~에 따라 all-expenses paid 모든 비용이 이미 지불된, 경비의 전액이 지원되는 cruise 유람선 appliance 가전 제품

17.

정답   (a)

해석   비틀즈는 1969년 1월 30일에 마지막 라이브 공연을 자신들의 애플 콥스 본사 옥상에서 하였다. 그들이 즉석 콘서트를 열었던 그 옥상은 지금은 아직도 열정적인 비틀즈 팬들에게는 순례의 목적지이다.

해설   빈칸에 알맞은 관계사절을 고르는 문제이다. 빈칸에 쓰일 관계사절은 콤마 앞에 언급된 선행사 The rooftop에 대한 부연 설명이어야 한다. 선행사가 사람이 아니므로 which가 들어간 (c)가 적절하지만, 관계대명사인 which는 그 뒤에 불완전한 절이 이어져야 하므로 (c)는 오답이다. 선행사가 The rooftop이라는 특정 장소를 가리키는 것으로 볼 수 있기 때문에 장소 관계부사 where과 그 뒤의 완전한 절로 the rooftop을 장소 부사로서 수식할 수 있다. 문맥상 비틀즈(they)가 즉흥 콘서트를 열었던 장소가 그 옥상이라는 의미가 성립되므로 (a) where they held the impromptu concert가 정답이다.

어휘   live 라이브의, 실황 공연의 performance 공연 rooftop 옥상 headquarters 본사 diehard 완고한 impromptu 즉석에서 한, 즉흥적으로 한 pilgrimage 순례, 성지 참배 destination 목적지, 도착지

18.

정답   (d)

해석   RMS 타이타닉 호의 비극적인 사건이 벌어진 후, 몇몇 신문들은 구명선에 승객이 다 탑승하기도 전에 배로부터 멀리 떠나보낸 것에 대해 선원들을 비난하였다. 하지만, 거대한 선박에 너무 가까이였던 구명선은 모두 선박이 가라앉을 때 물속으로 딸려 들어갔을 것이다.

해설   빈칸에 알맞은 관계사절을 고르는 문제이다. 빈칸은 앞에 있는 명사 any lifeboat 수식하는 관계사절이어야 한다. any lifeboat는 사물 명사이므로, 선행사가 사물일 때 사용되는 관계대명사 which나 that이 쓰여야 한다. 보기 중에 which가 없으므로 that이 쓰인 (d)가 정답이다. 선행사인 any lifeboat를 장소 명사로 보고 관계부사 where가 사용될 수는 있지만, (a)에서 쓰인 주어 it이 선행사인 any lifeboat를 지칭하게 되므로 어법상 어색해진다.

어휘   in the aftermath of ~의 직후에, ~에 뒤이어 tragedy 비극, 비극적인 사건 criticize 비난하다 crew 선원 fully loaded 가득 실린, (승객이) 가득 탑승한 pull under ~의 아래로 가라앉다 sink 가라앉다, 침몰하다 massive 거대한, 육중한

19.

정답   (a)

해석   최근 몇 년간의 와인 관광 호황은 수백만 명의 메를로 애호가들을 캘리포니아의 와인 카운티로 유혹하였는데, 그곳은 고급 와인 재배 지역으로 전세계에 알려져 있다. 샌프란시스코 북부에 위치한 이 지역에는 400 곳이 넘는 와인 양조장이 있으며, 대부분 그 지역의 수많은 계곡에 위치해 있다.

해설   빈칸에 알맞은 관계사절을 고르는 문제이다. 빈칸은 콤마(,) 앞에 있는 명사 California's Wine Country에 대한 부연 설명이어야 한다. California's Wine Country가 사물이므로 선행사가 사물일 때 사용되는 관계대명사 which가 쓰인 (a)가 정답이다. California's Wine Country가 지명이므로 관계부사 where이 쓰일 수 있지만, 관계부사 뒤에는 주어, 동사가 모두 포함된 완전한 절이 이어져야 하는데 (b)에는 주어가 없으므로 오답이다. that은 계속적 용법으로 쓸 수 없어서 콤마(,) 뒤에 쓸 수 없으므로 (d)는 오답이다.

어휘   boom 호황 tourism 관광(업) lure 유혹하다 millions of 수백만의 Merlot 메를로(적포도주용 포도나무 일종) enthusiast 열광적인 팬, 열렬한 애호가 winery 포도주 양조장 north 북쪽에 located in ~에 위치한 numerous 많은 valley 계곡, 골짜기 worldwide 전세계적으로 premium 고급의 growing region 재배 지역

20.

정답   (b)

해석   시청자들은 오늘 밤 <탤런티드 아메리칸 싱어>의 시즌 마지막화에 채널을 맞출 것이다. 지난 시즌과 같이, 대회에서 우승하는 참가자는 앨범을 녹음하고 전국 콘서트 투어를 시작할 것이다.

해설   빈칸에 알맞은 관계사절을 고르는 문제이다. 빈칸 앞에 위치한 사람 명사 the contestant를 뒤에서 수식할 관계사절을 골라야 하므로 사람 명사를 수식할 수 있는 that과 whom이 쓰인 관계사절 중에서 고른다. 관계대명사 whom은 사람이 선행사이고 관계대명사절에서 목적어 역할을 하므로 whom 뒤에 목적어가 없는 주어와 동사로 이루어진 절이 위치해야 한다. 선택지에 있는 the competition은 동사 wins의 목적어이므로 (c)는 오답이다. 따라서 that으로 시작하는 관계대명사 (b) that wins the competition이 정답이다.

어휘   viewer 시청자 across 전체에 걸쳐 tune into ~로 채널을 맞추다 finale 마지막화 as in ~의 경우와 같이 past 지난, 과거의 contestant 대회 참가자 record (음반을) 녹음하다 album 음반 embark on ~을 시작하다, ~에 착수하다 competition 대회

21.

정답 (a)

해석 <코다>는 2022년 오스카에서 최고 작품상을 포함하여 몇 개의 상을 가져 갔다. 대부분 청각 장애인이 주연을 맡은 이 영화는 모든 층을 대상으로 하는 영화 제작의 시초로 일컬어지고 있다.

해설 빈칸에 알맞은 관계사절을 고르는 문제이다. 빈칸 앞에 위치한 명사 The film을 뒤에서 설명할 관계사절을 골라야 한다. The film이 사람이 아니므로 which 또는 that이 이끄는 관계사절 중에서 하나를 골라야 하는데, 빈칸 앞에 콤마(,)가 있으므로 that으로 시작하는 선택지를 소거해야 한다. 따라서 「which + 불완전한 절」의 구조가 되어야 하므로 이에 해당되는 (a) which features a predominantly deaf cast가 정답이다.

어휘 take home 가지고 가다, 가지고 집으로 가다 Oscars 미국 아카데미 영화 시상식 best picture 최고 작품상 film 영화 hail 묘사하다, 일컫다 breakthrough 돌파구 inclusive 모두 포용하는 (특히 약소계층을 조명하는 영화 유형) filmmaking 영화 제작 feature ~를 주연으로 하다 predominantly 대개, 대부분 deaf 청각 장애인 cast 출연자

22.

정답 (b)

해석 핵가족의 개념은 대체로 소비지상주의에 의해 형성되었다. 그것은 광고업계가 미국의 문화와 상업 전체에 엄청난 영향력을 가졌던 1950년대의 여러 광고에서 자주 이용되었던 영상이다.

해설 빈칸에 알맞은 관계사절을 고르는 문제이다. 빈칸에 쓰일 관계사절은 앞에 언급된 선행사 the 1950s에 대한 부연 설명이어야 한다. 선행사가 사람이 아니므로 which나 that이 들어간 (c)와 (d)가 적절하지만, 관계대명사 which와 that은 그 뒤에 불완전한 절이 이어져야 하므로 (c)와 (d)는 오답이다. 선행사가 the 1950s라는 특정 시간대를 가리키는 것으로 볼 수 있기 때문에 시간 관계부사 when과 그 뒤의 완전한 절로 the 1950s를 시간 부사로서 수식할 수 있다. 문맥상 광고업계가 엄청난 영향력을 가졌던 때가 1950년대라는 의미가 성립되므로 (b) when the advertising industry held an incredible amount of influence가 정답이다.

어휘 concept 개념 nuclear family 핵가족 largely 대체로, 주로 shape 형성하다 consumerism 소비지상주의 image 영상, 형상 frequently 빈번히, 자주 utilize 이용하다, 활용하다 ad 광고 commerce 상업 advertising industry 광고업계 hold 가지다, 보유하다 incredible 엄청난, 믿을 수 없는 amount of ~의 양 influence 영향력

23.

정답 (a)

해석 올 여름에 열릴 제피르 힐스 뮤직 페스티벌의 참석 예정자 목록이 아직 발표되지 않았지만 사전 판매 티켓이 이미 매진되었다. 그 행사의 주 공연자로 항상 유명 밴드가 나오기 때문에, 음악 팬들은 무엇을 기대할지 알고 있다.

해설 빈칸에 알맞은 관계사절을 고르는 문제이다. 사람 명사 the band를 뒤에서 수식할 관계사절을 골라야 하므로 사람 명사를 수식할 수 있는 whom 또는 that이 이끄는 관계사절 중에서 하

나를 골라야 한다. 또한, 「whom + 목적어가 없는 불완전한 절」 또는 「that + 불완전한 절」의 구조가 되어야 하므로 이 두 가지 중 하나에 해당되는 (a) that headlines the event가 정답이다. (b)는 whom이 목적격관계대명사이기 때문에 뒤에 목적어가 없는 불완전한 절이 위치해야 하는데 the event라는 목적어가 있으므로 오답이다.

어휘 pre-sale 사전 판매 sold out 다 팔린, 매진된 even though 비록 ~하더라도 line-up 참석 예정자 목록 announce 발표하다 big name 유명인, 일류 expect 기대하다, 예상하다 headline 주 공연자로 나오다 event 행사

24.

정답 (b)

해석 프롬 소프트웨어의 <엘든 링>은 1천 3백만 개 이상이 팔렸으며, '올해 최고의 게임'이 될 것으로 예상된다. 그 롤플레잉 게임은 무분별하게 확산하는 개방적 세계를 배경으로 하며, 집중력과 끈기를 모두 요구하는 도전 의식을 북돋우는 게임 플레이를 특징으로 한다.

해설 빈칸에 알맞은 관계사절을 고르는 문제이다. 선행사 challenging gameplay가 사람이 아니므로 which 또는 that이 이끄는 관계사절 중에서 하나를 골라야 한다. 「which + 불완전한 절」 또는 「that + 불완전한 절」의 구조가 되어야 하므로 이 두 가지 중 하나에 해당되는 (b) that requires both focus and persistence가 정답이다.

어휘 sell 팔리다 more than ~이상의, ~가 넘는 million 백만의 unit (단위) 한 개 likely ~할 가능성이 있는, ~할 것으로 예상되는 be set in ~를 배경으로 하다 sprawling 불규칙하게 뻗어 나가는 feature ~을 특징으로 하다 challenging 도전 의식을 북돋우는, 도전적인 require 요구하다 both A and B: A와 B 둘 다 focus 집중(력) persistence 끈기

G-TELP KOREA 공식 기출문제 제공 & 기출변형문제 수록

지텔프 G-TELP
기출 문법

노베이스 기초문법

시원스쿨 LAB

01 영어의 품사

❶ 품사의 이해

단어를 그 활용법(=기능)에 맞추어 분류한 것을 품사라고 합니다. 같은 품사의 단어들은 같은 성질과 사용법을 가집니다. 단어를 사용법에 따라 구분하는 이유는 단어들이 배치되는 순서, 즉 사용법을 정확히 따르지 않으면 말의 의미를 이해하기가 어렵기 때문입니다.

Tom Jane called.
톰 제인 전화했다.

남자와 여자가 전화로 통화를 하는 이 그림을 보고 Tom Jane called.라고 말한다면 무슨 뜻인지 정확히 이해할 수 있을까요?

영어에서 called처럼 행위를 나타내는 단어는 동사라는 품사에 해당합니다. 이 동사 품사의 가장 큰 특징은 행위를 하는 사람이 동사 앞에 나오고, 행위를 당하는 사람이 그 뒤에 나온다는 것입니다. 그래서 위의 예문처럼 말한다면, 두 사람이 동시에 전화를 걸었고 전화를 받는 사람이 없는 이상한 상황이 됩니다. 만약 동사 품사의 사용법을 제대로 알고 있었다면, Tom called Jane.(톰이 제인에게 전화했다.) 또는 Jane called Tom.(제인이 톰에게 전화했다.)이라고 말했을 것입니다.

행위자 + 동사 + 행위 대상 = 😊

이렇게 품사는 단어들을 배치하여 올바르게 말하는 방법 또는 그 말을 올바르게 이해하는 방법을 나타내는 핵심 요소입니다. 영어에서는 단어를 명사, 대명사, 동사, 형용사, 부사, 전치사, 접속사, 감탄사 등 8개의 품사로 구분합니다.

❷ 명사

사람 또는 사물의 이름을 나타내는 단어를 명사라고 합니다.

1. 명사의 주요 용법

- 형용사의 꾸밈을 받음
- 동사의 주어, 목적어, 또는 보어로 사용됨
- 둘 이상일 때 복수 형태를 가지는 가산명사는 형용사 또는 동사와 수가 일치해야 함

<수에 따른 명사의 구분과 동사와의 수 일치 관계>

2. 명사의 종류

- **가산명사**: 나눌 수 있으므로 셀 수 있는 명사
    - **단수명사**: 가산명사가 나타내는 사물이 하나일 때 명사의 기본형
    - **복수명사**: 가산명사가 나타내는 사물이 두 개 이상일 때 명사의 기본형+(e)s 형태

- **불가산명사**: 나누어 지지 않아 셀 수 없으므로 복수 형태 사용 불가
    - **물질명사**: 물체를 구성하는 가장 기본 요소인 물질을 나타내는 명사
        예시 rice 쌀 sand 모래 water 물 air 공기
    - **추상명사**: 실체가 없는 개념을 나타내는 명사
        예시 luck 운 order 질서 happiness 행복 music 음악

❸ 대명사

영어에서는 같은 단어를 반복해서 사용하는 것을 피하는 경향이 있습니다. 그래서 앞에 나온 명사를 그대로 사용하지 않고 다른 말로 바꾸어 나타내는데, 이렇게 앞에 사용된 명사 대신 사용되는 단어를 대명사라고 합니다.

1. 대명사의 주요 용법

- 사람을 가리킬 때는 인칭대명사, 사물/사람 여러 명을 가리킬 때는 지시대명사를 사용
- 가리키는 명사의 수(단수, 복수)와 격(주격, 목적격, 소유격)에 맞는 대명사를 사용

2. 인칭대명사

1인칭(나: 자신), 2인칭(너: 상대방), 3인칭(나도 너도 아닌 제3자)으로 나뉘며, 명사와 마찬가지로 단수와 복수의 형태를 지닙니다. 문장 내에서 주어의 역할을 하는 주격, 목적어의 역할을 하는 목적격, 그리고 소유자를 나타내는 소유격 등의 형태가 다른데, 반드시 격에 맞는 대명사를 사용해야 합니다.

		주격	소유격	목적격
1인칭 단수		I 나는/내가	my 나의	me 나에게/나를
1인칭 복수		we 우리는/우리가	our 우리의	us 우리에게/우리를
2인칭 단수/복수		you 너는/네가/너희들이	your 너의/너희들의	you 너에게/너를
3인칭 단수	남	he 그는/그가	his 그의	him 그에게/그를
	여	she 그녀는/그녀가	her 그녀의	her 그녀에게/그녀를
	중성	it 그것은/그것이	its 그것의	it 그것에게/그것을
3인칭 복수		they 그들은/그들이	their 그들의	them 그들에게/그들을

3. 지시대명사

가까이 또는 멀리 있는 사람과 사물을 가리킬 때 사용하며, 가리키는 명사가 단수인지, 복수인지에 따라 알맞게 사용하는 것이 중요합니다.

단수	복수
this 이것	these 이것들, 이 사람들
that 저것	those 저것들, 저 사람들

❹ 동사

동사는 상태 또는 동작을 나타내는 단어입니다. 의사전달의 핵심 역할을 하는 품사이므로 매우 중요한 영역입니다.

1. 동사의 주요 용법

- 앞에 행위자를 나타내는 주체(= 주어)를 반드시 가짐
- 뒤에 행위를 당하는 대상(= 목적어)을 가질 수 있음
- 주어의 수에 맞추어 단수형과 복수형을 구분하여 사용함
- 행위가 이뤄지는 시간에 맞추어 시제 변화를 함
- 행위를 당하는 대상(= 목적어)을 주어로 사용할 수 있음 ❍ 수동태
- 동사의 형태를 변화시켜 다른 품사로 사용할 수 있음 ❍ to부정사, 동명사, 분사

2. 자동사와 타동사

- **자동사**: 동사의 행위가 주어에게만 미치기 때문에 목적어가 필요하지 않음

  예시 Jake **works** late. 제이크는 늦게까지 일한다.
  ❍ Jake가 혼자 일하는 것이며, 다른 사람에게 행위가 미치지 않음

- **타동사**: 동사의 행위가 다른 사람이나 사물에게 미치므로 행위를 당하는 대상인 목적어가 필요

  예시 The manager **reviewed** my report. 매니저가 내 보고서를 검토했다.
  ❍ 검토하는 행위에는 대상이 필요함

3. 동사의 수 일치

동사는 행위자를 나타내는 주어의 수에 맞추어 수 일치 변화를 해야 합니다.

- **단수주어 + 단수동사**: 단수동사는 동사의 기본형+(e)s

  예시 **The woman is** playing the guitar. 여자가 기타를 연주하고 있다.
  　　단수명사 + 단수동사

- **복수주어 + 복수동사**: 복수동사는 동사의 기본형

  예시 **They are** playing music. 사람들이 음악을 연주하고 있다.
  　　복수명사 + 복수동사

4. 동사의 시제 변화

동사는 행위가 발생하는 시점에 맞추어 시제 변화를 해야 합니다.

시제	시제별 동사 형태
현재시제	동사원형 또는 동사원형(e)s
과거시제	동사원형ed ❍ 전혀 다른 형태를 사용하는 불규칙변화도 있음
미래시제	will + 동사원형 / be going to + 동사원형
현재진행시제	am/are/is + 동사원형ing ❍ be동사의 수 변화 형태에 유의
과거진행시제	was/were + 동사원형ing ❍ be동사의 수 변화 형태에 유의
미래진행시제	will be + 동사원형ing
현재완료시제	have/has + 동사원형ed ❍ 전혀 다른 형태를 사용하는 불규칙변화도 있음
과거완료시제	had + 동사원형ed ❍ 전혀 다른 형태를 사용하는 불규칙변화도 있음
미래완료시제	will have + 동사원형ed ❍ 전혀 다른 형태를 사용하는 불규칙변화도 있음
현재완료진행시제	have/has been 동사원형ing
과거완료진행시제	had been 동사원형ing
미래완료진행시제	will have been 동사원형ing

- 현재시제를 나타내는 시간 표현: now 현재, these days 요즘, currently 현재
- 과거시제를 나타내는 시간 표현: yesterday 어제, last week 지난주에
- 미래시제를 나타내는 시간 표현: tomorrow 내일, next week 다음 주에

5. 동사의 수동태

목적어가 동사의 주어 자리에 오는 경우가 있는데, 이 형태를 수동태라고
하며, '~받다, ~되다, ~지다, ~당하다'처럼 해석합니다.

- 수동태 동사 형태: be + 동사원형ed

  예시 **Mr. Muller** is repairing **the car**. 밀러 씨가 차를 수리하고 있다. ❍ 능동태
       주어   목적어

  The car is being repaired by **Mr. Muller**. 차가 밀러 씨에 의해 수리되고 있다. ❍ 수동태
       주어   목적어

6. 동사의 다양한 변화 형태

■ 준동사의 이해

준동사란 동사의 형태를 바꾸어 다른 품사처럼 사용하는 것을 말하며, 대표적으로 to부정사, 동명사, 분사가 있습니다. 각 준동사는 동사를 변형한 것이므로 동사의 성질을 그대로 유지합니다. 따라서 동사가 목적어를 가지거나 부사의 수식을 받는 것처럼, 준동사도 동일하게 목적어를 가지거나 부사의 수식을 받을 수 있습니다.

준동사	형태	역할	의미
to부정사	to + 동사원형	명사	~하는 것
		형용사	~할, ~하는
		부사	~하기 위해서, ~해서, ~하기에 등
동명사	동사원형ing	명사	~하는 것
분사	동사원형ing (현재분사)	형용사	~하는, ~하고 있는
	동사원형ed (과거분사)	형용사	~된, ~되어진

■ to부정사

to부정사는 동사원형 앞에 to를 붙인 형태로, 명사, 형용사, 부사의 역할을 할 수 있습니다.

예시 The company decided **to move** its head office. 그 회사는 본사를 옮기기로 결정했다.

　○ 명사 역할

예시 I took the opportunity **to attend** the workshop. 나는 워크샵에 참석할 기회를 잡았다.

　○ 형용사 역할

예시 Please visit our Web site **to find** reviews. 후기를 찾기 위해 웹사이트에 방문해주세요.

　○ 부사 역할

■ 동명사

동명사는 동사에 ing를 붙인 형태로서, 말 그대로 동사에 명사의 용법을
추가한 것입니다. 따라서 명사처럼 문장 내에서 주어, 목적어, 보어로 사용
할 수 있습니다.

예시 **Reducing** costs is very important.

비용을 줄이는 것은 매우 중요하다.

○ 주어

예시 You should avoid **arriving** late. 늦게 도착하는 것을 피해야 한다.

○ 목적어

예시 Our goal is **providing** the best service. 우리의 목표는 최고의 서비스를 제공하는 것이다.

○ 보어

■ 분사

분사는 동사에 ing 또는 ed를 붙여 만들며, 형용사처럼 명사를 수식할 수 있습니다. 분사에는 현재분사와
과거분사 두 가지가 있습니다. 보통 분사는 명사를 앞에서 수식하지만, 3단어 이상일 때는 명사를 뒤에서 수
식합니다.

– 현재분사: 수식하는 명사가 행위 주체일 때 동사에 ing를 붙인 형태

예시 We are concerned about the **rising** costs.

우리는 상승하는 비용에 대해 걱정하고 있다.

예시 I am looking for a store **selling** fresh fruits.

나는 신선한 과일을 판매하는 가게를 찾고 있다.

– 과거분사: 수식 받는 명사가 행위 대상일 때 동사에 ed를 붙인 형태
　　　　　전혀 다른 형태를 사용하는 불규칙변화 동사도 있음

예시 I received the **updated** files.

나는 업데이트된 파일들을 받았다.

예시 The prices **listed** on the brochure are reasonable.

안내책자에 나열된 가격들은 합리적이다.

❺ 형용사

형용사는 명사의 크기, 모습, 상태, 성질, 신분 등과 같은 특징을 설명하는 말입니다.

1. 형용사의 주요 용법

■ 명사 수식: 형용사는 원칙적으로 명사의 앞에서 명사를 수식함

예시 **good** people 좋은 사람들
　　　형용사

■ 보어의 기능: 주어 또는 목적어로 쓰인 명사를 뒤에서 보충 설명함

예시 The meeting room is **clean**. 회의실은 깨끗하다.
　　　명사(주어)　　　　　형용사(주격보어)

　❍ 동사 뒤에 위치하여 주어인 명사를 설명하는 형용사는 주격보어

예시 Please keep the meeting room **clean**. 회의실을 깨끗하게 유지하십시오.
　　　　　　명사(목적어)　　　형용사(목적격보어)

　❍ 목적어인 명사 뒤에 위치하여 목적어를 설명하는 형용사는 목적격보어

2. 형용사의 일반적인 형태

다음의 형태로 끝나는 단어는 형용사로 분류되며, 이에 대한 여러 예시도 함께 학습하여 독해의 동의어 문제에 대비할 수 있습니다.

단어 끝 형태	대표적인 예
-ful	successful 성공적인 useful 유용한 helpful 도움이 되는
-ive	positive 적극적인 impressive 인상적인 innovative 혁신적인
-al	usual 보통의 national 전국적인 local 지역의
-able/-ible	available 이용 가능한 reliable 믿을 수 있는 responsible 책임이 있는
-ous	serious 심각한 various 다양한 luxurious 호화로운
-ent	dependent 의존적인 excellent 훌륭한
-y	easy 쉬운 necessary 필요한 ready 준비된

❻ 부사

부사는 명사, 형용사, 동사, 부사는 물론 문장도 꾸며줄 수 있습니다. 하지만 기본적인 의미를 더 강조하는 기능을 하므로 문장의 필수 요소에 포함되지는 않습니다.

1. 부사의 주요 용법

- 명사, 형용사, 동사, 또 다른 부사, 문장 전체를 수식할 수 있음

  예시 She sings **really** well. ◐ 부사 really가 다른 부사 well을 수식
  그녀는 노래를 정말로 잘 부른다.

- 꾸며주는 단어의 앞 또는 뒤에 올 수 있음

  예시 The product was **greatly** successful. ◐ 형용사 앞에 위치
  그 제품은 대단히 성공적이었다.

  예시 They arrived **early** at the airport. ◐ 동사의 뒤에 위치
  그들은 공항에 일찍 도착했다.

- 동사를 꾸며줄 때에는 문장 맨 끝에 올 수 있음
- 문장 전체를 꾸며줄 때에는 문장 맨 앞에 와야 함

2. 부사의 형태

부사의 기본 형태는 「형용사 + ly」이지만, 다른 형태를 지닌 부사들도 있습니다.

- 「형용사 + ly」 = 부사

  newly 새롭게 surely 확실히 widely 널리 highly 매우/몹시 greatly 몹시/크게 really 정말로
  kindly 친절히 fortunately 다행히 previously 이전에

- 「형용사 + ly」 형태가 아닌 부사들: 주로 시간이나 정도를 나타냄

시간 부사	later 나중에 now 지금 today 오늘 always 항상
정도 부사	well 잘, 좋게 very 매우 also 또한

- 「명사 + ly」 = 형용사

  friendly 친절한 costly 많은 돈이 드는 timely 때에 맞춘 ◐ ly가 붙었더라도 부사가 아님에 유의

❼ 전치사

전치사는 명사 또는 대명사 앞에 위치하여, 이 단어들을 전치사 앞의 다른 단어들과 특별한 관계로 연결합니다.

1. 전치사의 주요 용법

- 명사와 명사를 연결

  예시 The man **in** the white suit is the new CEO. 흰색 양복을 입은 사람은 신임 대표이다.
  명사 + [전치사 + 명사]

- 명사와 결합해 부사의 역할

  예시 The schedule is posted **on** the wall. 일정이 벽에 걸려있다.
  동사 + [전치사 + 명사]

- 자동사와 결합하여 명사 목적어를 연결

  예시 I talked **with** him yesterday. 나는 어제 그와 이야기를 나누었다.
  동사 + [전치사 + 명사 목적어]

2. 전치사의 종류

전치사는 앞의 단어와 뒤의 명사를 연결하는 관계, 즉 전치사로 연결된 두 개의 단어를 해석하는 방법을 나타냅니다.

종류	대표적인 전치사
장소/방향/위치	in ~안에 at ~에 on ~위에 to ~로 from ~로부터
시간/기간	in ~월에/년도에 at ~시에 for ~동안에 until ~까지 before ~전에
목적/대가	for ~을 위해, ~의 대가로 at ~의 가격/수준에
수단	with ~을 가지고, ~와 함께 by ~로써
주제/근거	about ~에 관해 on ~에 관해
소유, 부분	of ~의, ~중에서

⑧ 접속사

접속사는 기본적으로 성질이 같은 두 개의 요소를 연결하는 접착제의 역할을 하며, 연결하는 관계에 따라 해석이 달라집니다.

1. 접속사의 주요 용법

- 명사와 명사, 형용사와 형용사 또는 절과 절 등 성질이 같은 두 개의 요소를 연결

  예시 We will visit your office on <u>Monday</u> **or** <u>Tuesday</u>.
  명사 + 접속사 + 명사

  우리는 월요일 또는 화요일에 귀하의 사무실을 방문할 것입니다.

2. 접속사의 종류

접속사가 연결하는 관계에 따라 등위접속사와 종속접속사 두 가지로 분류합니다.

- **등위접속사**: and 그리고 or 또는 but 그러나

  예시 <u>Shane</u> **and** <u>Michael</u> will attend the meeting. 셰인과 마이클이 회의에 참석할 것이다.
  사람 + 접속사 + 사람

  ◐ and로 연결되는 앞 뒤 요소가 둘 다 같은 성질(= 사람)이며, 같은 행위(= 회의 참석)를 함

- **종속접속사**: that ~라는 내용 when ~할 때 because ~때문에 although 비록 ~지만 who ~한 사람

  예시 **When** <u>you visit Korea</u>, <u>please give me a call</u>. 한국을 방문하시면, 제게 전화주세요.
  종속절(= 주절 수식)   주절(= 핵심 내용)

  ◐ 부사절 접속사: 접속사와 직접 연결된 절이 주절을 꾸며주는 부사의 역할

  예시 <u>The manager said</u> **that** <u>there will be a new project soon</u>.
  주절   접속사   종속절(= 주절의 목적어)

  매니저는 곧 새로운 프로젝트가 있을 거라고 말했다.

  ◐ 명사절 접속사: 접속사와 직접 연결된 절이 주절의 목적어 역할 (주어 역할도 가능)

  예시 <u>I will meet the contractor</u> **who** <u>called our office last week</u>.
  주절(= 핵심 내용)   종속절(= 주절의 부속)

  나는 지난주에 우리 사무실로 전화했던 계약업자를 만났다.

  ◐ 형용사절 접속사: 접속사와 직접 연결된 절이 앞의 명사를 꾸며주는 형용사의 역할

02 절과 구

❶ 절의 이해

영어에서 의미를 전달하는 최소의 단위를 '절'이라고 합니다. 그리고 절은 행위를 하는 주체인 주어와 행위를 나타내는 동사로 구성됩니다. 그런데 동사는 종류에 따라 뒤에 행위를 당하는 대상을 반드시 동반해야 하는 경우도 있습니다.

1. 절의 기본 구조

■ 주어 + 동사: 동사의 행위와 관련된 대상이 주어 하나 뿐입니다.

> 예시 Chris is lying down. 크리스가 누워 있다.
>   주어   동사
>
> ❍ 누워 있는(is lying down) 행위와 연관된 것이 행위자인 Chris밖에 없음

■ 주어 + 동사 + 목적어

> 예시 Chris is eating snacks. 크리스가 과자를 먹고 있다.
>   주어   동사   목적어
>
> ❍ 먹고 있는(is eating) 행위와 연관된 것이 행위자인 크리스와 과자(snacks)도 있으므로 목적어 필요

2. 절과 문장의 구분

완전한 의미를 전달할 수 있는 단어들이 모인 것을 문장이라고 합니다. 그런데 앞에서 의미를 전달하는 최소 단위를 절이라고 했습니다. 즉, 하나의 절이 하나의 문장이 될 수 있고, 둘 이상의 절이 하나의 문장을 구성할 수도 있습니다. 둘 이상의 절이 하나의 문장을 구성할 경우, 두 절은 앞에서 배운 접속사라는 접착제로 연결되어야 합니다.

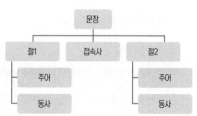

❷ 구의 이해

절이나 문장의 일부를 구성하는 둘 이상 단어의 모음을 '구'라고 합니다. 그런데 구를 구성할 때 행위자를 나타내는 주어는 포함되지 않습니다. 주어는 동사와 결합하여 절을 구성하기 때문입니다.

1. 구를 만드는 방법

■ 긴밀한 관계로 묶기: 동사 + 목적어 = 동사구, 전치사 + 명사 = 전치사구

　예시　We **advise** employees to arrive **at work before** 9 a.m.
　　　　[동사 + 목적어] = 동사구　　　　　　[전치사 + 명사] = 전치사구

　　우리는 직원들에게 오전 9시 전까지 회사에 도착할 것을 권고한다.

　　○ 전치사구는 주로 동사를 꾸며주는 부사의 역할을 하므로 부사구라고도 함

■ 수식 관계로 묶기

　예시　Participants will discuss ways **to increase productivity**.
　　　　　　　　　　　　　　　　명사　　　형용사구 = 명사를 꾸며주는 역할

　　참가자들은 생산성을 증가시키는 방법들을 논의할 것이다.

2. 구의 종류

■ 명사구: 명사의 역할

　예시　You should write the correct **address** on the form. 양식에 올바른 주소를 적어야 한다.
　　　　　　　　　동사　　　　동사의 목적어

■ 형용사구: 형용사의 역할

　예시　You should follow the procedures **explained in the manual**.
　　　　　　　　　　　　　　　명사　　　　　　　　명사 수식

　　설명서에 설명된 절차들을 따라야 한다.

■ 부사구: 부사의 역할

　예시　Please use the attached form **to renew your membership**.
　　　　　　　　　　　　　　　　　　　　문장 수식

　　멤버십을 갱신하기 위해 첨부된 양식을 사용해주십시오.

❸ 명사구 / 명사절

1. 명사구

명사구는 2개 이상의 단어가 모여 명사의 역할을 하는 구를 말합니다. 따라서 명사구는 문장 내에서 주어, 목적어, 보어로 쓰일 수 있습니다.

■ 형용사 + 명사

　명사 앞에서 명사를 수식하는 형용사와 형용사의 수식을 받는 명사를 묶어 명사구를 만들 수 있습니다.

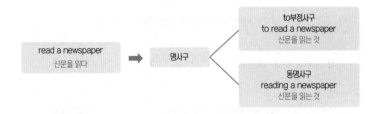

　　예시 Ms. Shultz has **extensive knowledge** of the industry.
　　　　　　　　　[형용사 + 명사] = 명사구

　　슐츠 씨는 업계에 대한 광범위한 지식을 가지고 있다.

　　○ 목적어 역할

■ 명사 역할을 하는 to부정사와 동명사

　[동사 + 목적어]로 구성된 동사구를 to부정사구와 동명사구로 변형시켜 명사구로 사용할 수 있습니다.

| read a newspaper
신문을 읽다 | ➡ | 명사구 | ⟨ | to부정사구
to read a newspaper
신문을 읽는 것 |
| | | | | 동명사구
reading a newspaper
신문을 읽는 것 |

　　예시 **To learn English** is important. 영어를 배우는 것은 중요하다.　○ 주어 역할
　　　　to부정사구

　　예시 I enjoy **learning English**. 나는 영어를 배우는 것을 즐긴다.　○ 목적어 역할
　　　　　　　　동명사구

2. 명사절

주어와 동사가 포함된 절이 하나의 명사와 같은 역할을 하는 것을 명사절이라고 합니다. 따라서 명사절은 문장의 주어나 목적어, 또는 보어로 쓰일 수 있지만, 토익에서는 주로 타동사의 목적어 역할로 많이 출제됩니다. 명사절에는 주어와 동사가 포함되어 있기 때문에 또 다른 동사가 있는 주절과 함께 쓰일 때에는 that이나 whether 같은 명사절 접속사가 반드시 필요합니다. 명사절은 단독으로 사용할 수 없으며, 반드시 주절에 종속되어 쓰여야 합니다.

- 주어 역할

  예시 **Whether Mr. Cook will accept the offer** depends on the salary.
  [명사절 접속사 + 주어 + 동사] = 명사절

  쿡 씨가 그 제안을 수락할지는 연봉에 달려 있다.

  ◎ 명사절 접속사 whether은 '~인지'로 해석함

- 목적어 역할

  예시 The invoice shows **that we ordered ten cooling fans**.
  [명사절 접속사 + 주어 + 동사] = 명사절

  송장은 우리가 10개의 쿨링 팬을 주문했다는 것을 보여준다.

  ◎ 타동사 뒤는 목적어가 필요한 자리임

  예시 Ms. Miller must decide **whether she should sign the contract**.
  [명사절 접속사 + 주어 + 동사] =명사절

  밀러 씨는 그 계약에 서명을 할지 결정해야 한다.

  ◎ 타동사 뒤는 목적어가 필요한 자리임

- 보어 역할

  예시 The problem is **that you missed the deadline**.
  [명사절 접속사 + 주어 + 동사] = 명사절

  문제는 당신이 마감기한을 놓쳤다는 것이다.

  ◎ 명사절 접속사 that은 '~하는 것, ~라는 것'으로 해석함

④ 형용사구 / 형용사절

1. 형용사구

형용사구는 2개 이상의 단어가 모여 형용사의 역할을 하는 구를 뜻합니다. 따라서 형용사구는 명사를 수식할 수 있습니다.

■ 형용사 역할을 하는 to부정사와 분사

동사에 to를 붙여 to부정사, 또는 ing/ed를 붙여 분사를 만들어 명사를 수식하는 형용사구로 사용할 수 있습니다.

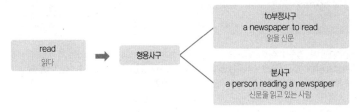

read
읽다 ➡ 형용사구

to부정사구
a newspaper to read
읽을 신문

분사구
a person reading a newspaper
신문을 읽고 있는 사람

[예시] We made every effort **to develop a unique service**.
　　　　　　　　　명사　　　　　형용사구 - to부정사구

우리는 특별한 서비스를 개발하기 위한 모든 노력을 들였다.

[예시] Kim's Velo is a shop **specializing in folding bikes**.
　　　　　　　　　　　명사　　　　형용사구 - 현재분사구

킴스 벨로는 접이식 자전거를 전문으로 하는 가게이다.

[예시] The program **created by Mr. Choi** was impressive.
　　　　　명사　　　형용사구 - 과거분사구

최 씨에 의해 만들어진 프로그램은 인상적이었다.

2. 형용사절

주어와 동사가 포함된 절이 하나의 명사를 뒤에서 수식할 때 형용사절이라고 부릅니다. 형용사절은 항상 명사 뒤에서 명사를 수식합니다. 형용사절을 쓰기 위해서는 형용사절을 이끌 수 있는 형용사절 접속사인 관계대명사 가 반드시 필요합니다. 형용사절은 단독으로 사용할 수 없으며, 반드시 주절에 종속되어 사용되어야 합니다.

■ 형용사절 접속사: 관계대명사

관계대명사는 주어와 동사가 포함된 절을 이끄는 형용사절 접속사 역할을 할 뿐만 아니라, 형용사절 내에서 주 어 또는 목적어 역할도 할 수 있는 대명사이기 때문에 관계대명사라고 부릅니다.

	주격	목적격	소유격
사람	who / that	whom / that	whose
사물	which / that	which / that	whose

관계대명사는 접속사 역할과 대명사의 역할을 동시에 하기 때문에 대명사가 가지고 있는 특성에 따라 격을 맞 춰서 사용해야 합니다. 또한, 수식하는 명사가 사람인지, 또는 사물인지에 따라 다른 관계대명사를 써야 하므로 관계대명사가 수식하는 명사의 종류도 구분할 수 있어야 합니다.

– 주격 관계대명사: 주어를 대신하여 주어 역할을 하는 who, which

예시 I spoke with the man **who** will be joining our team.
    명사(사람)   형용사절

나는 우리 팀에 합류할 그 남자와 이야기했다.

❍ who는 명사 the man을 수식하면서 동시에 형용사절의 주어 역할을 함

예시 Mr. Brooks organized an event **which** was held on Friday.
                    명사(사물)   형용사절

브룩스 씨가 금요일에 열렸던 행사를 기획했다.

❍ which는 명사 event를 수식하면서 동시에 형용사절의 주어 역할을 함

– 목적격 관계대명사: 목적어를 대신하여 목적어 역할을 하는 whom, which

예시 The woman **whom** you met will be taking over your duties.
명사(사람)　　　　형용사절

당신이 만났던 그 여자분이 당신의 일을 맡을 것입니다.

❍ whom은 명사 woman을 수식하면서 동시에 형용사절의 동사 met의 목적어 역할을 함

예시 I received the jacket **which** I ordered yesterday.
명사(사물)　　　　형용사절

나는 어제 주문한 자켓을 받았다.

❍ which는 명사 jacket을 수식하면서 동시에 형용사절의 동사 ordered의 목적어 역할을 함

– 소유격 관계대명사: 다른 명사와 함께 쓰여 수식하는 명사와의 소유 관계를 나타내는 whose

예시 We hired a designer **whose** reputation seems good.
명사(사람)　　　　형용사절

우리는 평판이 좋아 보이는 디자이너 한 명을 고용했다.

❍ whose는 명사 designer를 수식하면서 뒤에 나온 reputation의 소유자가 designer임을 나타냄

– 관계대명사 that

관계대명사 that은 주격이든 목적격이든, 수식하는 대상이 사람이든 사물이든 상관없이 모두 사용할 수 있습니다. 하지만 소유격 관계대명사 whose를 대신할 수 없습니다.

예시 We will interview an author **who** released a book last week.
= We will interview an author **that** released a book last week.

우리는 지난주에 책 한 권을 출간한 작가를 인터뷰할 것이다.

예시 I visited the hotel **which** my parents are running.
= I visited the hotel **that** my parents are running.

나는 나의 부모님이 운영하는 호텔을 방문했다.

⑤ 부사구 / 부사절

1. 부사구

부사구는 2개 이상의 단어가 모여 부사의 역할을 하는 구를 뜻합니다. 따라서 부사구는 형용사, 동사, 또는 문장 전체를 수식할 수 있습니다.

■ 부사의 역할을 하는 to부정사(1): 형용사 수식

　　to부정사가 부사의 역할을 할 때 일반 형용사나 분사 형태의 형용사를 뒤에서 꾸며줄 수 있습니다.

　　_{예시} Mr. Chan was <u>happy</u> **to receive** an award. 찬 씨는 상을 받게 되어 기뻤다.
　　　　　　　　　　형용사　　　　부사구

　　　❍ Chan 씨가 happy한 이유를 to부정사 부사구가 설명함

　　_{예시} We are <u>delighted</u> **to welcome** Ms. Toomy, the new director.
　　　　　　　　형용사　　　　　　　　　부사구

　　　　저희는 새로운 임원인 투미 씨를 환영하게 되어 기쁩니다.

　　　　❍ We가 delighted한 이유를 to부정사 부사구가 설명함

■ 부사 역할을 하는 to부정사(2): 문장 수식

　　to부정사가 문장 전체를 수식하는 경우, 주로 문장 맨 앞이나 뒤에 사용됩니다. 이때 to부정사는 '~하기 위해(서)'라는 의미로 어떤 행동의 목적을 나타냅니다.

　　_{예시} I went to the bookstore **to buy** my favorite magazine.
　　　　　　　　　　　　　　　　　　　　부사구

　　　　나는 가장 좋아하는 잡지를 사기 위해 서점에 갔다.

　　　　❍ 서점에 간 목적 = 잡지를 사기 위해

　　_{예시} **To confirm** the reservation, the manager checked his e-mail.
　　　　　　　　　　　　　　　　　　　　　　　부사구

　　　　예약을 확정하기 위해, 그 매니저는 자신의 이메일을 확인했다.

　　　　❍ 이메일을 확인한 목적 = 예약을 확정하기 위해

- 부사 역할을 하는 전치사구: 동사 수식

「전치사 + 명사(구)」의 구조로 된 전치사구는 부사와 같은 역할을 하여 동사를 수식할 수 있습니다.

예시 The dog is sleeping **on the floor**. 그 개가 바닥에서 자고 있다.
　　　　　　　　동사　　　　　　부사구

　❍ 전치사구 on the floor가 동사 is sleeping하는 장소를 나타냄

예시 I visited the museum **for the first time**. 나는 그 박물관을 처음 방문했다.
　　동사　　　　　　　　　　　부사구

　❍ 전치사구 for the first time이 동사 visited한 횟수를 추가로 설명함

2. 부사절

주어와 동사가 포함된 절이 부사와 같은 역할을 할 때 부사절이라고 합니다. 부사절은 단독으로 사용할 수 없으며, 반드시 주절과 함께 사용되어야 합니다. 부사절을 사용할 때도 명사절, 형용사절과 마찬가지로 부사절과 다른 절인 주절을 붙여주는 부사절 접속사가 반드시 있어야 합니다. 부사절은 주절의 앞 또는 뒤에 위치할 수 있습니다.

예시 **Because** I missed the train, I was late for the meeting.
　　　　부사절　　　　　　　　　　　주절

= I was late for the meeting **because** I missed the train.
　　　　주절　　　　　　　　　　　부사절

내가 기차를 놓쳤기 때문에, 나는 그 회의에 늦었다.

부사절 접속사는 주절과 부사절의 의미 관계를 파악해, 의미에 맞게 연결되어야 합니다.

예시 **If** you join our gym this week, you will receive a discount.

이번 주에 저희 체육관에 등록하신다면, 할인을 받으실 것입니다.

　❍ 부사절의 내용은 할인을 받을 수 있는 조건을 나타냄

■ 부사절 접속사의 종류

이유	because ~때문에 since ~때문에 now that 이제 ~이므로
양보	although 비록 ~이지만 though 비록 ~이지만 even though 비록 ~이지만 while ~인 반면 whereas ~인 반면
시간	once ~하자마자 as soon as ~하자마자 before ~전에 after ~후에 until ~까지 since ~이래로 when ~할 때 while ~하는 동안
조건	if ~라면 unless ~아니라면 whether ~이든 아니든 once 일단 ~하면 provided (that) ~라는 조건 하에 as long as ~하는 한

예시 **Because** I am too busy now, I cannot have lunch. ● 이유

나는 지금 너무 바쁘기 때문에, 점심 식사를 할 수 없다.

예시 **Although** I live in Korea, I can learn to speak English fluently. ● 양보

비록 내가 한국에 살고 있기는 하지만, 영어를 유창하게 말하는 법을 배울 수 있다.

예시 **When** he called me, I was reading a book. ● 시간

그가 나에게 전화했을 때, 나는 책을 읽고 있었다.

예시 **Once** you turn on the air conditioner, it will become much cooler inside. ● 조건

일단 에어컨을 켜기만 하면, 실내가 훨씬 더 시원해질 것이다.

예시 **As long as** you submit the application, you will be considered for the position. ● 조건

지원서를 제출하는 한, 그 직무에 고려될 것입니다.

❶ 문장 성분

영어 문장을 만들 수 있는 요소들을 문장 성분이라고 합니다. 영어 문장의 성분은 총 5가지로, 주어, 동사, 목적어, 수식어, 보어가 있습니다. 이 5개의 성분을 조합하여 영어 문장을 만드는데, 기본적으로 행위를 직접 하는 주체를 나타내는 주어와 사람이나 사물의 행위나 동작, 상태 등을 나타내는 동사를 최소 1개씩 포함해야 합니다.

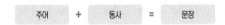

주어 + 동사 = 문장

- 주어: 동작, 행동, 또는 상태의 주체를 나타내는 문장 성분

  예시 **The negotiations** proceeded smoothly. 그 협상들은 순조롭게 진행됐다.

- 동사: 사람 또는 사물의 동작, 행동이나 상태를 나타내는 문장 성분

  예시 Mr. Cole **will travel** to Mexico. 콜 씨는 멕시코로 여행을 갈 것이다.

- 목적어: 동작이나 행동의 대상이 되는 문장 성분

  예시 Mr. Jones obtained **a license** recently. 존스 씨는 최근에 면허를 취득했다.

- 수식어: 문장에 반드시 필요하지는 않지만 수식의 역할을 하여 의미를 더하는 문장 성분

  예시 Please check the schedule **carefully**. 일정을 주의 깊게 확인하십시오.

  ❍ 부사 carefully는 수식어

- 보어: 주어나 목적어의 성질이나 상태를 보충 설명하는 문장 성분
  주어를 보충 설명하면 주격보어, 목적어를 보충 설명하면 목적격보어

  예시 Sandwiches and coffee will be **available** in the lobby.

  샌드위치와 커피가 로비에서 이용 가능할 것입니다.

  ❍ 주어 Sandwiches and coffee의 상태를 보충 설명하는 주격보어 available

  예시 I found Mr. Myler's advice **useful**. 나는 마이어 씨의 조언이 유용하다고 생각한다.

  ❍ 목적어 Mr. Myler's advice의 성질을 보충 설명하는 목적격보어 useful

❷ 문장 형식

영어 문장에는 총 5 가지의 형식이 있는데, 각 문장 형식에는 기본적으로 주어와 동사가 반드시 있어야 합니다. 그 외에 각 문장 형식에 따라 주격보어와, 목적어, 목적격보어가 필수 문장 성분으로 포함됩니다. 각 문장 형식은 사용되는 동사의 종류에 따라 일반적으로 1형식부터 5형식까지 분류됩니다. 앞서 학습한 자동사와 타동사 분류보다 조금 더 세부적으로 분류된다고 생각하면 됩니다.

■ 1형식: 주어 + 동사

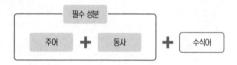

1형식은 「주어 + 자동사」로 구성된 문장 형식입니다. 1형식 자동사는 단독으로 사용할 수 있는 완전 자동사이므로 목적어나 보어 등의 문장 성분이 뒤에 올 수 없습니다. 부사나 전치사구 같은 부사구, 부사절과 같은 수식어가 자동사 뒤에 여러 개 와도 문장 형식은 여전히 1형식입니다.

예시 I go. 나는 간다.
　　　주어 동사

예시 I go to school. 나는 학교에 간다.
　　　주어 동사 　수식어

예시 I go to school early. 나는 일찍 학교에 간다.
　　　주어 동사 　수식어1 　　수식어2

– 1형식 자동사의 종류

1형식 자동사의 종류는 매우 한정적이므로 자주 쓰이는 1형식 자동사도 정해져 있는 편입니다. 따라서 아래 제시된 동사들을 모두 외워 두는 것이 좋습니다.

이동	go 가다 come 오다 arrive 도착하다 depart 떠나다 run 달리다
발생	occur 발생하다 happen 발생하다
존재	be동사 있다 exist 존재하다 live 살다 stay 머무르다

■ 2형식: 주어 + 동사 + 주격보어

2형식은 「주어 + 자동사 + 주격보어」로 구성된 문장 형식입니다. 2형식 자동사는 1형식에서 사용된 완전 자동사가 아닌 불완전 자동사이기 때문에 주어를 보충 설명해줄 주격보어를 필요로 합니다. 완전 자동사는 자동사 혼자 사용될 수 있는 자동사이며, 불완전 자동사는 자동사이지만 단독으로 쓰일 수 없고 주격보어를 반드시 갖춰야 합니다. 주격보어 자리에는 명사 또는 형용사가 사용되어야 합니다.

예시 I am a student. 나는 학생이다.
　　주어 동사 　주격보어

　　❍ I(나) = student(학생인 상태)

예시 She became hungry. 그녀는 배고픈 상태가 되었다.
　　주어　　동사　　주격보어

　　❍ She(그녀) = hungry(배고픈 상태)

예시 You should remain seated during the lecture. 강의 동안 자리에 앉은 채로 계셔야 합니다.
　　주어　　　　동사　　　　주격보어　　　　　수식어

　　❍ 부사나 전치사구 같은 수식어는 주격보어가 될 수 없음

– 2형식 자동사의 종류

2형식 자동사도 1형식 자동사와 마찬가지로 동사의 개수가 비교적 한정적이므로 모두 암기하는 것이 좋습니다. 주로 아래 제시된 동사의 주격보어로 형용사를 고르는 유형으로 출제됩니다.

상태 변화	be동사 ~이다　become ~이 되다
	look ~하게 보이다　seem ~하게 보이다
	grow 점점 ~해지다　get ~해지다
	remain ~한 상태로 남아있다　stay ~한 상태로 있다　go ~한 상태가 되다

■ 3형식: 주어 + 동사 + 목적어

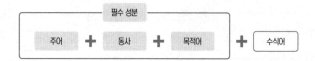

3형식은 「주어 + 타동사 + 목적어」로 구성된 문장 형식입니다. 3형식에 쓰이는 타동사는 동사 뒤에 해당 동사의 행위의 대상을 필요로 하므로 1개의 목적어가 동반되어야 합니다. 명사, 대명사, 또는 to부정사나 동명사, 명사구, 그리고 명사절과 같이 명사 역할을 할 수 있는 것은 모두 목적어로 사용할 수 있습니다. 또한, 3형식 타동사 뒤에 부사나 전치사구 같은 부사구, 부사절과 같은 수식어가 와도 목적어가 될 수 없고 수식의 역할만 합니다.

예시 <u>The man met a client</u>. 그 남자는 고객 한 명을 만났다.
　　　주어　 동사　 목적어

　　　❍ 목적어 client는 주어(man)가 만난 대상을 의미

예시 <u>We have lunch at 1 P.M.</u> 우리는 오후 1시에 점심을 먹는다.
　　　주어　동사　목적어　　수식어

　　　❍ 목적어 lunch는 주어(We)가 먹은 대상을 의미

– 3형식 타동사의 종류
영어에서 3형식 타동사는 셀 수 없이 많으므로 1/2형식 자동사, 4/5형식 타동사를 제외한 거의 모든 동사가 3형식 타동사에 속한다고 볼 수 있습니다.

3형식 타동사	meet ~을 만나다　like ~을 좋아하다　order ~을 주문하다　want ~을 원하다 read ~을 읽다　think ~을 생각하다　consider ~을 고려하다　find ~을 찾다 keep ~을 지키다　provide ~을 제공하다　suggest ~을 제안하다 hire ~을 고용하다　increase ~을 증가시키다　confirm ~을 확인하다 call ~을 부르다　answer ~을 답하다　include ~을 포함하다　inspect ~을 점검하다

- 4형식: 주어 + 동사 + 간접목적어 + 직접목적어

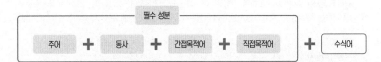

4형식은 「주어 + 타동사 + 간접목적어 + 직접목적어」로 구성된 문장 형식입니다. 4형식 타동사 뒤에는 간접목적어와 직접목적어에 해당되는 2개의 목적어가 필요하며, 각각 '~에게'라는 사람 목적어와 '~을/를'이라는 사물 목적어에 해당합니다. 4형식 타동사 뒤에 제시되는 두 목적어는 항상 「간접목적어 + 직접목적어」의 어순으로 쓰여야 합니다.

예시 Jane gave me an apple. 제인이 나에게 사과를 주었다.
　　　주어　동사　간접목적어　직접목적어

　◐ 받는 대상: me, 전달하는 사물: apple

예시 He brought her a newspaper this morning. 그가 아침에 그녀에게 신문을 갖다 주었다.
　　　주어　동사　간접목적어　　직접목적어　　　수식어

　◐ 받는 대상: her, 전달하는 사물: newspaper

4형식 동사는 수여동사라고도 부르는데, 해당 동사들이 '누구에게 무엇을 주다'라는 뜻을 가지기 때문입니다.

예시 The management will **grant** Mr. Felix a promotion.
　　경영진이 펠릭스 씨에게 승진을 승인할 것이다.

예시 Baylon Gym **offers** members a free consultation.
　　베이론 체육관은 회원들에게 무료 상담을 제공한다.

– 4형식 타동사의 종류

4형식 타동사는 수여동사라고 하며, 간접목적어(~에게)와 직접목적어(~을/를)라는 2개의 목적어를 순서대로 가지는 동사입니다. 다음의 동사들 뒤에 목적어가 2개 나온다는 것에 유념하여 숙지하시기 바랍니다.

4형식 타동사 (수여동사)	show ~에게 …을 보여주다 teach ~에게 …을 가르쳐주다 send ~에게 …을 보내다
	ask ~에게 … 을 물어보다 bring ~에게 …을 가져다 주다/가져오다
	offer ~에게 …을 제공하다 make ~에게 … 을 만들어주다 buy ~에게 …을 사주다
	give ~에게 …을 주다 grant ~에게 …을 승인하다

– 4형식을 3형식 문장 형식으로 바꾸기

4형식 문장 형식은 전치사를 이용해 3형식 문장 형식으로 바꾸어 쓸 수도 있습니다. 4형식 타동사의 간접목적어 앞에 '~에게, ~으로'라는 뜻을 가진 to나 '~을 위해'라는 뜻의 for 등의 전치사를 추가하고, 직접목적어 뒤로 이동시키면 됩니다. 대부분의 동사들은 전치사 to를, make나 buy의 경우 전치사 for를 사용합니다. 4형식 타동사의 직접목적어가 3형식의 목적어에 해당되므로 「주어 + 4형식 타동사 + 직접목적어 + 전치사 + 간접목적어」의 구조가 됩니다.

예시 I will give our new supervisor a call. 나는 우리의 새로운 상사에게 전화를 할 것이다. ○ 4형식
　　　　동사　　　간접목적어　　　직접목적어

예시 I will give a call **to** our new supervisor. 나는 우리의 새로운 상사에게 전화를 할 것이다. ○ 3형식
　　　　동사　직접목적어　　　간접목적어

예시 He bought his dog a new toy. 그는 자신의 강아지에게 새 장난감을 사주었다. ○ 4형식
　　　　동사　간접목적어　직접목적어

예시 He bought a new toy **for** his dog. 그는 자신의 강아지에게 새 장난감을 사주었다. ○ 3형식
　　　　동사　직접목적어　　　간접목적어

- 5형식: 주어 + 동사 + 목적어 + 목적격보어

5형식은 「주어 + 타동사 + 목적어 + 목적격보어」로 구성된 문장 형식입니다. 5형식 타동사 뒤에는 목적어와 목적어의 성질이나 상태를 보충 설명하는 목적격보어가 순서대로 나옵니다. 목적격보어 자리에는 명사, 형용사, to부정사가 올 수 있는데, 명사가 목적격보어 자리에 오는 경우에는 반드시 목적어와 동일한 대상이어야 합니다. to부정사가 목적격보어 자리에 오기 위해서는 특정한 5형식 타동사가 반드시 쓰여야 합니다.

예시 We call him our hero. 우리는 그를 우리의 영웅이라고 부른다.
　　　주어 동사 목적어　목적격보어

　○ 목적어 him과 목적격보어 our hero가 동일한 인물

예시 The staff keeps the store clean. 직원들이 매장을 깨끗한 상태로 유지한다.
　　　주어　　동사　　목적어　　목적격보어

○ 목적격보어 clean은 목적어 the store가 깨끗한 상태임을 나타냄

- 5형식 타동사의 종류

다음의 5형식 동사는 목적어와 목적격보어를 취하는 동사이며, 4형식과 구분하여 암기해야 합니다. 목적격보어자리에는 명사 또는 형용사, 부정사가 위치할 수 있습니다.

5형식 타동사	call ···을 ~라고 부르다　name ···을 ~라고 이름 짓다　keep ···을 ~한 상태로 유지하다 make ···을 ~로 만들다　leave ···을 ~한 상태로 두다　consider ···을 ~하다고 여기다 find ···을 ~하다고 생각하다　want ···에게 ~하기를 원하다 expect ···에게 ~하기를 기대하다　allow ···에게 ~하는 것을 허락하다 encourage ···에게 ~하도록 권하다　ask ···에게 ~하도록 요청하다 advise ···에게 ~라고 조언하다　require ···에게 ~하도록 요구하다

또한, 5형식 타동사의 목적격보어 자리에 명사나 형용사 외에도 to부정사가 위치하는 경우가 있습니다. 이 경우, to부정사를 목적격보어로 가지는 특정 동사를 반드시 사용해야 합니다. 이 to부정사는 목적어의 성질이나 상태를 보충 설명하는 목적격보어로 쓰인 것이므로 목적어가 to부정사의 행위를 하는 주체가 됩니다.

예시 I expected him to come home. 나는 그가 집에 오기를 기대했다.
　　　주어　　동사　　목적어　　목적격보어

　　　◐ 집에 오는 주체는 목적어인 him

– 목적격보어로 to부정사를 가지는 5형식 타동사의 종류

앞서 보았던 5형식 타동사 중에 to부정사를 목적격보어로 취하는 동사를 정리하였습니다. 지텔프 문법에서 아래의 동사와 목적어 뒤에 목적격보어 자리가 빈칸으로 문제가 출제되어, to부정사가 정답인 문제가 출제되니 눈여겨 보아야 합니다.

5형식 타동사 + 목적어 + to부정사	want …에게 ~하기를 원하다　expect …에게 ~하기를 기대하다 allow …에게 ~하는 것을 허락하다　encourage …에게 ~하도록 권하다 ask …에게 ~하도록 요청하다　advise …에게 ~라고 조언하다 require …에게 ~하도록 요구하다

예시 The buses **allow** you **to reach** the city center. 이 버스들이 당신을 도시 중심에 도착하게 한다.
　　　주어　　동사　　목적어　　　목적격보어

　◐ 5형식 타동사 allow의 목적격보어 자리에는 반드시 to부정사를 씀

예시 The teacher **asked** a student **to sit down**.
　　　주어　　　동사　　목적어　　　목적격보어

　선생님이 한 학생에게 앉도록 요청했다.

　◐ 5형식 타동사 ask의 목적격보어 자리에는 반드시 to부정사를 씀

시원스쿨 LAB

시원스쿨 지텔프 공식 기출 문제집

G-TELP KOREA가 제공한 2022년 최신 공식 기출문제 7회분

최신 기출 문제 유형 및 출제 패턴 분석으로 실전 감각을 익힐 수 있는 수험서

시원스쿨 지텔프 문법

최신 기출 POINT를 23개로 정리하여 문법 출제 패턴과 정답 공식을 빠르게 학습

지텔프 전문 서민지 강사의 G-TELP 문제 풀이 공략법과 꿀팁 수록

시원스쿨 지텔프 기출 보카

기본 단어 1,500개를 총정리한 30일 완성 지텔프 필수 어휘 학습서

기출 문장을 변형하여 예문으로 활용한 실용적인 G-TELP 어휘 교재

시원스쿨 지텔프 기출완성패스

2022 최신 기출문제집으로
G-TELP 시험 완벽 대비

혜택 한 눈에 보기

01 2022년 최신 G-TELP
**기출문제집/문법/보카
교재 포함**

· 상품별 제공 교재 상이

02 G-TELP 공식
실전 모의고사 제공

· 기출 완성패스 한정

03 지텔프 정기시험 응시료
50% 할인쿠폰 증정

· 기출 완성패스 한정

04 지텔프
오답노트 증정

· 기출 완성패스 한정

05 수강후기 작성 시
수강기간 30일 연장

+30일

· 기출 완성패스 한정